FUNDAMENTAL ACCOUNTING

“十三五”江苏省高等学校重点教材（编号：2016-1-023）
高等学校会计学与财务管理专业系列教材

初级会计学

（第三版） CHUJI KUAIJIXUE

主　编　李长青　王永德　李丽娜

中国教育出版传媒集团
高等教育出版社·北京

内容提要

本书是“十三五”江苏省高等学校重点教材，高等学校会计学与财务管理专业系列教材之一。

全书共十章，分别是总论、会计要素与会计等式、会计科目与会计账户、复式记账法、企业经营活动的会计处理、会计凭证、会计账簿、盘存制度与财产清查、财务会计报告、会计工作组织。

本书体例规范、内容丰富，配有大量的练习题，便于读者巩固学习。本书既可以作为高等学校会计学与财务管理专业相关课程教材，也可作为社会人士自学用书。

图书在版编目(CIP)数据

初级会计学 / 李长青，王永德，李丽娜主编. —3版. —北京：高等教育出版社，2022.2

ISBN 978-7-04-057876-8

Ⅰ. ①初… Ⅱ. ①李… ②王… ③李… Ⅲ. ①会计学-高等学校-教材 Ⅳ. ①F230

中国版本图书馆 CIP 数据核字(2022)第 021945 号

策划编辑 张正阳 **责任编辑** 张正阳 **封面设计** 张文豪 **责任印制** 高忠富

出版发行	高等教育出版社	网　址	http://www.hep.edu.cn
社　址	北京市西城区德外大街4号		http://www.hep.com.cn
邮政编码	100120		http://www.hep.com.cn/shanghai
印　刷	江苏德埔印务有限公司	网上订购	http://www.hepmall.com.cn
开　本	787mm×1092mm 1/16		http://www.hepmall.com
印　张	22.25		http://www.hepmall.cn
字　数	571千字	版　次	2013年7月第1版
			2022年2月第3版
购书热线	010-58581118	印　次	2022年2月第1次印刷
咨询电话	400-810-0598	定　价	46.50元

本书如有缺页、倒页、脱页等质量问题，请到所购图书销售部门联系调换

物 料 号　**57876-00**

教师教学资源服务指南

教师可扫描下方二维码，关注微信公众号“高教财经教学研究”，免费申请课件和样书、下载试卷、观看师资培训课程和直播录像等。

课件申请

点击导航栏中的“教学服务”，点击子菜单中的“课件申请”，填写相关信息即可免费申请课件。

样书申请

点击导航栏中的“教学服务”，点击子菜单中的“免费样书”，填写相关信息即可免费申请样书。

试卷下载

点击导航栏中的“教学服务”，点击子菜单中的“免费试卷”，填写相关信息即可免费下载试卷，试卷涵盖基础会计学、中级财务会计、审计学、税法等多门课程。

教师培训

点击导航栏中的“教师培训”，点击子菜单中的“培训课程”，即可选择相应课程进行学习：

①点击“培训专栏”可以观看教师培训课程，由名师分享财会类课程的教学重点、难点及经验。

②点击“直播回放”可以回看“名师谈教学与科研直播讲堂”的直播录像。

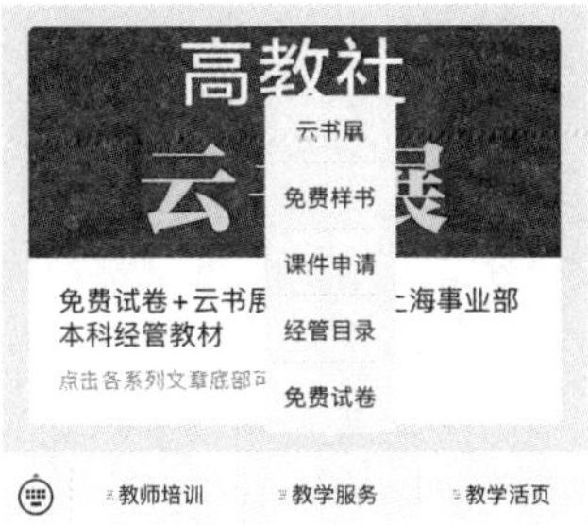

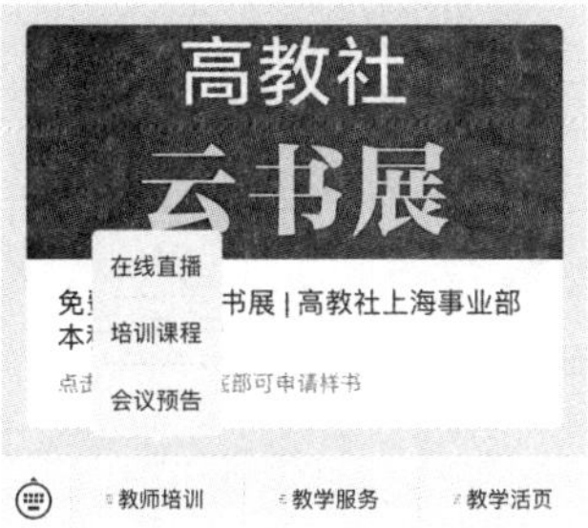

第三版前言

本书是“十三五”江苏省高等学校重点教材。初级会计学课程主要完成会计基本理论的传授和会计基本技能的培养。本书在阐述会计基本理论与知识的同时，模拟企业会计基本操作过程，满足知识传授与会计实践操作能力培养的教学要求。

本书在第二版基础上，根据会计学科研究的新成果、会计规范的修订、税收制度的改革以及新科学技术的影响进行了修订。本次修订精简理论知识的阐释，增加会计实践能力培养的相关内容，契合会计学专业培养复合型、应用型人才的要求。修订后本书具有以下特点：

(1) 理论知识简明清晰、适度够用。书中对会计理论的论述简明扼要，尽量只涉及一些必要的基本理论不加过多延伸；同时，将会计基本理论通过具体案例作出恰当的解释，做到了科学性与理论结合实际。

(2) 凸显实践动手能力培养。会计理论是会计实践的总结，但是会计教学除了理论知识传授以外，还需要培养学生的实践操作能力。本书通过模拟企业案例，将会计基本实践操作过程完整地呈现，彰显了实践性。

(3) 知识与趣味相结合。书中每章都设计了“专栏”(二维码形式)，专栏的内容包括案例或理论知识链接。全书采用双色印刷，从视觉上将重点内容突出展示，增强了可读性。

(4) 结构安排合理。每章的开篇有理论目标和实践目标的说明，结尾有复习思考题及相应的练习题作为课程内容的补充，体现了逻辑的合理性。

本次修订工作由李长青统稿，黑龙江科技大学李丽娜编写第二、三、四章，哈尔滨剑桥学院王永德编写第五章，其他部分由李长青负责编写。

本书可以供高等学校会计学、财务管理及其他经济管理类专业的本科、专科及其他同等层次的学生学习使用。

由于编者知识的局限性，教材中难免存在疏漏或差错，敬请不吝指正。

编　者

2022 年 1 月

目　　录

第一章　总　　论

【理论目标】

1. 了解会计发展各个阶段的主要成果；
2. 熟悉会计概念及对象、目标和会计信息的使用者；
3. 掌握会计职能、假设、基础、信息质量特征等。

【实践目标】

1. 掌握会计职能、对象、假设、基础、信息质量特征、计量；
2. 了解会计核算方法。

第一节　会计概述

一、会计的发展历史

（一）中国会计的历史

1. 会计的萌芽

会计在我国具有悠久的历史，在人类文字系统没有出现以前，人们曾使用各种方法帮助记忆、表达思想、沟通交流。其形式包括结绳记事和在木质或其他介质上刻划符号记事等多种形式。早在原始社会末期就出现了“结绳记事”（图1-1）、“刻契记事”（图1-2）等简单的记录和计算行为，用以记载劳动成果和劳动耗费以及剩余产品，但当时该行为并没有成为一项专门的工作，而只是劳动活动之外的辅助行为。

2. 会计职业的形成

西周时期，随着社会生产力的发展、剩余产品的大量出现，劳动耗费和劳动成果的计量、记录日益频繁，同时出于对经济活动管理的需要，形成了一种专门、独立地计量、记录和报告的区别于其他生产活动的行为，这种行为就是会计职业的雏形。同样，也出现了专门掌管国家钱粮税赋的官员，官职称为“司会”，“司会”的职能是主天下之大计，为计官之长。这就是“会计”职业的由来。

3. 会计账簿体系的形成

在西周时期出现的“会计”职业，当时人们就赋予了它清晰的含义。《周礼·天官》指出：“会计，以参互考日成，以月要考月成，以岁会考岁成。”“参互”为十日成事之文书，相当于旬报；

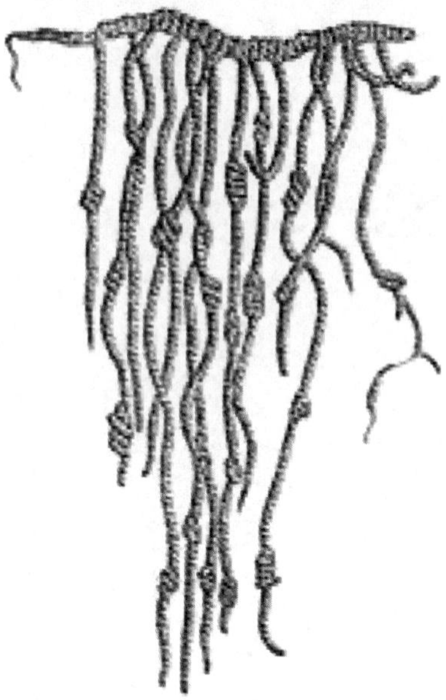

图 1-1 结绳记事

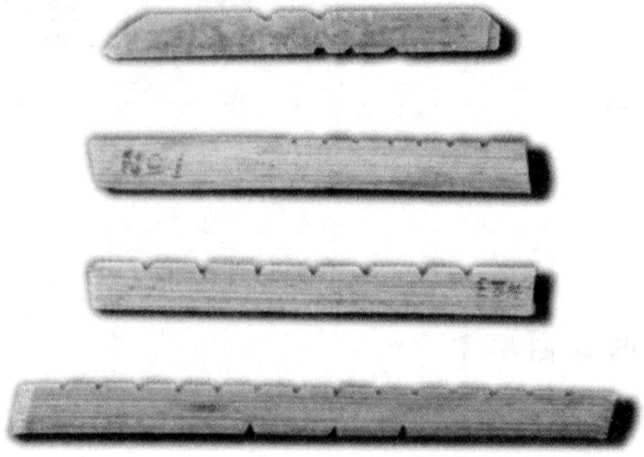

图 1-2 哈尼族、傈僳族刻木记事

会计历史知识

"月要"为一月成事之文书，相当于月报："岁会"则是一年成事之文书，相当于年报。自春秋战国时期至秦代，把记录会计事项的简册称为"簿书"或"计簿"，而把记录统计事项的简册称为"籍"。

4. 会计的四柱结算法

在唐、宋两代，会计方法有了新的发展。当时在记账规则方面开始有了比较一致的做法，会计账簿和财务会计报告的设置也日益完备，由流水账(日记账)和誊清账(总清账)组成的账簿体系已初步形成，特别重要的是创建和运用了"四柱结算法"。所谓四柱，即"旧管""新收""开除""实在"，其含义分别相当于现代会计中的"期初结存""本期收入""本期支出""期末结存"。四柱之间的结算关系可用会计方程式表示为：

旧管＋新收－开除＝实在

四柱结算法也称为"四柱清册"，在民间逐步得以运用，因此，四柱结算法的创建和运用，是我国对会计学领域的一项重大贡献，为我国采用多年的收付记账法奠定了理论基础。

5. 会计的龙门账法

明末清初之际，中国又出现了一种新的记账法——"龙门账法"。此记账法是山西人傅山根据唐宋以来的"四柱结算法"原理设计出的，适用于民间商业经济活动的会计记账方法，其要点是将全部账目划分为进、缴、存、该四大类。"进"指全部收入，"缴"指全部支出，"存"指资产并包括债权，"该"指负债并包括业主投资，四者的关系是：

该＋进＝存＋缴(或进－缴＝存－该)

也就是说，结账时"进"大于"缴"或"存"大于"该"即为赢利。傅山将这种双轨计算盈亏，并检查账目平衡关系的记账方法，形象地称为"合龙门"，"龙门账"因此而得名。"龙门账"的诞生标志着中式簿记由单式记账向复式记账的转变。

在清代，《孟子正义》一书中对"会"和"计"两个字的含义作了一定的区分："零星算之为计，总合算之为会”。“会”和“计”两字连用，形成一个专门的名词，即特指对财物收支所进行的日常零星的记录、计算和定期汇总工作。这时，会计制度也有新的突破，即在“龙门账”的基础上设计发明了“四脚账法”。

四脚账是一种比较成熟的复式记账方法，该记账方法比较注重经济业务的收方（即来方）和付方（即去方）的账务处理，不论现金收、付业务还是非现金收、付业务都在账簿上记录两笔，既登记“来账”，又登记“去账”，而且来账和去账所记金额是相等的，否则说明记账是错误的。这种记账方法的基本原理与西式复式记账法是相同的。清末，随着西式会计的引入，中式会计趋于衰落。

四脚账法

6. 现代会计的发展

辛亥革命以后，我国引进了西方会计，对会计发展起到了一定的积极作用。新中国成立后，我国政府制定了一系列会计制度。1985 年 1 月 21 日，六届全国人大常委会第九次会议通过了《中华人民共和国会计法》（以下简称《会计法》）；1993 年 12 月 29 日，八届全国人大常委会第五次会议对《会计法》作了修订；1999 年 10 月 31 日，九届全国人大常委会第十二次会议对《会计法》再次进行修订。随着社会主义市场经济的发展及对外开放的需要，会计与国际惯例趋同成为必然，1992 年 11 月，我国公布了《企业会计准则》。2006 年 2 月，财政部颁布了基本会计法则和 38 项具体会计准则及应用指南。

自 2006 年起，我国建成与国际财务报告准则实质性趋同的新会计准则体系；2010 年，响应二十国集团关于建立全球统一高质量会计准则的倡议，财政部发布了《中国企业会计准则与国际财务报告准则持续趋同路线图》；2014 年起，财政部陆续发布了公允价值计量、财务报表列报等新制定或修订的企业会计准则。到 2019 年末，财政部已经公布并实施了《企业会计准则——基本准则》《政府会计准则——基本准则》《小企业会计准则》《政府会计准则第 1—4 号》和《企业会计准则第 1—42 号》及 36 项应用指南等会计规范和一系列会计准则解释。企业会计准则的实施，显著提升了财务会计报告的质量及其透明度为企业会计准则与国际财务报告准则持续趋同打下了坚实的基础。经过多年来企业会计准则的实施和持续趋同，我国上千万名会计人员和注册会计师不仅了解、熟悉、掌握了企业会计准则体系，而且能够根据企业会计准则进行实务操作或审计，能够把企业会计准则转化为生产力。

（二）世界会计的历史

1. 单式簿记的崛起

10 世纪至 11 世纪，作为中世纪西欧工商业中心的城市开始兴起，并很快得到发展。11 世纪末至 12 世纪，在十字军东征后，意大利北部的伦巴底和中部的托斯坎尼开始控制了东方和西欧的中介贸易。意大利的威尼斯、热那亚、佛罗伦萨和法兰西的马赛、那劳阿里等城市里的商人积聚了大量资本，并陆续将其投入到工业及银钱业中去，从而进一步促进了手工业、商业和银钱业的发展。12 世纪至 13 世纪，市民争取城市自治的运动日益高涨，并最终通过激烈斗争建立了一些城市国家，诸如威尼斯、热那亚、佛罗伦萨等，很快便成为资本主义经济产生的基地。13 世纪至 14 世纪，随着国际贸易的发展，以威尼斯为中心的地中海贸易区形成，威尼斯开始成为东西方贸易的中介，它所发行的金币“杜卡特”在欧洲货币市场上占据支配地位，至 14 世纪经营银钱业的商户达一百多家。与此同时，在 13 世纪至 14 世纪，行会在各城市国家中发展起来，而通过行会所结成的资产者同盟，成为向封建主宣战的得力组织。上述变化结果，正如马克思所指出的“资本主义生产的最初萌芽，在 14 世纪、15 世纪，已经稀疏地可在地中海沿岸看到”。这便是借贷复式簿记得以在意大利北部城邦萌芽、产生及获得初步发展，最终促使西式簿记崛起，并取代东方会计历史地位的主要原因。

2. 复式簿记的产生

在资本主义经济关系萌芽及生长阶段，在意大利，先后产生了佛罗伦萨式、热那亚式与威尼斯式簿记，它们的光辉照亮了未来西欧乃至世界会计的发展里程，它实现了世界由古代会计发展阶段向近代会计发展阶段的转变，改写了世界会计发展历史。1494 年，卢卡·帕乔利出版了研究复式簿记的光辉文献《簿记论》，揭开了近代会计发展史的崭新篇章。在 16 世纪至 17 世纪，德国、荷兰、法国等先后继承与发展了意大利的复式簿记实务与理论，最终在欧洲造就“帕乔利时代”。17 世纪的英国资产阶级革命扫清了社会生产力的发展障碍，进而带来 18 世纪 70 年代的产业革命，这一重大变化使英国会计的发展进入创新时期。同时，18 世纪在巩固兴旺发达起来的公共会计师事业及它在审计、复式簿记原理与早期成本会计方面的贡献，使英国很快成为世界会计发展中心，这一历史地位一直保持到 19 世纪。

在 19 世纪与 20 世纪之交，在产业革命的深刻影响之下，适应资本主义市场经济发展的需要，以建立成本会计为立足点，以会计在公司经济管理中的地位为基本指导思想，已在实务处理与理论方面开始朝着会计时代的方向发展转变，这一转变在进入 20 世纪后才最终完成。

卢卡·帕乔利

3. 会计发展为财务会计和管理会计

18—19 世纪间产业革命的兴起，股份公司的出现，所有权和经营权的分离，对现代会计的发展产生了重要影响。1930 年，美国第一次讨论会计原则，将会计实践上升到理论，再用来指导实践；为加强内部管理的需要，传统的会计分为财务会计和管理会计两个分支。

4. 新技术条件下会计的发展

新技术实现了会计信息处理的无纸化和实时性，不仅影响了会计信息处理的工具、流程和方法，甚至影响了管理模式。2021 年 6 月 6 日在上海国家会计学院举行了 2021 年影响中国会计人的十大信息技术评选结果发布会，评选结果显示，影响中国会计从业人员的十大信息技术依次是财务云、电子发票、会计大数据分析与处理技术、电子会计档案、机器人流程自动化、新一代 ERP、移动支付、数据中台、数据挖掘、智能流程自动化。当前影响的技术都是比较成熟或是有较多应用场景的技术，这些技术的普及率都比较高，其中前景较好的包括电子发票，电子档案，电子支付，机器人流程自动化等技术。同时还宣布 2021 年潜在影响会计从业人员的五大信息技术分别是深度学习与智能决策、基于法定数字货币的智能支付与结算、数据中台、业务中台与管理中台、分布式记账与区块链审计、数据治理和数据资产的管理与应用。以财务共享为基础的自动化、智能化可大大解放财务人员的精力，从而转型从事管理会计。深度学习是一种实现机器学习的技术，主要应用场景包括语音识别、图像识别、智能搜索、自然语言处理、个性化推荐等，适用于复杂问题的决策，但需要海量数据作为输入数据，并参与训练完成决策。财务中台拥有统一规则、模块化、共享通用、可重复、扩展迭代等基本特点，打破了原有业务域和业务系统边界的概念。在会计行业数字化转型过程中，数据资源创造价值的过程是数据资产化的过程。

二、会计的概念

会计是以货币为主要计量单位，运用专门方法与程序，核算与监督特定单位经济活动的一种管理活动，并为特定单位的利益相关者提供会计信息的信息系统。

会计具有以下特征：

（一）会计以货币为主要计量单位

企业的生产经营活动具体表现为资金的筹集、产品的生产与销售、购买材料和劳务报酬的计算与支付、盈余计算及分配等资金运动。由于产品和各种原材料、劳务的耗费在实物上存在多种计量单位，不便于计算和比较。为了全面完整地反映企业的生产经营活动，会计核算客观上需要一种统一的计量单位作为其计量尺度。在商品经济条件下，货币是商品的一般等价物，是衡量商品价值的共同尺度，会计核算就必然选择货币作为其计量单位，以货币形式来反映企业生产经营活动的全过程。采用货币计量，可使企业的生产经营活动统一地表现为货币资金运动，从而能够全面完整地反映企业的经营成果和财务状况及其变动情况。会计除了以货币作为计量单位外，还可以用实物和劳动来计量。在会计上，对于各种经济事项即使已经按实物和劳动量进行了计算和记录，但最终仍需要按货币量度综合加以核算。

（二）会计是一个信息系统

信息是决策的依据，会计信息则是经济决策的依据，会计作为一个经济信息系统，将企业经济活动的数据转化为货币化的会计信息，这些信息是企业内部、外部利益相关者进行相关经济决策的重要依据。人类发明并不断丰富和完善会计的目的在于借助其对经济活动进行控制，提高经济效益。会计信息系统是由会计机构和会计人员，将分散于企业的经济活动转化为连续、完整及系统的数据，阐释企业业绩、存在的问题，以及资产、负债、所有者权益、收入、费用、利润等相关信息，会计信息作为会计活动的直接产品，以便于企业内部及外部信息使用者进行经济决策。在信息论看来，人们依靠会计控制经济活动的过程，是依据会计报表提供的信息和相关分析对客观经济活动加以控制的过程。

（三）会计采用专门的方法与程序

会计负责记录和报告企业的经济活动，特别是财务活动状况，计算确定企业的经营成果。会计方法是核算和监督会计对象，实现会计目标的手段。会计方法具体包括会计核算方法、会计分析方法和会计检查方法等，其中，会计核算方法是最基本的方法。这些方法相互依存、相辅相成，共同形成了一个完整的方法体系。

（四）会计是一种管理活动

会计是一种经济管理活动，为企业经济管理活动提供依据，而且通过各种方式直接参与经济管理，对经济活动进行核算和监督。会计与经济社会密切相关，并随着经济社会的发展而逐渐完善与丰富。传统意义上的会计，主要是账务处理，仅限于事后的记账、算账、报账等工作内容，实质上就是簿记。随着社会经济的发展和技术的进步，尤其是人工智能、大数据等为代表的新技术时代的到来，使得会计职能、方法、内涵与外延都发生了很大变化，会计不再局限于记账、算账、报账，还应参与企业经济管理、进行经营决策，进而形成了新技术时代意义上的会计，具有更完善的功能、更深刻的内涵和更广泛的服务领域。

（五）会计具有核算与监督的基本职能

会计职能是指在经济管理活动中所具有的功能。会计基本职能表现在两个方面：对经济活动进行会计核算和实施会计监督。会计一方面按照会计法规制度的要求，对特定单位的经济活动进行确认、计量和报告；另一方面对特定单位的经济活动的真实性、合法性和合理性进行审查，因此，会计核算是会计工作的基础，会计监督是会计工作质量的保证。会计核算和监督贯穿于会计工作的全过程，是会计工作的基本职能，也是会计管理活动的重要表现形式。

三、会计职能

会计职能是指会计行为在经济管理活动中所具有的内在功能。会计行为是对经济活动进行的信息转换并生成会计信息的过程。会计职能包括基本职能和扩展职能两个部分。会计基本职能包括核算职能和监督职能。会计扩展职能包括评价经营业绩职能、预测经济前景职能、参与经济决策职能等。

(一) 会计基本职能

1. 会计核算职能

(1) 会计核算职能的含义

会计核算职能是指会计以货币为主要计量单位,通过确认、计量和报告等环节,对特定单位及其他经济组织的经营活动进行记账、算账、报账等会计行为,为信息使用者提供会计信息的功能。

(2) 会计核算职能的特点

第一、会计核算主要是利用货币计量单位对经济活动的价值量进行核算。由于经济活动的复杂性,只有将经济活动以货币量度表示,并将其按规定的程序、利用会计专用方法进行加工处理生成会计信息,才能反映经济活动的全过程及其结果。会计核算以货币量度为主、以实物量度及劳动量度或时间量度等为辅,从价值量上综合反映特定单位的经济活动状况。

第二、会计核算具有完整性、连续性和系统性。完整性是指对特定单位发生的所有的经济活动都要进行确认、计量和报告,不能有遗漏;连续性是指对经济业务应按发生的时间顺序依次进行会计处理;系统性是指对经济业务应当按照科学的方法进行分类,系统地加工、整理、汇总,以便为经济管理提供其所需的会计信息。

第三、会计核算不仅记录已发生的经济业务,还要面向未来,为特定单位的经营决策和管理活动提供依据。对已经发生的经济活动进行事后的确认、计量和报告,通过加工提供大量的信息资料,反映经济活动的现实状况及历史状况,这是会计核算的基本工作。但是,随着市场经济的发展,市场竞争日趋激烈,企业经营规模不断扩大,经济活动日益复杂化,经营管理需要加强预见性。为此,会计须在事中、事后核算前进行事前分析和预测,为经营管理决策提供更多的经济信息,这样才能更好地发挥会计的管理功能。

2. 会计监督职能

(1) 会计监督职能的含义

会计监督职能,是指会计机构和会计人员对特定主体经济活动和相关会计行为的真实性、合法性和合理性进行监督检查。真实性是指对会计主体经济活动进行了如实记录,确保法律法规及经营方针的贯彻执行。合法性是指经济业务或活动是否符合国家的有关法律法规,遵守财经纪律,执行国家各项方针政策,杜绝违法行为;合理性是指检查各项财务收支是否符合特定的财务收支计划,是否有利于预算目标的实现,是否有奢侈浪费行为,是否有违背内部控制制度要求等现象。会计监督以各项法律和规章制度为依据,对会计主体的经济活动进行控制,以实现企业管理目标,避免误入歧途或背离事项的合理性。会计监督的目的是确保各项经济活动真实、合法、有效。

(2) 会计监督的内容

根据《会计法》和其他有关会计法规的规定,会计人员进行会计监督的对象和内容是本单位的经济活动。具体内容包括:

第一、对会计凭证、账簿和财务会计报等会计资料进行监督,以保证会计资料的真实性、准确性、完整性及合法性。

第二、对各种财产和资金进行监督,以保证财产、资金的安全完整与合理使用。

第三、对财务收支进行监督，以保证财务收支符合财务制度的规定。

第四、对经济合同、经济计划及其他重要经营管理活动进行监督，以保证经济管理活动的科学、合理。

第五、对成本费用的监督，以保证用尽可能少的投入，获得尽可能多的产出。

第六、对利润的实现与分配进行监督，以保证按时上交税费和利润分配，等等。

(3) 会计监督职能的特点

第一、会计监督主要是通过价值指标进行的。会计核算是利用货币计量形成的价值指标综合地反映经济活动过程及其结果，会计监督主要是依据这些价值指标对特定单位的经济活动进行全面、及时、有效地控制过程。

第二、会计监督是对特定单位经济活动的全过程的监督，根据监督经济业务的发展过程可以分为事前监督、事中监督和事后监督。事前监督是指在经济活动开始前进行的监督，即依据国家制定的有关法规和制度以及经济活动的一般规律，对未来经济活动的合法性、合理性和可行性进行审查；事中监督是指对正在发生的经济活动进行的监督，即在日常会计工作中，对所取得的会计核算资料进行审查，从中发现偏离预期目标的不利因素，促使有关部门采取措施，调整经济活动，使其按照预定的目标及要求运行；事后监督是指对已完成的经济活动的监督，即依据事先确定的目标、标准和要求，通过分析会计信息，对已完成的经济活动的合法性、合理性和效益性进行的考核和评价。

3. 会计核算与会计监督的关系

会计核算与会计监督两者相辅相成、辩证统一。会计核算是会计工作的基础，会计监督是会计工作质量的保证。会计核算和监督贯穿于会计工作的全过程，是会计最基本的职能。会计核算是会计监督的基础和前提，没有会计核算所提供的各种信息，会计监督就失去了依据；而会计监督又是会计核算质量的保障，只有会计核算，没有会计监督，就难以提供客观的会计信息，会计信息的真实性和可靠性就得不到保证。

(二) 会计扩展职能

会计核算与监督职能是会计基本职能。随着经济发展、技术进步等和会计活动范围及内容的不断扩大，会计的职能也在不断发展，特别是会计参与经济决策的职能尤为突出。会计除了具有会计核算和监督两个基本职能之外，还有评价经营业绩、参与经营决策、预测经济前景等会计的拓展职能。

1. 评价经营业绩

评价经营业绩是指利用财务会计报告等信息，对特定单位的经济活动的效率与效果作出的评价。评价是对照相应的评价标准，将实际指标进行定量与定性的对比分析，作出真实、客观、公正的判断。

2. 参与经营决策

参与经营决策是指根据财务会计报告等信息，运用定量与定性的分析方法，对企业经营中若干备选方案进行经济上的可行性分析，为企业生产经营管理提供与决策相关的信息。

3. 预测经济前景

预测经济前景是指根据财务会计报告等信息，定量与定性地判断和推测企业经济活动的发展规律，以期指导和调节经济活动，提高经济效益。

四、会计目标

会计目标是指会计工作完成的任务或达到的标准，是会计行为在一定的社会环境下所要达到的最终目的，即会计为哪些人服务、提供什么样的服务。

（一）会计目标的概念

会计目标是指根据会计职能而形成的，会计行为预期达到的目的，是会计信息系统所期望达到的境地。会计目标的本质是会计行为为什么人提供哪些会计信息，即满足会计信息使用者的哪些需要，是会计理论基本结构的最高层次，是会计的终极目标，是会计循环的起点和终点。在不同历史阶段，会计的具体目标是不同的，会计目标受环境因素的影响，随环境因素的变化而发展。

（二）会计目标的内容

学术界关于会计目标有两种观点，一是决策有用观。决策有用观是指会计行为应该向财务会计报告使用者提供与企业财务状况、经营成果和现金流量等有关的会计信息，有助于财务报告使用者作出经济决策。决策有用观是 20 世纪 70 年代美国注册会计师协会出资成立的特鲁彼拉特委员会在对会计信息使用者进行了大量的实证调查研究后得出的结论。决策有用观认为，首先，财务报告应提供对现在和可能的投资者、债权人以及其他使用者作出合理的投资、信贷及类似决策有用的信息；其次，财务会计报告应提供有助于现在和可能的投资者、债权人以及其他使用者评估来自销售、偿付到期证券或借款等的实得收入的金额、时间分布和不确定的信息；最后，财务会计报告应能提供关于企业经济资源的要求权以及发生变动的交易、事项和情况影响的信息。二是受托责任观。受托责任观是指会计行为应该反映企业管理层受托责任的履行情况，有助于委托者作出是否继续委托其经营企业的相关决策。受托责任观产生的经济背景是企业所有权与经营权相分离，并且投资人与经营者之间有明确的委托与受托关系。受托责任观认为，会计目标是管理当局向投资者、债权人等报告资源的运用情况，即评价受托经济责任。由于所有权和经营权的分离，企业资源的受托者就负有了对企业资源的委托者解释、说明其活动及结果的义务。因此，会计的目标就是向企业资源的提供者报告资源受托管理的事情。

（三）会计目标的主体

会计目标的主体包括谁是会计信息的使用主体和提供会计信息的主体两个方面。前者要解决的是“谁是会计信息的使用者？”与企业产权相关的投资者、债权人、政府、接受委托经营管理企业的内部管理人员以及众多的潜在投资者构成了会计信息的使用主体；后者要解决的是“谁是会计信息的提供者？”联结企业和各类产权主体的企业经营管理者是会计信息的提供者。

（四）会计目标的客体

会计目标的客体要解决“会计信息使用者需要什么样的会计信息？”这一问题。会计信息使用者出于自身利益的需要必然对会计信息提出要求，希望会计信息是客观的、公允的和及时的。因此，具备客观性、公允性、相关性的会计信息构成了会计目标的客体。

（1）所有者。对所有者而言，通过对财务会计报告的阅读和分析，可以重点了解其投资的完整性和投资报酬，企业资本结构的变化、未来的获利能力和利润分配政策等。

（2）债权人。对债权人而言，通过对财务会计报告的阅读和分析，可以重点了解企业的偿债能力，了解其债权的保障和利息的获取，以及债务人是否有足够的能力按期偿付债务。

（3）政府及其机构。对政府及其机构而言，通过阅读和分析财务会计报告，可以了解企业的经营活动、社会资源的分配情况，用以作为决定税收等经济政策和国民收入等统计资料的基础。

(4) 潜在的投资者和债权人。对潜在的投资者和债权人而言，通过阅读和分析财务会计报告，可以了解企业的发展趋势、经营活动的范围，为选择投资和贷款方向提供依据。

(五) 会计目标的实现方式

会计目标的实现方式是指会计信息的提供方式及用途。由于已明确了会计信息的使用主体是和企业产权相关的投资者、债权人、政府、接受委托经营管理企业的企业内部各级管理人员以及众多潜在的投资者和债权人，那么会计信息在考虑各方的需求之后，其提供方式相应地就有了正式对外公布的财务会计报告和对内的信息披露等方式。提供会计信息的这些方式，降低了会计信息使用主体搜寻信息的成本及由此可能导致的决策失误带来的风险。

(六) 会计目标的具体情况

(1) 国际会计准则委员会的会计目标。国际会计准则委员会认为，财务会计报告目标是提供关于企业财务状况、经营业绩和财务状况变动方面的信息，这种信息对于广大使用者制定经济决策是有用的，即决策有用观；财务会计报告还应反映管理当局的受托责任或经管责任的实施结果，即受托责任观。

(2) 美国财务会计准则委员会的会计目标，美国财务会计准则委员会认为，编制财务会计报告的一般目标是提供对现在的和可能的投资者、债权人及其他使用者作出合理的投资、信贷和类似决策有用的信息。

(3) 我国的会计目标。我国 2006 年发布的《企业会计准则——基本准则》[①]规定：财务会计报告的目标是向财务信息使用者提供与企业财务状况、经营成果和现金流量等有关的会计信息，反映企业管理层受托责任履行情况，有助于财务会计报告使用者作出经济决策。从理论上讲，我国的会计目标兼具受托责任观和决策有用观。但是，我国会计目标显然将受托责任观放在第一位，强调会计信息的可靠性。我国财务会计报告目标充分体现了决策有用观和受托责任观的相互融合，与国际会计准则委员会的会计目标趋同。

第二节　会计对象

一、会计对象的概念

会计对象是指会计核算和监督的内容，即会计行为的客体。即社会再生产过程中以货币表现的经济活动。因此，凡是特定单位能够以货币表现的经济活动都是会计核算和监督的内容，即以货币表现的经济活动，亦称为价值运动或资金运动就是会计对象[②]。

由于各特定单位的性质不同，经济活动的内容也存在差异，因此，其会计对象的具体内容也不尽相同。以下仅以制造业和商品流通企业为例、说明会计对象的具体内容及其差异。

二、制造企业会计对象

制造业会计对象是指制造业在生产经营中所发生的，能以货币计量的经济活动，即其资金运动。资金是指可以用货币表现的财产物资，它不是静止不变的，通过自身不断的运动而形成

① 2014 年 7 月 23 日根据《财政部关于修改〈企业会计准则——基本准则〉的决定》修改。
② 并非所有的经济活动都是会计对象，只有能够以货币表现的经济活动才是会计对象。

企业的生产经营活动。企业的资金运动根据运动所处的不同环节，顺序地表现为资金投入、资金循环与周转和资金退出三个过程。制造业的会计对象如图1-3所示。

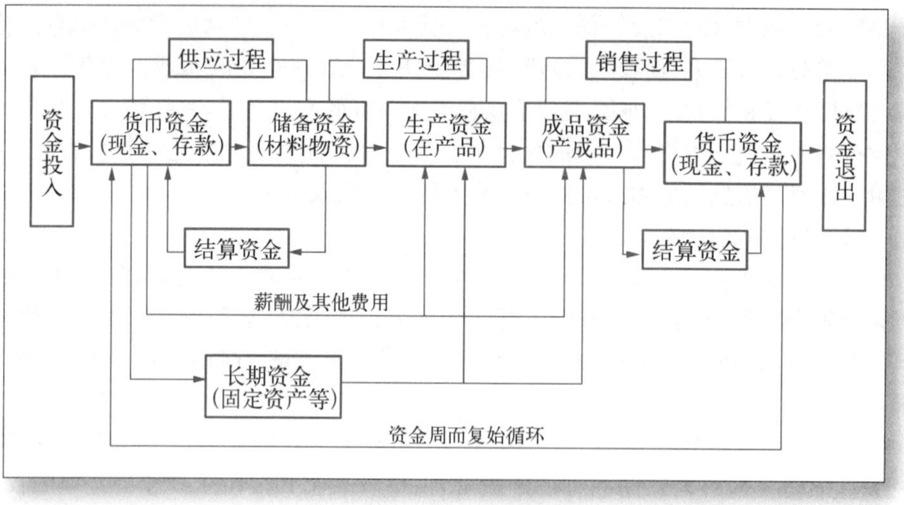

图1-3 制造业的会计对象

1. 资金投入

制造业筹集资金的来源包括接受投资者投入和向金融机构及其他组织借入的资金两个部分，前者称为企业的所有者权益，后者称为企业的负债（债权人权益）。投入企业的资金形成企业的各项资产，具体表现为库存现金、银行存款、原材料、库存商品、固定资产等形态。所以说资金是资产的价值或货币的表现。企业的资金既表现为所有者权益和负债两大来源，也表现为以资产的某种形式存在，所以，企业的资金总额等于所有者权益与负债之和，也等于资产价值总额。

2. 资金循环与周转

（1）在供应过程中，企业需要购买原材料等劳动对象，在购买材料过程中，既发生买价、运输费、装卸费等构成材料的采购成本，又与供应单位发生货款结算关系等经济活动。

（2）在生产过程中，劳动者借助于劳动手段将劳动对象加工成为特定产品，在产品形成过程中，发生原材料消耗、机器设备磨损、生产工人劳动耗费等项目构成的产品成本，同时，还发生企业与工人之间的薪酬结算关系、与有关单位之间的劳务结算关系等经济活动。

（3）在销售过程中，企业将生产的产品销售出去，发生有关销售费用、回收货款、缴纳税金等业务活动，并同购货单位发生货款结算关系、同税务机关发生税务结算关系等经济活动。

在企业供、产、销过程中，资金的形态依次经历货币资金、储备资金、生产资金、成品资金、货币资金等变化。这几种资金在企业资金周转与循环中，表现为各种资金在时间上是连续的，在空间上是并存的特点。

3. 资金退出

资金退出包括企业偿还各种债务、上缴相关税费、向所有者分配利润等，这样该部分资金便离开企业，退出企业资金循环与周转过程。

应该注意的是，企业经济活动包括能够用货币计量的经济活动和不能用货币计量的经济活动。前者称为经济业务，例如，购进材料、销售产品等；后者称为非经济业务，例如，制订采购计划、召开生产会议等。只有能以货币计量的经济活动，即经济业务，才构成会计核算的内容。

“经济业务”概念在会计实务中的使用基本上等同于交易或者事项。经济业务是指客观上能以货币计量并影响会计要素发生变动的经济活动。交易或者事项是从会计角度观察和把握企业经济活动的结果，是指导致经营实体的各项资产和权益发生变化的经济行为，是在企业的生产经营活动中发生的，能够采用会计的方法加以确认、计量和报告的经济活动。

交易是指企业与其他经济实体之间所发生的商品或劳务交换、资产转移、款项结算等经济活动。例如，企业购进材料和设备或接受劳务、销售产品或提供劳务、从银行取得借款、偿还各种债务等。经济交易的发生，涉及两个或几个经济组织。

事项是指不涉及其他经济实体、企业内部所发生的经济活动，例如，生产产品等耗用原材料、机器设备的消耗等。

实质上，经济业务代表了企业经济活动中属于资金及其变动内容的所有经济活动。因此，无论是交易或事项，还是经济业务，都是指会计应当记录和报告的企业经济活动的内容。

三、商品流通业会计对象

商品流通业会计对象是指商业企业在商品流通过程中的资金运动，即商业企业资金的取得、占用、耗费、收回、补偿和分配等环节。

商业企业的经济活动是组织商品流通，从事商品购销活动。商品的购销，从实物形态看，表现为各种商品的买进和卖出，即商品流通的两个阶段；从价值形态上看，表现为资金运动，即在商品购进阶段，表现为货币资金转化为商品资金，在商品销售阶段，表现为商品资金又转化为货币资金。随着商品购销活动的不断进行，这两种资金在购销两个阶段上依次转换其形态，形成周而复始的循环，这两种循环又是交叉进行的，即当一部分货币资金转化为商品资金的同时，另一部分商品资金转化为货币资金；这两种资金在购销两个阶段上的循环周转，在时间上是连续的，在空间上是并存的。

商业企业的资金周转过程，不仅表现为资金形态的交替转化，同时，还发生各项收入和各项支出，前者称为经营收入，是商品销售所获得的收入；后者称为经营支出。例如，销售产品的购进价，商品流通费支出等。企业已实现的商品销售收入扣除销售产品进价后的剩余部分为销售毛利，销售毛利扣除商品流通费、销售税金以及其他支出后的余额，是商业企业的利润。利润应按照国家的有关规定进行分配。商业企业的会计对象如图 1－4 所示。

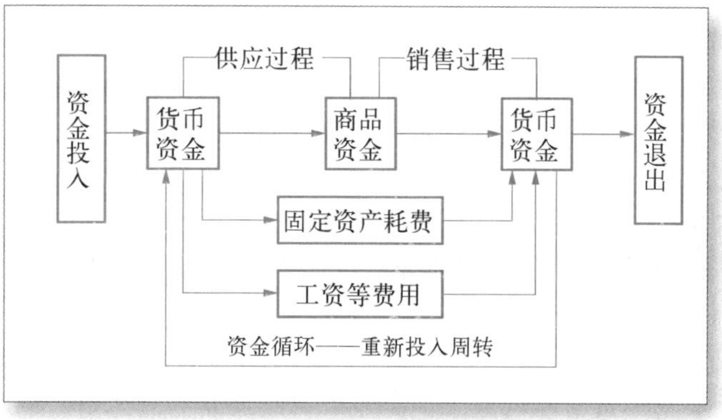

图 1－4 商业企业的会计对象

商业企业会计对象的具体内容，归纳起来是：

（1）企业为组织商品流通所取得的资金的增减变动和结存情况。

（2）在商品流通过程中发生的成本费用及其他支出。

（3）通过商品流通所取得的销售收入和获得的利润及其分配的情况。

第三节 会计假设与会计核算基础

一、会计假设

会计假设又称会计基本前提，是会计确认、计量和报告的基础，是对会计核算所处时间、空间环境等所作的合理界定。只有满足会计假设，会计核算才能正常地进行。会计假设包括会计主体、持续经营、会计分期和货币计量四项内容。

（一）会计主体假设

会计主体假设是指会计行为服务的对象，即特定单位或组织，是会计机构或人员进行会计行为时，所采取的立场以及在空间范围上的界定。意大利人唐·安杰洛·彼得拉在1586年撰写的《最有秩序的教育》一书中最先提出会计主体的思想。会计信息系统所处理的数据、提供的信息，不是漫无边际的，而是严格限定在每一个经营上或经济上具有独立性或相对独立地位的单位之内，会计信息系统所接受和处理的数据以及输出的信息，都不应该超出这些单位的界限。会计信息系统在设计、运行时，应以每一个特定单位或组织为空间界限，即"会计主体"假设。

会计主体既可以是一个企业，也可以是若干个企业组成的集团企业；既可以是法人，也可以是不具备法人资格的组织。会计主体与法律主体是两个不同的概念，法律主体是指企业在从事法律活动时所形成的法律关系，依法享有权利并承担义务的单位和个人。法律主体都可以作为会计主体，但会计主体可以是法律主体，也可以是非法律主体。例如，企、事业单位是法律主体也是会计主体；一个企业中的内部部门，如分公司等虽然不是法律主体，但它可以是会计主体。会计主体假设要求企业应当对其发生的交易或事项进行会计确认、计量和报告，这样就明确了会计行为的空间范围，企业应当对其本身发生的交易或事项进行会计确认、计量和报告。

（二）持续经营假设

持续经营假设是指会计主体的生产经营活动将无限期地持续下去，在可预见的将来不会解散、破产或大规模缩减生产规模及进行清算。会计确认、计量和报告应当以持续经营为前提。在持续经营前提下，要求在会计核算时，应以持续正常地经营为前提，企业拥有或控制的资产应按预定的目标耗用、出售、转让、折旧等，企业承担的债务也应按原计划如期偿还。例如，以持续经营为前提，企业取得固定资产时，按取得成本而非清算价值予以计量，并且在持续经营期间视其可使用年限将其价值合理地分配转移到各个会计期间。

（三）会计分期假设

会计分期假设是指将会计主体持续不断的经营活动人为地划分为相等的、较短的若干会计期间，以便分期考核其经营活动的成果。企业以持续经营为理念，但债权人和投资人乃至经营者却不能等到经营活动完全结束时，再披露或知晓企业的经营成果，这就促使企业将经营活动人为地划分成不同的会计期间，即企业应当划分会计期间，分期结算账目、编制财务会计报告，反映一定期间的财务状况、经营成果和现金流量等会计信息。

会计分期的意义在于它界定了会计信息的时间段落，产生了本期与非本期的区别，为历史成本计价、权责发生制、可比性原则等奠定了基础。会计期间分为年度和中期。年度是指财务会计报告的编制期间等于一个完整的会计年度。中期是指财务会计报告的编制期间短于一个完整的会计年度的报告期间，例如半年、季度、月度报告。我国的会计年度自公历 1 月 1 日起至 12 月 31 日止。其他国家或地区的会计年度有的有所不同，如采用 4 月至次年 3 月作为会计年度的有加拿大、英国、印度、日本等国家或地区。

会计年度差异

（四）货币计量假设

货币计量假设是指会计主体在会计确认、计量和报告时以货币作为主要的计量单位，反映会计主体的生产经营活动。为了实现会计的目标，必须综合反映会计主体的各项经济活动，这就要求有一个统一的计量尺度。在会计确认、计量和报告过程中之所以选择货币为基础进行计量，是货币本身属性所决定的。货币是商品的一般等价物，是衡量商品价值的共同尺度。其他计量单位，例如，重量、长度、容积、台、件等，只能从一个侧面反映企业生产经营情况，无法在量上进行汇总和比较，不便于会计计量，只有选择货币尺度进行计量，才能充分反映企业的生产经营情况。

会计在选择货币作为统一的计量尺度的同时，还须以实物量度和时间或劳动量度等作为辅助计量尺度完成会计行为。

《会计法》规定，在我国国内设立的企业以及在国外的我国企业，会计核算应以人民币为记账本位币。业务收支以人民币以外的货币为主的单位，可以选定其中一种货币作为记账本位币，但是编报的财务会计报告应当折算为人民币。

货币计量假设的前提是币值稳定假定①，因为只有在币值稳定或相对稳定的情况下，不同时点上的资产的价值才具有可比性，不同会计期间的收入和费用才能比较，并计算确定经营成果，会计信息系统提供的会计信息才能够真实地反映会计主体的经济活动情况。

二、会计核算基础

会计核算基础也称为会计基础，是指会计确认、计量和报告的基础，是会计确认的某种标准方式，是会计主体收入和费用的确认标准。根据对会计基础的不同选择，决定着会计主体取得收入和发生费用在不同会计期间的配比，并直接影响会计主体的经营业绩和财务成果等。会计基础包括权责发生制和收付实现制两种。

（一）权责发生制

权责发生制也称应计制，是以权利和责任的实际发生来决定收入和费用归属期的一种会计核算基础。其本质是凡是当期已经实现的收入和已经发生或应当负担的费用，不论款项是否收付，都应当作为当期的收入和费用。例如，本期使用借款应该负担的利息，即使不在本期交付，也应在本期确认为费用；再如，收到出租资产下半年度的租金，不能计入本期收入。权责发生制可以合理地确定会计主体在一定会计期间的财务成果，可将经济业务所引起的权利和责任在会计资料中反映出来，是最重要的会计核算基础，所以以营利为目的的会计主体应当以

① 币值稳定包括货币对内币值稳定和对外币值稳定两个方面。货币对内币值稳定是指国内物价的稳定，对外币值的稳定是指汇率的稳定。但是，币值稳定不等同于物价稳定，因为币值稳定是通过汇率的稳定而减小货币的波动，是货币市场供求均衡的关系。物价稳定是商品市场供求均衡的关系。

权责发生制为基础进行会计确认、计量和报告。

权责发生制记账基础具体可以分为如下四种类型：

(1) 凡应计入本期的收入，即使该款项本期还没有收到，也应作为本期的收入处理；

(2) 凡不应计入本期的收入，即使该款项本期已经收到，也不应作为本期的收入处理；

(3) 凡应计入本期的费用，即使该款项本期还没有支付，也应作为本期的费用处理；

(4) 凡不应计入本期的费用，即使该款项本期已经支付，也不应作为本期的费用处理。

企业应当以权责发生制为基础进行会计确认、计量和报告。

(二) 收付实现制

收付实现制是与权责发生制相对应的一种会计基础，它是以收到或支付现金作为确认收入和费用的依据。按照收付实现制，收入和费用的归属期间与现金收支行为的发生与否，紧密地联系在一起。换言之，现金收支行为在其发生的期间全部记作收入和费用，而不考虑与现金收支行为相关的经济业务实质上是否发生。

收付实现制记账基础具体可以分为如下四种类型：

(1) 凡在本期实际以货币付出的费用，不论其应否在本期收入中获得补偿，均应作为本期应计的费用处理；

(2) 凡在本期实际收到的货币收入，不论其是否属于本期，均应作为本期应计的收入处理；

(3) 凡本期没有以货币收到的收入，即使它归属于本期，也不作为本期的收入处理；

(4) 凡本期没有以货币支付的费用，即使它归属于本期，也不作为本期的费用处理。

目前，我国政府预算会计采用收付实现制。

(三) 权责发生制与收付实现制的区别

(1) 概念不同。权责发生制是相对于收付实现制而言的。权责发生制是按收益、费用是否归属本期为标准来确定本期收益、费用的一种方法。收付实现制是按收益、费用是否在本期实际收到或付出货币为标准确定本期收益、费用的一种方法。

(2) 弊端不同。权责发生制的优点是科学、合理、盈亏的计算比较准确，但缺点比较复杂；收付实现制的优点是处理手续简便，缺点是对盈亏计算不准确。

(3) 使用范围不同。根据我国《企业会计准则》和《政府会计准则》的规定，我国企业和政府财务会计采用权责发生制，政府结算会计采用收付实现制。

三、案例分析与计算

2021 年 6 月，以中华家具股份有限公司发生的经济业务为例，说明权责发生制与收付实现制下会计处理的差别。

【例 1.1】 1 日，企业销售 A 产品一批，货款为 22 600 元，6 月 17 日收到上述款项并存入工商银行。

经济业务分析：该笔销售业务在 6 月份已经确认了销售收入且收到了货款，不论按权责发生制还是收付实现制，其会计处理结果是相同的，都应该确认为 6 月份的收入计入本期收入。

【例 1.2】 10 日，企业开出工商银行 2 000 元转账支票一张，用以支付本月水、电费。

经济业务分析：该笔水电费业务是在 6 月份发生的，而且又支付了款项，不论按权责发生制还是收付实现制，其会计处理结果都是相同的，都应确认为 6 月份的费用计入本期费用。

【例 1.3】　14 日，企业销售 B 产品一批，货款为 56 500 元，双方约定于 7 月 10 日结算该笔款项。

经济业务分析：该笔销售业务在 6 月份已经确认了销售收入，但没有收到货款，按权责发生制要求，收入的确认应以销售是否实现为标志，而不以现金是否收到为标志，因此，应确认为 6 月份的收入。但是按收付实现制的要求，该笔业务的收入则应在 7 月份实际收到货款时确认 7 月份的收入。

【例 1.4】　27 日，企业收到南化公司工商银行 1 200 元转账支票一张，用以支付购货所租用包装物的租金，但按合同约定，所租用包装物将于 7 月 29 日交付给承租方。

经济业务分析：该笔业务所涉及包装物在 6 月份并没有交货，即并没有形成向对方收取货款的权利，虽然在本月收到了货币，但按权责发生制的要求，不能在 6 月份确认收入，而应在 7 月 20 日包装物交付承租方以后，再确认该项收入。但是，按收付实现制的要求，6 月份收到的货币应确认为 6 月份的收入。

【例 1.5】　29 日，企业开出工商银行 20 000 元转账支票一张，按合同规定预付给弘扬公司的固定资产维修服务费。

经济业务分析：该笔业务在 6 月份支付了款项，但是该付款事项的发生应属于固定资产维修服务完成的当期。按权责发生制要求，不应将这笔货款确认为 6 月份的费用。而按收付实现制的要求，这笔支出要确认为 6 月份的费用。

【例 1.6】　30 日，企业购买办公用品一批，价款 6 000 元，但与卖方约定该款项将在 7 月份支付。

经济业务分析：该笔办公经费业务在 6 月份发生，但没有支付现金，按权责发生制的要求，应确认为 6 月份的费用。而按收付实现制的要求，这笔支出要确认为 7 月份的费用。

根据以上经济业务，将不同记账基础下的收入与费用汇总如表 1－1 所示。

表 1－1　　不同记账基础的收入与费用比较表　　单位：元

经济业务	权责发生制		收付实现制	
	收　入	费　用	收　入	费　用
1	22 600		22 600	
2		2 000		2 000
3	56 500		0	
4	0		1 200	
5		0		20 000
6		6 000		0
合　计	79 100	8 000	23 800	22 000

第四节 会计信息

一、会计信息的使用者

谁需要会计信息、需要什么样的会计信息等问题，一直是会计研究面临的最基本也是最重要的问题。原则上讲，会计主体的利益相关者①都需要其生产的会计信息。按照会计信息使用者与企业的关系，可以将会计信息的使用者分为外部使用者和内部使用者两类。会计信息外部使用者包括投资者、债权人、政府及其有关部门以及社会公众等，他们主要通过企业公开披露的会计信息来了解、掌握企业的经济活动情况。因此，为了保证企业提供的会计信息的真实性，企业公开披露的财务会计报告必须经由具有执业资格的注册会计师进行审计并认可。会计信息的内部使用者包括企业管理层和企业一般员工，他们主要通过财务会计报告了解其经济活动情况。除此以外，企业的经营决策与管理活动还需要大量的其他相关信息。例如，产品成本的降低幅度、材料消耗定额的执行情况、产品的边际贡献率等。

（一）投资者

投资者将其所拥有或控制的资源投入企业，是出于获利的目的。从产权关系上看，投资者是企业主要的产权所有者。依据“委托代理”②理论，作为委托方的投资者，将企业委托给企业经营者去经营管理，以期实现财产的保值与增值；作为受托方的企业经营者，则承担了合理利用与配置企业资源、最大限度使其保值与增值的责任。正是由于财产所有权与其经营权的分离，使得作为财产所有者的投资者无法对其财产进行“实时监督”，而只能借助于企业定期提供财务会计报告及其他相关信息来了解企业经营管理者的委托责任履行情况。

（二）债权人

债权人主要包括向企业提供贷款的银行与非银行金融机构和向企业提供商品或劳务的供应商。从广义的产权角度看，债权人也是企业财产的产权所有者之一，因为它们提供了企业生产经营活动所需的部分财产。只是这种“债权人产权”与“投资者产权”③在法律等方面具有一定差别。

向企业提供贷款的银行以及非银行金融机构，主要关心的是提供给企业的贷款本金与利息能否按期得到偿还和支付；向企业提供商品或劳务的供应商等商业债权人，主要关心企业所欠款项能否如期偿还。企业的债权人，通过会计信息了解企业的偿债能力、信用状况等指标判断其债权受偿程度。

（三）政府及其有关部门

政府具有两种职能：一是“社会管理者”，为确保整个国家的社会与经济活动的正常秩序，

---

① “企业是所有相关利益方之间的一系列多边契约”，契约主体可以是管理者、雇员、顾客、供应商等，其都向企业提供了特殊资源，当然应有相应平等谈判的权利。广义的利益相关者包括一切与企业决策有利益关系的人，包括资本市场利益相关者（股东和债权人）、产品市场利益相关者（主要顾客、供应商、所在社区和工会组织）和企业内部利益相关者（经营者和其他员工）。

狭义的利益相关者是指除股东、债权人和经营者之外的，对企业现金流量有潜在索偿权的人。通常，我们说“利益相关者”是指狭义的利益相关者。

② 按照詹森和威廉·麦克林的定义，委托代理关系是指这样鲜明或隐含的契约，根据这个契约，一个或多个行为主体指定雇用另一些行为主体为其提供服务，并根据其提供的数量和质量支付相应的报酬。

③ 债权人产权与投资者产权的差异。① 在法律上优先保证债权人产权权利的行使或实现。② 投资者产权权利的实现与企业的生产经营活动及其成果密切相关。③ 在约定债务偿还期内，债权人对其产权相关权利的行使只具有“理论”上的意义。投资者能够依照法律规定行使与产权相关的“决策权”。④ 在企业处于非持续经营状态时，投资者产权的权利体现在企业资产扣减债权人产权数额后的剩余部分。

其必须履行社会管理的职能；二是如果政府为企业出资，则成为企业的投资者，此时，政府便以企业投资者身份而享有投资者的一切权益并承担相应的义务。对于政府没有出资的企业，政府仅仅具有“社会管理者”身份，不享有投资者的权益。

从企业视角来看，政府的社会管理职能主要体现在社会经济资源的优化配置上。通过企业提供的有关经济活动的会计信息，政府及其经济监管部门可以判断企业的经济行为是否合法、是否有效。除监管企业的经济活动以外，企业提供的会计信息还可以作为政府制定经济政策和统计国民收入的基础数据资料。

（四）社会公众

社会公众一般指对企业实现目标的能力具有实际或潜在利害关系和影响力的团体和个人。他们需要通过企业财务会计报告。了解企业产品质量、价格变动情况、企业在同行业中所处地位、企业所承担的社会责任及其信誉情况，监督企业生产经营活动，保护自身合法权益。

（五）企业经营管理者

企业经营管理者包括企业的高级管理人员和一般管理人员。企业高级管理人员群体被称为企业的“高管层”，包括企业的总经理和副总经理等。以总经理为首的企业管理层主要职责是实施董事会作出的有关经营、投资与筹资等经营活动的重大决策，并负责管理企业日常的生产经营活动。企业管理人员的素质、能力与行为直接影响企业的经济活动，影响经济资源的配置效率，从而影响企业的经济利益和企业价值的提升。

除投资者、债权人、政府及其有关部门、社会公众、企业管理层外，顾客、证券分析师、企业一般员工等，与企业有潜在利益关系者，他们也是企业会计信息的使用者。

都是贪婪惹的祸

二、会计信息的质量特征

企业提供会计信息的质量特征类似于企业生产产品的质量标准。企业生产产品必须达到既定的产品质量标准，才能进入商品市场。同产品一样，会计信息也是企业向社会提供的一种“产品”。只不过这是一种特殊的信息产品，其进入资本市场后会为投资者等市场参与者带来影响。企业提供的会计信息，是资本市场存在与正常运行的基础。作为一种运用于资本市场、具有公共属性的产品，企业提供会计信息必须达到既定的质量标准。

不合格的会计信息，甚至是“虚假”[①]的会计信息进入资本市场，无疑会损害作为会计信息产品消费者的投资者、债权人等使用者的利益。

我国财政部 2006 年 2 月发布的《企业会计准则——基本准则》，明确提出了八项“会计信息质量要求”。

（一）真实性

真实性也称可靠性或客观性，是指企业应当以实际发生的交易或者事项为依据进行确认、计量和报告，如实反映符合确认和计量要求的各项会计要素及其他相关信息，保证会计信息真实可靠、内容完整。

真实性质量要求企业的会计行为，应当遵循以下两个规则：

（1）以实际发生的交易或者事项为依据。会计行为应该以实际发生的交易或者事项为依据进行确认、计量，将符合会计要素定义及其确认条件的资产、负债、所有者权益、收入、费用和

① 虚假会计信息是指会计信息的生成依据、程序、结果及披露中存在违反会计规范的行为。

利润等如实反映在财务会计报告中，不得根据虚构的、没有发生的或者尚未发生的交易或者事项进行确认、计量和报告。

（2）保证会计信息的完整性。在符合重要性和成本效益原则的前提下，应保证会计信息的完整性，其中包括应当编报的报表及其附注内容等应当保持完整，不能随意遗漏或者减少应予披露的信息，与会计信息使用者决策相关的有用信息都应当充分披露。

遵守会计职业道德是会计人员处理经济业务的基本要求，会计诚信是会计人员最根本的职业素质。

（二）相关性

相关性也称有用性，是指企业提供的会计信息应当与财务会计报告使用者的经济决策需要相关，有助于财务会计报告使用者对企业过去、现在或者未来的情况作出评价和预测。会计目标就是为有关各方提供信息，充分发挥会计信息的作用，必须使提供的信息能够满足有关使用者的要求。有用性原则要求会计行为在收集、处理、生成和传递会计信息的过程中，须考虑信息使用者对会计信息需要的差异性，确保提供的会计信息与信息使用者的需要是相关的。

（三）可理解性

可理解性也称明晰性，是指企业提供的会计信息应当清晰明了，便于财务会计报告使用者理解和使用。企业编制财务会计报告、提供会计信息的目的在于使用，而使用者有效利用会计信息，就应当能让其了解会计信息的内涵，弄懂会计信息的内容。可理解性原则要求对于用数据不能说明的问题应利用文字进行解释。会计信息的价值在于对会计信息使用者的决策有用，因而必须使信息使用者理解会计记录及报告语言、方法的含义。可理解性原则贯穿于会计行为的所有环节。

（四）可比性

可比性，是指会计核算应当按照国家统一规定的会计处理方法进行，会计核算应口径一致，相互可比，即相同的经济业务在不同企业和同一企业不同时期采用相同的会计方法来处理。企业提供的会计信息应当具有可比性，可比性有两方面的含义：

（1）同一企业的不同时期纵向可比。同一企业不同时期发生的相同或者相似的交易或者事项，应当采用一致的会计政策，不得随意变更。确需变更的，应当在财务报表附注中说明。例如，企业将存货计价方法从先进先出法改变为加权平均法，就会对存货发出成本和存货结余成本产生影响，需要在财务报表附注中进行说明。

（2）不同企业的相同时期横向可比。不同企业发生的相同或相似的交易事项，应当采用规定的会计政策，确保会计信息口径一致、相互可比。企业经营的好坏、资产情况如何都是根据企业财务会计报告信息进行比较。可比性原则以客观性原则为基础，并不意味着不能有任何选择，但这种选择应是会计政策所允许的。例如，企业可以根据实际情况选择计提坏账准备比例。

（五）实质重于形式

实质重于形式，是指企业应当按照交易或者事项的经济实质进行会计确认、计量和报告，不应仅以交易或者事项的法律形式为依据。在经济活动中，有些交易或者事项的法律形式并不能完全真实地反映其经济实质，交易或者事项的经济实质或与外在法律形式所反映的内容不尽相同。为了使会计信息能更加真实地反映其经济实质，就必须依据交易的实质而不是外在的法律形式进行会计核算，即实质重于形式的原则。例如，将企业租入的固定资产确认为使用权资产和租赁负债，并分别确认折旧和利息费用，就是遵循实质重于形式原则。

(六) 重要性

重要性,是指企业提供的会计信息应当反映与企业财务状况、经营成果和现金流量等相关的所有重要交易或者事项。在会计核算过程中对交易或者事项应当区别其重要性程度,对资产、负债、损益等有较大影响的重要会计事项,应在财务会计报告中予以充分、准确的披露。特重大会计事项要求单独核算、单独反映,力求准确;对于次要的会计事项,在不影响会计信息真实性和不至于误导会计信息使用者作出正确判断的前提下,可适当简化核算,合并反映。重要性判断的标准不仅仅是金额,还要看经济业务的性质。重要性的判断不能脱离企业所处的客观环境,不同企业或同一企业在不同时期,判断重要性的标准可能不完全相同。其标准是该信息能否影响会计信息使用者的决策。

美国财务会计准则委员会对重要性原则的定义为:“根据周围的环境,会计信息的遗漏或错报很可能会改变或影响依赖这一信息的人的判断。”即该项信息的重要性大到足以影响决策。国际会计准则委员会、英国会计准则委员会以及我国的审计准则也都有类似的定义。

(七) 谨慎性

谨慎性也称稳健性,是指企业对交易或者事项进行会计确认、计量和报告时应当保持应有的谨慎,不应高估资产或者收益、低估负债或者费用。也就是说,在会计核算中,对企业可能发生的损失和费用,应当进行合理预计。

合理预计是指会计人员对存在不同会计处理程序和方法的某些经济业务,应在不影响合理反映的前提下,尽可能选择不虚增资产、利润和夸大所有者权益或减少费用的会计处理程序和方法进行会计处理。当有多种会计方法可供选择时,应当遵循谨慎性原则的要求,不得多计资产或收益、少计负债或费用,不得计提秘密准备。

(八) 及时性

及时性,是指企业对于已经发生的交易或者事项,应当及时进行会计确认、计量和报告,不得提前或者延后。企业的会计核算只有及时进行,才能保证会计信息的时效性。因此,记账、算账、报账都不得提前或延后。

及时性原则对会计信息使用者有两方面的影响:一是影响会计信息的质量,对发生的经济业务应及时记录,跨期记录会影响当期会计核算的结果;二是影响会计信息使用者的决策,迟报会计信息将影响会计信息使用者的判断和决策。

三、会计信息的生产过程

会计信息生成过程一般可区分为会计确认、计量、记录和报告四个环节①。

(一) 会计确认

1. 确认的概念

会计确认是指依据一定的标准,辨认哪些经济业务能否输入、何时输入会计信息系统以及如何进行报告的过程。会计确认包括会计记录的确认和编制财务会计报告的确认。是会计主体将某一项目经济活动,作为一项资产、负债、收入、费用等正式地记录或计入该会计主体的财务会计报告的过程,包括同时用文字和数字描述该项经济业务,其金额则包含在财务会计报告总计之中。对于一项资产或负债,确认不仅要记录该项经济业务的发生或完成,还要记录其后发生的变动,包括从财务会计报告中予以取消的情形。

① 四个环节,一是指会计人员处理经济业务的四个步骤;二是指每一笔经济业务的会计处理都要经过这四个过程。

确认是一种基于会计规范的规定，对特定单位的经济活动是否应纳入会计信息系统核算以及计入会计信息系统核算的资产、负债价值变化的判断。前者为初次确认，后者为重新确认，又称为再确认与终止确认。

会计确认的本质：第一，要将某一项经济业务计入特定单位的财务会计报告，从会计实务来讲，首先应对记录经济业务发生的原始凭证的真实性、合法性与合理性的作出判断，它是该经济活动应否计入财务会计报告某一要素的第一个环节。其次应对该经济活动的类别作出判断。就会计工作而言，会计确认就是审核原始凭证、编制记账凭证的过程；第二，确认需通过相关程序 、部门、人员的审核、批准等来表达确认的结果；第三，确认的范围仅限于财务会计报告项目，而不考虑财务会计报告项目以外的其他内容。

2. 确认的分类

确认是会计程序中的某项会计工作发生之前，会计人员基于特定标准的专业判断。因此，确认贯穿于整个会计程序中：确认涉及对记录和报告两个层次的决策，一切交易和事项都要经过初始确认进行记录，然后通过再确认予以报告。对记录的确认，可以分为三类：

(1) 初次确认。初次确认是指每当一项交易、事项发生、就需识别是否应在会计上进行正式记录；对记录来说，确认主要包括：第一，是否有相关项目应作为要素进入会计系统正式记录。会计只反映那些对企业经济利益确实产生影响或导致企业资产和负债要素发生变动的交易或事项。这些交易或事项可以是发生在不同主体之间，也可以是发生在同一个主体内部。第二，这些项目应记录为哪个会计要素。第三，何时应予记录。

(2) 再确认。再确认是指将初始确认已经记入账簿的经济业务计入财务会计报告前的判断，是在初始确认的基础上，筛选哪些信息应计入财务会计报告，哪些信息应在财务会计报告之外列示。它所代表的是会计的决策行为。

(3) 后续确认。后续确认是指对已在财务会计报告中反映的项目，在下一个会计期间发生了价值或产权上的变化，而在会计记录或财务会计报告中反映之前，由会计人员作出的基于事实的合理、合规性的判断。

作为一个程序和过程，确认对大多数交易和事项所应予记录和报告的项目可以一次完成。例如，发生的费用，如电费，由于购入该项劳务当时被消耗掉，已记录的项目不可能发生后续的变动，因此这类交易和事项只需要一次确认即可完成。有一些交易和事项的确认，其已记录和已报告的项目，事后可能会发生价值的变动，而需要后续确认甚至不再符合确认标准而需要终止确认，比如，固定资产按历史成本确认为后，由于价值变动而批准进行重估，则重估价的记录与报告的确认，应属于后续确认。

按现行成本或公允价计量的某些项目在其交易开始时是通过初始确认，在初始确认后如现行成本或公允价值发生变动时，一般于下一个报告年度开始按变动后的成本或价值重新确认，即所谓后续确认。

如果已确认的某个项目不再符合某一要素的定义，例如，已确认的资产由于作为其他企业的抵押而当作担保品被偿付债务进行处置，本企业对它不再保持控制的能力，这时，对该项资产，就要在会计记录和财务会计报告中终止确认。

3. 确认的标准

确认标准是指在会计确认时，对某项经济业务是否符合计入会计信息系统的标准，该标准是会计执业的技术标准，主要包括：可定义性、可计量性、相关性、可靠性等四项内容。

(1) 可定义性是指所确认的项目须符合财务会计报告中某一要素的定义；

（2）可计量性是指所确认的项目须能予以量化；

（3）相关性是指根据所确认的项目生成的会计信息，对使用者的决策有影响；

（4）可靠性是指所确认的项目是真实、可验证、中立的。

这四条标准缺一不可，可以概括为：一个项目符合于会计要素的定义并能可靠地计量，同时对信息使用者的决策相关。

4. 确认的会计事项

根据《会计法》的规定，会计信息系统应确认的会计核算事项包括：

（1）款项和有价证券的收付。

（2）财物的收发、增减和使用。

（3）债权债务的发生和结算。

（4）资本、基金的增减。

（5）收入、支出、费用、成本的计算。

（6）财务成果的计算和处理。

（7）需要办理会计手续、进行会计核算的其他事项。

（二）会计计量

会计计量解决的是经济业务计入会计信息系统的价值量计量问题。它是利用货币形式对企业经济活动中的数量及金额关系进行计算和确定。例如，当企业购入一台生产设备时，会计信息系统必须计算所发生的购买成本，计量确定所购生产设备的实际成本；当企业销售产品时，会计信息系统不仅应当计量销售产品的收入，而且还应计量确定已经销售产品的实际成本。尽管企业的厂房、机器设备等可以在企业生产经营过程中长期使用，但其使用一段时间后必然会存在“价值消耗”问题，因此，会计信息系统还必须定期计量确定厂房、机器设备等长期使用财产的“损耗价值”。

会计计量是在会计确认的基础上，将经济活动信息予以价值量化的过程。就企业而言，会计确认是解决“定性”问题，会计计量是解决“定量（确定价值量）”问题。或者说，会计确认解决“是否”问题，会计计量解决“是多少”问题。例如，企业购买一项专利权，会计处理必须解决两个问题，一是专利权是否应当作为会计信息的内容来记录以及作为什么内容进行记录；二是企业取得该项专利权实际发生的支出是多少或者说企业记录时的价值量是多少。前者属于会计确认行为，后者属于会计计量行为。

企业在将符合确认条件的会计要素登记入账并列报于财务会计报告及其附注时，应当按照规定的计量属性进行计量确定其金额。会计计量属性主要包括历史成本、重置成本、可变现净值、现值和公允价值五种。

1. 历史成本

（1）历史成本概念。在历史成本计量下，资产按照购置时支付的现金或者现金等价物的金额，或者按照购置资产时所付出的对价的公允价值计量。负债按照因承担现时义务而实际收到的款项或者资产的金额，或者承担现时义务的合同金额，或者按照日常活动中为偿还负债预期需要支付的现金或者现金等价物的金额计量。

（2）历史成本特征。第一，历史成本是可靠的、可验证的。由于历史成本是唯一一种基于过去的交易或事项的计量属性，而过去的交易或事项的金额是可以取得并验证的，因此，在可靠性方面它比其他计量属性更具有优势。由于历史成本是在过去的市场交易中形成，并有原始凭证作为依据，不同的会计人员按照相同的规则会得出大致相同的结果，因而它具有可验证性，在这一点上其他计量属性是不能相比的。第二，历史成本计量方法简单。历史成本只对交易和事项进行初次计量，一旦登记入账之后，无论环境是否变化，都不再重新计量。这也是历史成本得到广泛应用的原因，当然也引起一定的争议。第三，历史成本取得成本较低。

(3) 历史成本取得。历史成本发生的时点是资产取得当时，即历史时态下的成本，历史成本是基于过去真实的交易。企业取得的各种财产物资，应以其购进或建造时发生的原始成本即实际成本入账，并以此作为分摊和转作费用（成本）的依据。当物价变动时，除国家另有规定外，不得调整其账面价值。

(4) 历史成本应用。在会计要素计量时，一般均采用历史成本。企业资产的取得、耗费和转换都应按照取得资产时的实际支出进行计量和记录；企业负债的形成和偿还都按形成负债的实际支出进行计量和记录。

历史成本也有局限性。例如，在价格变动的情况下，不同的交易时点，相同的历史成本代表不同的价值量，这些代表不同价值量的历史成本之间是没有可比性的。

2. 重置成本

(1) 重置成本概念。在重置成本计量下，资产按照现在购买相同或者相似资产所需支付的现金或者现金等价物的金额计量。负债按照现在偿付该项债务所需支付的现金或者现金等价物的金额计量。

(2) 重置成本特征。重置成本计量可以避免在物价上涨时虚增利润；增强了会计信息的有用性；增强期间收入与费用相配比的可比性和可靠性；便于区分经营收益和资产利得；有助于正确评价管理当局的业绩。

(3) 重置成本取得。重置成本是在现时条件下，重新购置或建造一个全新状态的计量资产，所需支付的全部现金及现金等价物减去计量资产的实体性陈旧贬值、功能性陈旧贬值和经济性陈旧贬值后的金额，以其作为计量资产现时价值的一种计量属性。

(4) 重置成本应用。在实务中，重置成本多应用于盘盈资产的计量等。

3. 可变现净值

(1) 可变现净值概念。在可变现净值计量下，资产按照其正常对外销售所能收到现金或者现金等价物的金额扣减该资产至完工时估计将要发生的成本、估计的销售费用以及相关税费后的金额计量。

(2) 可变现净值特征。可变现净值计量属性是在不考虑货币时间价值的情况下，计量资产在正常经营过程中可能带来的预期现金流入或将要支付的现金流出；可变现价值是一种交换产出价值，是处于正常销售经营通常有正常利润情况下的价格；确定可变现净值的前提是企业在日常活动中，若企业处于清算过程，就不能按照相关准则的规定确定相关资产的可变现净值；可变现净值是资产的预计未来净现金流量，而不是简单地等于资产的售价或合同价。

(3) 可变现净值取得。企业预计的销售资产现金流量，并不完全等于资产的可变现净值。资产在销售过程中可能发生的销售费用和相关税费，以及为达到预定可销售状态还可能发生加工成本等相关支出，这些支出构成现金流入的抵减项目。企业预计销售资产的现金流量，扣除这些抵减项目后，才能确定资产的可变现净值。不同持有目的资产的可变现净值的构成是不同的。例如，产成品、商品和用于出售的材料等直接用于出售的商品存货，在正常生产经营过程中，应当以该存货的估计售价减去估计的销售费用和相关税费后的金额确定其可变现净值。再如，需要经过加工的原材料，在正常生产经营过程中，应当以所生产的产成品的估计售价减去至完工时估计将要发生的成本、估计的销售费用和相关税费后的金额确定其可变现净值。

（4）可变现净值应用。会计实务中，一般应用于存货的减值测试。

4. 现值

（1）现值概念。在现值计量下，资产按照预计从其持续使用和最终处置中所产生的未来净现金流入量的折现金额计量。负债按照预计期限内需要偿还的未来净现金流出量的折现金额计量。现值是企业持有的资产通过生产经营，或者承担的负债在正常的经营状态下可望实现的未来现金流量折现的价值。

（2）现值特征。第一，当给定终值时，折现率越高，现值越低；第二，当给定折现率及终值时，取得终值的时间越长，该终值的现值就越低。在其他条件相同的情况下，按单利计息的现值要高于用复利计算的现值。现值是真正体现了资产、负债作为“未来经济利益的获得或者牺牲”的本质属性，因为现值计量属性充分考虑了货币时间价值，考虑了现金流量的数额、时间分布和不确定性。

（3）现值取得。按现值计量时，资产按照预计从其持续使用和最终处置中所产生的未来净现金流入量的折现金额计量；负债按照预计期限内需要偿还的未来净现金流出量的折现金额计量。

（4）现值应用。会计实务中一般在以下几个方面会采用现值计量属性：第一，购买固定资产的价款超过正常信用条件延期支付，实质上具有融资性质的，固定资产的成本以购买价款的现值为基础计量确定等；第二，购买无形资产的价款超过正常信用条件延期支付，实质上具有融资性质的，无形资产的成本以购买价款的现值为基础计量确定；第三，辞退福利补偿款超过 1 年支付的，以现值计量确认辞退福利金额；第四，预计负债计量时，应当综合考虑有关风险、货币时间价值等因素，影响较大的，以相关现金流出的现值作为其最佳估计数；第五，以摊余成本计量的金融资产发生减值时，应当将该金融资产的账面价值减记至预计未来现金流量的现值，减记的金额确认为信用减值损失，计入当期损益；第六，销售、劳务合同或协议价款的收取采用递延方式、实质上具有融资性质的，按照应收合同或协议价款的现值计量确定销售收入。

5. 公允价值

（1）公允价值概念。在公允价值计量下，资产和负债按照市场参与者在计量日发生的有序交易中，出售资产所能收到或者转移负债所需支付的价格计量。有序交易，是指在计量日前一段时期内相关资产或负债具有惯常市场活动的交易。清算等被迫交易不属于有序交易。

（2）公允价值特征。公允性是公允价值的最基本的特征，它有一个重要的前提条件就是公平交易。这体现在交易的双方是平等的，彼此熟悉而且自愿交换。但不一定所有的交易都是在活跃市场上进行的，只要是满足了基本特征，就可以视为交易价格是公允的；时效动态性是区别公允价值和历史成本的主要特征。公允价值强调的是时点性，例如，在某一时点所产生的价格，在当时可以称为公允价值，但随着时间的推移，它已不能当作现在时下的市场价格了。它是随着时间和周围环境的变化而变化；估计性是指公允价值的取得是以假设的交易为基础。尤其在资产后续计量中，一般都是没有发生实际交易，是根据假设的交易价格来估计公允价值的。正如井尻雄士所说：“公允价值一般由市价决定，但如果资产或者负债不在市场交易时，公允价值则包括一个假设的市价，所以某种程度上，公允价值的含义比市价更为广泛。”

（3）公允价值取得。企业应当将公允价值计量所使用的输入值划分为三个层次，并首先使用第一层次输入值，其次使用第二层次输入值，最后使用第三层次输入值。

第一层次输入值是在计量日能够取得的相同资产或负债在活跃市场上未经调整的报价。

活跃市场，是指相关资产或负债的交易量和交易频率足以持续提供定价信息的市场。

第二层次输入值是除第一层次输入值外相关资产或负债直接或间接可观察的输入值。

第三层次输入值是相关资产或负债的不可观察输入值。

公允价值计量结果所属的层次，由对公允价值计量整体而言具有重要意义的输入值所属的最低层次决定。企业应当在考虑相关资产或负债特征的基础上判断所使用的输入值是否重要。公允价值计量结果所属的层次，取决于估值技术的输入值，而不是估值技术本身。

（4）公允价值应用。我国引入公允价值是适度、谨慎和有条件的，其原因是考虑到我国尚属新兴的市场经济国家，如果不加限制地引入公允价值，有可能出现公允价值计量不可靠，甚至借机人为操纵利润的现象。因此，在投资性房地产和金融资产等具体会计准则中规定，只有存在活跃市场、公允价值能够取得并可靠计量的情况下，才可以采用公允价值计量。

企业在对会计要素进行计量时，一般应当采用历史成本，若采用重置成本、可变现净值、现值、公允价值计量的，则应当保证所确定的会计要素金额能够取得并可靠计量。

（三）会计记录

1. 会计记录的概念

会计记录是会计行为的基本程序之一，它将经过初次确认而可以计入会计信息系统的交易或事项，根据会计计量确定的相关会计要素的数据（金额），按照一定会计原理，采用文字和数字的形式在预先设置的核算项目进行中记录、反映，是会计核算的一个重要环节。会计要素的确认和计量只解决了企业发生的交易或事项能否、何时及如何计入会计信息系统的问题，而会计确认和计量的结果必须以适当的方式在会计信息系统中加以记录、核算，才能形成系统、连续、全面、综合的会计核算数据资料。

2. 会计记录方法

会计记录是对企业经济交易与事项进行记录，因此，必须采用专门的记录方法，确保企业的经济交易与事项得到全面、完整地记录。同时，根据交易与事项的记录结果还可以验证交易与事项记录过程的正确性。

3. 会计记录内容

会计记录内容是指为实现会计目标，需要在不同介质上所作的相关记录。主要包括会计凭证、会计账簿、会计报表及合同、签约等会计资料。

4. 会计记录文字

会计记录的文字应当使用中文。在民族自治地方，会计记录可以同时使用当地通用的一种民族文字。在中华人民共和国境内的外商投资企业、外国企业和其他外国组织的会计记录可以同时使用一种外国文字。

会计记录使用文字基本要求为：

（1）会计记录文字应当使用中文。会计记录所使用的文字，是正确进行会计核算和表述各种会计记录、会计资料的重要媒介。会计资料作为一种商业语言和社会资源必须规范统一，而对会计资料起辅助说明作用的会计记录文字也必须通行。在我国，中文是法定官方语言文字，有广泛的适应性。因此，单位的会计记录文字必须使用中文，这是法定要求。

（2）在民族自治地方和中国境内的外国组织的会计记录可以同时使用另外一种文字。在我国境内，除广泛使用中文外，在民族自治地方还使用民族文字，在一些外商投资企业等还使用外文。为了方便使用不同文字的使用者阅读会计资料，《会计法》规定，会计记录在使用中文的前提下，可以同时使用另外一种文字。

（四）财务会计报告

1. 财务会计报告的概念

财务会计报告主要解决会计信息系统报告什么样的信息、何时报告等。财务会计报告是企业借助于一系列二维表所构成的体系将企业经济活动的数据经过会计处理后，所形成的会计信息提供给信息使用者。根据利益相关者理论，作为向使用者提供决策有用信息的主要方式，企业财务会计报告在内容、格式等方面必须充分考虑信息使用者的要求。财务会计报告是指企业对外提供的反映企业某一特定日期的财务状况和某一会计期间的经营成果、现金流量等会计信息的文件。

2. 财务会计报告的组成

财务会计报告由一系列二维表格组成，是企业会计信息的主体内容，包括由反映企业财务状况的资产负债表、反映企业经营业绩的利润表和反映企业现金流量的现金流量表及仅供所有者权益变动情况的所有者权益变动表、财务报表附注及其他应当披露的信息和资料所组成。财务会计报告包括会计报表及其附注和其他应当在财务会计报告中披露的相关信息和资料。会计报表至少应当包括资产负债表、利润表、现金流量表等报表。

小企业编制会计报表可以不包括现金流量表。

3. 财务会计报告的内容

企业应当在财务会计报告的显著位置至少披露下列各项：

（1）编报企业的名称；

（2）编报的日期或会计期间；

（3）人民币金额单位；

（4）财务会计报告是合并财务会计报告的，应当予以标明。

会计确认、计量、记录和报告是财务会计的基本内容，其相互关联、相互影响，并构成会计信息系统运行的基本程序。

第五节 会 计 方 法

会计方法是指用来核算与监督会计对象、实现会计目标的手段，是在长期的会计实践中总结创立的并随着社会经济发展技术进步及会计管理活动的复杂化而逐渐地完善和提高的。按会计目标和职能的不同，会计方法包括会计核算方法、会计分析方法、会计检查方法。

一、会计核算方法

会计核算方法是指会计机构或人员完成会计核算工作所借助的方法与手段，是以货币作为主要的计量单位，连续、系统、完整地对会计对象进行确认、计量、记录和报告等的方法。是会计方法中最基本的方法，是其他各种会计方法的基础。在社会再生产过程中，产生了海量的经济信息，对其依照会计规范进行确认、计量、记录、计算、分类与汇总等会计处理，形成了信息使用者有用的会计信息。这个信息转换的过程就是会计核算过程，也是会计核算方法的具体使用过程。

会计核算方法包括设置会计科目与账户、复式记账、填制与审核会计凭证、登记账簿、成本计算、财产清查、编制财务会计报告七种专门方法。

（一）设置会计科目与账户

设置会计科目与账户是指对会计核算与监督的内容进行科学分类并赋予规定名称的一种专门方法。会计所核算和监督的内容是复杂多样的，企业的财产物资以各种形态存在，例如，厂房建筑物、机器设备、各种材料、半成品、产成品等；再如，为了取得这些财产物资所需的资金也来自不同的渠道，可以来自银行贷款、投资者投入等。为了完成对会计主体经济活动的核算和监督，必须根据会计对象的具体内容和经济管理的要求，对其进行科学地分类，这种将其划分为若干个分类核算的项目，就形成了在会计核算中应用的会计科目，并在账簿中为每一个会计科目开设一个具有一定结构与格式、内容的账户，以便通过账户分门别类地登记各种经济业务，从而取得所需要的各种不同种类的会计信息。

（二）复式记账

复式记账是指对会计主体发生的每一笔经济业务，都以相等的金额同时在两个或两个以上相互联系的账户中进行登记的一种记账方法。任何一项经济业务的发生都有其来龙去脉，例如，企业的银行存款减少 10 000 元，去向是什么？或者是购买了原材料，或者是上缴了应交税费等。采用复式记账就是对发生的每一笔经济业务既要在有关账户中登记其来处，又要在有关账户中登记其去处。这样既能反映经济业务的全貌，又便于进行试算平衡。

（三）填制和审核会计凭证

会计凭证是指用来记录经济业务和明确经济责任、具有法律效力的书面文件，是登记账簿的依据。会计凭证分为原始凭证和记账凭证。对于已经发生的经济业务，必须取得由经办人员或有关单位填制并签名盖章的会计凭证，以证明经济业务的真实性、合规性及合理性。企业取得原始凭证后，还必须经过会计部门和其他相关部门的审核，会计人员将根据审核无误的原始凭证填制记账凭证，而经过审核后的记账凭证可以作为登记账簿的直接依据。因此，填制与审核会计凭证是为会计记录提供完整、真实的原始资料，保证会计记录完整、正确的方法。

（四）登记账簿

会计账簿是指具有一定格式与结构、相互联结的账页组成的簿籍。登记账簿就是根据审核无误的会计凭证，采用复式记账的方法，将经济业务的内容，连续、系统、全面地记录在账页上的一种专门方法。通过登记账簿就能够将一定时期内零星的、分散的经济业务进行汇总，连续、系统、全面地反映经济活动的完整的会计信息资料，从而了解经济活动发生、发展的全部过程。

（五）成本计算

成本计算是指按照成本计算对象归集已发生的各项费用，从而确定各成本计算对象的总成本和单位成本的一种专门方法。成本计算是企业经济核算的中心环节，凡是独立核算的企业都必须进行成本计算。例如，产品制造业既需要计算各种原材料的实际采购成本，又需要计算各种产成品的实际生产成本和当期实际发生的销售成本。正确地进行成本计算，也是企业正确地计算利润的前提。

（六）财产清查

财产清查是指通过盘点实物、核对账目，查明各项财产物资和往来款项的实有数，以保证账实相符的一种专门方法。企业必须定期或者不定期地对各项财产物资和往来款项进行清查、盘点和核对。在清查中如果发现某些财产物资和往来款项的实有数与账面结存数额不一致，应查明原因，明确经济责任，并调整账存数，使账存数与实存数相等，以保证会计核算资料的真实性。通过财产清查还可以发现财产物资保管及债权、债务管理中存在的问题，以便对积压、呆滞、毁损、短缺的财产物资和逾期未能收回的债权及时采取措施，加强管理，从而保护财产物资的安全、完整，并加速资金周转，挖掘财产物资的潜力。

（七）编制财务会计报告

编制财务会计报告是指根据账簿的记录，以一套表格体系形式的反映会计主体在一定时（点）期上（内）的财务状况和经营成果等会计信息的一种专门方法。编制财务会计报告，是在账簿记录基础上对会计核算资料的进一步加工、整理。

会计核算只有综合运用这七种方法才能顺利进行。在会计核算过程中，复式记账是处理经济业务的基本方法，设置会计科目与账户和填制与审核会计凭证是会计工作的开始，登记账簿是会计核算工作的中间环节，成本计算和财产清查诸方法是保证会计信息准确、正确的科学手段，而编制财务会计报告是一个会计期间会计核算工作的终结。各种会计核算方法是相互联系、密切配合的，构成了一个完整的方法体系，会计核算方法的结构如图 1－5 所示。

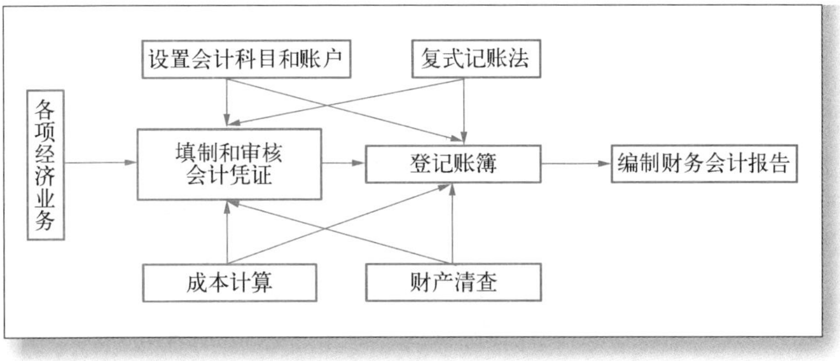

图 1－5 会计核算方法结构图

二、会计分析方法

会计分析方法是指依据会计核算提供的各项数据及经济业务发生的过程，对企业的经营过程及其经营成果进行定性和定量的分析时所采用的方法。会计分析方法是会计预测、会计决策、会计检查的主要依据。会计分析可以及时发现经营管理中存在的问题及缺陷，总结经验教训，以便在以后的经营活动中进一步加强管理、提高经济效益。其目的主要在于发现问题、总结经验、评价业绩、改进提高。具体分析方法有以下几种。

（一）定量分析

定量分析是指运用统计技术，考查事物的规定性，从而把握事物性质的一种分析方法。常用的定量分析方法包括比较分析法、时间序列分析法和因果分析法等。

（二）静态分析

静态分析是指对已发生的经济活动成果进行综合性的对比分析的一种分析方法，常用的静态分析法包括相对数分析法、结构分析法、因素替换分析法、综合计算分析法等。

（三）动态分析

动态分析是指对企业正在进行的经济活动进行分析的一种方法。常用的动态分析法包括指数分析法、发展速度分析法、ABC 分析法、平均递增率分析法、移动平均数分析法和费用效益分析法等。

（四）预测分析

预测分析是指对企业经济活动未来发展趋势进行分析的一种方法，常用的预测分析法包括回归分析法、矩阵分析法、决策树分析法等。

(五)经验分析

经验分析是指分析人员根据自己的实践经验和专业知识,对企业的相关数据进行分析,并作出评价判断的一种方法。常用的经验分析法有专家意见法、历史模拟法和直觉测定法。

三、会计检查方法

会计检查是指根据会计核算提供的数据、资料及其他有关信息,对会计行为的正确性,会计资料的真实性、完整性,及经济活动的合理性、合法性进行的检查。

(一)会计检查的内容

(1)对会计工作和会计资料进行检查,检查的依据是会计准则和制度。

(2)在检查会计资料的基础上,对单位的经济活动,如财务收支、财务预算的执行等进行考核。

(二)会计检查的方法

(1)核对法。核对法是指对各种相互联系的会计资料,如借与贷对应关系、明细分类核算与总分类核算、账簿与报表等相互对照验证,以检查核算工作中的真实性的一种方法。

(2)分析法。分析法是指对会计资料进行综合比较,分析各种数据的内在联系,以找出疑点或明确问题症结所在的一种方法。

(3)顺查法。顺查法是指按照账务处理顺序从原始凭证到记账凭证、从凭证到账簿、从账簿到报表依次进行检查的一种方法。

(4)逆查法。逆查法是指按照账务处理顺序倒过来,即由报表到账簿、再到凭证依次进行检查的一种方法。

(5)观察法。观察法是指直接深入会计工作的具体场所进行实地观察、了解情况,以发现会计核算中存在问题的方法。

南海公司与社会审计

(6)盘点法。盘点法是指通过实地盘存实物或现金的实际数量并与有关账面资料进行比较,借以查明是否存在短缺和损坏,账款、账实是否相符的一种方法。

四、会计循环

(一)会计循环的概念

会计循环是指会计主体将一定时期发生的经济业务,依据一定的程序和方法,加以确认、计量、记录、报告的会计处理全过程。在连续的会计期间,这些工作周而复始地不断循环进行,它于会计期初开始,到会计期末终了,并循环往复,因而称为会计循环。在实务中,会计主体一般都每年结账一次,所以会计循环通常历时一年。

会计循环是会计学中一个重要的概念,其实质内容构成整个会计工作的基础部分,且具有综合含义。会计循环是以会计核算方法为纽带连接程序和内容的综合体,运用会计核算方法处理核算内容是会计循环的实质,而核算程序仅为其表现形式。对会计循环可以从两方面理解:

(1)从会计期间的角度理解,会计循环是从交易或事项的确认开始,依次经过确认、计量、记录和报告,实现对交易或事项的会计处理,最终编制会计报告,完成一个会计期间的会计循环,下一会计期间依然按此顺序进行会计循环。

(2)从会计核算方法的角度理解,会计循环是从收集有关经济业务的数据开始,通过填制与审核会计凭证、编制会计分录、登记账簿、成本计算、财产清查等程序,最终以编制会计报告的方式提供会计信息，完成一个会计循环。

（二）会计循环的特点

1. 会计核算专门方法的顺序使用

由于会计确认和计量包含在记录与报告的过程中，因此，会计核算应包括设置会计科目与账户、复式记账、填制与审核会计凭证、登记账簿、成本核算、财产清查、编制财务会计报告等七种方法，它们必须按其内在联系和一定的顺序加以运用。一般而言，采用设置账户和复式记账的方法，对经济业务通过填制和审核凭证处理后登记账簿，包括对生产经营过程中的成本计算，并定期或不定期地进行财产清查，在账实相符的基础上编制财务会计报告。正是这种会计核算方法依次连续地配合使用，体现了会计核算所具有的连续性、系统性、全面性和综合性这一基本特点。

2. 会计核算程序的循环

会计核算工作程序循环是指这些方法在使用过程中形成的核算工作步骤，各个步骤依据核算方法的实质联系而表现出环环相套的严谨性，并且在各个会计期间进行按部就班地往复。依据最基本的核算方法包括填制与审核会计凭证→登记账簿→编制财务会计报告这三大步骤。对不同会计期间的不同经济业务，按相同的核算方法以及它所形成的固定工作程序进行处理。显然，在各会计期间的会计循环中，其形式上的工作程序是相同的，而实质上的工作内容不同。

3. 经济业务的连续处理

循环是一种限制在一定时空范围内的运动形式，会计循环正是在一定时间范围内对一定空间范围内的经济业务进行核算的运动过程。如果只对同一会计期间的相同经济业务进行处理，会计循环将没有任何意义。因此，会计循环是运用相同的方法、程序，针对各会计期间不同经济业务展开的会计核算，以提供口径一致、质地相仿的会计信息。会计主体能持续经营，经济业务连续不断，核算步骤也就按期循环滚动，以实现对各会计期间的业务进行连贯处理。正是这种变化的经济业务给会计循环带来了生命力。

（三）会计循环的基本程序

一个完整的会计循环可以分为三个主要阶段，即记账前的工作阶段、账簿登记阶段和会计报告阶段，这三个阶段各自包含着相对应的技术和方法。从会计循环主要程序来看，手工核算系统下的会计循环主要包括以下步骤：

1. 分析交易或事项

这是会计循环程序的第一步，也是最重要的一步，在这个步骤中，通过对有关用来记录经济业务的数据和相关原始凭证进行收集、审核，可以对交易或事项的真实性、合法性、合理性进行判断。同时，可以确定一笔交易应记录的会计账户，以及记录的金额，以便全面地反映该项交易的内容。这一步骤既需要会计人员具有相关的会计知识，也需要必要的会计职业判断[①]能力。

① 会计职业判断是指会计人员在会计规范许可的范围内，根据企业所处的经济、政治、法律等客观环境和经营特点，运用自己的专业知识和职业经验，对企业应采用的会计政策、会计估计和会计方法所作的判断或选择的过程。会计职业判断解决经济业务或会计事项应否确认为要素，何时确认为要素，怎样确认为要素的关键问题。要求会计人员在作判断时，必须尊重客观事实，要保持客观中立，如实反映经济事项中对企业财务状况和经营成果的实际影响，保证会计信息的质量。其主体是适度独立地从事工作的会计人员，客体是日常会计事项的处理和财务会计报告的编制，它贯穿于会计工作的全过程，涉及会计确认、计量、记录等各环节。

2. 填制记账凭证

这一步骤是根据审核无误的原始凭证编制记账凭证，即把对交易和事项的分析和判断的结果在记账凭证中进行记录。

3. 登记账簿

这一步骤是将记账凭证上的内容登记到账簿中，并相互核对，以保证账簿记录的真实性和准确性。账簿登记包括日记账簿和分类账簿的登记。企业为了加强对货币资金的管理，通常开设库存现金、银行存款日记账簿，用以逐日逐笔地对现金、银行存款的收付款业务进行连续、系统地记录。企业应根据库存现金、银行存款的收付款凭证，登记库存现金和银行存款日记账簿。同时，企业还根据事先确定的会计科目设置总分类账簿，部分总分类账簿下还要设置明细分类账簿。通过总分类账簿对经济业务进行总括的记录，以提供总括的会计信息；通过明细分类账簿对经济业务进行详细的记录，以提供补充的会计信息。

4. 编制试算平衡表

通过会计账簿对所发生的全部经济业务进行记录后，再编制调整前试算平衡表，就可以计算出各个账户的发生额和余额，用于检查账簿记录的正确性。

5. 账项调整

为了贯彻权责发生制会计基础，应在会计期末根据账簿记录对一些应计收入、应付费用、预收收入、预付费用等项目进行调整，确定调整分录，登记入账。

6. 结转账项

结转是指将一个会计科目的本期发生额和期末余额转移到另一个会计科目的做法。结转的目的：其一是为了结出本会计科目的余额；其二是为了计算当期的成本；其三是为了计算当期的损益和利润的实现情况；其四是为了保持会计工作的连续性。在会计年末，一定要把本会计年度末的余额转到下个会计年度。

这一步骤包括计算结转各临时性账户和过渡性账户，以确定当期净收益，以便结转至下一会计期间连续记录。

7. 试算平衡

由于编制了期末调整分录并登记入账，需要再次编制调整后的试算平衡表，再次检验账簿记录的正确性。

8. 财务会计报告

以上第一至第二步为记账前的工作阶段，第三至第七步为账簿的记录阶段，第八步为财务会计报告阶段。

第六节 会计学科体系

会计学科体系是由许多相互联系的学科组成的综合知识体系。会计学科体系是建立在经济学、管理学等基础上的，是会计行为的理论与实践的总结，是指导会计行为的理论基础。经过长期的发展，在总结国际先进研究与实务经验的基础上建立了会计学科体系。近十几年来，随着经济发展和科学技术的进步，会计学在为经济发展服务的同时，自身也得到不断地发展和完善，并逐渐形成了国际化的会计研究与服务。

一、会计学科体系的形成

20 世纪 50 年代至 60 年代，为了适应经济建设的需要，在引进或学习苏联会计学科体系的基础上形成了我国传统的会计学科体系。其特点是始终围绕国家财经制度和计划这两个中心，以会计方法为主体、以会计核算为重点来确定会计学科体系的内容。这一时期形成的会计学科体系包括会计核算原理、部门会计学、部门财务管理、部门经济活动分析。传统会计学科体系的局限性主要表现为以行业部门为标志设置学科，各学科内容重复；各门会计学科大多是对财会制度的解释和说明，缺乏理论研究与创新。

20 世纪 80 年代初期，在传统会计学科体系的基础上增加了审计学、西方会计学、会计信息化[①]、管理会计学、会计史及会计理论等学科，开始摆脱按国民经济部门设置会计学科的思想，按照会计科学的内在规律和研究内容分设学科，突破了传统会计学科体系的框架。

20 世纪 80 年代中后期，我国会计学科体系日臻完善，在会计内容、职能及特殊领域的拓展方面取得了丰厚成果。例如，结合当时改革开放的经济发展情况，出现了宏观会计学、人力资源会计、物价变动会计、预测决策会计、责任会计、成本管理会计、股份公司会计、集团公司会计、联营会计、中外合资会计等。这个时期形成的会计学科体系主要表现为会计行为过分注重会计主体的核算需要，没有将管理的要求有机地结合到会计行为之中；该阶段会计核算方法研究得到长足发展，但是忽视了理论研究的深入展开，没有形成该阶段的会计创新理论成果。

20 世纪 90 年代以来，会计学界对会计这门科学有了全面的认识，并对会计学科的性质进行了深入研究，一致认为会计学科属于经济管理学科；建立了一批既具有实用价值又具有发展潜力的会计边缘交叉学科，例如，环境会计学、司法会计学、行为会计学、云会计、智能会计等；在会计学研究方法上将西方实证会计方法引入并得到运用，而且取得了初步研究成果。

二、会计学科体系的内容

通过对会计学科体系的分类来认识会计学科体系的内容是一种比较有效的方法。

（一）按研究内容分类

按所研究的内容不同，会计学科体系可分为初级会计学、中级会计学、高级会计学、管理会计学、成本会计学、会计信息系统等。

1. 初级会计学

初级会计学又称会计学基础或会计学原理，是会计学科的入门课程，主要阐述会计学的基本理论、基本方法、基本技能等基础性知识。初级会计学主要以制造业企业的日常业务为例，介绍会计核算基本方法和程序等内容。初级会计学的主要任务是为解决会计学科体系其他具体、复杂的问题而作的最为基础的知识储备，是其他会计学分支学科的专业理论基础。

2. 中级会计学

中级会计学是财务会计中的核心部分，它阐述的是企业经常发生和普遍存在的一般业务的会计处理要求和操作方法。中级会计学是以会计基本假设为基础、采用传统会计核算方法、以会计要素为框架并对其进行确认、计量、记录和报告。它依照会计准则，通过确认、计量、记录和报告等程序，最终以财务会计报告为载体，向会计信息的使用者提供关于某一特定会计主体的财务状况、经营成果和现金流量及所有者权益变动情况等信息。

---

① 2013 年 12 月 6 日，财政部印发《企业会计信息化工作规范》。该规范自 2014 年 1 月 6 日起施行，1994 年 6 月 30 日财政部发布的《商品化会计核算软件评审规则》《会计电算化管理办法》同时废止。

3. 高级会计学

高级会计学[①]阐述的是企业的经济活动中发生的、中级会计学难以容纳，且在理论基础、操作方法方面具有特殊性的经济业务。中级会计学与高级会计学的关系最为密切，中级会计学所处理的会计事项，是企业在生产经营过程中经常发生、普遍存在的会计事项，属于财务会计共有的内容；而高级会计学所处理的是一般企业不一定遇到或者是不经常发生的特殊业务事项，这些事项一般来说打破了传统的会计基本假设的限定范围。

4. 管理会计学

管理会计学是把管理和会计融为一体，以为企业内部经营管理服务为主要目标的新兴的综合性边缘学科，是体现会计预测、决策、规划、控制和责任考核评价等职能的现代会计的一个分支。

5. 成本会计学

成本会计学主要研究和阐明成本计算、成本控制、成本预测、成本分析等方面的理论和方法。

6. 会计信息化

会计信息系统，是指由会计软件及其运行所依赖的软硬件环境组成的集合体。会计信息系统是一个对会计数据进行采集、存储、加工、传输并输出大量会计信息的系统。这个系统是由先进技术和具有复合型知识与能力的人与技术、设备所构成的“人-机”[②]合一的系统。

会计信息化，是指企业利用计算机、网络通信等现代信息技术手段开展会计核算，以及利用上述技术手段将会计核算与其他经营管理活动有机结合的过程。会计软件，是指企业使用的，专门用于会计核算、财务管理的计算机软件、软件系统或者其功能模块。会计软件具有以下功能：为会计核算、财务管理直接采集数据；生成会计凭证、账簿、报表等会计资料；对会计资料进行转换、输出、分析、利用。

企业应当充分重视会计信息化工作，加强组织领导和人才培养。根据发展目标和实际需要，合理确定建设内容。大型企业、企业集团开展会计信息化工作，应当注重整体规划，统一技术标准、编码规则和系统参数，实现各系统的有机整合，消除信息孤岛。企业配备会计软件，应当根据自身技术力量以及业务需求，考虑软件功能、安全性、稳定性、响应速度、可扩展性等要求，合理选择购买、定制开发、购买与开发相结合等方式。

企业应当根据实际情况，开展本企业信息系统与银行、供应商、客户等外部单位信息系统的互联，实现外部交易信息的集中自动处理。企业应当遵循企业内部控制规范体系要求，加强对会计信息系统规划、设计、开发、运行、维护全过程的控制，将控制过程和控制规则融入会计信息系统，实现对违反控制规则情况的自动防范和监控，提高内部控制水平。

（二）按形成过程分类

按会计学科的形成过程分类，会计学科体系可分为传统会计学科、引进会计学科、新兴会计学科。

传统会计学科包括初级会计学、中级会计学、成本会计学、特殊事项会计学等。引进会计学科包括会计信息系统、税务会计学、实证会计学、环境会计学等。新兴会计学科包括会计哲学、会计逻辑学、会计伦理学、会计方法学、人力资源会计、物价变动会计、衍生金融工具会计、云会计、智能会计等。

---

① 高级会计学的含义并不是说会计业务的处理存在着难易差别，只是说明企业的经济业务的发生有些是经常性的，有些是不经常性发生的特殊事项，高级会计学就是指企业不经常发生的经济业务的处理的会计处理，所以也有的学者将其称为“特殊事项会计”。

② “人-机”合一系统，是指会计信息化实现的人为设计、规范等事项，使得该系统的运行及结果受人为因素影响。

（三）按服务对象分类

按会计学科所服务对象的不同，可以将会计划分为对外报告会计和对内服务会计。

对外报告会计又称财务会计，是一个以对外提供财务信息为主的微观经济信息系统。它依照会计准则或会计制度，通过确认、计量、记录和报告等程序，最终以财务会计报告为载体，向会计信息的使用者提供关于某一特定会计主体的财务状况、经营成果和现金流量及所有者权益变动情况等信息。财务会计是现代企业会计的一个重要分支，是对传统会计的继承和发展。

对内服务会计又称管理会计，侧重于为企业内部的会计信息使用者提供决策信息服务，以提供企业未来的会计信息为主。

总之，会计学科体系是一个庞大的体系，其分类也应是多视角、动态的、分层次的。当然，按会计学科研究对象分类是其中最重要的分类标志。

练习题

一、单项选择题

1. 会计是以（　　）为主要计量单位。

A. 实物　　B. 货币　　C. 劳动量　　D. 价格

2. 会计基本职能包括（　　）。

A. 会计计划与会计决策　　B. 会计预测与会计控制

C. 会计控制与会计决策　　D. 会计核算与会计监督

3. 会计人员在进行会计核算时，对特定主体经济活动的合法性、合理性、合规性进行审核称为（　　）。

A. 会计控制职能　　B. 会计核算职能

C. 会计监督职能　　D. 会计分析职能

4.（　　）界定了从事会计工作和提供会计信息的空间范围。

A. 会计职能　　B. 会计对象　　C. 会计内容　　D. 会计主体

5. 在可预见的未来，会计主体不会破产清算或大规模减产、其所持有的资产将正常运行、所负有的债务将正常偿还。这属于（　　）。

A. 会计主体假设　　B. 持续经营假设

C. 会计分期假设　　D. 货币计量假设

6. 会计核算和监督对象是特定主体的（　　）。

A. 经济活动　　B. 实物运动　　C. 人力运动　　D. 经济资源

7. 企业资产以历史成本计量而不以重置成本或公允价值计量，依据的会计假设是（　　）。

A. 会计主体　　B. 持续经营　　C. 会计分期　　D. 货币计量

8. 下列关于“会计分期假设”的表述中，正确的是（　　）。

A. 会计分期不能对会计活动的时间范围给予界定

B. 会计分期分为年度、半年度、季度和月度

C. 会计期间的起讫日期可以不按公历日期确定

D. 会计年度是指报告期等于一个会计年度

9. 采用权责发生制会计基础时，下列业务中能确认为当期费用的是（ ）。

A. 支付下年的报纸、杂志等费用 B. 预提本月短期借款利息

C. 预付下季度房租 D. 支付上月电费

10. 会计的本质是（ ）。

A. 核算 B. 监督 C. 管理活动 D. 资金活动

二、多项选择题

1. 下列项目中，可以作为一个会计主体的有（ ）。

A. 母公司 B. 分公司

C. 母公司和分公司组成的企业集团 D. 销售部门

2. 下列项目中，属于会计假设的有（ ）。

A. 会计主体 B. 持续经营 C. 会计分期 D. 货币计量

3. 下列说法中，正确的有（ ）。

A. 会计核算过程中采用货币为主要计量单位

B. 我国企业的会计核算以人民币为记账本位币

C. 业务收支以外币为主的单位，可以选择某种外币为记账本位币

D. 在境外设立的中国企业向国内报送的财务报告，应当折算为人民币

4. 会计核算是指以货币为主要货币单位，通过（ ）等环节，对指定主体的经济活动进行记账、算账、报账的过程。

A. 确认 B. 记录 C. 计量 D. 报告

5. 会计期间可以分为（ ）。

A. 月度 B. 季度 C. 年度 D. 半年度

6. 会计监督是指会计机构会计人员在进行会计核算的同时，对经济活动的（ ）进行审查。

A. 合法性 B. 合理性 C. 真实性 D. 营利性

7. 下列项目中，属于会计核算具体内容的有（ ）。

A. 款项和有价证券的收付 B. 财物的收发、增减和使用

C. 债权债务的发生和结算 D. 收入、支出、费用、成本的计算

8. 下列项目中，属于会计核算方法的有（ ）。

A. 成本计算 B. 会计分析 C. 复式记账 D. 登记账簿

9. 会计期间通常分为年度和中期，中期财务会计报告包括（ ）。

A. 周报 B. 月报 C. 季报 D. 半年报

10. 采用收付实现制会计基础时，下列业务中能确认为当期收入的有（ ）。

A. 收到购货方前欠销货款 B. 销售商品、货款尚未收到

C. 销售商品、同时收到货款 D. 收到以前年度的销货款

三、不定项选择题

1. 会计主体将按照既定的用途使用资产，按照既定的合约条件清偿债务，会计人员在此基础之上选择会计原则和方法，立足的会计基本假设是（ ）。

A. 会计主体　　B. 持续经营　　C. 会计分期　　D. 货币计量

2. 会计主体可以是(　　　)。

A. 单个企业　　B. 企业内部的一个单位或部门

C. 企业集团　　D. 不相关的多个企业

3. 从目前会计工作的任务和性质看,会计核算职能主要体现在(　　　)。

A. 事前核算　　B. 事中核算

C. 事后核算　　D. 预测、分析和考核

4. 会计主体发生的一切经济业务,都要依次经过基本环节是(　　　)。

A. 成本计算　　B. 编制财务会计报告

C. 填制审核会计凭证　　D. 登记会计账簿

5. 下列为会计核算提供必要手段的会计假设是(　　　)。

A. 会计主体　　B. 持续经营　　C. 会计分期　　D. 货币计量

6. 正是由于有了(　　　)的划分,才出现了权责发生制和收付实现制的区分,并进而产生了会计处理方法上对预收、预付、应收和应付等的运用。

A. 会计主体　　B. 会计科目　　C. 会计期间　　D. 会计要素

7. 会计期间的划分,有利于企业及时(　　　)。

A. 结算账目　　B. 编制财务会计报告

C. 提供反映企业经营情况的财务信息　　D. 查账

8. 我国企业通常采用(　　　)作为其会计基础。

A. 收付实现制　　B. 集中核算制

C. 分散核算制　　D. 权责发生制

9. 基于会计分期基础上,企业采用收付实现制作为记账基础的,不需要运用下列(　　　)特殊的会计方法。

A. 应收款项　　B. 应付款项　　C. 预收款项　　D. 预付款项

10. 基于会计分期基础上,企业采用权责发生制作为记账基础的时,下列业务中能确认为当期收入的有(　　　)。

A. 销售商品,款项收到并存入工商银行

B. 销售商品,款项未收

C. 销售商品,收到一张 3 个月期限的商业汇票

D. 收到以前月份销货款,存入工商银行

四、判断题

1. 会计是以货币为唯一计量单位,运用专门方法对特定单位的经济活动进行的核算与控制的信息系统。(　　)

2. 会计主体一般都是法律主体,但法律主体不一定是会计主体。(　　)

3. 会计期间通常分为年度和中期。(　　)

4. 会计核算和监督的内容就是指企业发生的所有的经济活动。(　　)

5. 会计监督职能是指会计机构、会计人员在进行会计核算时,对会计主体经济活动的合法性、合理性进行的审查。(　　)

6. 会计职能只有两个,即会计核算与会计监督。(　　)

7. 我国企业会计采用的计量单位只有一种，即货币计量。 （ ）

8. 凡是会计主体能够以货币表现的经济活动都是会计对象。 （ ）

9. 企业提供的会计信息应当与账务会计报告使用者的经济决策需要相关，有助于账务会计报告使用者对企业的过去、现在和未来的情况作出评价和预测。 （ ）

10. 各单位必须根据实际发生的经济业务进行会计核算，编制财务会计报告。 （ ）

五、名词解释

1. 会计
2. 会计假设
3. 会计方法
4. 会计对象
5. 会计计量

六、简述题

1. 简述会计信息的使用者及其要求。
2. 简述会计信息的质量特征。
3. 简述会计信息生成的过程。
4. 简述会计方法的内容。

七、实务题

2021年12月份，隆兴置业有限责任公司发生的经济业务如下：

（1）销售A产品货款共计7 000元，其中3 000元已收到现金，存入工商银行；余款尚未收到；

（2）收到上个月为大伟公司提供汽车修理服务收入1 000元，存入工商银行；

（3）以工商银行存款1 680元，支付本月水电费；

（4）以工商银行存款6 000元，预付明年上半年房租；

（5）以工商银行存款7 000元，支付上月份借款利息；

（6）本月为天力公司提供技术培训12 000元，款项尚未收到；

（7）根据销售合同规定，预收商控公司购买A产品货款90 000元，存入工商银行；

（8）计算分配本月应负担年初已支付的财产保险费2 110元；

（9）上月预收货款的A产品本月已经发出，货款共计78 000元；

（10）计提管理部门固定资产的修理费1 200元，该费用将于3个月后支付。

要求： 分别按收付实现制与权责发生制，列表计算12月份的收入和费用。

第二章　会计要素与会计等式

【理论目标】

1. 了解会计要素的内涵；
2. 熟悉会计等式中的会计要素之间的关系；
3. 掌握经济业务对会计等式的影响。

【实践目标】

1. 掌握会计六要素的相关知识；
2. 掌握经济业务对会计等式的影响。

第一节　会计要素

会计要素是指对会计对象按照交易或事项的经济特征所作的基本分类，也是对会计核算内容所作的最基本的分类，是会计核算对象的具体化，又称会计对象要素。按照会计要素设置核算项目，并按核算项目收集、整理、提供分类会计信息，在此基础上，编制财务会计报告，提供企业利益相关者需要的会计信息。

我国《企业会计准则——基本准则》规定，企业应当按照交易或事项的经济特征确定会计要素。会计要素包括资产、负债、所有者权益、收入、费用和利润。

一、资产

(一) 资产的定义

资产是指企业过去的交易或者事项形成的、由企业拥有或者控制的、预期会给企业带来经济利益的资源。资产是有经济价值的，即可以作为生产要素投入生产经营活动中。这就将资产与一些已经不能投入作为生产经营要素的耗费项目区分开来。该资源由各种财产、债权和其他权利所组成，是企业从事生产经营所必不可少的基础条件。

资产具有以下特征：

1. 资产是过去经营活动的结果

资产指的企业过去的交易或者事项所形成的，包括购买、生产、建造行为或其他交易或者事项。预期在未来发生的交易或者事项不能形成资产。也就是说，资产必须是在现在这一时点上存在的资产。例如，企业有购买某存货的意愿或者计

资产与
资本的区别

划，但是购买行为尚未发生，就不符合资产的定义，不能因此而确认为资产。

2. 资产是企业拥有或控制的资源

资源是一切可被人类开发和利用的物质、能量和信息的总称，是一种自然存在物或能够给人类带来价值增值的财富。或者说，资源就是指自然界和人类社会中一种可以用以创造物质财富和精神财富的具有一定量的积累的客观存在形态，例如，土地资源、矿产资源、森林资源、海洋资源、石油资源、人力资源、信息资源等。

由企业拥有或者控制是指企业享有某项资源的所有权，或者虽然不享有某项资源的所有权，但该资源能被企业所控制。拥有是指企业享有某项资源的所有权，可以按照自己的意愿使用或处置，其他企业或个人未经同意，不能擅自使用本企业的资产；控制是指虽然不享有某项资源的所有权，但该资源能被企业所控制，按照实质重于形式的原则，也应当确认为企业的资产，例如，企业租入固定资产，虽然该项资产的所有权是归出租方享有，但是该资产的有限使用寿命内的租赁期间归承租方占有，因此，在占有期间该资产的使用及收益权实质上归承租方享有。相反，由其他企业拥有或控制的资源不属于本企业的资产。

3. 资产预期会给企业带来经济利益

预期会给企业带来经济利益是指直接或者间接导致现金和现金等价物流入企业的潜力。这种潜力在某些情况下，可以单独产生净现金和现金等价物①流入，而某些情况下则需与其他资产结合起来才可能在将来直接或间接地产生净现金流入。若某个项目预期不能给企业的未来带来经济利益的，是不可以将其确认为资产的。若某项支出具有未来经济利益的全部或一部分，它就可以确认为资产；否则，就只能作为费用或损失。同样，企业已经取得的某项资产，如果其内含的未来经济利益已经不复存在，就应该将其剔除。例如，一套在技术上已经被淘汰的生产设备，尽管在实物形态上仍然存在，但它实际上已经不能再用于产品生产，不能为企业带来经济利益。这样的生产设备，就不应再确认为资产。

（二）资产的分类

1. 按资产流动性强弱，分为流动资产和非流动资产

流动资产是指预计在一个正常营业周期中变现、出售或耗用，或者主要为交易目的而持有，或者预计在资产负债表日起一年内（含一年）变现的资产，以及自资产负债表日起一年内，交换其他资产或清偿负债的能力不受限制的现金或现金等价物等资产。主要包括货币资金、交易性金融资产、应收及预付款项以及存货等。其中，交易性金融资产是指企业交易性金融资产是指企业打算通过积极管理和交易以获取利润的债权证券和权益证券。企业通常会频繁买卖这类证券以期在短期价格变化中获取利润。

流动资产的特征有：

（1）周转速度快，循环周期短。

（2）实物形态的多样性与易变性。

（3）流动资产占用量具有波动性。

非流动资产是指流动资产以外的资产。非流动资产是相对于流动资产而言的一个概念，具有占用资金多、周转速度慢、变现能力差等特点。由于该类资产占用的资金多、企业持有的时间长，会对企业相互联系的多个会计期间的财务状况、经营成果产生影响，故而，对它们的管

① 现金等价物是指企业持有的期限短、流动性强、易于转换为已知金额现金、价值变动风险很小的投资。在国内，现金等价物通常是指从购入日至到期日在 3 个月或 3 个月以内能转换为已知现金金额的债券投资。

理和会计处理，应按照各自不同的特点，分别采用不同的程序和方法。包括长期股权投资、固定资产、无形资产、商誉和其他资产等。

2. 按资产是否具有实物形态，分为无形资产和有形资产

有形资产是指具有实物形态的资产，包括机器设备、房屋建筑物、存货等。

无形资产是指企业拥有或者控制的没有实物形态的可辨认非货币性资产。包括专利权、商标权、非专利技术、土地使用权等。

无形资产具有三个主要特征：

（1）不具有实物形态。无形资产是不具有实物形态的非货币性资产，它不像固定资产、存货等有形资产具有实物形体。

（2）具有可辨认性。资产满足下列条件之一的，符合无形资产定义中的可辨认性标准：第一，能够从企业中分离或者划分出来，并能单独或者与相关合同、资产或负债一起，用于出售、转让、授予许可、租赁或者交换。第二，源自合同性权利或其他法定权利，无论这些权利是否可以从企业或其他权利或义务中转移或者分离。

（3）属于非货币性长期资产。无形资产属于非货币性资产且能够在多个会计期间为企业带来经济利益。无形资产的使用年限在一年以上，其价值将在各个受益期间逐渐摊销。

3. 按资产来源不同，分为自有资产和租入资产

自有固定资产是指企业拥有所有权的各种资产。

租入资产是指企业在租赁期间不拥有所有权但拥有实质控制权或是使用权的各种资产。

4. 按资产与生产经营关系，分为经营性资产和非经营性资产

经营性资产是指处于生产经营过程中的资产，例如，企业中的机器设备、厂房、交通工具等。经营性资产又可按是否对盈利产生贡献分为有效资产和无效资产。

非经营性资产是指处于生产经营过程以外的资产。

（三）确认为资产的条件及报表列示

符合资产的定义，在同时满足以下条件时，确认为企业的资产。

（1）与该资源有关的经济利益很可能流入企业；

（2）该资源的成本或者价值能够可靠地计量。

资产的观念

符合资产定义和资产确认条件的项目，应当列入资产负债表；符合资产定义、但不符合资产确认条件的项目，不应当列入资产负债表。

二、负债

（一）负债的定义

负债是指企业过去的交易或者事项形成的、预期会导致经济利益流出企业的现时义务。它是企业筹措资金的重要渠道。负债必须按期偿还，它反映了企业与债权人之间的一种债务债权关系。债权人对企业的资产有求偿权。

负债具有以下特征：

1. 负债是企业的现时义务

负债是必须由企业承担的现时义务，这里的现时义务是指企业在现行条件下已承担的义务。未来发生的交易或者事项形成的义务，不属于现时义务，不应当确认为负债。义务包括法定义务和推定义务。

（1）法定义务是指具有约束力的合同或者法律、法规规定的义务，通常在法律意义上需要

强制执行。例如，企业购买原材料形成应付账款、企业向银行贷入款项形成借款、企业按照税法规定应当缴纳的税费等，均属于企业承担的法定义务，需要依法予以偿还。

(2) 推定义务是指根据企业多年来的习惯做法、公开的承诺或者公开宣布的经营政策而导致企业将承担的责任，这些责任也使有关各方形成了企业将履行义务承担责任的合理预期。例如，企业多年来执行一项销售政策，对于售出商品提供一定期限内的售后保修服务，预期将为售出商品提供的保修服务就属于推定义务，应当将其确认为一项负债。

2. 负债的清偿会导致经济利益流出企业

预期会导致经济利益流出企业是负债的一个本质特征，只有企业在履行义务时会导致经济利益流出企业的，才符合负债的定义，如果不会导致企业经济利益流出的，就不符合负债的定义。在履行现时义务(清偿负债)时，导致经济利益流出企业的形式多种多样，例如，用现金偿还或以实物资产形式偿还；以提供劳务形式偿还；部分转移资产、部分提供劳务形式偿还；将负债转为资本等。

3. 负债是由过去的交易或事项形成的

负债应当由企业过去的交易或者事项所形成，换句话说，只有过去的交易或者事项才形成负债。企业将在未来发生的承诺、签订的合同等交易或者事项，不形成负债。

(二) 负债的分类

负债按其偿还期长短，可分为流动负债和非流动负债。

流动负债是指将在一年(含一年)或者超过一年的一个营业周期内偿还的债务，又称短期负债。主要包括短期借款、应付票据、应付账款、应付职工薪酬、预收账款、应交税费、应付股利、应付利息、其他应付款、交易性金融负债等。

非流动负债，是指偿还期在一年或者超过一年的一个营业周期以上的债务，又称长期负债。主要包括长期借款、应付债券、长期应付款等。

(三) 确认企业负债的条件及报表列示

符合负债定义的义务，在同时满足以下条件时，可确认为企业的负债。

(1) 与该义务有关的经济利益很可能流出企业；

(2) 未来流出的经济利益的金额能够可靠地计量。

符合负债定义和负债确认条件的项目，应当列入资产负债表；符合负债定义、但不符合负债确认条件的项目，不应当列入资产负债表。

三、所有者权益

(一) 所有者权益的定义

企业资产来源于两部分，一是由投资人提供，二是由债权人提供。故权益分为债权人权益和所有者权益。

所有者权益是指企业资产扣除负债后由所有者享有的剩余权益。所有者权益是所有者对企业资产的剩余索取权。即会计主体在一定时期所拥有或控制的具有未来经济利益资源的净额。企业全部资产减去负债后的差额被称作“净资产”，因此，所有者权益也是指企业的投资人对企业净资产的所有权。公司的所有者权益又称为股东权益，合伙制和独资企业称业主权益。

所有者权益具有以下特征：

(1) 随出资者的投资行为而产生。所有者权益表明企业的产权关系，即企业归谁所有、是谁投资的。

(2) 没有到期日。所有者除非出现撤资或清算，否则不能要求企业偿还，作为企业的长期资金周转使用。

(3) 求偿权在最后。所有者求偿权位于债权人之后。

(二) 所有者权益的来源

所有者权益的来源包括所有者投入的资本、直接计入所有者权益的利得和损失、留存收益等。

1. 投入资本

投入资本是指投资者按照企业章程或合同、协议的约定，实际投入企业的经济资源的数额。投入资本按投资者的不同，可分为国家、法人、个人和外商资本四类。投入资本在企业经营期内，投资者除依法转让外，一般不得以任何方式退出企业。

2. 直接计入所有者权益的利得和损失

直接计入所有者权益的利得和损失①，是指不应计入当期损益、会导致所有者权益发生增减变动的、与所有者投入资本或者向所有者分配利润无关的利得（经济利益流入）或损失（流出）。

利得是指由企业非日常活动所形成的、会导致所有者权益增加的、与所有者投入资本无关的经济利益流入。

损失是指由企业非日常活动所发生的、会导致所有者权益减少的、与向所有者分配利润无关的经济利益流出。

直接计入所有者权益的利得与损失一般计入资本公积和其他综合收益两个项目。

3. 留存收益

留存收益是企业在经营过程中所创造的，由于企业经营发展的需要或法定的原因等，没有分配给所有者而留存在企业的盈利。留存收益是指企业从历年实现的利润中提取或留存于企业的内部积累，它来源于企业的经营活动实现的净利润，包括盈余公积和未分配利润。

盈余公积是指按照有关规定从税后利润中提取的公司（企业）积累所需资金。企业每年收入与费用相抵后，收入大于费用的盈余就是企业的税前利润或利润总额，利润总额减去所得税之后就是税后利润或净利润。

未分配利润是指企业年终未分配而留待以后年度分配的利润。

除抵押债务外，所有者权益和负债与企业特定资产项目并不存在直接的对应关系，只是在整体上、在抽象意义上与资产保持等量的关系。

(三) 所有者权益的确认及报表列示

所有者权益金额取决于资产和负债的计量。所有者权益项目应当列入资产负债表。

注册资本金制度

四、收入

(一) 收入的定义

收入是指企业在日常活动中形成的、会导致所有者权益增加的、与所有者投入资本无关的经济利益的总流入。

收入可以分为广义上的收入和狭义上的收入，广义的收入是将企业日常活动及其之外的

---

① 利得与收入、损失和费用概念的差异。利得、损失强调的是"非"日常活动，而收入、费用则是产生于日常活动；利得、损失强调的是"净流入""净流出"的概念，收入、费用强调的是"总"流入"总"流出的概念。

活动形成的经济利益流入均视为收入；狭义的收入则是将收入限定在企业日常活动所形成的经济利益总流入；我国会计准则采用的是狭义的收入概念。

收入具有以下特征：

1. 收入应当是企业在日常活动中形成的

"日常活动"是指企业为完成经营目标所从事的经常性活动以及与之相关的活动，这些活动是经常发生的。例如，制造业销售产品、商品流通企业销售商品、保险公司签发保单、商业银行对外提供贷款等，都属于企业的日常活动。明确日常活动是为了将收入与利得区分开来，因为企业非日常活动产生的经济利益流入不能作为收入，而应计入利得。例如，罚款收入、原材料盘盈收入等，都是从偶尔发生的交易或事项中产生的经济利益的流入，应作为企业正常经营活动以外的活动所产生经济利益的流入，不作为企业收入核算。

2. 收入是与所有者投入资本无关的经济利益的总流入

收入应当会导致经济利益的流入，从而导致资产的增加。例如，企业销售商品，应当收到现金或者有权在未来收到现金，才表明该交易符合收入的定义。但在实务中，经济利益的流入有时是所有者投入资本的增加所导致的，所有者投入资本的增加不应当确认为收入，应当将其直接确认为所有者权益。

3. 收入会导致所有者权益的增加

与收入相关的经济利益的流入应当会导致所有者权益的增加，不会导致所有者权益增加的经济利益的流入不符合收入的定义，不应确认为收入。例如，企业向银行借入款项，尽管也导致了企业经济利益的流入，但该流入并不导致所有者权益的增加，反而使企业承担了一项现时义务。企业对于因借入款项所导致的经济利益的增加，不应将其确认为收入，应当确认为一项负债。

收入只包括本企业经济利益的流入，不包括为他方或客户代收的款项。代收的款项，一方面增加企业的资产，另一方面增加企业的负债，因此，不增加企业的所有者权益，也不属于本企业的经济利益，不能作为本企业的收入。

（二）收入的分类

1. 按其经营业务的重要性，分为主营业务收入和其他业务收入

主营业务收入是指企业在其主要的或主体业务活动中所取得的营业收入。不同行业的主营业务是不同的，其收入所包括的内容各不相同。例如，制造业的主营业务收入主要包括销售产品、半成品和提供工业性劳务作业的收入；商品流通企业的主营业务收入主要包括销售商品所取得的收入。主营业务收入一般占企业营业收入的比重较大，会对企业的经济效益产生较大的影响。主营业务收入按照其收入性质，包括商品销售收入、提供劳务收入等。

其他业务收入是指企业在其次要的或附带的业务活动中所取得的营业收入。例如，产品制造业的材料销售、代购代销、技术转让、无形资产转让、固定资产出租、包装物出租、对外提供运输等非工业性劳务等取得的收入。

2. 按收入的性质，分为商品销售收入、提供劳务收入和让渡资产使用权收入

商品销售收入也称营业收入或者经营收入，是指企业发生在产品、自制半成品或提供劳务，使产品所有权转到顾客，收到货款、劳务价款或取得索取价款凭证，而确认的收入。

提供劳务收入是指企业通过提供劳务实现的收入，如咨询公司提供咨询服务、软件开发企业为客户开发软件、安装公司提供安装服务等确认的收入。

让渡资产使用权收入是指企业通过让渡资产使用权确认的收入，如商业银行对外贷款、租赁公司出租资产等确认的收入。

（三）收入的确认条件及报表的列示

收入只有在经济利益很可能流入从而导致企业资产增加或者负债减少、且经济利益的流入额能够可靠计量时才能予以确认。

符合收入定义和收入确认条件的项目，应当列入利润表。

五、费用

（一）费用的定义

费用是指企业在日常活动中发生的、会导致所有者权益减少的、与向所有者分配利润无关的经济利益的总流出。

费用具有以下特征：

1. 费用是企业在日常活动中发生的

明确日常活动和非日常活动是为了将费用与损失相区分。因为企业非日常活动发生的经济利益流出不能作为费用，而应计入损失。例如，罚款支出、自然灾害损失、捐赠支出等，都是从偶尔发生的交易或事项中产生的经济利益流出，应作为非正常经营或所产生的利益流出，不作为企业费用核算。

2. 费用会导致经济利益流出，该流出不包括向所有者分配利润

费用的发生应当会导致经济利益的流出，从而导致资产的减少或者负债的增加或两者兼而有之，其表现形式包括现金或者现金等价物的流出，存货、固定资产和无形资产等的流出或者消耗等。企业向所有者分配利润或所有者收回投资，也会导致经济利益的流出，引起资产减少或负债增加，并会使所有者权益减少，而该经济利益的流出属于所有者权益的抵减项目，不应确认为费用，应当将其排除在费用的定义之外。

3. 费用会导致资产的减少或负债的增加或两者都发生变化，但最终会导致所有者权益的减少

费用的发生形式多种多样，既可能表现为资产的减少，例如，购买办公用品支付现金、制造产品耗用存货；也可能表现为负债的增加，例如，负担长期借款利息；还可能是两者的组合，例如，购买材料款项部分支付现金，剩余部分形成负债。一般来说，费用的发生会减少所有者权益。但是所有者权益减少也不一定都列入费用，与费用相关的经济利益的流出应当会导致所有者权益的减少，不会导致所有者权益减少的经济利益的流出不符合费用的定义，不应确认为费用。例如，企业用银行存款购买机械设备、投资股票或者偿还债务都不会导致所有者权益的减少，因而不能作为费用核算。

（二）费用的分类

企业发生的全部费用包括营业成本和期间费用两个部分。

1. 营业成本

企业为生产产品、提供劳务等发生的可归属于产品成本、劳务成本等的费用，应当在确认产品销售收入、劳务收入等时，将已销售产品、已提供劳务的成本等计入当期损益。

营业成本包括主营业务成本和其他业务成本。

主营业务成本是指企业生产和销售与主营业务有关的产品或服务所必须投入的直接成本，主要包括原材料、人工成本和固定资产折旧等。可以理解为企业为获得主营业务收入而付出的产品、商品的生产成本。主营业务成本在产品制造业表现为销售产成品、自制半成品和工业性劳务的成本。

其他业务成本是指企业确认的除主营业务活动以外的其他经营活动所发生的支出。在产品制造业表现为销售材料的成本、出租固定资产的折旧、出租无形资产的摊销、出租包装物的成本或摊销等。

2. 期间费用

期间费用是指企业本期发生的、不能直接或间接归入营业成本，而应直接计入当期损益的经济利益的流出，包括销售费用、管理费用和财务费用。

(1) 销售费用是指企业销售产品或商品、提供劳务过程中发生的经济利益的流出，包括保险费、包装费、展览费和广告费、商品维修费、预计产品质量保证损失、运输费、装卸费等以及为销售本企业商品而专设的销售机构（含销售网点、售后服务网点等）的职工薪酬、业务费、折旧费等经营费用。

(2) 管理费用是指企业为组织和管理企业生产经营活动而发生的经济利益的流出，包括企业在筹建期间发生的开办费、董事会和行政管理部门在企业的经营管理中发生的以及应由企业统一负担的公司经费（包括行政管理部门职工工资及福利、物料消耗、低值易耗品摊销、办公费和差旅费等）、行政管理部门负担的工会经费、董事会费（包括董事会成员津贴、会议费和差旅费等），聘请中介机构费、咨询费（含顾问费）、诉讼费、业务招待费、技术转让费、矿产资源补偿费、研究费用、排污费等。企业生产车间（部门）和行政管理部门等发生的固定资产修理费用等后续支出，应在发生时计入管理费用。

(3) 财务费用是指企业为筹集生产经营所需资金等而发生的经济利益的流出，包括利息支出（减利息收入）、汇兑损益以及相关的手续费、企业发生的现金折扣等。

(三) 费用的确认条件及报表列示

费用只有在经济利益很可能流出从而导致企业资产减少或者负债增加、且经济利益的流出额能够可靠计量时才能予以确认。企业发生的支出不产生经济利益的，或者即使能够产生经济利益的，但不符合或者不再符合资产确认条件的应在发生时确认为费用，计入当期损益。企业发生的交易或事项导致其承担了一项负债而又不确认为一项资产的，应当在发生时确认为费用，计当期损益。

符合费用定义和费用确认条件的项目，应当列入利润表。

六、利润

(一) 利润的定义

利润是指企业在一定会计期间的经营成果。利润包括收入减去费用后的净额、直接计入当期利润的利得和损失等。反映的是企业的经营业绩情况，是企业业绩考核的重要指标。

利润本质上是企业盈利的表现形式。高质量利润是指企业具有一定的盈利能力，利润结构基本合理，利润具有较强的获取现金的能力。

(二) 利润的来源

利润包括收入减去费用后的净额、直接计入当期利润的利得和损失[①]等。其中，收入减去费用后的净额反映的是企业日常活动的业绩，计入当期利润的利得和损失反映的是企业非日常活动的结果。

---

① 利得和损失分为两种：一种是直接计入所有者权益的利得或损失，一种是直接计入当期利润的利得或损失。换言之，利得和损失会分别反映在资产负债表和利润表中。

企业应当严格区分收入和利得以及费用和损失的不同，以便更加全面地反映企业的经营业绩。

（三）利润确认的条件及报表列示

利润金额取决于收入和费用、直接计入当期利润的利得和损失金额的计量。

利润项目应当列入利润表。

第二节 会计等式

会计等式也称“会计方程式”“会计恒等式”或“会计平衡公式”，是从数学的角度对会计要素之间的内在经济关系作出的概括和科学表达。

一、基本会计等式

基本会计等式包括反映企业某一时点的静态会计等式和反映企业某一时期的动态会计等式。

（一）静态会计等式

企业为了从事生产经营活动必须拥有一定数量的资产。企业所拥有或控制的资产，均有其来源。一方面，创办企业一定要有投资方，投资方作为企业资产的投入者，所有者对企业的资产可以主张自己的权利；另一方面，企业资产来源除了投资者以外，还有一个来源就是举债。企业可以向银行等金融机构借款，也可以通过发行公司债券向社会公众借款。债权人对企业的资产也可以主张自己的权利。

所有者和债权人因向企业提供资金而享有权利，在会计上称为“权益”。权益是资产提供者对企业资产享有的权利和利益。企业对其资产的提供者承担着满足其权利和利益的经济责任。

资产与权益①反映了同一经济资源的两个不同方面，即一方面是归会计主体所拥有或支配的各项资产，另一方面是经济资源提供者对资产的一系列要求的权益。资产与权益是同一事物的两个方面，二者之间存在相互依存、相互制约的关系。没有资产就没有权益，同样，没有权益也就没有资产，两者不能彼此脱离而各自独立存在。

从数量方面来观察，企业有多少资产，就必定有多少权益；反之，有多少权益，也就必然有多少资产。从任何一个时点来观察，企业的资产总额必然等于权益总额。两者之间的数量关系可用(2-1)表达如下：

$$资产=权益 \qquad (2-1)$$

权益可以按享有者的地位和具体权益内容的不同，分为债权人权益和所有者权益。

债权人权益从企业的角度看是企业承担的经济责任，就是企业的负债。因此，所有者权益在金额上等于企业的全部资产扣除全部负债后的余额。

资产、负债和所有者权益这三个会计要素的数量关系，反映企业某一时点静态会计等式，可以用(2-2)表示如下：

---

① 会计学上权益是指资产。其中，属于所有人的权益叫做所有者权益，属于债权人的权益叫做债权人权益。两者总称为权益。

$$资产=负债+所有者权益 \tag{2-2}$$

等式(2-2)称为最基本的会计等式,也称为资产负债表会计等式,是从静态角度反映会计主体在某一时点资产、负债和所有者权益之间的数量关系。它是反映企业财务状况、设计与编制资产负债表的理论依据。

(二)动态会计等式

静态会计等式反映企业在某一时点的资产、负债和所有者权益三者之间存在的恒等关系。企业通过举债和接受投资,筹集资金、购置资产等,其目的是利用这些经济资源为企业获取经济利益。企业的资产投入经营,会取得营业收入和发生费用。合理地比较一定期间的营业收入与费用,便可确定企业在该期间所实现的经营成果。营业收入大于费用的差额称为利润;反之,营业收入小于费用的差额称为亏损。

收入、费用与利润三个会计要素之间的数量关系,反映企业某一时期动态会计等式,可以用(2-3)表示如下:

$$收入-费用=利润 \tag{2-3}$$

等式(2-3)称为动态的会计等式,也称为利润表会计等式,是从动态角度反映企业在一定时期内收入、费用与利润的恒等关系。它是计算企业经营成果,设计和编制利润表的理论依据。

(三)会计基本等式的作用

静态会计等式"资产=负债+所有者权益"与动态会计等式"收入-费用=利润"都是会计基本等式,也是人们平常所说的会计等式。会计等式在会计学理论和方法上具有重要的基础地位,是设置会计科目和账户、复式记账、试算平衡、设计与编制财务会计报告的基本理论依据。

二、会计等式的拓展

在企业生产经营过程中,收入的发生必然带来资产的流入或负债的减少或两者均发生变化,费用的发生则必然带来资产的流出或负债的增加或两者均发生变化;利润是企业资产流入与流出的结果,必然带来所有者权益的增加。因此,企业资产、负债、所有者权益、收入、费用、利润会计六要素之间,存在密切联系的数量关系。上述两个基本会计等式可以综合在一起表示为等式(2-4):

$$资产+利润=负债+所有者权益+(收入-费用) \tag{2-4}$$

整理后为:

$$资产+利润+费用=负债+所有者权益+收入 \tag{2-5}$$

等式(2-5)是总体的动态会计等式,表示企业在经营过程中的增值情况。收入是所有者权益的增加因素,费用是所有者权益的抵减因素。在会计期末结账时,将收入与费用配比,计算得出利润,并进行利润分配,转入权益中,则会计等式(2-5)又恢复为会计等式(2-2),即

$$资产=负债+所有者权益$$

三、经济业务对会计等式的影响

对企业的经济业务按一定标准进行分类,有助于进一步认识企业经济活动的规律。

从“资产＝负债＋所有者权益”的会计等式出发，结合企业经济活动的实际情况，按其对会计要素的影响，可以把经济业务归纳为四个类型九种情况。

（一）资产要素、负债或所有者权益要素同时增加的经济业务

1. 资产要素、所有者权益要素同时增加

该类经济业务的发生，使得企业资产要素与所有者权益要素同时发生增加的变动，且其金额相等。

2021 年 6 月，某企业发生以下经济业务：

【例 2.1】 1 日，企业收到投资者南化公司投入货币 600 万元，存入工商银行存款账户。

该项经济业务使得企业资产要素的银行存款项目增加 600 万元，同时企业所有者权益要素的股本项目增加 600 万元。

资产＝负债＋所有者权益

600　　　　*600*　　　　（影响要素）

600＝600　　　　（结果）

2. 资产要素、负债要素同时增加

该类经济业务的发生，使得企业资产要素与负债要素同时发生增加的变动，且其金额相等。

【例 2.2】 3 日，企业购入大田公司甲材料一批，价款 100 万元。材料已验收入库，货款未付。

该项经济业务使得企业资产要素的原材料项目增加 100 万元，同时企业负债要素的应付账款项目也增加 100 万元。

资产＝负债＋所有者权益

600＋*100*＝*100*＋600　　　　（影响要素）

700＝700　　　　（结果）

小结：能够导致资产要素增加、负债或所有者权益要素同时增加的经济业务，可以划分为“资产要素增加、负债要素同时增加”和“资产要素增加、所有者权益要素同时增加”两种经济业务的发生。

（二）资产减少、负债或所有者权益同时减少的经济业务

1. 资产要素、负债要素同时减少

该类经济业务的发生，使得企业资产要素与负债要素同时发生减少的变动，且其金额相等。

【例 2.3】 12 日，企业以工商银行存款支付本月购入大田公司甲材料货款 10 万元。

该项经济业务使得企业资产要素的银行存款项目减少 10 万元，同时企业负债要素的应付账款项目也减少 10 万元。

资产＝负债　　＋所有者权益

600＋100－*10*＝100－*10*＋600　　　　（影响要素）

690＝690　　　　（结果）

2. 资产要素、所有者权益要素同时减少

【例 2.4】 13 日，企业股东大会决定减少注册资本 2 万元，现以工商银行存款向投资者南化公司退回。

该项经济业务使得企业资产要素的银行存款项目减少 2 万元，同时企业所有者权益要素的股本项目减少 2 万元。

资产＝负债　＋所有者权益

600＋100－10－2＝(100－10)＋(600－2)　(影响要素)

688＝688　(结果)

小结：能够导致资产要素减少、负债或所有者权益要素同时减少的经济业务，可以划分为“资产要素减少、负债要素同时减少”和“资产要素减少、所有者权益要素同时减少”两种经济业务的发生。

(三) 资产、负债、所有者权益要素内部有增有减变动的经济业务

1. 资产要素构成项目之间的此增彼减

该类经济业务的发生，使得资产要素内部不同的项目发生此增彼减的变动，且增加与减少的金额相等。

【例 2.5】 14 日，企业收到××公司前欠货款 8 万元款项已存入银行。

该项经济业务使得企业资产要素的银行存款项目增加 8 万元，同时企业资产要素的应收账款项目减少 8 万元。

资产＝负债　＋所有者权益

600＋100－10－2＋(8－8)＝(100－10)＋(600－2)　(影响要素)

688＝688　(结果)

2. 所有者权益要素构成项目之间的此增彼减

该类经济业务的发生，使得所有者权益要素的内部不同项目之间发生此增彼减的变动，且增加与减少的金额相等。

【例 2.6】 15 日，企业股东大会决定将资本公积金 30 万元转增资本。

该项经济业务使得企业所有者权益要素的股本项目增加 30 万元，同时企业所有者权益要素的资本公积项目减少 30 万元。

资产＝负债　＋所有者权益

600＋100－10－2＋(8－8)＝(100－10)＋(600－2)＋(30－30)　(影响要素)

688＝688　(结果)

3. 负债要素构成项目之间的此增彼减

该类经济业务的发生，使得企业负债要素的内部不同项目之间发生此增彼减的变化，且增加与减少的金额相等。

【例 2.7】 20 日，企业向工商银行借入 2 年期、利率为 8％的借款 200 万元，用于支付前欠双龙公司房屋建造工程款。

该项经济业务使得企业负债要素的银行借款项目增加 200 万元，同时企业负债要素的应付账款项目减少 200 万元。

资产＝负债　＋所有者权益

600＋100－10－2＋(8－8)＝(100－10)＋(200－200)＋(600－2)＋(30－30)

(影响要素)

688＝688　(结果)

小结：能够导致资产、负债或所有者权益要素的构成项目之间的有增有减变动的经济交易或事项，可以划分为：资产要素内部结构的调整，使得企业的一项资产转换为另一项资产、负债要素和所有者权益要素内部各项目之间有增有减变动三种经济业务。

（四）负债或所有者权益要素之间有增有减变动的经济业务

1. 负债要素减少，所有者权益要素增加

【例 2.8】 24 日，企业与债权人通过协商，同意将债权人大田公司的 10 万元的货款转换为大田公司在企业的投资。

该项经济业务使得企业负债要素的应付账款项目减少 10 万元，同时企业所有者权益要素的股本项目增加 10 万元。

资产＝负债　　＋所有者权益

600＋100－10－2＋(8－8)＝(100－10)＋(200－200)－*10*＋(600－2)＋(30－30)＋*10*

（影响要素）

688＝688　　（结果）

2. 负债要素增加，所有者权益要素减少

【例 2.9】 30 日，企业股东大会通过决议，同意向投资者分配现金股利 20 万元，实际支付时间为下月 25 日。

该项经济业务使得企业所有者权益要素的利润分配项目减少 20 万元，同时企业负债要素的应付股利项目增加 20 万元。

资产＝负债　　＋所有者权益

600＋100－10－2＋(8－8)＝(100－10)＋(200－200)－10＋*20*＋(600－2)＋

(30－30)＋10－*20*　　（影响要素）

688＝688　　（结果）

小结：该类经济业务实际上是企业负债与所有者权益要素之间的相互转换，由于该类经济业务的后果是使得企业的一项负债转换为一项所有者权益，或相反，因此，该类经济业务不会影响企业资产的总额。

通过上述经济业务的检验，可以看出无论企业发生何种类型经济业务，都不会影响会计等式的平衡关系。会计等式反映的是企业在某一时点或时期的会计要素之间的平衡关系。经济业务发生对等式的影响情况汇总如表 2-1 所示。

表 2-1　　经济交易或事项对会计要素的影响情况表　　单位：万元

经济业务	影响情况			经济业务类型
	资　产	负　债	所有者权益	
1	＋600		＋600	第一类(1)种
2	＋100	＋100		第一类(2)种
3	－10	－10		第二类(1)种
4	－2		－2	第二类(2)种
5	＋8			第三类(1)种
	－8			

续 表

经济业务	影响情况			经济业务类型
	资 产	负 债	所有者权益	
6			−30	第三类(2)种
			+30	
7			−200	第三类(3)种
			+200	
8		−10	+10	第四类(1)种
9		+20	−20	第四类(2)种

练习题

一、单项选择题

1. 企业在日常活动中形成的、会导致所有者权益增加的、与所有者投入资本无关的经济利益的总流入称为(　　)。

A. 资产　　B. 利得　　C. 收入　　D. 利润

2. 由企业日常活动所发生的、会导致所有者权益减少的、与向所有者分配利润无关的经济利益的总流出称为(　　)。

A. 费用　　B. 损失　　C. 负债　　D. 所有者权益

3. 广义的权益一般包括(　　)。

A. 资产和所有者权益　　B. 债权人权益和所有者权益

C. 所有者权益　　D. 资产和债权人利益

4. 下列属于资产项目的是(　　)。

A. 原材料　　B. 预收账款　　C. 实收资本　　D. 资本公积

5. 下列项目中,属于企业的非流动资产的是(　　)。

A. 原材料　　B. 银行存款　　C. 应收账款　　D. 无形资产

6. 流动资产是指预计在一个正常营业周期中(　　),或者主要为交易目的而持有,或者预计在资产负债表日起一年内(含一年)变现的资产,以及自资产负债表日起一年内,交换其他资产或清偿负债的能力不受限制的现金或现金等价物等资产。

A. 变现、出售或耗用　　B. 领用、消耗或出售

C. 变现、领用或发出　　D. 发出、生产或销售

7. 下列说法中,正确的是(　　)。

A. 资产是企业拥有的,过去交易或事项所形成的,预期会给企业带来经济利益的资源。

B. 经济利益的流入必然是收入形成的

C. 负债是企业承担的未来义务

D. 费用是指营业成本

8. 所有者权益在数量上等于(　　)。

A. 全部资产减去全部负债后的净额　　B. 所有者的投资

C. 实收资本与资本公积之和　　D. 实收资本与未分配利润之和

9. 下列各项中,不属于收入要素项目的是(　　)。

A. 销售商品取得的收入　　B. 提供劳务取得的收入

C. 出租固定资产取得的收入　　D. 营业外收入

10. 下列各项中,不属于费用要素项目的是(　　)。

A. 销售费用　　B. 管理费用　　C. 财务费用　　D. 预付账款

二、多项选择题

1. 下列属于资产要素项目的有(　　)。

A. 无形资产　　B. 原材料　　C. 预收账款　　D. 预付账款

2. 下列项目中,属于资产要素特征的有(　　)。

A. 必须是经济资源　　B. 必须是有形的

C. 预期会给企业带来未来经济利益　　D. 必须是企业拥有或控制的

3. 下列各项中,属于流动资产的有(　　)。

A. 无形资产　　B. 库存现金　　C. 预付账款　　D. 周转材料

4. 下列项目中,属于负债要素特点的有(　　)。

A. 负债是由现在的交易或事项所引起的偿债义务

B. 负债是由过去的交易或事项所形成的现时义务

C. 负债是由将来的交易或事项所引起的偿债义务

D. 负债的清偿将会导致经济利益流出企业

5. 下列项目中,属于所有者权益要素项目的有(　　)。

A. 实收资本　　B. 盈余公积　　C. 资本公积　　D. 未分配利润

6. 下列项目中,属于负债要素项目的有(　　)。

A. 短期借款　　B. 预收账款　　C. 预付账款　　D. 应交税费

7. 下列项目中,属于非流动资产的有(　　)。

A. 固定资产　　B. 长期股权投资　　C. 无形资产　　D. 存货

8. 下列项目中,属于反映企业财务状况的静态会计要素的有(　　)。

A. 资产　　B. 负债　　C. 利润　　D. 所有者权益

9. 下列项目中,属于所有者权益来源的有(　　)。

A. 所有者投入的资本

B. 不应计入当期损益的利得或者损失

C. 留存收益

D. 收入

10. 下列项目中,影响利润计量的项目有(　　)。

A. 资产　　B. 收入

C. 费用　　D. 直接计入当期损益的利得或损失

三、不定项选择题

1. 企业发生费用，会导致会计要素变动的情况有（　　）。
   A. 资产增加，费用增加　　B. 费用增加，负债减少
   C. 费用增加，负债增加　　D. 费用增加，资产减少

2. 下列关于资产概念不正确的是（　　）。
   A. 是过去的交易或事项形成的　　B. 由企业拥有
   C. 预期会给企业带来经济利益　　D. 由企业拥有或控制

3. 下列各项中，企业能够确认为资产要素的有（　　）。
   A. 已经收到增值税发票，但购入原材料尚在运输途中
   B. 租入的设备
   C. 支付租赁包装物的押金
   D. 按购货合同的规定，预付的购货款

4. 所有者权益要素是企业投资者对企业净资产的要求权，在数量上等于（　　）。
   A. 全部资产减去流动负债　　B. 企业的新增利润
   C. 全部资产减去全部负债　　D. 全部资产加上全部负债

5. 隆兴置业有限责任公司的所有者权益为 25 万元，即（　　）。
   A. 实收资本为 25 万元　　B. 净资产总额为 25 万元
   C. 全部投入资本为 25 万元　　D. 资产总额和权益总额均为 25 万元

6. 在企业会计六要素中，反映财务状况的会计要素有（　　）。
   A. 利润　　B. 所有者权益　　C. 资产　　D. 负债

7. 企业投入资本通常包括（　　）。
   A. 实收资本　　B. 资本溢价（股本溢价）
   C. 资本公积　　D. 盈余公积

8. 资本溢价是所有者投入资本中超过（　　）的部分。
   A. 全部资本　　B. 实收资本　　C. 资本公积　　D. 盈余公积

9. 下列项目中，属于费用要素的有（　　）。
   A. 营业成本　　B. 期间费用　　C. 制造费用　　D. 损失

10. 下列各项中，不属于收入要素的是（　　）。
    A. 接受捐赠形成的收入　　B. 提供劳务取得的收入
    C. 出租固定资产取得的收入　　D. 企业非日常活动取得的收入

四、判断题

1. 企业在一定会计期间发生的亏损，必将导致该企业所有者权益减少。（　　）
2. 企业只有拥有某项财产物资的所有权才能将其确认为资产。（　　）
3. 资产包括固定资产和流动资产两个部分。（　　）
4. 流动负债是指需要在一年或超过一年的一个营业周期内偿还的债务。（　　）
5. 所有者权益是指企业投资者对企业资产的所有权。（　　）
6. 会计要素中既有反映财务状况的要素，又有反映经营成果的要素。（　　）
7. 按照我国会计准则的规定，负债不仅指现实已经存在的债务责任，还包括某些将来可能发生的、偶然事项形成的债务责任。（　　）

8. 资产是指企业现时的交易或者事项形成的，由企业拥有或者控制的，预期会给企业带来经济利益的资源。 (　　)

9. 利得和损失包括直接计入所有者权益的利得和损失以及直接计入当期利润的利得和损失。 (　　)

10. 负债是企业日常生产经营活动中由于举债所形成的未来义务。 (　　)

五、名词解释

1. 资产
2. 负债
3. 所有者权益
4. 费用
5. 收入
6. 利润
7. 会计等式

六、简述题

1. 简述会计六要素的特征。
2. 简述会计等式。
3. 简述企业经济业务的类型。

七、实务题

(一) 练习对会计要素分类，并掌握它们之间的关系

2021 年 12 月末，隆兴置业有限责任公司各项目余额如下：

(1) 银行存款 300 000 元；

(2) 投资者投入资本 5 000 000 元；

(3) 从银行借入 2 年期的借款 100 000 元；

(4) 出纳员处存放的现金 90 000 元；

(5) 向银行借入半年期的借款 700 000 元；

(6) 仓库里存放的原材料 590 000 元；

(7) 应付供应单位购货款 50 000 元；

(8) 机器设备价值 2 800 000 元；

(9) 房屋及建筑物价值 920 000 元；

(10) 仓库里存放的产成品 390 000 元；

(11) 应收购货单位销货款 150 000 元；

(12) 以前年度尚未分配的利润 80 000 元；

(13) 正在加工中的在产品 90 000 元；

(14) 对外投资 600 000 元，即购入短期内出售的平安银行股票的价值。

要求：

1. 判断上述资料中各项目的类别，并将各项目金额列表填列。
2. 计算资产总额、负债总额、所有者权益总额，并检验是否符合会计基本等式。

（二）练习经济业务对会计等式的影响

1. 2021 年 12 月 1 日，隆兴置业有限责任公司所有资产项目合计为 800 000 元，负债项目合计为 210 000 元，所有者权益项目合计为 590 000 元。

2. 2021 年 12 月份，该公司发生下列经济业务：

（1）购入 A 材料一批已入库，金额 6 000 元，材料款尚未支付。

（2）购入 B 材料一批已入库，金额 7 000 元，材料款以工商银行存款支付。

（3）南钢公司投入生产设备一台，价值 90 000 元。

（4）从银行借入资金 90 000 元，存入工商银行账户。

（5）收到购货单位（大有企业）归还所欠货款 30 000 元，存入工商银行。

（6）以库存现金 5 000 元，支付采购人员出差预借的差旅费。

（7）以工商银行存款 60 000 元，偿还银行的短期借款。

（8）接受外单位捐赠质检设备一套，公允价值 120 000 元。

（9）从工商银行取得借款 120 000 元，直接偿付所欠购货款。

（10）以工商银行存款 80 000 元，缴纳应交税费。

（11）以工商银行存款 10 000 元，偿付前欠力敏公司购货款。

（12）从工商银行提取现金 15 000 元，以备日常开支。

（13）经股东大会通过决议，将盈余公积 19 000 元，转增资本。

要求：

1. 根据上述经济业务，逐项分析其对资产、负债及所有者权益三类会计要素增减变动的影响。

2. 计算 12 月末资产、负债及所有者权益三类会计要素的总额，并列出会计等式。

第三章　会计科目与会计账户

【理论目标】

1. 了解会计科目与账户设置的原则；
2. 熟悉会计科目与账户的内容；
3. 掌握企业适用的会计科目；
4. 掌握会计账户的结构及应用。

【实践目标】

1. 熟练使用会计科目；
2. 掌握会计账户的结构及用途。

第一节　会 计 科 目

在会计实务中，会计信息处理过程主要包括以账户为中心的记录环节和以财务会计报告为中心的报告环节两个部分。作为一个会计主体，企业的日常经济活动烦琐而复杂。在会计行为中，为保证会计记录有序进行，需要按会计目标要求对企业经济业务予以细化，形成会计科目并以此为基础设置用来进行会计记录的账户。

一、会计科目的含义

会计科目是按相关标准对会计要素内容进行分类后得到的具体项目，并被赋予相应的名称，在会计行为中被称为“会计科目”(简称“科目”)。

设置会计科目是向投资者、债权人、企业经营管理者等提供会计信息的重要手段。

企业作为一种配置资源的经济组织，其经济活动十分复杂。从会计视角看，企业既有发行股票或债券、向银行借款的筹资活动，也有采购材料、生产产品和销售产品等生产、销售活动，还有以获得收益为目的的购入股票或债券等投资活动。然而，在市场经济环境下，企业经济活动必然会导致其资金发生相应地变化，具体表现为资产、负债、所有者权益、收入、费用和利润等会计要素发生的变化。

会计行为的核心内容是对企业经济活动的确认、计量、记录和报告，实质上表现为对企业资产、负债、所有者权益、收入、费用和利润等会计要素进行的确认、计量、记录和报告的过程。会计要素作为从会计视角对企业经济活动的一种基本分类，仅仅是企业经济活动具体内容的一种“框架”。因此，为了保证会计信息系统的正常运行，实现会计信息的决策有用，需要对会计要素的内容进行更加详细的再划分。例如，将企业资产要素按变现速度的快慢作出再分类，产生了库存现金、银行存款、交易性金融资产等会计核算与管理的具体项目；将企业负债要素按偿还期的长短作出再分类，产生了短期借款、应付账款、应付职工薪酬、应付股利、应交税费、其他应付款、长期借款等会计核算与管理的具体项目；将企业所有者权益要素按形成的先后顺序作出再分类，产生了实收资本（股本）、资本公积、盈余公积、其他综合收益、利润分配等会计核算与管理的具体项目；将企业收入要素按其在企业经营中的主次地位作出再分类，产生了主营业务收入、其他业务收入等会计核算与管理的具体项目；将企业费用要素按其在企业经营中与产品生产耗费的关系作出再分类，产生了生产成本、管理费用、销售费用、财务费用等会计核算与管理的具体项目。

二、会计科目设置的意义

会计科目是进行会计记录和提供会计信息的基础，在会计核算中具有重要意义。

（1）会计科目是复式记账的基础。复式记账要求每一笔经济业务在两个或两个以上相互联系的账户中进行登记，以反映资金运动的来龙去脉。

（2）会计科目是编制记账凭证的基础。会计凭证是确定所发生的经济业务应记入何种科目以及分门别类登记账簿的依据。

（3）会计科目为成本计算与财产清查提供了前提条件。通过设置会计科目，有助于成本核算，使得产品成本计算成为可能；通过账面记录与实际结存的核对，为财产清查、保证账实相符提供了必备条件。

（4）会计科目为编制财务会计报告提供了方便。财务会计报告是提供会计信息的主要手段，为了保证会计信息的质量，财务会计报告中的构成项目与会计科目是一致的或基本一致的，可以根据会计科目的本期发生额或余额直接或分析、汇总后填列。

三、设置会计科目的原则

企业应当按照企业会计准则的规定，设置会计科目。为了提供科学、完整、系统的会计信息，会计主体在设置会计科目时，必须遵循以下原则：

（一）合法（规）性

为了保证会计信息的可比性与可理解，企业会计核算所设置的会计科目应当符合国家统一会计准则制度的规定。在通常情况下，由财政部提供统一的会计科目表，以便会计主体在会计核算中选择使用。

（二）适用性

对于财政部提供统一的会计科目，企业可以结合自己的生产经营、工艺特点及管理上的需要，在不违反会计规范中有关确认、计量规定的前提下，根据本企业的实际情况对会计科目进行增设、分拆、合并等。对于企业经济活动中不存在的交易事项，可不设置相应的会计科目。

（三）相关性

企业设置会计科目，应满足会计信息使用者对会计信息的需要。要求在企业会计核算中，会计科目核算的内容应体现会计信息使用者的诉求，以提高会计核算所提供的会计信息的相关性。

（四）稳定性

为了便于在不同会计期间的比较、分析会计科目所反映的会计核算内容及结果，使得会计信息具有可比性，要求设置会计科目除非有变更的必要，否则应保持相对稳定性，不得经常改变会计科目的名称、核算内容及核算方式等。

会计科目的使用说明

（五）可理解性

会计科目必须能够准确反映其核算内容，简化会计工作量，有利于提高会计工作效率，要求设置会计科目应符合企业实际、文字简练、内容准确、便于操作。

四、设立会计科目的依据

企业对会计要素进行细化、设置会计科目的标准或依据是企业经济活动及其资金运动的客观规律和会计目标的要求。

（一）根据企业管理需要，设立会计科目

企业经济活动和资金运动都具有内在的客观规律。因此，在分类时，必须遵循并体现经济活动及资金运动的固有规律。例如，企业将存入金融机构的各种款项，会计核算时归类为“银行存款”项目。从客观属性来看，银行存款属于企业拥有或控制的资产的一个具体项目，它既不同于企业持有的库存现金，也不同于企业存放在仓库中原材料或商品。

（二）结合会计核算目标，设立会计科目

会计科目设置必须考虑会计目标的要求。企业会计的基本目标在于向投资者、债权人等信息使用者提供对决策有用的会计信息，因此，会计科目设置应体现会计信息使用者对信息类别、指标的需求。例如，信息使用者需要了解企业固定资产的原始价值及净值的信息，企业便将为生产产品、提供劳务、出租或经营管理而持有，使用期限超过一个会计年度的厂房、机器、设备、工具等有形资产归类为“固定资产”项目。实际上，根据会计信息使用者的特殊需求，企业对会计要素内容的细化可以延伸至不同层面。在会计实务中，企业往往设置两个甚至三个层次的会计科目，即总分类科目和明细分类科目，或者总分类科目、二级科目和明细分类科目。

（三）根据法律规范，设立会计科目

从2007年开始，我国有关会计科目设置与使用的指导性规范都体现在《企业会计准则——应用指南》的附录中。在美、英等国，会计准则只对经济业务的确认、计量和报告问题作出规定，一般不涉及会计科目及其使用的问题。

我国《企业会计准则——应用指南》规定的企业会计科目，如表3-1所示。

五、会计科目的分类

为了使信息使用者和会计信息生成者能够理解与掌握其核算的内容、使用方法、反映信息的含义，教材对会计科目根据不同分类标准，作出相应的分类。会计科目作为会计行为中一种用来记录经济活动及其资金运动的工具，首先取决于经济活动的内容与特征。所有企业都具有“共性”，决定着不同企业所设置的会计科目及其体系同样应具有“共性”。然而，企业间也必然存在着“差异性”，亦决定不同企业所设置的会计科目及其体系同样应具有“差异性”。例如，制造业与商品流通业、金融业、建筑业、物流业之间，会计科目设置均存在差异。同时，会计科目提供的数据是企业编制财务会计报告的基础，因此，会计科目设置必须满足会计信息使用者对会计行为提出的要求。

表 3-1 会计科目简表

编号	会计科目名称	编号	会计科目名称
	一、资产类		二、负债类
1001	库存现金	2001	短期借款
1002	银行存款	2201	应付票据
1012	其他货币资金	2202	应付账款
1101	交易性金融资产	2203	预收账款
1121	应收票据	2211	应付职工薪酬
1122	应收账款	2221	应交税费
1123	预付账款	2231	应付利息
1131	应收股利	2232	应付股利
1132	应收利息	2241	其他应付款
1221	其他应收款	2501	长期借款
1231	坏账准备	2502	应付债券
1401	材料采购	2701	长期应付款
1402	在途物资	2801	预计负债
1403	原材料		三、共同类(略)
1404	材料成本差异		四、所有者权益类
1405	库存商品	4001	实收资本
1406	发出商品	4002	资本公积
1407	商品进销差价	4101	盈余公积
1408	委托加工物资	4103	本年利润
1471	存货跌价准备	4104	利润分配
1501	债权投资		五、成本类
1502	债权投资减值准备	5001	生产成本
1503	其他权益工具投资	5101	制造费用
1511	长期股权投资		六、损益类
1512	长期股权投资减值准备	6001	主营业务收入
1521	投资性房地产	6051	其他业务收入
1531	长期应收款	6101	公允价值变动损益
1601	固定资产	6111	投资收益
1602	累计折旧	6301	营业外收入
1603	固定资产减值准备	6401	主营业务成本
1604	在建工程	6402	其他业务成本
1605	工程物资	6403	税金及附加
1606	固定资产清理	6601	销售费用
1701	无形资产	6602	管理费用
1702	累计摊销	6603	财务费用
1703	无形资产减值准备	6701	资产减值损失
1711	商誉	6702	信用减值损失
1811	递延所得税资产	6711	营业外支出
1901	待处理财产损溢	6801	所得税费用

(一) 按会计科目反映的经济内容分类

会计要素及其关系是建立会计科目体系的直接依据。会计要素及其变动是会计科目记录的对象或客体,它具有客观性,而会计科目属于用来记录会计要素具体内容变化情况的工具,它属于“方法”范畴。按会计要素,可以将会计科目分为资产类、负债类、所有者权益类、收入类、费用类和利润类共计六大类。

1. 资产类科目

资产类科目,主要包括库存现金、银行存款、交易性金融资产、应收票据、应收账款、其他应收款、原材料、库存商品、长期应收款、长期股权投资、固定资产、无形资产科目等。

2. 负债类科目

负债类科目,主要包括短期借款、应付票据、应付账款、应付职工薪酬、应交税费、应付股利、其他应付款、长期借款、应付债券、长期应付款科目等。

3. 所有者权益类科目

所有者权益类科目,主要包括股本、资本公积、盈余公积、其他权益工具、利润分配、其他综合收益科目等。

4. 收入类科目

收入类科目,主要包括主营业务收入和其他业务收入、投资收益、营业外收入科目等。

5. 费用类科目

费用类科目,主要包括生产成本、制造费用、主营业务成本、其他业务成本、税金及附加、销售费用、管理费用、财务费用、营业外支出科目等。

6. 利润类科目

利润类科目,主要包括本年利润科目等。

在我国会计规范和会计实务中,为便于会计科目的使用,将上述会计科目类别重新整合为六大类,即资产类、负债类、所有者权益类、共同类、成本类和损益类六类会计科目。

资产类、负债类、所有者权益类科目的内容基本不变。共同类科目是指在同一会计期间可以同时记录资产和负债要素的经济业务的会计科目,例如,套期工具科目。此处主要改变是将费用要素科目“一分为二”,即将记录与产品生产活动相关的“成本性耗费”项目,单独归类为“成本类”科目,主要包括生产成本、制造费用等科目;将记录“损益性的”收入与费用科目及利润类科目合并设置为“损益类”科目,主要包括主营业务收入、其他业务收入、主营业务成本、税金及附加、销售费用、管理费用、财务费用、其他业务成本、投资收益、营业外收入、营业外支出科目等。

(二) 按会计科目反映会计信息的详细程度分类

按反映会计信息的详细程度,会计科目可分为总分类科目和明细分类科目。

1. 总分类科目

每一个科目提供一类特定经济内容的会计信息指标。例如,“库存现金”科目提供库存现金的增减变化及其结余数额指标,“原材料”科目提供企业库存原材料的增减变化及其结存数量(额)指标,“应付账款”科目提供企业应付账款的形成和偿还及未偿付数额等信息。

由于企业内部经营管理要求的多样化及其特殊性,科目及其提供的信息指标往往还需要进一步细化。例如,根据原材料的具体内容与原材料管理的具体要求,“原材料”科目按品种或类别可细分为“原料及主要材料”“辅助材料”“燃料”科目等。同理,“库存商品”科目按产品品种或类别可细分为“A 产品”“B 产品”“C 产品”科目等；“应收账款”科目按债务人可细分为“甲公司”“乙公司”“丙公司”科目等。会计核算中，将根据会计要素及其具体内容所设立的科目，称为总分类科目或一级科目，简称为总账科目，例如，库存现金、原材料、库存商品、短期借款、股本、主营业务收入、固定资产科目等。

总分类科目的特征：

(1) 总分类科目是会计核算的一级科目或总账科目。

(2) 总分类科目对会计要素的具体内容进行总括分类形成的会计科目。

(3) 总分类科目是进行总分类核算的依据，提供总括指标。

(4) 总分类科目一般由会计准则或制度统一制定。

2. 明细分类科目

按企业经营管理的特定要求对某一总分类科目的内容进行细分所设立的科目，称为明细分类科目，简称为明细科目，例如，对“原材料”科目内容细分所设立的“原料及主要材料”“辅助材料”“燃料”科目等，如表 3－2 所示；对“库存商品”科目内容细分所设立的“A 产品”“B 产品“C 产品”科目；对“应收账款”科目内容细分所设立的“甲公司”“乙公司”“丙公司”科目等。

表 3－2　“原材料”总分类科目与明细分类科目

总分类科目（一级科目）	明细分类科目	
	二级科目（子目）	三级科目（细目）
原材料	原料及主要材料	圆钢、角钢
	辅助材料	润滑剂、石炭酸
	燃　　料	汽油、原煤

明细分类科目的特征：

(1) 明细分类科目是对总分类科目所含内容再作详细分类形成的会计科目。

(2) 明细分类科目是进行明细分类核算的依据。

(3) 明细分类科目可根据会计制度规定和企业核算需要设置。

(4) 明细分类科目一般由企业自行制定。

在某些情况下，需要对特定总分类科目的内容进行多层次细化，设立多层次的明细分类科目。

3. 总分类科目与明细分类科目的关系

总分类科目与其所属明细分类科目之间，是一种控制与被控制、总括与详细的关系。总分类科目对其所属明细分类科目起控制作用，是提供总括会计信息指标；而明细分类科目是总分类科目的细化和具体化，其对总分类科目起补充说明作用，是提供更为详细的会计信息指标。

总分类科目是企业基本的会计科目，在不同企业，总分类科目的设置具有更多的“共性”。但明细分类科目的设立却更多地取决于企业内部经营管理的特殊要求，不同企业以及同一企业在不同会计期间，其明细分类科目的设置均存在一定差异。

第二节 会计账户

一、会计账户的概念

会计账户[①]是用来记录经济业务及其所引起的会计要素具体内容变动情况的载体。会计账户是根据会计科目设置的，具有一定格式和结构，用于分类反映会计要素增减变动情况及其结果的一种手段。设置账户是会计核算的方法之一。

企业的经济业务发生以后，必然会引起会计要素及其具体内容的增减变动，因此，会计行为需要借助于某种载体对这些变动的过程与结果进行记录。例如，为了反映企业库存现金的增减变动及其现时持有数额，就需设置“库存现金”账户，并在此账户中登记存放于企业的纸币和铸币的数额，当然也包括外币的数额；对于企业从银行等金融机构借入的不超过 1 年的借款的增加、偿还及结余情况，就需设置“短期借款”账户，并在此账户中登记企业从银行借入款项的数额，归还的数额及目前仍未归还的数额；对于反映企业在销售产品、提供劳务等日常经济活动中取得的收入，就需设置“主营业务收入”或“其他业务收入”账户中，进行相应的记录与计算等等。

二、会计账户的作用

在会计账户中记录经济业务，是会计反映经济活动的特有方法。

（一）账户可以提供分类的会计信息

企业的利益相关者以及企业的管理层等均需要关于企业经济活动完整而系统的会计信息。实际上，企业会计信息指标体系首先是由会计账户及其体系来决定的。针对企业经济活动及其资金运动的全部内容，会计行为首先需要根据会计要素的具体内容科学合理地设置会计科目，并根据会计科目设置用来记录经济活动及其资金运动情况的会计账户。例如，为记录资产要素及其具体项目的变化，根据资产类会计科目设置“库存现金”“银行存款”“交易性金融资产”“应收票据”“应收账款”“其他应收款”“原材料”“库存商品”“固定资产”“无形资产”账户等。记录其他会计要素亦是如此。每一会计账户记录一个特定方面的经济活动及资金变化情况，实际上是提供某一特定内容的经济信息。例如，“应收账款”账户记录因销售商品或提供劳务而形成的债权、收回的债权以及目前该种债权的持有数量，实际上是提供关于企业应收账款的会计信息。

依此类推，“无形资产”账户提供了企业专利权、商标权等无形资产的取得、减少及其目前持有的价值量，实际上提供了关于企业无形资产的系统化会计信息，等等。账户所提供的分类会计信息，是反映企业全面、完整会计信息的财务会计报告产生的基础。

（二）账户可以提供连续性的会计信息

会计账户在对某一类会计信息进行记录时，必须具有连续性。例如，在“库存现金”账户中记录企业持有现金的增加和减少情况时，必须完整地予以记录而不得遗漏。必要时，对库存现金交易或事项的记录还必须保持交易或事项发生时间的原有次序。再如，在“固定资产”账户中记录企业固定资产的取得和减少时，同样应当及时、完整地加以记录而不得遗漏。就某一个会计账户而言，该账户自企业该项交易或事项发生之日始，即对其进行连续不断的记录。就会计期间而言，某一账户对某项资金或交易与事项在前后不同期间的变化情况都予以连续不断

① 会计科目与会计账户，两者在会计实务中没有严格的区分，可以相互替代。

地记录，提供该项交易或事项的“历史”和“现时”情况。

三、会计账户的结构

会计账户是用来记录经济业务，反映会计要素具体内容的增减变动及其结果的载体。作为一种记录经济业务的工具，账户具有特定的结构。由于特定记录对象最基本的数量（额）变动客观上只有增加和减少两种现象，因此，为了完整、清晰地反映这种变动，在每个会计账户中都应分别记录其数量（额）的增加和数量（额）的减少。同时，由于会计行为必须以特定期间为基础对企业经济活动及其结果进行总结计算，因而，会计账户还必须记录各项目在特定期间增减变动的结果。基于此，会计账户基本结构分为记录“增加”“减少”和“增减变动结果（即余额）”这三个部分。这一基本结构不会因企业在会计实务中所使用的账户（账簿）具体格式的不同而发生变化。

在会计实务中账户的基本结构如表 3－3 所示。

表 3－3　　账户的基本结构　　第 1 页

年		凭证编号	摘　要	借　方	贷　方	余　额
月	日					

日常会计核算中，可以将具有一定格式与结构的账页简化，用“T”字形表示账户的基本结构，如图 3－1 所示。

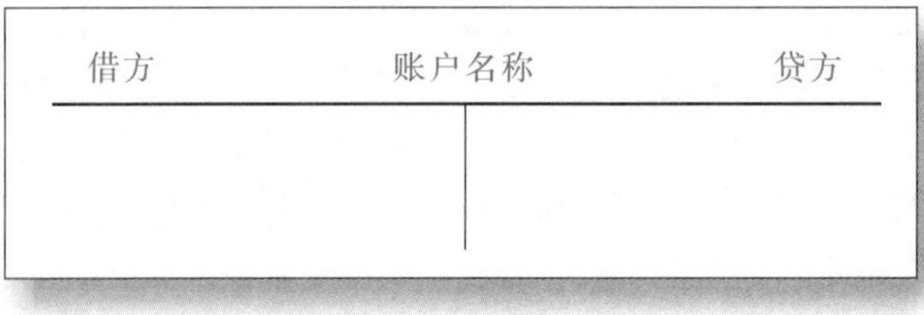

图 3－1　“T”字形账户的结构

就“T”字形账户结构来看，每一个账户都分为左、右两方，若一方登记增加数额，另一方则登记减少数额。并且，每一个账户的左、右两方都是按相反方向来记录增加数额和减少数额的。如果在左方记录增加数额，则应该在右方记录减少数额；反之，如果右方记录增加数额，则左方应该记录减少数额。从数理关系来看，同一记录对象在特定会计期间增减变动的结果（即余额）应当保留在记录增加的方向（没有余额时为零，说明总的增加数额与减少数额相等）。至于账户哪一方登记增加数额，哪一方登记减少数额，则由企业所采用的记账方法和所记录的经济内容决定的。

四、会计账户的功能

某一特定会计账户提供企业经济活动中某一特定项目增减变动及其结果的具体信息，全部账户则可提供企业经济活动的完整会计信息。就某一特定会计账户而言，其提供的会计信息可以分为两类：一类是该账户在特定会计期间的增加或减少的情况，另一类是该账户在会计期末的增减变动结果，前者称为账户的本期发生额，而后者称为账户的余额。

每个会计账户一般均能提供期初余额、本期增加发生额、本期减少发生额及期末余额等会计信息。账户记录的本期增加发生额和本期减少发生额是账户在会计期间内总的变动情况，而期初余额和期末余额则反映每一账户所记录的经济业务在特定会计期间变动的结果。本期期初余额是上一会计期间经济活动引起的资金变动的结果，以此为基础，加上本期增加发生额与本期减少发生额进行对比，其结果为该账户的期末余额。就同一会计账户而言，期初余额、期末余额、本期增加发生额、本期减少发生额的基本关系可表示为：

期初余额＋本期增加发生额－本期减少发生额＝期末余额

或：　　期初余额＋本期增加发生额＝本期减少发生额＋期末余额

以“银行存款”账户为例，说明账户提供的会计信息的基本内容。企业“银行存款”账户连续、完整地记录某一会计期间的全部银行存款的交易或事项。中华家具有限责任公司银行存款账户2021年7月记录的内容，如表3－4所示。

表3－4　　银行存款　账户　　单位：元

2021年		摘　　要	收　入	支　出	余　额
月	日				
7	1	月初结余			1 600 000
7	1	从银行提取现金备用		10 000	1 590 000
7	7	收到租出手推车押金	8 000		1 598 000
7	10	收到销售商品货款	320 000		1 918 000
7	11	归还银行短期借款		600 000	1 318 000
7	18	支付财产保险费用		220 000	1 098 000
7	21	将库存现金存入银行	180 000		1 278 000
7	26	支付银行空头支票罚款		20 000	1 258 000
7	31	支付本月水费		140 000	1 118 000
7	31	支付员工加班津贴		230 000	888 000
		本月发生额及月末结余	508 000	1 220 000	888 000

2021年7月，公司所发生的全部银行存款交易或事项完整地记录在“银行存款”账户中。“银行存款”账户提供了“两类四种”银行存款的信息，即账户余额，包括银行存款本月月初结余1 600 000元和期末结余888 000元；账户的本期发生额，包括银行存款本月增加508 000万元和减少1 220 000元。

会计账户的错误使用

五、总分类账和明细分类账

会计账户开设应与会计科目的设置相适应。会计科目按提供核算资料的详细程度分为总分类科目和明细分类科目，会计账户也相应地分为总分类账户（一级账户）和明细分类账户（二级、三级账户）。通过总分类账户对经济业务进行的核算称为总分类核算。总分类核算只能用货币计量。通过明细分类账户对经济业务进行的核算称为明细分类核算。明细分类核算除了用货币计量外，有些账户还可以用实物计量或劳动计量。

总分类账户统驭明细分类账户，明细分类账户则对总分类账户起着进一步补充说明的作用。

六、会计科目与账户的关系

（一）会计科目与账户的联系

（1）会计账户是根据会计科目设置，会计科目是账户的名称。

（2）两者开设的目的一致，都是为了对经济业务进行分类、整理，以提供管理所需要的会计信息。

（3）两者的内容相同。

（二）会计科目与账户的区别

（1）会计科目和会计账户的具体作用不同。会计科目的作用主要表现为将会计对象的具体内容分为若干个相对独立的项目，而会计账户则是在会计科目的基础上，赋予一定的结构与格式，能指明记账的方向，以核算会计要素的增减变动情况及其结果。

（2）会计科目和账户的设置的方法不同。会计科目由国家统一制定，是会计制度的组成部分。而会计账户则是由各单位根据会计科目的要求，结合本单位的实际情况开设的。实际工作中，会计科目在先，会计账户在后。

练习题

一、单项选择题

1. 会计科目是指对(　　)的具体内容进行分类核算的项目。

A. 经济业务　　B. 会计要素　　C. 会计账户　　D. 会计信息

2. 会计科目按其所(　　)不同，分为总分类科目和明细分类科目。

A. 反映的会计对象　　B. 反映的经济业务

C. 归属的会计要素　　D. 提供信息的详细程度

3. 以下各项中，不属于设置会计科目原则的是(　　)。

A. 重要性　　B. 合法(规)性　　C. 相关性　　D. 适用性

4. (　　)原则，是指所设置的会计科目应符合单位自身特点，满足单位实际需要。

A. 合法性　　B. 相关性　　C. 谨慎性　　D. 适用性

5. 会计账户是根据(　　)设置的，具有一定格式和结构，用于分类反映会计要素增减变动情况及其结果的载体。设置账户是会计核算方法之一。

A. 会计科目　　B. 会计凭证　　C. 会计报表　　D. 会计对象

6. 对会计要素具体内容进行总括分类、提供总括信息的会计科目称为(　　)。

A. 总分类科目　　B. 明细分类科目　　C. 二级科目　　D. 备查科目

7. 会计账户的基本结构包括(　　)。

A. 记录增加　　B. 记录减少

C. 记录增减变动结果　　D. 记录货币种类

8. 会计科目按其所(　　)不同，分为资产类、负债类、共同类、所有者权益类、成本类、损益类六类。

A. 核算的会计对象　　B. 反映经济业务的内容
C. 归属的会计要素　　D. 提供信息的详细程度

9. 预付账款科目按其所归属的会计要素，属于(　　)类科目。

A. 资产　　B. 负债　　C. 所有者权益　　D. 成本

10. 下列项目中，属于会计科目的是(　　)。

A. 应付购货款　　B. 投入资本　　C. 库存现金　　D. 分配利润

二、多项选择题

1. 以下有关明细分类科目的表述中，正确的有(　　)。

A. 明细分类科目也称一级会计科目
B. 明细分类科目是对会计要素具体内容进行总括分类的科目
C. 明细分类科目是对总分类科目作进一步分类的科目
D. 明细分类科目是提供更加详细会计信息的科目

2. 下列各项中，属于流动负债会计科目的有(　　)。

A. 预收账款　　B. 预付账款　　C. 应交税费　　D. 长期借款

3. 下列项目中，不属于会计科目的有(　　)。

A. 利润　　B. 现金　　C. 资本公积　　D. 存款

4. 下列项目中，属于成本类科目的有(　　)。

A. 主营业务成本　　B. 其他业务成本　　C. 生产成本　　D. 制造费用

5. 下列项目中，属于损益(收入)类账户的有(　　)。

A. 主营业务收入　　B. 其他业务收入　　C. 销售收入　　D. 合同收入

6. 会计科目是进行会计记录和提供会计信息的基础，在会计核算中的重要意义有(　　)。

A. 会计科目是复式记账的基础
B. 会计科目是编制记账凭证的基础
C. 会计科目是填制原始凭证的基础
D. 会计科目为成本计算提供了前提条件

7. 下列项目中，与货币资金增加有关的账户有(　　)。

A. 应收票据　　B. 应收账款　　C. 其他应收款　　D. 应付票据

8. 隆兴置业有限责任公司用银行存款 5 万元偿还以前欠其他单位的货款 4 万元和一个月前从银行取得的还款期限为 6 个月的借款 1 万元。这笔经济业务可能涉及(　　)账户。

A. 长期投资　　B. 银行存款　　C. 短期借款　　D. 应付账款

9. 下列选项中，属于资产类账户的有(　　)。

A. 应收账款　　B. 预收账款　　C. 应付账款　　D. 预付账款

10. 下列项目中，属于负债类账户的有(　　)。

A. 应收票据　　B. 预收账款　　C. 其他应付款　　D. 其他应收款

三、判断题

1. 对于明细科目层次较多的总分类科目，可在总分类科目下设置多级科目。　(　　)

2. 生产成本科目及主营业务成本科目都属于成本类科目。 （ ）

3. 销售费用科目、管理费用科目和制造费用科目都属于损益类科目。 （ ）

4. 预收账款科目属于资产类科目，而制造费用科目属于成本类科目。 （ ）

5. 企业只能使用国家统一会计制度规定的会计科目，不得自行增减或合并。 （ ）

6. 对会计要素的具体内容进行分类核算的项目称为会计科目。 （ ）

7. 总分类科目与其所属的明细分类科目的核算内容相同，但前者提供的信息比后者更加详细。 （ ）

8. 设置会计科目的相关性原则是指所设置的会计科目应当符合国家统一会计制度的规定。 （ ）

9. 会计科目设置的原则包括合法性原则、相关性原则和适用性原则。 （ ）

10. 明细分类科目是对总分类科目起着补充说明和统驭控制的作用。 （ ）

四、名词解释

1. 会计科目
2. 会计账户
3. 总分类科目
4. 明细分类科目

五、简述题

1. 简述设置会计账户的原则。
2. 简述会计账户的分类。

六、实务题

2021 年 12 月 31 日，隆兴置业有限责任公司有关账户的资料如表 3－5 所示。

表 3－5 账 户 资 料

账户名称	期初余额		本期发生额		期末余额	
	借方	贷方	借方	贷方	借方	贷方
库存现金	400 000		220 000	10 000	（ ）	
银行存款	60 000		（ ）	80 000	90 000	
应付账款		80 000	70 000	60 000		（ ）
短期借款		45 000	（ ）	10 000		30 000
应收账款	（ ）		30 000	50 000	20 000	
实收资本		350 000	0	（ ）		620 000
其他应付款		25 000	25 000	0		（ ）

要求：

根据账户期初余额、本期发生额和期末余额的计算方法，填列表 3－5 中括号内的部分。

第四章　复式记账法

【理论目标】

1. 了解会计记账方法及种类；
2. 熟悉借贷记账法的内涵；
3. 掌握借贷记账法的记账规则；
4. 掌握会计账户的分类。

【实践目标】

掌握借贷记账法的应用。

第一节　记账方法

企业的经济活动必然会引起会计要素的增减变动，会计账户虽然能够全面、系统地反映会计要素有关项目的增减变动情况及其结果，但如何将经济业务记录到有关会计账户中，需要采用科学的记账方法。

记账方法是指根据会计理论的基本原理，按照一定的记录规则，运用相应的记账符号，利用文字和数字将经济业务记录到账户中的一种会计行为。

按照记录经济业务的方式不同，记账方法可分为单式记账法和复式记账法。

一、单式记账法

单式记账法是指会计核算企业发生的每一项经济业务，只在一个资金或管理上居主要地位的账户中进行相应记载的一种记账方法。

在单式记账法下，通常只登记库存现金、银行存款账户的收付金额以及债权、债务的结算金额，一般不登记实物的收、付金额。例如，企业以工商银行存款 30 000 元，购买甲材料一批，当经济业务发生后，会计人员只在“银行存款”账户中记录其在工商银行的存款减少 30 000 元，而对购入甲材料一批这一方面的事项，却不做任何记录。单式记账法的“银行存款”账户记录内容如图 4－1 所示。

单式记账法记账手续简单，但是账户之间没有全面的直接联系和相互平衡关系，所以不能全面系统地反映经济业务发生对相关会计要素产生的增减变动情况，无法反映经济业务的来源和去向，也不便于检查账户记录的正确性和完整性。因此，对于经济活动很简单或单一的经济个体，可以采用单式记账法，而对于现代化的企业，已不再适合采用这种记账方法。

增加	银行存款　　　减少
	30 000

图 4－1　单式记账法的"银行存款"账户

二、复式记账法

（一）复式记账法的概念

复式记账法是指会计核算企业发生的每一笔经济业务，都必须要用相等的金额在两个或者两个以上的相互联系的账户中进行登记，借以反映相关会计要素的增减变化的一种记账方法。

（二）复式记账法的理论依据

企业发生的所有经济业务无非是涉及资金的增加和减少两个方面，并且是一项资金在量上的增加和减少，总是与另一项资金在量上的减少或增加相伴而生。因此在会计在记账时，必须把各项经济业务所涉及资金增减变化的原因和结果都记录下来，从而完整、全面地反映经济业务所引起的资金运动的来龙去脉。复式记账方法恰恰适应资金运动这一规律性的客观情况，把每一项经济业务所涉及的资金在量上的增减变化，通过来处与去处两个方面所涉及的两个或者两个以上账户的记录予以全面反映。

复式记账法克服了单式记账法的缺点。例如，上述企业以工商银行存款 30 000 元，购买一批甲材料的经济业务。在经济业务发生后，会计人员一方面在"银行存款"账户记录其在工商银行的存款减少 30 000 元，另一方面在"原材料"账户记录甲材料增加 30 000 元，这样记载的结果就能够清楚地反映一项经济业务的来龙去脉。复式记账法的"银行存款"账户如图 4－2 所示、"原材料"账户如图 4－3 所示。

增加	银行存款　　　减少
	30 000

图 4－2　复式记账法的"银行存款"账户

增加　　　原材料	减少
30 000	

图 4－3　复式记账法的"原材料"账户

会计要素是相互联系相互依存的，各自具有独立的含义，并以不同的具体形式存在着，企业发生的经济业务，都会引起某一个或某几个会计要素的价值变化，因而在各会计要素下再设置相应的明细分类核算所需要的账户进行相应的登记，就使复式记账组成一个完整的、系统的记账组织体系。有了这样一个记账组织体系，不仅反映了资产、负债和所有者权益的增减变化和结存情况，而且还能确定收入、费用和利润的数额及其形成原因。这是复式记账能够全面核算和监督企业的经济活动的根本原因。

复式记账通过价值形式的计算和记录，为经济管理提供核算指标，因而，复式记账法必然成为具有一定的记账技术的记账方法。它是以记账内容之间所表现出的数量上的平衡关系，作为记账方法的基础。会计恒等式不仅是价值数量的关系表现，而且也有经济性质上的说明。

会计恒等式的等量关系，必然要求经济业务发生相互联系和等量的变化，为此，必须通过两个或两个以上的账户，相互联系地作双重记录，才能得到全面地反映。显然，这是复式记账法自身的要求所决定的。它如实地反映了经济事物的客观联系，也说明了复式记账方法的科学性。

(三) 复式记账法的优点

(1) 多账户记录，即形成会计账户体系。复式记账能够把所有的经济业务相互联系地、全面地记入有关账户中，从而使账户能够全面、系统地核算和监督经济活动的过程和结果，能够提供经营管理所需要的数据和信息。

(2) 掌握每一项经济业务的来龙去脉。复式记账对每笔会计记录都是相互对应地反映每项经济业务所引起资金运动的来龙去脉，因此，应用复式记账法原理记录各项经济业务，可以通过账户之间的对应关系了解经济业务的内容，检查经济业务是否合理、合法及真实性。

(3) 试算平衡。用以检查账户记录的正确性。由于每项经济业务发生后，都要以相等的金额在相互联系的账户中进行登记，因此，可以对账户记录的结果进行试算平衡，以便检查账户记录的正确性。

三、复式记账法的种类

复式记账法按其采用的记账符号和记账规则的不同，可分为借贷记账法、收付记账法和增减记账法等。其中，借贷记账法是目前世界各国普遍采用的一种记账方法。

(一) 借贷记账法

借贷记账法是指以“借”和“贷”[①]作为记账符号，以“有借必有贷，借贷必相等”为记账规则的一种复式记账法，是国际上通用的记账方法。我国《企业会计准则——基本准则》第11条规定，企业应当采用借贷记账法记账。采用借贷记账法在相关账户中记录各项经济业务，可以清晰地表明经济业务的来龙去脉，同时也可以通过试算平衡检查账户记录的正确性。

(二) 收付记账法

收付记账法是指以“收”“付”作为记账符号，反映经济业务所引起会计要素增减变动的一种复式记账方法。这种记账方法被我国非营利组织会计长期使用。以“收”“付”作为记账符号，对所发生的各种经济业务都以资金的收付决定记账方向。账户分为资金来源、资金运用和资金结存三类。记账规则为“同收、同付、有收有付”。即资金来源类或资金运用类账户和资金结存类账户发生对应关系，引起资金结存增加或减少时，要同时记收同时记付，同收或同付金额相等；资金来源类账户和资金运用类账户或同类各账户之间发生对应关系，不涉及资金结存增减变化时，要分别记收和付，收付金额相等。目前该种记账方法已不再使用。

(三) 增减记账法

增减记账法指的是以“增”“减”为记账符号，以“资金占用＝资金来源”为理论基础反映经济业务所引起的会计要素增减变动的一种复式记账方法。增减记账法以“增”“减”为记账符号，凡经济业务引起资金来源或资金占用增加，就在账户中记增；凡经济业务引起资金来源或资金占用减少，就在账户中记减。“增”“减”符号同资金来源与资金占用的增加、减少意思一致，使符号的文字含义也名副其实，直接表达会计事项所涉及具体内容的增减变动。增减记账法下的记账规则是：凡是涉及资金来源和资金占用两类账户的经济业务，同时记增加或记减少，同增或同减的金额相等；凡是涉及资金来源或资金占用一类账户的经济业务，记有增有减，

① “借”和“贷”在借贷记账法中仅仅是记账符号而已，没有实际的含义。

增减金额相等。简而言之,其记账规则即为:两类账户,同增同减,金额相等;同类账户,有增有减,金额相等。目前该种记账方法已不再使用。

第二节　借贷记账法

一、借贷记账法概述

(一) 借贷记账法的起源

借贷记账法是以"借"和"贷"为记账符号的复式记账方法。"借"和"贷"作为记账符号是历史的产物,它起源于13世纪的意大利沿海城市,到15世纪逐步形成比较完备的复式记账法。随着经济的发展,借贷记账法在世界范围内广泛传播并为世界各国所普遍采用。

1. 借贷记账法的萌芽

借贷记账法起源于1211年的意大利北部城邦佛罗伦萨,当时佛罗伦萨商业比较发达,银钱借贷十分频繁,钱庄业主为了记清楚账目,他们把整个账簿分为应收账簿和应付账簿,并为每一个债权人和债务人开设一个账户,即应收账款(债务人)和应付账款(债权人)。不过那时的记账方法基本还是单式记账,复式记账还处于萌芽阶段,账户也只是叙述式的,后来传到了热那亚。

2. 借贷记账法的改良

热那亚人对该记账方法进行改进,将每个账户都设计为左和右对照式,分别用借方和贷方表示。在应收账款和商品及现金账户下,账户借方登记别人欠我的,贷方登记别人还我的,借方减去贷方后的差额表示还有多少未收回的款项;在应付账款科目下,贷方登记我欠别人的,借方登记我还别人的,贷方减去借方后的差额表示还有多少未归还的款项,并在保留债权、债务的基础上又加入了商品和现金账户,并且在复式记账法下凡购买商品和收回现金都记于账户的借方,卖出商品或支付现金都记于账户的贷方。之后该记账方法又传到意大利名城威尼斯,威尼斯商人在此基础上作进一步的改进,又加入了收入、费用等损益账户和资本账户,出售商品不再直接减少商品账户,而要先要记入收入账户的贷方,待月末再贷记商品账户,一笔汇总出库转入商品成本账户;收入要从借方定期转入利润的贷方,费用支出也不再直接减少利润,而要先记入费用的借方,月末也要从贷方一笔转入利润的借方,收入和成本、费用,具有归集或汇总和过渡性质,被称为暂记性账户,最终结果都要转入利润账户,利润账户的贷方减去利润账户的借方就是经营所得。利润账户也具有汇总和过渡性质,最终归属于资本账户。资本账户是用来登记投资人权益的,其主要功能是用来反映资本的增值。这时复式记账法已经完善起来,当时称为意大利式借贷记账法,也称威尼斯记账法。

3. 借贷记账法的形成

1494年,意大利数学家卢卡·帕乔利在他的《算术、几何、比及比例概要》一书的第三篇《簿记论》中详细、全面系统地介绍了威尼斯的记账法,并从理论上给予必要的阐述,使它的优点及方法为世人所接受,是现代会计的开端。18世纪,借贷记账法传到了英国,形成英式记账法,增加了分录簿,上面载有摘要、会计科目、借方金额和贷方金额几个栏次,当经济业务发生和结束时,要求在分录簿上确定应借、应贷的账户和应借、应贷的金额,即在借方和贷方两个方面对经济业务进行对照登记,并简明扼要地说明经济业务,被称为复式簿记,相当于今天的记账凭证,是登记会计记账的依据,从此正式命名为复式簿记。以后人们所说的复式簿记,就是指借贷记账法。

4. 我国的借贷记账法

最早向国人推介该记账方法的中国人是蔡锡勇。蔡曾任清朝驻美公使馆翻译官，从美国回来后留在广州实习馆任教员。他对当时在西方已普遍推行的复式记账法极为推崇，数经寒暑，终于写成《连环账谱》一书，但是未能出版。后来其子蔡璋赴日本考察，对此书加以校订，《连环账谱》才得以在 1905 年由湖北官书局出版发行。《连环账谱》一书，既以卢卡·帕乔利首创的 debito、credito 记账法原理为蓝本，又力求"参以中土要理"。因此，该书将账户 debit 方译为"该收"，将 credit 方译为"存付"。其记账要领是"凡货物出入经我手者，必有来历去处，我该收即彼存付，彼该收即我存付"，从而构成"存付"与"该收"的连环，"存付"之结果与"该收"之结果也必相连环，故称"连环账"。"连环账"没有使用"借"和"贷"做记账符号，却几乎完整地再现了 debito、credito 记账法的精髓。1907 年，留学日本的中国学者谢霖和孟森在东京出版《银行簿记学》，结合银行业务正式以"借"和"贷"的名义将卢卡·帕乔利的 debito、credito 记账法介绍给中国人。现在人们使用"借"和"贷"做记账符号的借贷记账法，显然是继承了谢霖和孟森的《银行簿记学》提供的记账方法。

（二）复式记账法的理论基础

借贷记账法的理论基础是会计恒等式。借贷记账法的对象是会计要素的增减变动过程及结果。会计要素之间的联系及增减变动情况可以用会计恒等式来表示。

资产＝负债＋所有者权益

这一恒等式揭示了三个方面的内容：

1. 会计主体各会计要素之间的数量（额）平衡关系

有一定数量的资产，就必然有相应数量的权益（负债和所有者权益）与之相对应，任何经济业务所引起的会计要素增减变动，都不会影响这个等式的平衡。如果把等式的"左""右"两方，用"借""贷"两方来表示的话，就是说每一次记账的借方和贷方是平衡的；一定时期会计账户的借方、贷方的金额是平衡的；所有会计账户的借方、贷方余额的合计是平衡的。

2. 各会计要素增减变动是相互联系的

任何经济业务都会引起两个或两个以上相关会计账户发生金额变动，因此，当经济业务发生后，在一个账户中记录的同时必然会有另一个或两个以上账户中记录与之对应。

3. 等式中的有关因素之间是对立统一的

资产在等式的左边，当移到等式右边时，就要以"－"表示，负债和所有者权益也具有同样情况。也就是说，当我们用左边（借方）表示资产类项目增加时，就要用右边（贷方）来记录资产类项目减少。与之相反，当我们用右方（贷方）记录负债和所有者权益增加额时，就需要通过左方（借方）来记录负债和所有者权益的减少额。

这三个方面的内容贯穿借贷记账法的始终。会计等式对记账方法的要求，决定了借贷记账法的账户结构、记账规则、试算平衡的基本理论。

因此，会计恒等式是借贷记账法的理论基础。

二、借贷记账法的内容

收付记账法

借贷记账法是建立在"资产＝负债＋所有者权益"会计等式的基础上，以"有借必有贷，借贷必相等"为记账规则，反映会计要素增减变动情况的一种复式记账方法。

(一) 记账符号

记账符号,是会计记账用来表示发生的经济业务的金额应该记入有关会计账户的左方“金额”栏还是右方“金额”栏的符号。借贷记账法以“借”和“贷”作为记账符号,以“借方”“贷方”称谓账户的左方、右方。但是具体哪个方向登记增加,哪个方向登记减少,则要根据账户的性质决定。

(二) 账户结构

会计账户具有一定的结构。在借贷记账法下,可采用“T”形账户简要地反映账户的基本结构,即借方和贷方。一般规定账户左方为借方、右方为贷方。记账时,同一个账户的借、贷两方必须作相反的记录,即一方用来登记账户的增加额,另一方则用来登记账户的减少额。账户所属的会计要素不同则性质不同,其借方和贷方所表示的意义也不相同,“T”形账户的基本结构如图 4-4 所示。

借方　　　　账户名称	贷方
期初余额	或期初余额
本期借方发生额	本期贷方发生额
本期发生额	本期发生额
期末余额	或期末余额

图 4-4 “T”形账户基本结构

1. 资产类账户的结构

反映资产类要素的会计账户称为资产类账户。在借贷记账法下,资产类账户的结构是:账户的借方登记资产的期初余额、本期增加额,贷方登记资产的本期减少额。在一定会计期间(月、季、年)内,借方记录的合计数称为本期借方发生额,贷方记录的合计数称为本期贷方发生额。在每一会计期末,将借、贷方合计数额相比较,其差额称作期末余额。本期期末余额结转下期,即为下期的期初余额。由于资产的减少额不可能大于它的期初余额与本期增加额之和,所以资产类账户期末如有余额,一般在借方,表示本期结束时,企业所拥有或控制的该类资产的价值量。资产类账户的结构如图 4-5 所示。

借方　　　　账户名称	贷方
期初余额	
本期增加额	本期减少额
本期借方发生额	本期贷方发生额
期末余额	

图 4-5 资产类账户基本结构

资产类账户期末余额的计算公式如下:

资产类账户期末余额=期初借方余额+本期借方发生额-本期贷方发生额

2. 负债及所有者权益类账户的结构

由会计等式"资产＝负债＋所有者权益"所决定，负债及所有者权益类账户的结构与资产类账户恰好相反，即账户贷方登记负债及所有者权益的期初余额、本期增加额，借方登记负债及所有者权益的本期减少额。由于负债及所有者权益的期初余额与本期增加额之和，通常要大于其本期减少额，所以这类账户期末如有余额，一般在贷方。表示企业所有者享有的剩余索取权和债权人的要求权的价值量。负债及所有者权益类账户的结构如图 4－6 所示。

借方	账户名称　　　贷方
	期初余额
本期减少额	本期增加额
本期借方发生额	本期贷方发生额
	期末余额

图 4－6　负债及所有者权益类账户基本结构

负债及所有者权益类账户期末余额的计算公式如下：

负债及所有者权益类账户期末余额＝期初贷方余额＋本期贷方发生额－本期借方发生额

3. 收入类账户的结构

企业在从事生产经营的过程中，通过销售产品或提供劳务等活动取得各项收入，收入会导致企业利润的增加，最终会引起所有者权益的增加。因此，收入类账户的结构与权益类账户的结构相似，即收入类账户，本期增加额记入账户的贷方，本期减少额记入账户的借方。但与权益类账户不同的是，收入是企业在一定期间取得的经营所得，不应留存到下一会计期间，应当在当期予以结转，以保证下一会计期间的收入账户的金额能够反映下一会计期间的实际收入状况。因此，收入类账户一般期末无余额。其账户结构如图 4－7 所示。

借方	账户名称　　　贷方
本期减少额	本期增加额
本期借方发生额	本期贷方发生额

图 4－7　收入类账户基本结构

4. 费用(成本)类账户的结构

费用是为了取得收入而发生的，费用或成本的发生一般会伴随着资产的减少或者负债的增加，最终一定是所有者权益的减少，因此可以说费用或成本的发生是资产的减少过程，是资产的耗费过程。因此，费用(成本)类账户的结构与资产类账户结构相似，与收入类账户结构相反，即借方登记费用(成本)的本期增加额，贷方登记费用(成本)的本期减少额，费用类账户期末结转后一般无余额，但成本类账户可能会有期末余额，如果有余额，则期末余额在借方。费用(成本)类账户的结构如图 4－8 所示。

借方	账户名称　　　贷方
本期增加额	本期减少额
本期借方发生额	本期贷方发生额

图 4-8　费用(成本)类账户基本结构

综合以上对各类账户的结构的分析，将全部账户借方和贷方所记录的经济业务内容加以归纳，可以用图 4-9 总括地表示借贷记账法下各类账户的结构。

借方	账户名称　　　贷方
资产的增加 负债和所有者权益的减少 费用、成本的增加 收入、利润的减少	资产的减少 负债和所有者权益的增加 费用、成本的减少 收入、利润的增加

图 4-9　全部账户的基本结构

(三) 记账规则

记账规则是指运用一定记账方法记录经济业务时应当遵循的规律。借贷记账法的记账规则是“有借必有贷，借贷必相等”。也就是说，对于每一笔经济业务，在记入一个账户借方的同时，必然记入另一个或几个账户的贷方；反之，在记入一个账户贷方的同时，必然记入另一个或几个账户的借方；并且记入借方账户的金额与记入贷方账户的金额必然相等。

运用借贷记账法的记账规则登记经济业务时，一般按以下步骤完成：

(1) 分析经济业务所涉及的会计要素及具体账户名称，并判断账户的性质；

(2) 判断所涉及账户的记账方向，即增加还是减少；

(3) 根据账户结构确定记入账户的金额或数量；

(4) 完成会计记录。

【例 4.1】 以中华家具股份有限公司 2021 年 5 月发生的经济业务为例，说明借贷记账法的记账规则。2021 年 5 月初，公司有关账户的期初余额如表 4-1 所示。

表 4-1　公司有关账户 5 月份期初余额　单位：元

账户名称	期初余额		账户名称	期初余额	
	借方	贷方		借方	贷方
库存现金	1 800		应付账款		90 000
银行存款	250 000		短期借款		151 000
原材料	64 000		股本		410 800
固定资产	606 000		盈余公积		270 000
合计	921 800		合计		921 800

(1) 5 月 4 日，公司取得兴发公司追加的投资款 60 000 元，存入工商银行存款账户。

这项经济业务发生后，站在企业的角度来看，会计要素发生了下列变化：一方面资产要素增加，存在银行的货币增加了，涉及“银行存款”账户；另一方面所有者权益要素增加，这些货币是由兴发公司投入的，它作为企业的所有者之一，所拥有的权益也随着投资的增加而增加，涉及“股本”账户。因此，该业务属于资产要素和所有者权益要素同时增加的类型，具体来讲，“银行存款”账户增加 60 000 元，同时“股本”账户增加 60 000 元，会计等式两边同时增加 60 000 元。“银行存款”账户属于资产类账户，增加登记入借方，“股本”账户属于所有者权益类账户，增加登记入贷方，如图 4－10、图 4－11 所示。会计记账的结果遵循了“有借必有贷，借贷必相等”的记账规则。

股本

借方	贷方
	期初余额：　410 800
	本期增加额：① 60 000

图 4－10　登记“股本”账户

银行存款

借方	贷方
期初余额：　250 000	
本期增加额：① 60 000	

图 4－11　登记“银行存款”账户

(2) 5 月 10 日，企业向弘历公司购进原材料一批，价值 20 000 元，货款暂欠，材料已验收入库。

该经济业务发生后，从企业角度来看，会计要素发生了下列变化：一方面资产要素增加了，涉及“原材料”账户；另一方面负债要素增加，由于企业并未支付该项材料款，从而产生了一笔新的负债，涉及“应付账款”账户。该业务属于资产和负债同时增加的类型，具体来讲，“原材料”账户增加 20 000 元，“应付账款”账户也增加 20 000 元，会计等式两边的同时增加 20 000 元。“原材料”账户属于资产类账户，增加登记入借方，“应付账款”账户属于负债类账户，增加登记入贷方，如图 4－12、图 4－13 所示。会计记账的结果遵循了“有借必有贷，借贷必相等”的记账规则。

应付账款

借方	贷方
	期初余额：　90 000
	本期增加额：② 20 000

图 4－12　登记“应付账款”账户

原材料

借方	贷方
期初余额：　64 000	
本期增加额：② 20 000	

图 4－13　登记“原材料”账户

(3) 5 月 16 日，企业用工商银行存款 20 000 元，支付采购原材料所欠货款。

该经济业务发生后，会计要素发生了下列变化：一方面资产要素减少，涉及“银行存款”账户；另一方面负债要素减少了，企业支付了所欠的材料款，从而减少了一项负债，涉及“应付账款”账户。该业务属于资产和负债同时减少的类型，资产类账户“银行存款”记减少 20 000 元，记入账户的贷方，负债类账户“应付账款”记减少 20 000 元，记入账户的借方，如图 4－14、图 4－15所示。会计记账的结果遵循了“有借必有贷，借贷必相等”的记账规则。

借方	银行存款	贷方
期初余额：250 000		
本期增加额：① 60 000		本期减少额：③ 20 000

图 4－14 登记“银行存款”账户

借方	应付账款	贷方
		期初余额：90 000
本期减少额：③ 20 000		本期增加额：② 20 000

图 4－15 登记“应付账款”账户

(4) 5 月 12 日，企业以工商银行存款 180 000 元，支付所有者依法减少的注册资本。

该经济业务发生后，会计要素发生了下列变化：一方面资产要素减少了 180 000 元，涉及“银行存款”账户；另一方面所有者权益要素减少了 180 000 元，企业支付了所有者依法减资款后使得所有者权益减少 180 000 元，涉及“股本”账户。该业务属于一项资产减少，另一项所有者权益减少的业务。会计恒等式两边同减，其中“银行存款”减少记入贷方，“股本”减少记入借方，如图 4－16、图 4－17 所示。会计记账的结果遵循了“有借必有贷，借贷必相等”的记账规则。

借方	银行存款	贷方
期初余额：250 000		
本期增加额：① 60 000		本期减少额：③ 20 000
		本期减少额：④ 180 000

图 4－16 登记“银行存款”账户

借方	股本	贷方
		期初余额：410 800
		本期增加额：① 60 000
本期减少额：④ 180 000		

图 4－17 登记“股本”账户

(5) 5 月 20 日，企业开出现金支票一张，从工商银行提取现金 6 000 元，以备零星开支。

该经济业务发生后，会计要素发生了下列变化：一方面资产要素减少，涉及“银行存款”账户；另一方面资产要素增加，涉及“库存现金”账户。该业务属于资产的一项目增加，另一资产项目减少的类型，即资产类账户“银行存款”减少 6 000 元，记入该账户的贷方，“库存现金”账户增加 6 000 元，记入账户的借方，如图 4－18、图 4－19 所示。会计记账的结果遵循了“有借必有贷，借贷必相等”的记账规则。

借方	银行存款	贷方
期初余额：250 000		
本期增加额：① 60 000		本期减少额：③ 20 000
		本期减少额：④ 180 000
		本期减少额：⑤ 6 000

图 4－18 登记“银行存款”账户

借方	库存现金	贷方
期初余额：1 800		
本期增加额：⑤ 6 000		

图 4－19 登记“库存现金”账户

（6）5 月 25 日，企业以前购买原材料所欠的应付账款 30 000 元到期，但企业暂无款支付，向工商银行借入短期借款 30 000 元，用以归还该应付账款。

该经济业务发生后，会计要素发生了下列变化：一方面负债要素增加，企业向银行借款后负债增加了 30 000 元，涉及“短期借款”账户；另一方面负债要素减少，企业归还以前欠款后该项负债减少了 30 000 元，涉及“应付账款”账户。该业务属于负债的一个项目增加，同时也属于负债的另一个项目减少的业务。其中“短期借款”增加记入贷方，“应付账款”减少记入借方，如图 4－20、图 4－21 所示。会计记账的结果遵循了“有借必有贷，借贷必相等”的记账规则。

借方　　应付账款	贷方
	期初余额：　90 000
本期减少额：③ 20 000	本期增加额：② 20 000
本期减少额：⑥ 30 000	

图 4－20　登记“应付账款”账户

借方　　短期借款	贷方
	期初余额：　151 000
	本期增加额：⑥ 30 000

图 4－21　登记“短期借款”账户

（7）5 月 31 日，经股东大会批准，企业用盈余公积 100 000 元转增资本。

该经济业务发生后，会计要素发生了下列变化：一方面所有者权益要素减少了 100 000 元，涉及所有者权益中的“盈余公积”账户；另一方面所有者权益要素增加了 100 000 元，涉及“股本”账户。该业务属于一项所有者权益增加，另一项所有者权益减少的业务。其中“股本”增加记入贷方，“盈余公积”减少记入借方，如图 4－22、图 4－23 所示。会计记账的结果遵循了“有借必有贷，借贷必相等”的记账规则。

借方　　股本	贷方
	期初余额：　410 800
	本期增加额：① 60 000
	本期增加额：⑦ 100 000

图 4－22　登记“股本”账户

借方　　盈余公积	贷方
	期初余额：　270 000
本期减少额：⑦ 100 000	

图 4－23　登记“盈余公积”账户

（8）5 月 25 日，公司股东大会通过决议，同意向股东发放现金股利 90 000 元，实际发放日为 6 月 20 日。

该经济业务发生后，会计要素发生了下列变化：一方面负债要素增加，由于企业已经通过具有法律效力的决议，这时企业还没有支付现金给所有者，因此，企业依据法律文件产生了未来支付的义务，负债形成了，涉及“应付股利”账户；另一方面所有者权益要素减少，企业已经通过具有法律效力的分配现金股利的决议，即使所有者还没有实际收到现金股利，但是所有者已经具有了向企业收取现金股利的权利，为此所有者形成一项债权。所有者的债权形成了，其在企业所享有的权益也就随之减少了，涉及“利润分配”账户。该业务属于负债与所有者权益类项目之间的此增彼减的类型，负债类账户“应付股利”增加 90 000 元，登记在账户的贷方，所有者权益类"股本"账户减少 90 000 元，登记在账户的借方，如图 4－24、图 4－25 所示。会计记账的结果遵循了"有借必有贷，借贷必相等"的记账规则。

应付股利

借方	贷方
	期初余额：0
	本期增加额：⑧ 90 000

图 4－24　登记"应付股利"账户

利润分配——分配现金股利

借方	贷方
	期初余额：0
本期减少额：⑧ 90 000	

图 4－25　登记"利润分配"账户

（9）5 月 31 日，企业购买材料所欠的货款 40 000 元，债权人同意放弃债权转作投资投入公司。

该经济业务发生后，会计要素发生了下列变化：一方面负债要素减少了 40 000 元，涉及负债中的"应付账款"账户；另一方面所有者权益增加了 40 000 元，涉及"实收资本"账户。该业务属于一项所有者权益增加，另一项负债减少的业务。其中"股本"增加记入贷方，"应付账款"减少记入借方，如图 4－26、图 4－27 所示。会计记账的结果遵循了"有借必有贷，借贷必相等"的记账规则。

股本

借方	贷方
	期初余额：410 800
	本期增加额：① 60 000
	本期增加额：⑦ 100 000
	本期增加额：⑨ 40 000

图 4－26　登记"股本"账户

应付账款

借方	贷方
	期初余额：90 000
本期减少额：③ 20 000	本期增加额：② 20 000
本期减少额：⑥ 30 000	
本期减少额：⑨ 40 000	

图 4－27　登记"应付账款"账户

以上经济业务发生，引起资产和权益（包括债权人权益和所有者权益）的变化，可以概括为以下四种类型：

第一种是资产与权益同时增加，例如（1）、（2）。

第二种是资产与权益同时减少，例如（3）、（4）。

第三种是资产、负债、所有者权益项目的一增一减，例如（5）、（6）、（7）。

第四种是权益（负债和所有者权益）项目之间的一增一减，例如（8）、（9）。

可以看出，这四种类型经济业务的发生都符合"有借必有贷、借贷必相等"的记账规则。

（四）会计账户对应关系

账户对应关系是指在运用借贷记账法时，每一项经济业务发生后，所登记的账户之间存在的一种相互对立而又相互依存的关系，具体表现为所涉及的两个或两个以上账户的应借、应贷关系。存在对应关系的账户称为对应账户。从一个账户的角度来说，与之相对应的账户也称为对应账户。例如，企业购买原材料货款未付时，登记在"原材料"账户的借方同时也登记在"应付账款"账户的贷方，因此，"原材料"与"应付账款"两个账户发生的这种应借、应贷的相互关系，称为账户的对应关系。这两个账户称为对应账户。"原材料"账户的对应账户是"应付账款”账户,“应付账款”账户的对应账户是“原材料”账户。

确定账户的对应关系可以准确地了解每笔经济业务的内容,掌握经济业务的来龙去脉,检查经济业务的会计处理的正确性及其合法、合规性。

(五)会计分录

1. 会计分录概念

会计分录是指按照复式记账理论,对每项经济业务列示出应借、应贷的账户名称及其金额的一种记录。

企业每天发生大量的经济业务,如果按照经济业务逐笔记入账户,不但工作量大,而且也容易发生差错,影响企业提供会计信息的正确性。所以,为了清晰反映账户之间的对应关系,防止记账差错,在每项经济业务记入账户之前需编制会计分录。在实务中,会计分录是在记账凭证上编制的。会计分录主要包括会计账户(会计科目)、记账符号和金额三个要素。

2. 会计分录分类

会计分录按其所涉及账户的多少,可分为简单分录和复合分录两种。

(1) 简单分录是指只涉及两个账户所编制的会计分录,即一个借方账户和一个贷方账户组成的会计分录。

(2) 复合分录也称复杂分录,是指涉及两个以上(不含两个)账户所编制的会计分录,即一个借方账户和多个贷方账户、多个借方账户一个贷账户以及多个借方账户和多个贷方账户组成的会计分录。复合分录是由同一经济业务事项的若干个简单分录合并而成的会计分录。为了保持账户对应关系的清楚,不宜把不同经济业务合并在一起编制多借多贷的会计分录。但是,在账户对应关系清楚的情况下,为了反映经济业务的全貌,可以对同一经济业务事项编制多借多贷的会计分录。

3. 编制会计分录的步骤

(1) 分析经济业务发生对哪些会计要素产生影响。

(2) 确定涉及会计要素的具体账户,哪个账户记增加,哪个账户记减少,还是同时记增加或者同时记减少。

(3) 根据借贷记账法下账户的性质与结构,确定记账方向和金额,编制会计分录。

(4) 根据“有借必有贷,借贷必相等”的记账规则,检验编制的会计分录的正确性。

在编制会计分录时,应注意书写格式要求,即必须是先借后贷,上下排列,“借”和“贷”二字左右错开。

上述【例 4.1】中经济业务(1)至(9)的会计分录如下。

(1)	借:银行存款	60 000	
	贷:股本		60 000
(2)	借:原材料	20 000	
	贷:应付账款		20 000
(3)	借:应付账款	20 000	
	贷:银行存款		20 000
(4)	借:股本	180 000	
	贷:银行存款		180 000
(5)	借:库存现金	6 000	
	贷:银行存款		6 000
(6)	借:应付账款	30 000	

贷：短期借款　　30 000

（7）借：盈余公积　　100 000

贷：股本　　100 000

（8）借：利润分配　　90 000

贷：应付股利　　90 000

（9）借：应付账款　　40 000

贷：股本　　40 000

增减记账法

三、借贷记账法的试算平衡

试算平衡，是指在借贷记账法下，利用“资产＝负债＋所有者权益”的平衡原理，按照记账规则的要求，通过汇总、计算和比较，检查会计分录和账簿记录的正确性、完整性的一种方法。

（一）试算平衡公式

试算平衡公式包括：

（1）全部账户的借方期初余额合计数额等于全部账户的贷方期初余额合计数额。

（2）全部账户的本期借方发生额合计数额等于全部账户的本期贷方发生额合计数额。

（3）全部账户的借方期末余额合计数额等于全部账户的贷方期末余额合计数额。

如果上述三个方面都能保持平衡，就说明会计分录、记账基本上是正确的，否则就是说明会计分录和记账工作发生了差错。在实际工作中，这种试算平衡通常是通过编制试算平衡表完成的。

（二）试算平衡表

【例 4.2】　源自【例 4.1】，2021 年 5 月初，在中华家具股份有限公司所给定的资料基础上，将企业所发生的九种类型经济业务的会计分录登记到相关账户中（图 4－28 至图 4－37），计算出本期发生额及期末余额，最后编制试算平衡表用以检验会计分录是否存在错误，试算平衡表如表 4－2 所示。

原材料

借方	贷方
期初余额：64 000 本期增加额：② 20 000	
本期发生额：20 000	0
期末余额：84 000	

图 4－28　登记“原材料”账户

库存现金

借方	贷方
期初余额：1 800 本期增加额：⑤ 6 000	
本期发生额：6 000	0
期末余额：7 800	

图 4－29　登记“库存现金”账户

固定资产

借方	贷方
期初余额：606 000	
本期发生额：0	0
期末余额：606 000	

图 4－30　登记“固定资产”账户

短期借款

借方	贷方
	期初余额：1 51 000 本期增加额：⑥ 30 000
0	本期发生额：30 000
	期末余额：1 81 000

图 4－31　登记“短期借款”账户

借方	银行存款		贷方
期初余额：	250 000		
本期增加额：	① 60 000	本期减少额：	③ 20 000
		本期减少额：	④ 180 000
		本期减少额：	⑤ 6 000
本期发生额：	60 000	本期发生额：	206 000
期末余额：	104 000		

图 4－32　登记“银行存款”账户

借方	应付股利		贷方
		期初余额：	0
		本期增加额：	⑧ 90 000
	0	本期发生额：	90 000
		期末余额：	90 000

图 4－33　登记“应付股利”账户

借方	盈余公积		贷方
本期减少额：	⑦ 100 000	期初余额：	270 000
本期发生额：	100 000		0
		期末余额：	170 000

图 4－34　登记“盈余公积”账户

借方	股本		贷方
		期初余额：	410 800
本期减少额：	④ 180 000	本期增加额：	① 60 000
		本期增加额：	⑦ 100 000
		本期增加额：	⑨ 40 000
本期发生额：	180 000	本期发生额：	200 000
		期末余额：	430 800

图 4－35　登记“股本”账户

借方	应付账款		贷方
		期初余额：	90 000
本期减少额：	③ 20 000	本期增加额：	② 20 000
本期减少额：	⑥ 30 000		
本期减少额：	⑨ 40 000		
本期发生额：	90 000		0
		期末余额：	20 000

图 4－36　登记“应付账款”账户

借方	利润分配		贷方
期初余额：	0		
本期减少额：	⑧ 90 000		
本期发生额：	90 000		0
期末余额：	90 000		

图 4－37　登记“利润分配”账户

表 4－2　　公司总分类账试算平衡表

2021 年 5 月 31 日　　　　单位：元

会计账户	期初余额		本期发生额		期末余额	
	借　方	贷　方	借　方	贷　方	借　方	贷　方
库存现金	1 800		6 000		7 800	
银行存款	250 000		60 000	206 000	104 000	
原材料	64 000		20 000		84 000	

续 表

会计账户	期初余额		本期发生额		期末余额	
	借 方	贷 方	借 方	贷 方	借 方	贷 方
固定资产	606 000				606 000	
利润分配			90 000		90 000	
应付账款		90 000	90 000	20 000		20 000
应付股利				90 000		90 000
短期借款		151 000		30 000		181 000
股本		410 800	180 000	200 000		430 800
盈余公积		270 000	100 000			170 000
合计	921 800	921 800	546 000	546 000	891 800	891 800

（三）试算平衡的注意事项

试算平衡只是通过借、贷金额是否平衡，检查会计分录和会计账户的记录是否正确。如果借、贷不平衡，可以肯定会计分录和会计账户记录或计算有错误。如果借、贷平衡，只能说明记账可能是正确的，但并不能肯定没有错误，因为下列错误并不影响借、贷双方的平衡：

（1）某项经济业务在有关借、贷方全部被漏记，即漏记。

（2）某项经济业务在有关借、贷方重复登记，即重记。

（3）对某项经济业务错记借、贷方全部账户或其中一个账户，即记错账户。

（4）对某项经济业务登记的借、贷方账户互相颠倒，即账户借贷颠倒。

（5）对某项经济业务，记入有关账户的借、贷金额出现多记或少记相等的金额，即偶然发生借贷对等错误。

借贷记账法的恢复使用

上述错误并不能通过试算平衡来发现。这表明根据试算平衡的结果，并不足以证明相关记录没有错误。因此，需要对一切会计记录进行日常或定期复核，以保证相关记录的正确性。尽管借贷记账法的试算平衡存在如此的局限性，但无法否定借贷记账法的科学性。因为通过试算平衡无法发现的错误，是由于记账人员自身的原因造成的，并不是借贷记账法本身的问题。

四、借贷记账法下账户按用途和结构的分类

（一）账户按用途和结构分类的意义

按账户用途和结构分类的实质，是账户在会计核算中所起的作用和能够反映什么样经济指标所作的分类。

账户用途是指通过账户能够提供什么样的经营管理指标，即设置账户的目的是什么。

账户结构是指在账户中如何记录经济业务，即借方和贷方各登记什么内容，是否有余额以及余额在借方还是贷方，如何提供经营管理所需要的指标。

单一账户只能从一个侧面反映会计要素的变化及其结果，而每个账户都有独特的经济性质。会计要素之间联系紧密，不是孤立存在，作为反映会计要素的账户之间必然相互依

存、互为条件，存在共性。因此，为了更深一步地了解账户体系中各账户之间存在的共性、账户之间的内在联系和区别，以便准确熟练地运用会计账户，就必须对账户按不同的标准进行分类。

在借贷记账法下，根据账户所记录经济业务的内容和具体用途作进一步的分类，对于掌握账户的具体内容及含义具有十分重要的意义。

(二) 按经济业务的内容和用途分类

按照经济业务的内容和用途进行分类可以将账户划分为盘存账户、结算账户、资本账户、集合分配账户、成本计算账户、收入账户、费用账户、调整账户、计价对比账户、财务成果账户等11类。在会计实务中也有其他的分类方法。

1. 盘存账户

盘存账户是用来核算和监督各种财产物资和货币资金的增减变动及其结存情况的账户。该类账户的借方登记货币资金和各种实物资产的本期增加数，贷方登记货币资金和各种实物资产的本期减少数，该类账户通常有余额，并且只能在借方，表示货币资金和各种实物资产的实际结存数。盘存类账户结构如图4－38所示。

借方	账户名称　　　　贷方
期初余额：×××	
本期增加额：×××	本期减少额：×××
期末余额：×××	

图4－38　盘存类账户结构图

盘存类账户的特点如下：

(1) 必须通过定期或者不定期的财产清查核实其记录与货币资金和各项财产物资的实际增减金额和结存数额，并验证是否相符；

(2) 除货币资金和不具有实物形态的财产外，其余盘存类账户的明细分类账核算时应同时提供实物指标和货币指标，即采用数量金额式明细分类账账页格式；

(3) 只能出现借方余额，但个别账户可能结平，即没有余额。

属于盘存类账户主要有“库存现金”“银行存款”“原材料”“库存商品”“固定资产”等账户。

2. 结算账户

结算账户是用来核算和监督企业同其他单位和个人之间债权、债务发生及结算情况的账户。根据所核算的结算业务性质可以将结算类账户划分为债权、债务结算账户和债权债务结算账户三类。

(1) 债权结算账户。债权结算账户是用来核算和监督企业与其他单位或者个人之间债权发生和结算情况的账户。该账户的借方登记债权的增加数，贷方登记债权的减少数，余额通常在借方，表示会计期末尚未结清的或转销的债权实有数。债权结算账户结构如图4－39所示。

属于债权结算类的账户主要有“应收账款”“预付账款”“其他应收款”“应收票据”“应收股利”“应收利息”等账户。

借方 账户名称	贷方
期初余额：×××	
本期增加额：×××	本期减少额：×××
期末余额：×××	

图 4－39 债权结算类账户结构图

（2）债务结算账户。债务结算账户是用来核算和监督企业与其他单位或者个人之间债务的发生和结算情况的账户。该账户的贷方登记债务的增加数，借方登记债务的减少数，余额通常在贷方，表示会计期末尚未偿还的债务实有数。债务结算类账户结构如图 4－40 所示。

借方 账户名称	贷方
本期减少额：×××	期初余额：×××
	本期增加额：×××
	期末余额：×××

图 4－40 债务结算类账户结构图

属于债务结算类的账户主要有“应付账款”“预收账款”“其他应付款”“应付票据”“应付股利”“应付利息”等账户。

（3）债权债务结算账户。债权债务结算账户是用来核算和监督企业与其他单位或者个人之间往来结算业务发生及其结算情况的账户。为了简化核算工作，可以通过债权债务账户来核算该类业务。债权债务账户的借方登记债权的增加数和债务的减少数，贷方登记债务的增加数和债权的减少数，期末余额可能在借方，表示会计期末尚未结清的或转销的债权净额。如果会计期末余额在贷方，表示会计期末尚未偿还的债务净额。债权债务结算类账户结构如图 4－41所示。

借方 账户名称	贷方
债权期初余额：×××	债务期初余额：（×××）
债权本期增加额：×××	债务本期增加额：×××
债务本期减少额：×××	债权本期减少额：×××
债权期末余额：×××	债务期末余额：（×××）

图 4－41 债权债务结算类账户结构图

企业通常可以设置的债权、债务类结算账户有“其他往来”“内部往来”等账户。

结算类账户的特点如下：

（1）应按照债权、债务单位或者个人设置明细分类账进行核算，以便及时清理和核算；

（2）明细分类账只选用货币指标进行核算；

（3）债权账户、债务账户如果出现相反方向的余额，账户的性质即向相反方向转化，债权账户转化为债务账户，债务账户转化为债权账户。

3. 资本账户

资本账户是用来核算和监督企业所有者投入资本的增减变动及其结余情况的账户。该账户贷方登记所有者投入资本的增加数额，借方登记所有者投入资本的减少数额，余额在贷方，反映所有者投入资本的实际结余数额。资本类账户的结构如图 4－42 所示。

借方	账户名称　　　贷方
	期初余额：×××
本期减少额：×××	本期增加额：×××
	期末余额：×××

图 4－42　资本类账户结构图

资本类账户的特点如下：

（1）应按照企业所有者设置明细分类账进行核算，以正确反映所有者实际投入资本的数额；

（2）只提供货币指标进行核算；

（3）不可能出现借方余额。

属于资本类账户的主要有“实收资本（股本）”“资本公积”等账户。

4. 集合分配账户

集合分配账户是用来归集和分配企业生产经营过程中某一阶段所发生的，应由若干成本对象共同负担的某种费用及分配情况的账户。当企业在生产经营过程中发生了不便直接计入有关成本对象的费用。首先是通过集合分配账户进行归集，然后在期末按照一定标准分配计入有关成本对象。集合分配账户的借方登记本期应归集费用的发生额，贷方登记分配出去应由成本对象分担的数额。因为集合分配账户借方归集多少费用，贷方本期分配多少，所以该类账户会计期末一般没有余额。集合分配账户结构如图 4－43 所示。

借方	账户名称　　　贷方
本期归集的发生额：×××	本期分配的发生额：×××

图 4－43　集合分配类账户结构图

集合分配类账户的特点如下：

（1）平时用以归集不能直接计入成本核算对象的相关费用；

（2）期末再将归集到该账户的各项费用分配计入各成本核算对象之中；

（3）一般借方归集多少，贷方分配多少，所以该账户通常没有余额。

属于集合分配账户的主要有“制造费用”等账户。

5. 成本计算账户

成本计算账户是用来核算和监督企业为完成特定生产经营活动所发生的相关费用，并用以确定各成本对象实际成本的账户。账户借方登记为完成特定生产经营活动而发生的相关支出数额；贷方登记转出的已经完工的或者入库的某种成本对象的成本数额。如果有余额只能在借方，反映尚未完工的特定生产经营活动的成本对象的实际成本。成本计算类账户的结构如图 4－44 所示。

借方　　账户名称	贷方
期初余额：×××	
本期增加额：×××	本期减少额：×××
期末余额：×××	

图 4－44　成本计算类账户结构图

成本计算类账户的特点如下：

（1）应按照成本对象设置明细分类账进行明细分类核算；

（2）应在明细分类账中按照费用的用途分类设置专栏进行核算；

（3）可同时按照货币指标和成本对象的实物指标进行核算；

（4）期末是否有余额，须根据产品或者对象的完工程度来确定。

属于成本计算类账户的主要有"生产成本""劳务成本"等账户。

6. 收入账户

收入账户是用来核算和监督企业一定时期内所取得收入和利得的账户。收入账户贷方登记本期取得的收入和利得，借方登记减少和期末转入"本年利润"账户的收入和利得。因为企业本期实现的全部收入和利得都应于期末转入"本年利润"账户，所以收入类账户期末没有余额。收入类账户结构如图 4－45 所示。

借方　　账户名称	贷方
本期减少额：×××	本期增加额：×××

图 4－45　收入类账户结构图

收入类账户的特点如下：

（1）可以按照收入的对象设置明细分类账进行核算；

（2）应在明细分类账中按照收入的取得不同内容分类设置专栏进行核算；

（3）期末没有余额。

属于收入类账户的主要有"主营业务收入""其他业务收入"等账户。

7. 费用账户

费用账户是用来核算和监督企业一定时期内所发生的，应当计入当期损益的各项成本、费用和支出的账户。费用账户借方登记本期发生的各项成本、费用和损失额，贷方登记本期各项成本、费用和损失额的减少以及期末转入"本年利润"账户的金额。因为企业本期发生的各项成本、费用和损失额全部都应于期末转入"本年利润"账户，所以费用类账户期末没有余额。费用类账户的结构如图 4－46 所示。

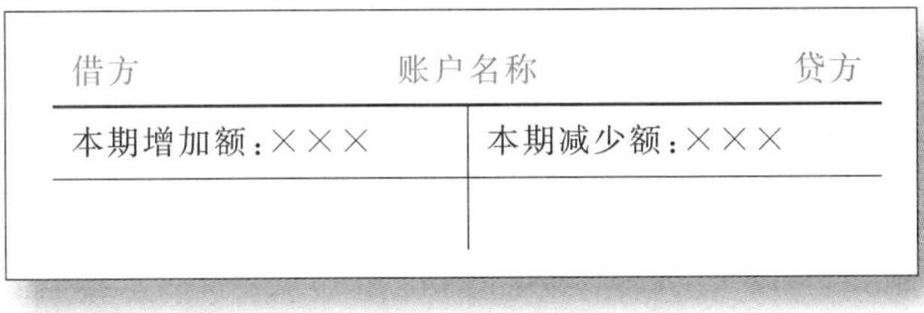

图 4－46　费用类账户结构图

费用类账户的特点如下：

（1）应按照费用的具体内容设置明细分类账进行核算；

（2）应在明细分类账中按照费用的用途分类设置专栏进行核算；

（3）期末没有余额。

属于费用类账户的主要有“主营业务成本”“其他业务成本”“销售费用”“管理费用”“财务费用”“税金及附加”“营业外支出”等账户。

8. 调整账户

调整账户是专门用来调整被调整账户的余额，以便反映被调整账户实际余额的账户。在会计核算中，对资产和权益账户的某一个项目，往往需要同时设置两个不同的账户来记录和反映。前者反映的是资产或者权益等账户的原始数字，称为被调整账户，后者反映对原始数字的调整金额，称为调整账户。根据调整账户和被调整账户的关系，可以将调整账户分为三类：备抵账户、附加账户、备抵附加账户。

（1）备抵账户。备抵账户是用来抵减被调整账户的余额，以求得被调整账户实际余额的账户。

其调整方式可用以下公式表示：

被调整账户的余额－备抵账户的余额＝被调整账户的实际余额

备抵账户登记的规则是，与被调整账户登记的方向相反。如果被调整账户增加记借方，减少记贷方，余额在借方；则备抵账户增加记贷方，减少记借方，余额在贷方。可见，备抵类账户的余额方向与被调整账户余额方向相反。

属于备抵账户的主要有“固定资产减值准备”“投资性房地产减值准备”“坏账准备”等账户，它们分别是“固定资产”“投资性房地产”“应收账款”等账户的备抵账户。

（2）附加账户。附加账户是用来增加被调整账户的余额，以求得被调整账户实际余额的账户。

其调整方式可用以下公式表示：

被调整账户的余额＋附加账户的余额＝被调整账户的实际余额

对附加账户登记的规则是，与被调整账户登记的方向相同。如果被调整账户增加记借方，减少记贷方，余额在借方；则附加账户也是增加记借方，减少记贷方，余额在借方。

可见，附加类账户的余额方向与被调整账户余额方向相同。

（3）备抵附加账户。备抵附加账户是根据其账户余额的方向来判断该账户与被调整账户关系的一种账户。如果该账户的余额方向与被调整账户余额方向相反，则该账户属于备抵账户。

被调整账户的余额－该账户的余额＝被调整账户的实际余额

如果该账户的余额方向与被调整账户余额方向相同，则该账户属于附加账户。

被调整账户的余额＋该账户的余额＝被调整账户的实际余额

例如，原材料按照计划成本法核算的情况下，“材料成本差异”账户就是一个备抵附加账户，用来调整“原材料”账户的余额，以反映原材料的实际成本。“材料成本差异”账户为贷方余额时，该账户即为“原材料”账户的备抵账户，原材料的实际成本为“原材料”账户的余额减去“材料成本差异”账户的余额；“材料成本差异”账户为借方余额时，该账户即为“原材料”账户的附加账户，原材料的实际成本为“原材料”账户的余额加上“材料成本差异”账户的借方余额。

9. 计价对比账户

计价对比账户是对某些经济业务按照不同的计价进行对比，借以反映其业务实际成果的账户。计价对比账户结构如图 4－47 所示。

借方　　　　账户名称	贷方
本期发生额：×××	本期发生额：×××

图 4－47　计价对比类账户结构图

计价对比账户的特点如下：

（1）借贷方反映内容不同，计价方式不同，但是对相同的对象进行反映；

（2）不同计价方式的差额为该业务的最终成果，应于期末将该账户余额转出到有关损益类账户，转出后该账户无余额。

属于计价对比账户的主要有“材料采购”等账户。

10. 财务成果账户

财务成果账户是用来核算和反映企业利润或者亏损的形成，以及一定时期最终经营成果的账户。财务成果账户的贷方登记月末从主营业务收入、其他业务收入、营业外收入等损益类账户转来的数额，借方登记月末从主营业务成本、管理费用、营业外支出等成本类及损益类账户转入的数额。期末余额若在贷方，表示期末企业实现的净利润；期末余额若在借方，表示期末发生的亏损。财务成果账户结构如图 4－48 所示。

借方　　　　账户名称	贷方
本期发生额：×××	本期发生额：×××

图 4－48　财务成果类账户结构图

财务成果类账户的特点如下：

（1）按照国家统一规定对构成财务成果的收益或者费用项目专栏进行明细分类核算；

(2) 财务成果年终转入到“利润分配”账户,结转后该账户无余额。

属于财务成果类账户的主要有“本年利润”等账户。

练习题

一、单项选择题

1. 复式记账法是以(　　)为依据建立的一种记账方法。

A. 试算平衡　　B. 会计恒等式　　C. 会计科目　　D. 经济业务

2. 简单会计分录是指(　　)。

A. 一贷多借　　B. 一借多贷　　C. 一借一贷　　D. 多借多贷

3. 在复式记账法下,对每项经济业务都应以相等的金额,在(　　)中进行登记。

A. 不同的账户　　B. 两个账户

C. 两个或两个以上相互联系的账户　　D. 一个或一个以上相互联系的账户

4. 借贷记账法下的余额试算平衡公式是(　　)。

A. 每个账户借方发生额=每个账户贷方发生额

B. 全部账户本期借方发生额合计=全部账户本期贷方发生额合计

C. 全部账户期末借方余额合计=全部账户期末贷方余额合计

D. 每个账户期末借方余额=每个账户期末贷方余额

5. 借贷记账法的记账规则是(　　)。

A. 会计恒等式　　B. 有借必有贷,借贷必相等

C. 同增同减,增减相等　　D. 账户对应关系

6. 运用复式记账法登记账户时,有关账户之间存在着(　　)。

A. 从属关系　　B. 对应关系　　C. 统驭关系　　D. 一致关系

7. 某公司期初资产总额为 200 000 元,期末负债总额比期初减少 20 000 元,期末所有者权益比期初增加 60 000 元。则该企业期末资产总额为(　　)元。

A. 180 000　　B. 200 000　　C. 240 000　　D. 260 000

8. 下列记账错误中,可以通过编制试算平衡表判断的是(　　)。

A. 漏记了某项经纪业务

B. 错误地使用了应借记的会计科目

C. 只登记了会计分录的借方或贷方,漏记了另一方

D. 颠倒了记账方向

9. 在借贷记账法下,会计科目的借方用来登记(　　)。

A. 资产的增加或权益的减少　　B. 资产的减少或权益的增加

C. 资产的增加或权益的增加　　D. 资产的减少或权益的减少

10. 某公司月末编制的试算平衡表中,全部会计科目的本月贷方发生额合计为 120 万元,除银行存款外的本月借方发生额合计 104 万元,则银行存款科目(　　)。

A. 本月借方余额为 16 万元　　B. 本月贷方余额为 16 万元

C. 本月贷方发生额为 16 万元　　D. 本月借方发生额为 16 万元

二、多项选择题

1. 下列关于单式记账法的表述中,正确的有(　　)。
   A. 单式记账法的记账手续简单,没有一套完整的账户体系
   B. 便于检查账户记录的正确性和完整性
   C. 能够全面反映经济业务内容和资金运动的来龙去脉
   D. 单式记账法是指对发生的每一项经济业务,只在一个账户中加以登记的记账方法
2. 下列有关复式记账法的表述中,正确的有(　　)。
   A. 复式记账法一般应在两个或两个以上账户中登记,但有时也在一个账户中登记
   B. 复式记账法能如实反映资金运动的来龙去脉
   C. 复式记账法便于检查账户的记录是否正确
   D. 我国所有企事业单位都必须统一采用复式记账法中的借贷记账法进行会计核算
3. 下列选项中,属于复式记账法特点的有(　　)。
   A. 全面反映会计科目的对应关系　　B. 有利于检查会计分录的正确性
   C. 便于进行试算平衡　　D. 便于按会计科目进行汇总
4. 总分类科目与其所属的明细分类科目登记的结果,一般有(　　)。
   A. 总分类科目期初余额＝所属明细分类科目期初余额之和
   B. 总分类科目期末余额＝所属明细分类科目期末余额之和
   C. 总分类科目本期借方发生额＝所属明细分类科目本期借方发生额之和
   D. 总分类科目本期贷方发生额＝所属明细分类科目本期贷方发生额之和
5. 下列账户中,期末可能有贷方余额的有(　　)。
   A. 管理费用　　B. 应付账款　　C. 盈余公积　　D. 预收账款
6. 下列等式中,错误的有(　　)。
   A. 期初余额＝本期增加发生额＋期末余额－本期减少发生额
   B. 期末余额＝本期增加发生额＋期初余额－本期减少发生额
   C. 期初余额＝本期减少发生额＋期末余额－本期增加发生额
   D. 期初余额＝本期增加发生额－期末余额－本期减少发生额
7. 编制会计分录时,必须考虑(　　)。
   A. 经济业务发生导致会计要素的变动是增加还是减少
   B. 登记哪些账户
   C. 记入账户的借方还是贷方
   D. 账户的余额是在借方还是贷方
8. 资产与权益的恒等关系是(　　)。
   A. 复式记账法的理论依据　　B. 编制资产负债表的依据
   C. 试算平衡的理论依据　　D. 总账与明细账平行登记的理论依据
9. 调整账户包括(　　)。
   A. 备抵账户　　B. 附加账户
   C. 备抵附加账户　　D. 减少账户
10. 下列会计分录中,属于复合会计分录的有(　　)。
   A. 一借一贷　　B. 一贷多借　　C. 一借多贷　　D. 多借多贷

三、不定项选择题

1. 在下列项目中，属于盘存类账户的有(　　　　)。
A. 银行存款　　B. 固定资产　　C. 应收账款　　D. 实收资本(股本)
2. 复式记账法包括(　　　　)。
A. 借贷记账法　　B. 收付记账法　　C. 增减记账法　　D. 综合记账法
3. 下列表述中，正确的有(　　　　)。
A. 不能编制多借多贷会计分录
B. 借贷记账法的记账符号为“借”和“贷”
C. “本年利润”账户是计价对比账户
D. “制造费用”账户是集合分配账户
4. 在借贷记账法下，账户的借方登记(　　　　)。
A. 资产的增加　　B. 负债的增加　　C. 费用的增加　　D. 收入的增加
5. 在借贷记账法下，“预收账款”账户的余额(　　　　)。
A. 只能在贷方　　B. 只能在借方
C. 通常为零　　D. 既可能在贷方也可能在借方
6. 要借贷记账法下，“应收账款”账户的余额(　　　　)。
A. 在借方　　B. 没有余额
C. 在贷方　　D. 以上都正确
7. 下列各项中，会引起企业资产账户登记增加是(　　　　)。
A. 盈余公积转增资本　　B. 企业借入的资金
C. 资本公积转增资本　　D. 企业接受捐赠
8. 下列错误中，可以通过试算平衡发现的为(　　　　)。
A. 一笔经济业务漏记　　B. 借贷双方同时多记相等金额
C. 一笔经济业务漏记贷方金额　　D. 应借应贷科目的方向颠倒
9. 复式记账法账户结构包括(　　　　)。
A. 期初余额　　B. 期末余额
C. 本期增加额　　D. 本期减少额
10. 下列各项中，不属于会计科目对应关系的是(　　　　)。
A. 总分类科目与明细分类科目之间的关系
B. 有关科目之间的应借、应贷关系
C. 资产类科目与负债类科目之间的关系
D. 成本类科目与损益类科目之间的关系

四、判断题

1. 资产与所有者权益在数量上始终是相等。(　　)
2. 复式记账是会计核算方法体系的核心。(　　)
3. 复式记账法是指以资产与权益平衡关系作为记账基础，对发生的每一笔经济业务，都要在两个或两个以上相互联系的会计科目中进行登记，系统地反映资金运动变化结果的一种记账方法。(　　)
4. 记账方法按登记交易与事项的方式不同，可以分为复式记账法与借贷记账法。(　　)

5. 运用单式记账法记录经济业务，可以反映每项经济业务的来龙去脉，可以检查每笔业务是否合理、合法。（ ）

6. 会计账户分为左右两方，左方登记增加，右方登记减少。（ ）

7. 企业可以将不同类型的经济业务合并在一起，编制多借多贷的会计分录。（ ）

8. 发生额试算平衡是根据资产与权益的恒等关系，检验本期发生额记录是否正确的方法。（ ）

9. 各种复式记账法的根本区别在于记账规则不同，例如，增减记账法是指以“增”“减”为记账符号。目前，我国已普遍采用增减记账法。（ ）

10. 借贷记账法下，借表示增加，贷表示减少。（ ）

五、名词解释

1. 复式记账
2. 记账方法
3. 记账符号
4. 试算平衡

六、简述题

1. 简述借贷记账法的内容。
2. 简述会计账户的分类。

七、实务题

2021 年 10 月初，隆兴置业有限责任公司有关账户余额如表 4－3 所示。

表 4－3 账户余额表 单位：元

资　产	金　额	负债及所有者权益	金　额
库存现金	15 000	短期借款	195 000
银行存款	131 500	应付账款	142 500
原材料	90 000	应交税费	9 000
应收账款	47 700	长期借款	186 000
库存商品	60 000	实收资本	304 200
生产成本	22 500	资本公积	140 000
长期股权投资	180 000	盈余公积	70 000
固定资产	500 000		
合　计	1 046 700	合　计	1 046 700

该公司本月发生下列经济业务：

（1）购进机器设备一台，价值 100 000 元，以工商银行存款支付价款。

（2）自工商银行提取现金 4 000 元，以备企业日常开支使用。

（3）投资者投入企业原材料一批，协议作价 80 000 元。

(4) 生产车间向仓库领用材料一批价值 90 000 元,投入产品生产。

(5) 以工商银行存款 2 000 元,偿还应付供货单位的前欠货款。

(6) 取得工商银行长期借款 110 000 元,存入工商银行账户。

(7) 以工商银行存款 8 000 元,缴纳企业所得税。

(8) 收到捐赠人捐赠现金 6 000 元,存入工商银行。

(9) 收到购货单位前欠货款 18 000 元,其中 16 000 元存入工商银行存款账户,其余部分收到现金。

(10) 以工商银行存款 18 000 元,归还银行短期借款 10 000 元和应付供货单位账款 8 000 元。

要求: 编制会计分录,记入相关账户,编制发生额及余额试算平衡表。

第五章　企业经营活动的会计处理

【理论目标】

1. 了解企业经济活动的内容；
2. 熟悉企业的经济业务的借贷记账法核算；
3. 掌握企业不同经营阶段的会计核算所涉及账户的内容；
4. 掌握企业不同经营阶段的会计处理。

【实践目标】

1. 掌握会计账户的用途、性质、结构等；
2. 掌握会计分录的编制方法。

第一节　筹资过程的会计处理

企业是从事生产、流通、服务等经济活动，以生产或服务满足社会需要，实行自主经营、独立核算、依法设立的一种营利性的经济组织。企业可分为公司和非公司企业，公司又分为有限责任公司和股份有限公司；股份有限公司又分为上市公司和非上市公司。在市场经济条件下，市场竞争规律决定了攫取利润是其生存与发展的基础，因此，企业必须有效利用其所拥有或控制的经济资源，使其获得的经济收益大于其发生的成本费用。现代经济学理论认为，企业本质上是“一种资源配置的机制”，是实现整个社会经济资源的优化配置，降低整个社会的“交易成本”的媒介。从会计发展的历史进程看，会计被广泛地应用于政府和公司。但就现代会计而言，应用于以营利为目的的公司组织的会计基本理论、方法和实践更具有典型意义。

一、筹资过程的含义

筹资过程是企业经营活动的起点，是企业生产经营开始前的必经步骤。企业从事生产经营活动，需要拥有或控制一定数量的经济资源，这些经济资源的表现形式是一定数量的资金。企业资金来源有两个渠道：一是所有者投入的资本，是构成企业资金的根本来源；二是举债，既可以向银行等金融机构举债，也可以经批准向社会法人、自然人等举债。在这一过程中会计行为表现为正确核算和监督投资者投入的资本与债权人投入的资本。

二、筹资过程的会计核算

（一）投资者投入资本的核算

投资者对企业投资一般包括货币投资、实物投资和其他形式的投资。《中华人民共和国公司法》规定，投资者设立企业时必须投入符合法律规定数额的经济资源。股本是投资者（股东）投入股份有限公司形成的注册资本。法律规定，股本应当与注册资本一致，公司不得擅自改变注册资本数额或抽逃资金。股本的构成比例，通常是确定股东在股东权益中所占的份额和参与企业财务经营决策的基础，是企业进行股利分配的依据，是企业清算时确定股东对净资产要求权的依据。2021 年 1—11 月末，中华家具股份有限公司相关总分类账户余额如表 5－1 所示。

表 5－1　　总分类账账户期末余额

2021 年 11 月 30 日　　单位：元

<table>
<tr><th colspan="3">会计账户</th><th>借方金额</th><th>会计账户</th><th>贷方金额</th></tr>
<tr><td colspan="3">库存现金</td><td>50 000</td><td>累计折旧</td><td>1 200 000</td></tr>
<tr><td colspan="3">银行存款——工商银行</td><td>549 617</td><td>累计摊销</td><td>200 000</td></tr>
<tr><td rowspan="3">固定资产</td><td colspan="2">房屋建筑物</td><td>4 100 000</td><td rowspan="3">公允价值变动损益</td><td rowspan="3">200 000</td></tr>
<tr><td colspan="2">生产设备</td><td>4 000 000</td></tr>
<tr><td colspan="2">运输及其他</td><td>1 100 000</td></tr>
<tr><td rowspan="3">库存商品</td><td colspan="2">A 产品（1 200 件×462.5 元）</td><td>555 000</td><td>投资收益</td><td>30 000</td></tr>
<tr><td colspan="2">B 产品（1 200 件×450 元）</td><td>540 000</td><td>主营业务收入</td><td>4 602 500</td></tr>
<tr><td colspan="2">C 产品（300 件×350 元）</td><td>105 000</td><td>其他业务收入</td><td>219 000</td></tr>
<tr><td rowspan="4">原材料</td><td colspan="2">甲材料（27 000 千克×10 元）</td><td>270 000</td><td>营业外收入</td><td>45 500</td></tr>
<tr><td colspan="2">乙材料（24 000 千克×10 元）</td><td>240 000</td><td>应交税费——应交增值税（销项税额）</td><td>296 016</td></tr>
<tr><td colspan="2">丙材料（10 000 千克×17 元）</td><td>170 000</td><td>应付职工薪酬——工资</td><td>21 000</td></tr>
<tr><td colspan="2">丁材料（3 000 千克×20 元）</td><td>60 000</td><td>应付账款——大山公司</td><td>41 806</td></tr>
<tr><td rowspan="3">生产成本</td><td rowspan="3">A 产品</td><td>材料费</td><td>3 000</td><td rowspan="3">其他应付款——弘扬公司</td><td rowspan="3">1 500</td></tr>
<tr><td>人工费</td><td>1 500</td></tr>
<tr><td>制造费用</td><td>500</td></tr>
<tr><td colspan="3">主营业务成本——A 产品</td><td>1 699 000</td><td>应付利息——工商银行</td><td>10 000</td></tr>
<tr><td colspan="3">其他业务成本——甲材料</td><td>127 200</td><td>盈余公积——法定盈余公积</td><td>274 985</td></tr>
</table>

续　表

会计账户		借方金额	会计账户		贷方金额
财务费用——借款利息		5 000	股本	南钢公司	3 150 000
管理费用	折旧费	50 600		南化公司	750 000
	人工费	13 000	资本公积——股本溢价		900 000
	材料费	4 000	利润分配——未分配利润		350 000
	其　他	4 100			
销售费用	折旧费	3 000			
	人工费	4 000			
	材料费	1 500			
	其　他	500			
税金及附加	消费税	2 750			
	资源税	130 000			
资产减值损失		23 000			
无形资产——专利权		800 000			
营业外支出——捐赠支出		15 000			
合　计		14 586 184	合　计		14 586 184

注：根据《中华人民共和国消费税暂行条例》的规定，该企业销售的产品属于非应税消费品。教材为了保证初级会计学课程内容的完整性及经济业务的代表性，假设几笔涉及消费税的经济业务，在此特作出说明。

2021 年 12 月，企业发生如下经济业务：

【例 5.1】　1 日，企业收到投资者南化公司投入货币资金 200 000 元，款项已收，存入工商银行存款账户（表 5－2）。

表 5－2

中国工商银行　进账单（收账通知）

2021年12月1日

出票人	全　称	南方化工股份有限公司	收款人	全　称	中华家具股份有限公司
	账　号	456135890		账　号	1006641964
	开户银行	中国工商银行辽河办事处		开户银行	中国工商银行江汉支行江滨分理处

金额	人民币（大写）	亿	千	百	十	万	千	百	十	元	角	分
	贰拾万元整			¥	2	0	0	0	0	0	0	0

票据种类	转账发票	票据张数	1张
票据号码	00123456		
备注：			

江汉支行江滨分理处　收讫

复核　记账

此联是银行交给收款人作记账凭证

（1）业务分析。该笔经济业务发生后，一方面引起企业资产要素的增加，另一方面引起企业所有者权益要素的增加；具体涉及资产类“银行存款”账户，所有者权益类“股本”账户。

（2）账户介绍。

①“股本”账户用来核算股份有限公司投资者按照章程的规定投入的资本，属于所有者权益类账户。账户贷方登记企业收到投资者投入资本的数额；借方登记企业依法减资的数额。账户期末余额在贷方，表示企业期末实有股本的总规模（数额）。账户应按投资者设置明细分类账，进行明细分类核算。

②“银行存款”账户用来核算企业存入银行或其他金融机构的各种存款，属于资产类账户。账户借方登记银行存款的增加数额；账户贷方登记银行存款的减少数额。账户期末余额在借方，表示企业在银行或其他金融机构的期末结存数额。账户应按开户银行和其他金融机构及存款的种类分别设置“银行存款日记账”，进行明细分类核算。

（3）编制会计分录。

借：银行存款——工商银行　　200 000

　　贷：股本——南化公司　　200 000

【例 5.2】 12 日，企业收到投资者南钢公司投入的“中华”商标一项，双方协商确认的价值为 300 000 元，该商标可以用于企业产品的生产（图 5－1）。

附件

记账凭证说明

企业收到投资者南钢公司投入的“中华”商标一项，双方协商确认的价值为 300 000.00 元，该商标可以用于企业产品的生产。

中华家具股份有限公司财务专用章

财务总监：李南　　总经理：王浩

中华家具股份有限公司

2021 年 12 月 12 日

图 5－1　记账凭证说明

注：该凭证附有投资合同一份，在此省略。

（1）业务分析。该笔经济业务发生后，一方面引起企业资产要素的增加，另一方面引起企业所有者权益要素的增加；具体涉及资产类“无形资产”账户，所有者权益类“股本”账户；两个账户都登记到增加方向。

（2）账户介绍。“无形资产”账户用来核算企业各项无形资产的价值，属于资产类账户。账户借方记录企业取得各项无形资产的成本；账户贷方记录企业处置无形资产及无形资产摊销的价值。账户余额在借方，表示企业现有无形资产的价值。账户应按无形资产的种类设置明细分类账，进行明细分类核算。无形资产属于企业的长期资产，能够在较长时间内给企业带来经济利益。但无形资产通常也有一定的有效期限，它所具有的价值或特权终究会终结或消失。

(3) 编制会计分录。

借：无形资产——商标权　　300 000

　　贷：股本——南钢公司　　300 000

【例 5.3】 5 日，企业发行每股 2 元的股份 7 000 000 股，工商银行转来收账通知，已收到购买股份的投资者投入（南化、南钢各 50%）的款项金额 14 000 000 元（表 5-3、表 5-4）。

表 5-3

中国工商银行　进账单（收账通知）

2021年12月5日

出票人	全　称	南方化工股份有限公司	收款人	全　称	中华家具股份有限公司
	账　号	456135890		账　号	1006641964
	开户银行	中国工商银行辽河办事处		开户银行	中国工商银行江汉支行江滨分理处
金额	人民币（大写）	柒佰万元整	亿 千 百 十 万 千 百 十 元 角 分		¥ 7 0 0 0 0 0 0 0 0
票据种类	投资人购买股票	票据张数			
票据号码			江汉支行江滨分理处 收讫		
备注：			复核　记账		

此联是银行交给收款人作记账凭证

表 5-4

中国工商银行　进账单（收账通知）

2021年12月5日

出票人	全　称	南方钢铁股份有限公司	收款人	全　称	中华家具股份有限公司
	账　号	0254501014201056689		账　号	1006641964
	开户银行	中国工商银行潞河支行		开户银行	中国工商银行江汉支行江滨分理处
金额	人民币（大写）	柒佰万元整	亿 千 百 十 万 千 百 十 元 角 分		¥ 7 0 0 0 0 0 0 0 0
票据种类	投资人购买股票	票据张数			
票据号码			江汉支行江滨分理处 收讫		
备注：			复核　记账		

此联是银行交给收款人作记账凭证

(1) 业务分析。该笔经济业务发生后，一方面引起企业资产要素的增加，另一方面引起企业所有者权益要素的增加；具体涉及资产类“银行存款”账户，所有者权益类“股本”“资本公积”账户；三个账户都登记到增加方向。

(2) 账户介绍。"资本公积"账户用来核算企业投资者出资额超过注册资本中所占份额，以及直接计入所有者权益的利得或损失等，属于所有者权益类账户。账户贷方登记企业发生股票股本溢价，即投资者出资额超过注册资本中所占份额、获取利得等增加的资本公积；账户借方登记企业依法用资本公积转增资本、发生损失等减少的资本公积。账户期末余额在贷方，表示企业期末实有资本公积的数额。账户应按"股本溢价""其他资本公积"等设置明细分类账，进行明细分类核算。

(3) 编制会计分录。

借：银行存款——工商银行　　14 000 000

　　贷：股本——南钢　　3 500 000

　　　　　　——南化　　3 500 000

　　　　资本公积——股本溢价　　7 000 000

【例 5.4】 16 日，企业收到投资者南钢公司投入的甲材料一批，双方协商确认的价值为 500 000 元(图 5-2、表 5-5)。不考虑相关税费。

附件

记账凭证说明

企业收到投资者南方钢铁股份有限公司投入甲材料一批，双方协商确认的价值为 500 000.00 元。

中华家具股份有限公司财务专用章

财务总监：李南　　总经理：王浩

中华家具股份有限公司

2021 年 12 月 16 日

图 5-2　记账凭证说明

表 5-5

中华家具股份有限公司　原材料入库单

供货单位：南钢公司

发票号码：0990887　　2021 年 12 月 16 日　　No.21174

材料名称	材质	规格	单位	数量 应收	数量 实收	单价	金额
甲材料			千克	50 000	50 000	10	500 000.00
备注：						合计	500 000.00

已审核

第二联　记账联

仓库负责人：杨福　　记账：郝玉　　仓库保管：季平　　收料：王彦

(1) 业务分析。该笔经济业务发生后，一方面引起企业资产要素的增加，另一方面引起企业所有者权益要素的增加；具体涉及资产类"原材料"账户，所有者权益类"股本"账户；两个账户都登记到增加方向。

（2）账户介绍。“原材料”账户用来核算企业库存材料的收入、发出、结存情况，属于资产类账户。账户借方登记已验收入库材料的实际成本；账户贷方登记发出材料的实际成本。账户期末余额在借方，表示库存材料的期末实际成本。账户应按原材料的类别、品种、规格设置明细分类账，进行明细分类核算。

（3）编制会计分录。

借：原材料——甲材料　　500 000

　　贷：股本——南钢公司　　500 000

【例 5.5】 18 日，企业收到南化公司投入生产设备一台，设备原始价值为 1 100 000 元，双方协商确认价值为 400 000 元（表 5-6、图 5-3）。不考虑相关税费。

表 5-6　　**中华家具股份有限公司　固定资产验收单**

2021 年 12 月 18 日　　No 8870995

投出单位	南方化工股份有限公司			接入单位		中华家具股份有限公司	
名　称	型号	规格	单位	数量	原　价	协商价	尚可使用年限
生产设备	Z2412	900	台	1	1 100 000.00	400 000	10 年
						/	
						/	
						/	
制造单位		出厂日期	投出单位盖章 设备主管（名章）盛　广 财务部总监（名章）伍艳辉 验收（名章）刁晓丽			投入单位盖章 设备主管（名章）姜丽丽 财务部总监（名章）李　南 验收（名章）郑　有	
北方机械制造股份有限公司		2015					
备注：说明书一份							

中华家具股份有限公司财务专用章

第二联　记账联

验收：郑　爽　　记账：顾　皓　　领用：江　平　　制单：王晓明

附件

记账凭证说明

企业收到投资者南方化工股份有限公司投入的生产设备一台，设备原始价值为 1 100 000.00 元，双方协商确认的价值为 400 000.00 元。

中华家具股份有限公司财务专用章

财务总监：李南　　总经理：王浩

中华家具股份有限公司

2021 年 12 月 31 日

图 5-3　记账凭证说明

（1）业务分析。该笔经济业务发生后，一方面引起企业资产要素的增加，另一方面引起企业所有者权益要素的增加；具体涉及资产类“固定资产”账户，所有者权益类“股本”账户；两个账户都登记到增加方向。

（2）账户介绍。“固定资产”账户用以核算企业固定资产的原始价值，属于资产类账户。该账户的借方登记固定资产原始价值的增加，贷方登记固定资产原始价值的减少。期末余额在借方，反映企业期末固定资产的原始价值。该账户可按固定资产类别和项目设置明细分类账，进行明细核算。固定资产是指同时具有以下特征的有形资产：① 为生产商品、提供劳务、出租或经营管理而持有；② 使用寿命超过一个完整的会计年度。

（3）编制会计分录。

借：固定资产　　400 000

　　贷：股本——南化公司　　400 000

【例 5.6】 31 日，企业根据股东会议的决议，将企业资本公积（股本溢价）1 000 000 元，转增资本，由南化、南钢公司平均分摊（图 5－4）。

附件

记账凭证说明

企业根据股东会议形成的决议，将企业资本公积（股本溢价）1 000 000.00 元，转增资本，由南方化工股份有限公司和南方钢铁股份有限公司平均分摊。

中华家具股份有限公司财务专用章

财务总监：李南　　总经理：王浩

中华家具股份有限公司

2021 年 12 月 18 日

图 5－4 记账凭证说明

（1）业务分析。该笔经济业务发生后，一方面引起企业所有者权益要素的增加，另一方面引起企业所有者权益要素的减少；具体涉及所有者权益类“资本公积”账户和“股本”账户；其中“资本公积”账户登记到减少方向，“股本”账户登记到增加方向。

（2）账户介绍（略）。

（3）编制会计分录。

借：资本公积——股本溢价　　1 000 000

　　贷：股本——南钢公司　　500 000

　　　　　　——南化公司　　500 000

（二）借入资金的核算

借入资金包括短期借款和长期借款。会计核算既要反映债务本金的收到和偿还情况，还要核算债务利息的产生及偿还情况。

2021 年 12 月，企业发生如下经济业务：

【例 5.7】 2 日，企业从中国工商银行借入每月月末付息，一次还本，期限为 1 年，年利率为 12％的借款 500 000 元，款项已存入银行存款账户（表 5－7）。

表 5－7

中国工商银行 借款借据(代收账通知)

贷款日期 2021 年 12 月 2 日

借款单位	中华家具股份有限公司		存款户账号	1006641964									
人民币 (大写)	伍拾万元整			千	百	十	万	千	百	十	元	角	分
					¥	5	0	0	0	0	0	0	0
借款种类	经营资金借款	约定还款日 2022 年 11 月 30 日		利率 12%									
实际借款用途	购 料	展期到期日 年 月 日		利率									
借款单位预留财务专用章及法人代表签章	担保单位户名： 担保单位账户： 担保单位开户银行：			担保单位公章 法人代表章 记账：									

第四联 借款借据

行长：周 明　　科(处)长：吴 昊　　信贷员：李 萍

(1) 业务分析。该笔经济业务发生后，一方面引起企业资产要素的增加，另一方面引起企业负债要素的增加；具体涉及资产类“银行存款”账户，负债类“短期借款”账户；两个账户都登记到增加方向。

(2) 账户介绍。“短期借款”账户用来核算企业向银行或其他金融机构等借入的期限在 1 年以下(含 1 年)的各种借款的数额，属于负债类账户。账户贷方登记借入各种短期借款的本金数额；账户借方登记已偿还短期借款的本金数额。账户期末余额在贷方，表示企业尚未偿还短期借款的本金数额。账户应按债权人设置明细分类账，进行明细分类核算。

(3) 编制会计分录。

借：银行存款——工商银行　　500 000

　　贷：短期借款——工商银行　　500 000

【例 5.8】 8 日，企业从工商银行借入到期一次还本付息，偿还期限为 6 个月，年利率为 12%的借款 1 000 000 元，款项已存入银行存款账户(表 5－8)。

表 5－8

中国工商银行 借款借据(收账通知)

贷款日期2021年12月8日

存款人	全　称	中华家具股份有限公司	付款人	全　称	中国工商银行江汉支行江滨分理处									
	账　户	1006641964		账　户	23010256238									
	开户银行	中国工商银行江汉支行江滨分理处		开户银行										
借款金额	人民币 (大写)	壹佰万元整			千	百	十	万	千	百	十	元	角	分
					¥	1	0	0	0	0	0	0	0	0
借款原因及用途	经营周转借款			借款期限	2021.12.1——2022.5.31									
根据授信额度及贵单位的借款用途，上列借款已经转入你单位结算账户内。 此致 银行盖章														

此联是收款人开户银行交给收款人的收账通知

（1）业务分析。该笔经济业务发生后，一方面引起企业资产要素的增加，另一方面引起企业负债要素的增加；具体涉及资产类“银行存款”账户，负债类“短期借款”账户；两个账户都登记到增加方向。

（2）账户介绍（略）。

（3）编制会计分录。

借：银行存款——工商银行　　　　1 000 000

　　贷：短期借款——工商银行　　　　1 000 000

【例 5.9】 31 日，企业计提及支付本月应负担的本月 2 日和 8 日的借款的借款利息 5 000 元和 10 000 元（表 5－9、表 5－10）。

表 5－9　　中华家具股份有限公司　应付利息计算表

2021 年 12 月份　　　　单位：元

应借科目	费用种类	利息起讫时间	月平均借款额	月利率	计提利息
财务费用	短期借款	12 月	1 000 000	1%	10 000
		已审核			
债权人	工商银行			合　计	10 000

会计记账联

主管：李　南　　　　复核：宋　明　　　　制单：吴　泉

表 5－10　　中国工商银行　特种转账传票

2021 年 12 月 31 日

收款人	全　称	中国工商银行江汉支行江滨分理处	付款人	全　称	中华家具股份有限公司
收款人	账　号	3220889－67	付款人	账　号	1006641964
收款人	开户银行		付款人	开户银行	中国工商银行江汉支行江滨分理处
金额	人民币（大写）	伍仟元整		万千百十万千百十元角分	￥500000
原凭证金额		赔偿金		借方科目	
原凭证名称		号　码		借方科目	
转账原因		银行盖章		会计　复核　记账　制票	

江汉支行江滨分理处　收　讫

记账联

（1）业务分析。该笔经济业务发生后，一方面引起企业费用要素的增加，另一方面引起企业负债要素的增加(8日借款的利息费用支付时间是本金到期时）和资产要素的减少（上月借款利息与支付时间是本月末）；具体涉及损益（费用）类“财务费用”和资产类“银行存款”账户，负债类“应付利息”账户；其中“财务费用”和“应付利息”两个账户都登记到增加方向，而“银行存款”账户应登记到减少方向。

（2）账户介绍。

① “财务费用”账户用来核算企业为筹集资金发生的费用，属于损益（费用）类账户。账户借方登记企业发生的各项财务费用；账户贷方登记期末转入“本年利润”账户的金额。账户期末结转后无余额。账户应按费用项目设置明细分类账，进行明细分类核算。

② “应付利息”账户用来核算企业在使用债权人投入的资金过程中，按照合同约定应支付的借款利息等费用，属于负债类账户。账户借方登记企业已支付的各项利息费用；账户贷方登记期末应付但尚未支付的利息费用。账户期末余额在贷方，反映企业应付未付的利息等费用。账户应按债权人设置明细分类账，进行明细分类核算。

（3）编制会计分录。

借：财务费用——借款利息　　15 000

　　贷：应付利息——工商银行　　10 000

　　　　银行存款——工商银行　　5 000

【例 5.10】 31 日，企业偿还借入的期限为 6 个月，一次还本付息的工商银行借款。其中本金 200 000 元，年利率为 12%，已计提了 5 个月应付未付的借款利息为 10 000 元（表 5－11、表 5－12）。

（1）业务分析。该笔经济业务发生后，一方面引起企业费用要素的增加，另一方面引起企业负债、资产要素的减少；具体涉及损益（费用）类“财务费用”账户，负债类“短期借款”“应付利息”账户，资产类“银行存款”账户；其中“财务费用”账户登记到增加方向，“短期借款”“应付利息”“银行存款”账户都登记到减少方向。

表 5－11　　**中国工商银行　特种转账传票**

2021 年 12 月 31 日

收款人	全　　称	中国工商银行江汉支行江滨分理处	付款人	全　　称	中华家具股份有限公司
	账　　号	3220889－67		账　　号	1006641964
	开户银行			开户银行	中国工商银行江汉支行江滨分理处
金额	人民币（大写）	壹万贰仟元整		万 千 百 十 万 千 百 十 元 角 分	¥ 1 2 0 0 0 0 0
原凭证金额		赔 偿 金		借方科目	
原凭证名称		号　　码		借方科目	
转 账 原 因		银行盖章		会计　复核　记账　制票	

江汉支行江滨分理处　收　讫

记账联

表 5－12

中国工商银行　还款凭证

2021 年 12 月 31 日

银行打印						
客户填写	付款人（收款人）	姓　　名	中华家具股份有限公司	收款人	姓　　名	中国工商银行江汉支行江滨分理处
		收款账号	1006641964		收款账号	3220889－67
		开 户 行	中国工商银行江汉支行江滨分理处		开 户 行	
	贷款账号			贷款种类	1006641964	
	合同编号			借据序号		
	还款方式	按金额☑　　按期数□		还款期数		
	还款金额	人民币（大写）	贰拾万元整	万千百十万千百十元角分	¥ 2 0 0 0 0 0 0 0	
	还款类型	提前还款□　归还逾期□　归还当期利息□　违约金□				
	其中：提前还款	一次性还清☑　提前部分还款□　贷款转出结清□　归还当期本息□				
	提前还款后选择	还款期内仍继续扣款□　还款期内不再扣款□　缩短还款期□				
	备注：			客户签字：		

江汉支行江滨分理处
收　讫

(2) 账户介绍(略)。

(3) 编制会计分录。

借：短期借款——工行银行　　200 000

　　财务费用——借款利息　　2 000

　　应付利息——工行银行　　10 000

　　贷：银行存款——工商银行　　212 000

【例 5.11】 3 日，企业从工商银行借入期限为 3 年，年利率为 6%、从下月起每月 1 日付息的借款 6 000 000 元，该款项用于企业生产线的改造，款项已存入银行存款账户(表 5－13)。

(1) 业务分析。该笔经济业务发生后，一方面引起企业资产要素的增加，另一方面引起企业负债要素的增加；具体涉及资产类“银行存款”账户，负债类“长期借款”账户；两个账户都登记到增加方向。

(2) 账户介绍。“长期借款”账户用来核算企业向银行或其他金融机构等借入的期限在1 年以上的各种借款的数额，属于负债类账户。账户贷方登记借入的各种长期借款的数额；账户借方登记已偿还长期借款的数额。账户期末余额在贷方，表示企业尚未偿还长期借款的数额。账户应按债权人、借款种类设置明细分类账，进行明细分类核算。

表 5－13

中国工商银行　**借款借据**（收账通知）

贷款日期 2021年12月3日

存款人	全　称	中华家具股份有限公司	付款人	全　称	中国工商银行江汉支行江滨分理处
	账　户	1006641964		账　户	3220889-67
	开户银行	中国工商银行江汉支行江滨分理处		开户银行	
借款金额	人民币（大写）	陆佰万元整		千百十万千百十元角分	¥ 6 0 0 0 0 0 0 0 0
借款原因及用途		经营周转借款		借款期限	2021.12.3——2024.12.31
根据授信额度及贵单位的借款用途，上列借款已经转入你单位结算账户内。此致					江汉支行江滨分理处 转讫 银行盖章

此联是收款人开户银行交给收款人的收账通知

（3）编制会计分录。

借：银行存款——工商银行　　6 000 000

　　贷：长期借款——工商银行　　6 000 000

【例 5.12】 31 日，企业从工商银行借入 2 年期、到期一次还本、分期（每月月末）付息的借款 904 000 元，用以支付购买不需安装的生产用设备一台价款 800 000 元，增值税税率为 13%，款项已付讫（表 5－14、表 5－15、表 5－16）。

（1）业务分析。该笔经济业务发生后，一方面引起企业资产要素的增加，另一方面引起企业负债要素的增加；具体涉及资产类"固定资产"账户，负债类"应交税费""长期借款"账户；其中"固定资产""长期借款"账户都登记到增加方向，"应交税费"账户登记到减少方向。

表 5－14

中国工商银行　**借款借据**（代收账通知）

贷款日期 2021 年 12 月 31 日

借款单位	中华家具股份有限公司	存款户账号	1006641964
人民币（大写）	玖拾零肆仟元整	千百十万千百十元角分	¥ 9 0 4 0 0 0 0 0
借款种类	购置设备借款　约定还款日 2023 年 12 月 31 日	利率	12%
实际借款用途	购置设备　展期到期日　年　月　日	利率	
借款单位预留财务专用章及法人代表签章（中华家具股份有限公司财务专用章）	担保单位户名： 担保单位账户： 担保单位开户银行：（李名印）	担保单位公章 法人代表章 记账：	（中国工商银行江汉支行 江滨分理处 2021.12.31 贷款专用章）

第四联　借款借据

行长：周　明　　科（处）长：吴　昊　　信贷员：李　萍

表 5－15

江苏增值税电子专用发票

（印章：全国统一发票监制章 国家税务总局 江苏省税务局）

发票代码：032002100122
发票号码：00005100
开票日期：2021年12月31日
机器编号 498056099886
校验码：12620 31517 17564 37043

购买方	名　　称：中华家具股份有限公司 纳税人识别号：91320100060435460A 地 址、电 话：江汉市江滨路219号 开户行及账号：中国工商银行江汉支行江滨分理处1006641964				密码区	略	
项目名称	规格型号	单位	数量	单价	金额	税率	税额
*其他日用品生产设备*木板加工设备	ZFCL	台	1	800 000	800 000.00	13%	104 000.00
合　计					¥800 000.00		¥104 000.00
价税合计（大写）	⊗玖拾万零肆仟圆整				（小写）¥904 000.00		
销售方	名　　称：滨江设备科技有限公司 纳税人识别号：913201105U47K5912A 地 址、电 话：江汉市大源路9121号 开户行及账号：中国工商银行武关分理处11271964				备注		

收款人：紫萱　　复核：赵慧　　开票人：孙莉利

表 5－16

中国工商银行　托收凭证（付款通知）　5

委托日期 2021年12月31日　　付款期限　2021年12月31日

业务类型	委托收款（☐邮划、☑电划）　托收承付（☐邮划、☐电划）						
收款人	全称	滨江设备科技有限公司		付款人	全称	中华家具股份有限公司	
	账号	11271964			账号	1006641964	
	地址	省滨江市/县	开户行：中国工商银行武关分理处		地址	省滨江市/县	开户行：中国工商银行江汉支行江滨分理处
金额	人民币（大写）玖拾万零肆仟元整					百十万千百十元角分：¥ 9 0 4 0 0 0 0 0	
款项内容	设备款	托收凭据名称	增值税发票	附寄单证张数	1		
商品发运情况	已发运	合同名称号码	202156987				
备注： 复核　记账		付款人银行签章 （印章：江汉支行江滨分理处 转讫） 2021年12月31日		付款人注意： 1. 根据支付结算办法，上列委托收款款项在付款期限内未提出拒付，即视为同意付款，以此代为付款通知。 2. 如需提出全部或部分拒付，应在规定期限内，将拒付理由书并附债务证明退交开户银行。			

（2）账户介绍。“应交税费”账户用来核算企业应缴纳的各种税费，属于负债类账户。账户核算的内容包括增值税、消费税、所得税、城市维护建设税等。账户借方登记已缴纳的各种税费等；账户贷方登记应缴纳而未缴纳的各种税费等。账户期末余额若在借方，表示多交或尚未抵扣的税费；账户期末余额若在贷方，表示企业尚未缴纳的税费。账户可以按税种设置明细分类账，进行明细分类核算。

其中“应交税费——应交增值税”账户是用来核算企业应交和已交增值税的结算情况，账户借方登记企业在材料采购等活动中发生的增值税的进项税额；账户贷方登记企业在产品销售过程中发生的增值税的销项税额。账户期末若借方余额，反映多交或尚未抵扣的增值额；期末若贷方余额，反映企业尚未缴纳的增值税。

（3）编制会计分录。

借：固定资产　　800 000
　　应交税费——应交增值税（进项税额）　　104 000
　　贷：长期借款——工商银行　　904 000

【例 5.13】 22 日，企业收工商银行转来的计付存款利息单（收账通知），收取 9 月 1 日—12 月 31 日的活期存款利息收入 2 000 元（表 5－17）。

表 5－17　　中国工商银行　计付存款利息单（收账通知）

委托日期 2021 年 12 月 22 日

客户号	2301021964	结算账号	1006641964	单位名称	中华家具股份有限公司	
计息类型	活期存款	计息起讫日期	2021.9.1 至 2021.12.31			
正常本金/积数		利率		利息	2 000	客
逾期本金/积数		利率		利息		户
欠息/积数		利率		利息		联
利息金额合计	人民币（大写）贰仟元整		￥2 000.00			

江汉支行江滨分理处　收讫

银行盖章：　　　　　　复核：

（1）业务分析。该笔经济业务发生后，一方面引起企业资产要素的增加，另一方面引起企业损益（费用）要素的减少；具体涉及资产类“银行存款”账户，损益（费用）类“财务费用”账户；其中“银行存款”账户登记到增加方向，“财务费用”账户登记到减少方向。

增值税的含义

（2）账户介绍（略）。

（3）编制会计分录。

借：银行存款——工商银行　　2 000
　　贷：财务费用——存款利息　　2 000

第二节　供应过程的会计处理

一、供应过程

供应过程处于企业生产经营过程的前端，是企业生产经营资金循环的第一个阶段。企业通过筹资阶段，已经拥有一定数量生产经营所需的资本。供应阶段是企业使用其所筹集的货币资金进行材料采购、为生产阶段奠定基础的过程。采购过程主要业务包括原材料、辅助材料的购买、验收入库、支付货款，计算采购成本等。这一过程会计工作的任务是核算和监督材料的买价和采购费用，确定采购成本，检查材料采购计划的执行情况，核算和监督储备资金占用数额，考察储备资金定额的执行情况等。

二、采购材料的成本构成

材料采购应当按照实际成本计量计算外购材料的采购成本。材料采购成本计算是指将采购过程中所发生的材料买价和相关采购费用，按材料种类进行归集和分配，确定各种材料的实际成本。构成材料采购成本的项目有：

（一）材料买价

根据增值税暂行条例的规定，纳税人销售货物或者应税劳务，应当向索取增值税专用发票的购买方开具增值税专用发票，并在增值税专用发票上分别注明销售额和销项税额。材料买价是指取得的增值税专用发票上的销售金额。

（二）运杂费用

运杂费用是指在材料采购过程中，发生的本市以外的运输中发生的相关运输费、装卸费、保险费、包装费等费用。

（三）合理损耗费用

合理损耗费用是指根据所购买材料的物理或化学性质而发生的，在数量、体积及内部结构等方面的合理变化。

（四）入库前挑选整理费用

入库前挑选整理费是指企业购入原材料后，为了在生产中能够根据不同材料的情况生产出不同品质的产品，及其他相关要求而作出的对其筛选与整理。在此过程中发生的人工费，设备消耗、材料废弃损失等，均构成材料采购的成本。

（五）其他相关税费

其他相关税费是指企业购入材料所发生的增值税以外的各种相关税费。

材料采购成本不包括采购人员的差旅费用和仓库保管费用等。

三、供应过程的会计核算

企业在购入材料时，一般会发生材料款项已付并验收入库；材料款项已付但尚未验收入库；材料款项尚未支付或已开出商业汇票但已验收入库；根据购买合同的规定，材料款先预付但采购的材料尚未发出；期末材料已到，但发票账单未到等几种不同情况。

2021 年 12 月份，企业发生如下经济业务：

（一）货款已付，材料验收入库

【例 5.14】 4 日，企业从弘扬公司购入甲材料 400 千克，每千克 10 元，增值税税率为 13%。运费为 100 元，增值税税率为 9%。全部款项以工商银行转账支票付讫，材料已到达企业并验收入库（表 5-18 至表 5-20、图 5-5、图 5-6）。

表 5－18

江苏增值税电子专用发票

发票代码：032002100122
发票号码：00006560
开票日期：2021年12月4日
机器编号 499956238960
校验码：12560 31558 17569 37230

购买方	名　　称：中华家具股份有限公司 纳税人识别号：91320100060435460A 地 址、电 话：江汉市江滨路219号 开户行及账号：中国工商银行江汉支行江滨分理处1006641964				密码区	略	
项目名称	规格型号	单位	数量	单价	金额	税率	税额
*林业产品*甲材料		千克	400	10	4 000.00	13%	520.00
合　计					¥4 000.00		¥520.00
价税合计（大写）	⊗肆仟伍佰贰拾圆整					（小写）¥4 520.00	
销售方	名　　称：龙山弘扬材料有限责任公司 纳税人识别号：913201105UH435812A 地 址、电 话：龙山市江北路209号 开户行及账号：中国工商银行龙山支行江北分理处2356418975				备注	略	

收款人：任豪浩　　复核：季年　　开票人：肖莉李

表 5－19

江苏增值税电子专用发票

发票代码：032002100122
发票号码：00006650
开票日期：2021年12月4日
机器编号 498055260991
校验码：12560 38155 17930 37256

购买方	名　　称：中华家具股份有限公司 纳税人识别号：91320100060435460A 地 址、电 话：江汉市江滨路219号 开户行及账号：中国工商银行江汉支行江滨分理处1006641964				密码区	略	
项目名称	规格型号	单位	数量	单价	金额	税率	税额
*运输服务*运费		千克千米	100	1.00	100.00	9%	9.00
合　计					¥100.00		¥9.00
价税合计（大写）	⊗壹佰零玖圆整					（小写）¥109.00	
销售方	名　　称：龙山市顺丰运输有限责任公司 纳税人识别号：913201128IU402012A 地 址、电 话：龙山市北江路920号 开户行及账号：中国工商银行龙山支行北江分理处6418235975				备注	略	

收款人：张蓓蓓　　复核：皇明福　　开票人：关晓

表 5-20　　　　**中华家具股份有限公司　原材料入库单**

供货单位：龙山弘扬公司

发票号码：00006560　　　　2021 年 12 月 4 日　　　　No.27104

材料名称	材 质	规 格	单 位	数量		单 价	金 额
				应 收	实 收		
甲材料			千克	400	400	10.25	4 100
备　注：						合　计	4 100

已审核

第二联　记账联

仓库负责人：杨　福　　记账：郝　玉　　仓库保管：季　平　　收料：王　彦

中国工商银行
转账支票存根
76890881
附加信息
出票日期 2021 年 12 月 4 日
收款人：龙山市顺丰运输有限责任公司
金　额：¥109.00
用　途：运费
单位主管 李南　会计 阳丽
仓库负责人：杨福　记账：郝玉

图 5-5　支票存根

中国工商银行
转账支票存根
76890882
附加信息
出票日期 2021 年 12 月 4 日
收款人：龙山弘扬材料有限责任公司
金　额：¥4 520.00
用　途：材料款
单位主管 李南　会计 阳丽
仓库保管：李平　收料：王彦

图 5-6　支票存根

(1) 业务分析。该笔经济业务发生后，一方面引起企业资产要素的增加，另一方面引起企业负债和资产要素的减少；具体涉及资产类“银行存款”“原材料”账户，负债类“应交税费”账户；其中“原材料”账户登记到增加方向，“应交税费”“银行存款”账户都登记到减少方向。

(2) 账户介绍(略)。

(3) 编制会计分录。

借：原材料——甲材料　　　　4 100(4 000＋100)

　　应交税费——应交增值税(进项税额)　　　　529(520＋9)

　　贷：银行存款——工商银行　　　　4 629(4 000＋100＋520＋9)

(二) 货款已付，材料尚未验收入库

【例 5.15】 8 日，企业向弘扬公司购入丙种材料 1 000 千克，每千克 20 元，增值税税率为 13%元。材料尚未收到，款项已通过工商银行电汇支付(表 5-21、表 5-22)。

表 5-21

江苏增值税电子专用发票

发票代码：032002100122
发票号码：00011651
开票日期：2021年12月8日
机器编号 499956238960
校验码：56038 12155 17967 32585

购买方	名　　称：中华家具股份有限公司 纳税人识别号：91320100060435460A 地 址、电 话：江汉市江滨路219号 开户行及账号：中国工商银行江汉支行江滨分理处1006641964				密码区	略		
项目名称	规格型号	单位	数量	单价	金额	税率	税额	
*金属制品*丙材料		千克	1 000	20	20 000.00	13%	2 600.00	
合　计					¥20 000.00		¥2 600.00	
价税合计（大写）	⊗贰万贰仟陆佰圆整					（小写）¥22 600.00		
销售方	名　　称：龙山弘扬材料有限责任公司 纳税人识别号：913201105UH435812A 地 址、电 话：龙山市江北路209号 开户行及账号：中国工商银行龙山支行江北分理处2356418975				备注	略		

收款人：任豪浩　　复核：季年　　开票人：肖莉李

表 5-22

中国工商银行　电汇凭证（回单）　1

委托日期 2021 年 12 月 8 日

汇款人	全　称	中华家具股份有限公司			收款人	全　称	龙山弘扬材料有限责任公司		
	账号住址	1006641964				账号地址	2356418975		
	汇出地点	江汉市	汇出行名称	中国工商银行江汉支行江滨分理处		汇入地点	龙山市	汇入行名称	中国工商银行龙山支行江北分理处
人民币（大写）	贰万贰仟陆佰元整								
汇款用途	货款				汇出行盖章				
以上款项已根据委托办理，如需查询，请持此回单来行面谈									
	复核　　记账				2021 年 12 月 8 日				

百	十	万	千	百	十	元	角	分
	¥	2	2	6	0	0	0	0

汇款人开户行给汇款人的回单

（1）业务分析。该笔经济业务发生后，一方面引起企业资产要素的增加，另一方面引起企业负债和资产要素的减少；具体涉及资产类“银行存款”“在途物资”账户，负债类“应交税费”账户；其中“在途物资”账户登记到增加方向，“应交税费”“银行存款”账户都登记到减少方向。

（2）账户介绍。“在途物资”账户用来核算企业材料采购时、货款已付但材料尚未验收入库的材料的采购成本，属于资产类账户。账户借方登记购入的在途材料的实际成本；账户贷方登记验收入库材料的实际成本。账户期末余额在借方，反映企业已付款但尚未验收入库材料的采购成本。账户可以按供应单位、材料品种等设置明细分类账，进行明细分类核算。

（3）编制会计分录。

借：在途物资——丙材料　　20 000

　　应交税费——应交增值税（进项税额）　　2 600

　　贷：银行存款——工商银行　　22 600

【例 5.16】 9 日，企业开出工商银行转账支票 1 090 元，用以支付华运公司丙材料的运杂费，增值税税率为 9%（表 5－23、图 5－7）。

表 5－23

江苏增值税电子专用发票

发票代码：032002100122
发票号码：00014689
开票日期：2021年12月9日

机器编号 498052601599　　　　校验码：56052 12155 17557 32635

购买方	名　　称：中华家具股份有限公司 纳税人识别号：91320100060435460A 地 址、电 话：江汉市江滨路219号 开户行及账号：中国工商银行江汉支行江滨分理处1006641964	密码区	略

项目名称	规格型号	单位	数量	单价	金额	税率	税额
*运输服务*运费		千克千米	500	2	1 000.00	9%	90.00
合　　计					¥1 000.00		¥90.00
价税合计（大写）	⊗壹仟零玖拾圆整				（小写）¥1 090.00		

销售方	名　　称：前山市快运运输有限责任公司 纳税人识别号：913201105UH401562A 地 址、电 话：前山市江东南北路29号 开户行及账号：中国工商银行前山支行江东南北路分理处6359471825	备注	略

收款人：石斛　　复核：来福　　开票人：王晓理

中国工商银行
转账支票存根
76890883

附加信息

出票日期 2021 年 12 月 9 日

收款人：前山市快运运输有限责任公司

金　额：¥1 090.00

用　途：运费

单位主管 李南　　会计 阳丽

图 5－7　支票存根

(1) 业务分析。该笔经济业务发生后，一方面引起企业资产要素的增加，另一方面引起企业负债和资产要素的减少；具体涉及资产类“银行存款”“在途物资”账户，负债类“应交税费”账户；其中“在途物资”账户登记到增加方向，“应交税费”“银行存款”账户都登记到减少方向。

(2) 账户介绍(略)。

(3) 编制会计分录。

借：在途物资——丙材料 1 000

应交税费——应交增值税(进项税额) 90

贷：银行存款——工商银行 1 090

【例5.17】 10日，企业8日向弘扬公司购入丙种材料，已运达企业并验收入库，结转丙材料的实际成本(表5-24)。

表5-24 中华家具股份有限公司 原材料入库单

供货单位：龙山弘扬公司

发票号码：00011651 2021年12月10日 No.27114

材料名称	材质	规格	单位	数量		单价	金额
				应收	实收		
丙材料			千克	1 000	1 000	21	21 000
备注：						合计	21 000

(已审核)

第二联 记账联

仓库负责人：杨福 记账：郝玉 仓库保管：季平 收料：王彦

(1) 业务分析。该笔经济业务发生后，一方面引起企业资产要素的增加，另一方面引起企业资产要素的减少；具体涉及资产类“原材料”“在途物资”账户；“原材料”账户登记到增加方向，“在途物资”账户登记到减少方向。

(2) 账户介绍(略)。

(3) 编制会计分录。

借：原材料——丙材料 21 000

贷：在途物资——丙材料 21 000

(三) 货款尚未支付或已开出商业汇票，但材料已验收入库

【例5.18】 11日，企业从弘扬公司购入乙材料2 000千克，每千克10元，增值税税率为13%。运费为300元，增值税税率为9%。材料已到达并验收入库，所有票据已收到，但全部款项尚未支付(表5-25至表5-27)。

表 5－25

江苏增值税电子专用发票

发票代码：032002100122
发票号码：00011653
开票日期：2021年12月11日
机器编号　499956238960
校验码：56038 12155 17585 39672

购买方	名　　称：中华家具股份有限公司 纳税人识别号：91320100060435460A 地 址、电 话：江汉市江滨路219号 开户行及账号：中国工商银行江汉支行江滨分理处1006641964	密码区	略

项目名称	规格型号	单位	数量	单价	金额	税率	税额
*皮革皮毛制品*乙材料		千克	2 000	10	20 000.00	13%	2 600.00
合　　计					¥20 000.00		¥2 600.00
价税合计（大写）	⊗贰万贰仟陆佰圆整					（小写）¥22 600.00	

销售方	名　　称：龙山弘扬材料有限责任公司 纳税人识别号：913201105UH435812A 地 址、电 话：龙山市江北路209号 开户行及账号：中国工商银行龙山支行江北分理处2356418975	备注	略

收款人：任豪浩　　复核：季年　　开票人：肖莉李

表 5－26

江苏增值税电子专用发票

发票代码：032002100122
发票号码：00016823
开票日期：2021年12月11日
机器编号　498056235260
校验码：12052 55635 17567 31552

购买方	名　　称：中华家具股份有限公司 纳税人识别号：91320100060435460A 地 址、电 话：江汉市江滨路219号 开户行及账号：中国工商银行江汉支行江滨分理处1006641964	密码区	略

项目名称	规格型号	单位	数量	单价	金额	税率	税额
*运输服务*运费		千克千米	100	3	300.00	9%	27.00
合　　计					¥300.00		¥27.00
价税合计（大写）	⊗叁佰贰拾柒圆整					（小写）¥327.00	

销售方	名　　称：龙山市顺丰运输有限责任公司 纳税人识别号：91341100595715843D 地 址、电 话：龙山市江北中路92号 开户行及账号：中国工商银行龙山支行江北中路分理处6234185975	备注	略

收款人：端木曲吉　　复核：明皇　　开票人：唐涵

表 5－27　　中华家具股份有限公司　原材料入库单

供货单位：龙山弘扬公司
发票号码：00011653　　2021 年 12 月 11 日　　No.221114

材料名称	材质	规格	单位	数量		单价	金额
				应收	实收		
乙材料			千克	2 000	2 000	10.15	20 300
备　注：						合　计	20 300

第二联　记账联

已审核

仓库负责人：杨　福　　记账：郝　玉　　仓库保管：季　平　　收料：王　彦

(1) 业务分析。该笔经济业务发生后，一方面引起企业资产、负债要素的增加，另一方面引起企业负债要素的减少；具体涉及资产类“原材料”账户，负债类“应交税费”“应付账款”账户；其中“原材料”“应付账款”账户都登记到增加方向，“应交税费”账户登记到减少方向。

(2) 账户介绍。“应付账款”账户用来核算企业购买材料、商品和接受劳务供应等，应付而未付给供应单位的货款和税款，属于负债类账户。账户借方登记已付款项的数额；账户贷方登记应付而未付款项的数额。账户期末余额一般在贷方，表示企业尚未偿还款项的数额。账户应按供应单位(债权人)设置明细分类账，进行明细分类核算。

(3) 编制会计分录。

借：原材料——乙材料　　20 300
　　应交税费——应交增值税(进项税额)　　2 627
　　贷：应付账款——弘扬公司　　22 927

【例 5.19】 14 日，企业从弘扬公司购入甲、乙两种材料，发票上注明的甲材料价款为 40 000 元、乙材料价款为 80 000 元，增值税进项税额为 15 600 元。材料已验收入库，企业开出商业汇票承付全部款项(表 5－28 至表 5－30)。

(1) 业务分析。该笔经济业务发生后，一方面引起企业资产、负债要素的增加，另一方面引起企业负债要素的减少；具体涉及资产类“原材料”账户，负债类“应交税费”“应付票据”账户；其中“原材料”“应付票据”账户都登记到增加方向，“应交税费”账户登记到减少方向。

(2) 账户介绍。“应付票据”账户用来核算企业购买材料、商品和接受劳务供应等，开出的商业汇票，属于负债类账户。账户借方登记应付票据已偿还的金额；账户贷方登记企业开出的应付票据的金额，账户期末余额在贷方，表示尚未偿付的应付票据的金额。账户按债权人设置明细分类账，进行明细分类核算。

表 5－28

江苏增值税电子专用发票

机器编号 499956238960

发票代码：032002100122
发票号码：00017120
开票日期：2021年12月14日
校验码：12635 50525 17111 31000

购买方	名　　称：中华家具股份有限公司 纳税人识别号：91320100060435460A 地 址、电 话：江汉市江滨路219号 开户行及账号：中国工商银行江汉支行江滨分理处1006641964	密码区	略

项目名称	规格型号	单位	数量	单价	金额	税率	税额
*林业产品*甲材料		千克	4 000	10	40 000.00	13%	5 200.00
*皮革皮毛制品*乙材料		千克	8 000	10	80 000.00		10 400.00
合　计					¥120 000.00		¥15 600.00
价税合计（大写）	⊗壹拾叁万伍仟陆佰圆整					（小写）¥135 600.00	

销售方	名　　称：龙山弘扬材料有限责任公司 纳税人识别号：913201105UH435812A 地 址、电 话：龙山市江北路209号 开户行及账号：中国工商银行龙山支行江北分理处2356418975	备注	略

收款人：任豪浩　　复核：季年　　开票人：肖莉李

表 5－29

商业承兑汇票　　1

出票日期（大写）　贰零贰壹年壹拾贰月壹拾肆日　　00100061 00002781

付款人			收款人		
	全　称	中华家具股份有限公司		全　称	龙山弘扬材料有限责任公司
	账　户	1006641964		账　户	2356418975
	开户银行	中国工商银行江汉分行江滨分理处		开户银行	中国工商银行龙山支行江北分理处

出票金额	人民币（大写）	亿	千	百	十	万	千	百	十	元	角	分
	壹拾叁万伍仟陆佰元整			¥	1	3	5	6	0	0	0	0

汇票到期日（大写）	贰零贰贰年零贰月壹拾肆日	交易合同号码	93711
备注：		中华家具股份有限公司 2021.12.14 汇票专用章　年　月　日	

此联承兑人（付款人）留存

表 5-30 中华家具股份有限公司 原材料入库单

供货单位：龙山弘扬公司

发票号码:00017120 2021 年 12 月 14 日 No.221345

材料名称	材 质	规 格	单 位	数 量		单 价	金 额
				应 收	实 收		
甲材料			千克	4 000	4 000	10	40 000
乙材料			千克	8 000	8 000	10	80 000
备 注:						合 计	120 000

已审核

第二联 记账联

仓库负责人：杨 福 记账：郝 玉 仓库保管：季 平 收料：王 彦

同时企业应设置“应付票据备查簿”,用来登记每张应付票据的详细资料。

(3) 编制会计分录。

借：原材料——甲材料 40 000

——乙材料 80 000

应交税费——应交增值税(进项税额) 15 600

贷：应付票据——弘扬公司 135 600

(四) 材料款先预付,但材料尚未发出

【例 5.20】 22 日,企业按采购合同规定,以工商银行转账支票预付弘扬公司的丁材料货款 30 000 元(图 5-8)。企业经常有预付材料款业务。

中国工商银行
转账支票存根
76890884
附加信息
出票日期 2021 年 12 月 22 日
收款人：龙山弘扬材料有限责任公司
金 额：¥30 000.00
用 途：预付材料款
单位主管 李南 会计 阳丽

图 5-8 支票存根

(1) 业务分析。该笔经济业务发生后,一方面引起企业资产要素的增加,另一方面引起企业资产要素的减少;具体涉及资产类“预付账款”“银行存款”账户;“预付账款”账户登记到增加方向,“银行存款”账户登记到减少方向。

(2) 账户介绍。“预付账款”账户用来核算企业在购买材料时,按照采购合同规定预付的商品交易或劳务供应的款项，属于资产类账户。账户借方登记预付及补付款项的数额；账户贷方登记购进货物所需支付的款项及退回多余款项的数额。账户期末余额若在借方，表示尚未结算预付款项的数额，期末余额若在贷方，表示尚未补付款项的数额。账户应按供应单位（债权人）设置明细分类账，进行明细分类核算。

预付账款情况不多的企业，也可以将预付款项直接记入“应付账款”账户的借方，而不设“预付账款”账户。这时的“应付账款”为资产负债类账户，具有双重性质。

（3）编制会计分录。

借：预付账款——弘扬公司　　30 000

　　贷：银行存款——工商银行　　30 000

【例 5.21】 28 日，企业收到弘扬公司发来的丁材料，增值税专用发票上标明的材料价款为 50 000 元，增值税进项税额为 6 500 元，材料已验收入库（表 5－31、表 5－32）。

（1）业务分析。该笔经济业务发生后，一方面引起企业资产要素的增加，另一方面引起企业资产、负债要素的减少；具体涉及资产类“预付账款”“原材料”账户，负债类“应交税费”账户；其中“原材料”账户登记到增加方向，“预付账款”“应交税费”账户都登记到减少方向。

（2）账户介绍（略）。

（3）编制会计分录。

借：原材料——丁材料　　50 000

　　应交税费——应交增值税（进项税额）　　6 500

　　贷：预付账款——弘扬公司　　56 500

表 5－31

江苏增值税电子专用发票

发票代码：032002100222
发票号码：00005100
开票日期：2021年12月28日
机器编号 499956238960
校验码：12231 50856 17652 35212

购买方	名称：中华家具股份有限公司 纳税人识别号：913201000604354 60A 地址、电话：江汉市江滨路219号 开户行及账号：中国工商银行江汉支行江滨分理处1006641964					密码区	略	
项目名称		规格型号	单位	数量	单价	金额	税率	税额
*塑料制品*丁材料			千克	2 500	20	50 000.00	13%	6 500.00
合计						¥50 000.00		¥6 500.00
价税合计（大写）	⊗伍万陆仟伍佰圆整					（小写）¥56 500.00		
销售方	名称：龙山弘扬材料有限责任公司 纳税人识别号：913201105UH435812A 地址、电话：龙山市江北路209号 开户行及账号：中国工商银行龙山支行江北分理处2356418975					备注	略	

收款人：任豪浩　　复核：季年　　开票人：肖莉李

表 5-32 中华家具股份有限公司 原材料入库单

供货单位：龙山弘扬公司

发票号码：00005100　　2021 年 12 月 28 日　　No.221346

材料名称	材质	规格	单位	数量		单价	金额
				应收	实收		
丁材料		Φ28 cm	千克	2 500	2 500	20	50 000
备注：						合计	50 000

已审核

第二联 记账联

仓库负责人：杨福　记账：郝玉　仓库保管：季平　收料：王彦

【例 5.22】 30 日，企业开出工商银行转账支票一张，金额为 26 500 元，补付弘扬公司丁材料的货款（图 5-9）。

中国工商银行
转账支票存根
76890885

附加信息

出票日期 2021 年 12 月 30 日

收款人：龙山弘扬材料有限责任公司

金　额：¥26 500.00

用　途：补付材料款

单位主管 李南　会计 阳丽

图 5-9 支票存根

（1）业务分析。该笔经济业务发生后，一方面引起企业资产要素的增加，另一方面引起企业资产、负债要素的减少；具体涉及资产类“预付账款”“银行存款”账户；“预付账款”账户登记到增加方向，“银行存款”账户登记到减少方向。

（2）账户介绍（略）。

（3）编制会计分录。

借：预付账款——弘扬公司　　26 500

　　贷：银行存款——工商银行　　26 500

（五）采购材料发生共同费用的核算

材料采购过程中发生的采购费用，有的是为了专门采购某一种材料发生的，有的是为了采购某几种材料所发生，此时的采购费用具有共同性质。正常情况下，专门为采购某一种材料而发生的采购费用，在发生时直接计入该材料的采购成本。

当采购材料多于一种时，就会产生共同性的采购费用，其发生时不能直接计入其中某一种材料的采购成本，而是应该按照一定分配标准，在所购买几种材料之间进行合理分配，构成材料的采购成本。采购材料发生的共同性费用可以按照购入材料的买价、重量或体积等标准进行分摊。

2021 年 12 月份，企业发生如下经济业务：

【例 5.23】 24 日，企业从弘扬公司购入甲、乙两种材料，发票上注明甲材料价款为 60 000 元、乙材料的价款为 40 000 元，增值税进项税额合计为 13 000 元。材料尚未验收入库，全部款项以工商银行转账支票付讫（表 5－33、图 5－10）。

表 5－33

江苏增值税电子专用发票

发票代码：032002100422

发票号码：00007810

开票日期：2021年12月24日

机器编号 499956238960

校验码：12254 40856 15652 35201

购买方	名　　称：中华家具股份有限公司 纳税人识别号：91320100060435460A 地 址、电 话：江汉市江滨路219号 开户行及账号：中国工商银行江汉支行江滨分理处1006641964	密码区	略

项目名称	规格型号	单位	数量	单价	金额	税率	税额
*林业产品*甲材料		千克	3 000	20	60 000.00	13%	7 800.00
*皮革皮毛制品*乙材料		千克	4 000	10	40 000.00		5 200.00
合　计					¥100 000.00		¥13 000.00
价税合计（大写）	⊗壹拾壹万叁仟圆整				（小写）¥113 000.00		

销售方	名　　称：龙山弘扬材料有限责任公司 纳税人识别号：913201105UH435812A 地 址、电 话：龙山市江北路209号 开户行及账号：中国工商银行龙山支行江北分理处2356418975	备注	略

收款人：任豪浩　　复核：季年　　开票人：肖莉李

中国工商银行
转账支票存根
76890886

附加信息

出票日期 2021 年 12 月 24 日

收款人：龙山弘扬材料有限责任公司

金　额：¥113 000.00

用　途：材料款

单位主管 李南　会计 阳丽

图 5－10　支票存根

（1）业务分析。该笔经济业务发生后，一方面引起企业资产要素的增加，另一方面引起企业负债和资产要素的减少；具体涉及资产类“银行存款”“在途物资”账户，负债类“应交税费”账户；其中“在途物资”账户登记到增加方向，“应交税费”“银行存款”账户都登记到减少方向。

（2）账户介绍（略）。

（3）编制会计分录。

借：在途物资——甲材料	60 000	
——乙材料	40 000	
应交税费——应交增值税（进项税额）	13 000	
贷：银行存款——工商银行		113 000

【例 5.24】　26 日，企业开出工商银行转账支票支付前山市圆通快递运输有限责任公司运送上述弘扬公司的甲、乙材料的运杂费 5 000 元，增值税进项税税额为 450 元。企业规定按甲、乙两种材料的买价，分配共同性的采购费用（表 5－34、图 5－11）。

表 5－34

江苏增值税电子专用发票

（印章：全国统一发票监制章　国家税务总局　江苏省税务局）

发票代码：032002100422
发票号码：00008900
开票日期：2021年12月26日
机器编号 499956896023　　校验码：12542 85640 15562 30152

购买方	名　　称：中华家具股份有限公司 纳税人识别号：91320100060435460A 地 址、电 话：江汉市江滨路219号 开户行及账号：中国工商银行江汉支行江滨分理处1006641964				密码区	略	
项目名称	规格型号	单位	数量	单价	金额	税率	税额
*运输服务*运费		千克千米	2 000	2.5	5 000.00	9%	450.00
合　计					¥5 000.00		¥450.00
价税合计（大写）	⊗伍仟肆佰伍拾圆整					（小写）¥5 450.00	
销售方	名　　称：前山市圆通快递运输有限责任公司 纳税人识别号：91580604755612204H 地 址、电 话：前山市北江山路291号 开户行及账号：中国工商银行前山支行北江山路分理处2456713895				备注	略	

收款人：阿龙洪　　复核：辜昂旭　　开票人：铫峰

中国工商银行
转账支票存根
76890887

附加信息

出票日期 2021 年 12 月 26 日

收款人：莆山市圆通快递运输有限责任公司

金　额：¥5 450.00

用　途：运费

单位主管 李南　会计 阳丽

图 5－11　支票存根

会计部门编制的材料采购费用分配表，如表 5－35 所示。

表 5－35　　中华家具股份有限公司　采购费用分配表

2021 年 12 月 26 日　　单位：元

材料名称	分配标准	分 配 率	分配金额	备　注
甲材料	60 000	0.05	3 000	按买价分配
乙材料	40 000		2 000	
合　计	100 000		5 000	

已审核

制表：江　宏　　主管：李　南　　记账：肖　芳

其中：

分配率＝5 000÷(60 000＋40 000)＝0.05

甲材料应承担的运杂费＝60 000×0.05＝3 000(元)

乙材料应承担的运杂费＝40 000×0.05＝2 000(元)

(1) 业务分析。该笔经济业务发生后，一方面引起企业资产要素的增加，另一方面引起企业负债和资产要素的减少；具体涉及资产类“银行存款”“在途物资”账户，负债类“应交税费”账户；其中“在途物资”账户登记到增加方向，“应交税费”“银行存款”账户都登记到减少方向。

(2) 账户介绍(略)。

(3) 编制会计分录。

借：在途物资——甲材料	3 000	
——乙材料	2 000	
应交税费——应交增值税(进项税额)	450	
贷：银行存款——工商银行		5 450

【例 5.25】 30 日，企业 24 日从弘扬公司购入甲、乙两种材料到达企业并验收入库，结转其采购成本(表 5－36)。

表 5－36

供货单位：龙山弘扬公司

中华家具股份有限公司 原材料入库单

发票号码：00007810　　2021 年 12 月 30 日　　No. 221347

材料名称	材质	规格	单位	数量		单价	金　额
				应收	实收		
甲材料			千克	3 000	3 000	21	63 000
乙材料			千克	4 000	4 000	10.5	42 000
	已审核						
备　注：						合　计	105 000

第二联 记账联

仓库负责人：杨　福　　记账：郝　玉　　仓库保管：季　平　　收料：王　彦

（1）业务分析。该笔经济业务发生后，一方面引起企业资产要素的增加，另一方面引起企业资产要素的减少；具体涉及资产类“原材料”“在途物资”账户；“原材料”账户登记到增加方向，“在途物资”账户登记到减少方向。

（2）账户介绍（略）。

（3）编制会计分录。

借：原材料——甲材料　　63 000

　　　　　——乙材料　　42 000

　贷：在途物资——甲材料　　63 000

　　　　　　　——乙材料　　42 000

注意事项：材料采购过程需要进行采购成本的计算和结转。在实际工作中，已验收入库材料的采购成本结转方法有两种：一是在每批材料验收入库并计算出材料的实际成本后，逐批结转其实际成本；二是已验收入库材料的实际成本不是逐批结转，而是到月末汇总计算出各种材料的实际成本后一次结转。在现有的技术条件下，为及时提供相关信息企业倾向于采用逐批结转材料采购成本方法。

（六）材料已到，但会计期末发票账单未到

【例 5.26】 10 日，企业收到供应单位弘扬公司发运的甲材料一批共计 2 000 千克，已验收入库，但发票账单未收到，货款尚未支付（表 5－37）。

（1）业务分析。该笔经济业务发生后，一方面引起企业资产要素的增加，另一方面可能会引起企业负债要素的增加或资产的减少或两者兼而有之，因为企业在收到甲材料时既没有支付相应的货款，又没有收到相应的发票账单，所以该笔业务发生后，会计人员只在备查账上作出登记，不作会计分录处理。若本月内能够收到发票账单，待收到发票账单时作出会计分录；若待到本月末仍未收到发票账单的，可按[例 5－27]和[例 5－28]的处理方法作出会计处理。

表 5－37

供货单位：龙山弘扬公司　　　　**中华家具股份有限公司　原材料入库单**

发票号码：　　　　　　　　2021 年 12 月 10 日　　　　　　　　No. 201007

材料名称	材质	规格	单位	数量		单价	金　额
				应收	实收		
甲材料			千克		4 000		
发票账单未到，款未付							
			已审核				
备　注：						合　计	

第二联　记账联

仓库负责人：杨　福　　记账：郝　玉　　仓库保管：季　平　　收料：王　彦

（2）会计处理。

登记到备查账中即可。

【例 5.27】 31 日，企业于 12 月 10 日验收入库的弘扬公司甲材料共计 2 000 千克，发票账单仍未收到，货款尚未支付，企业估计该批材料价款为 40 000 元（图 5－12）。

附件

记账凭证说明

企业于 2021 年 12 月 10 日验收入库的弘扬公司甲材料共计 2 000 千克，发票账单仍未收到，货款尚未支付，企业估计该批材料价款为 40 000.00 元，登记入账。

中华家具股份有限公司财务专用章

财务总监：李南

2021 年 12 月 31 日

图 5－12　记账凭证说明

（1）业务分析。该笔经济业务发生后，一方面引起企业资产要素的增加，另一方面引起企业负债要素的增加；具体涉及资产类“原材料”账户，负债类“应付账款”账户；两个账户都登记到增加方向。

（2）账户介绍（略）。

（3）编制会计分录。

借：原材料——甲材料　　　　40 000

　　贷：应付账款——材料暂估价　　　　40 000

【例 5.28】 2022 年 1 月 1 日，企业验收入库的弘扬公司甲材料共计 2 000 千克，发票账单仍未收到，货款尚未支付，企业估计该批材料价款为 40 000 元，登记入账（图 5－13）。

附件

记账凭证说明

2022 年 1 月 1 日，企业验收入库的弘扬公司甲材料共计 2 000 千克，发票账单仍未收到，货款尚未支付，企业估计该批材料价款为 40 000.00 元，登记入账。

中华家具股份有限公司财务专用章

财务总监：李南

2022 年 1 月 1 日

图 5－13　记账凭证说明

（1）业务分析。将上月末已暂估价入账的已入库的原材，在今天需要编制相同的红字会计分录予以冲销，待本月收到结算凭证后再作相应的会计处理。

（2）账户介绍（略）。

（3）编制会计分录。

借：原材料——甲材料　　40 000

　　贷：应付账款——材料暂估价　　40 000

注：40 000 表示为红字，会计实务中的红字作减法计算。

第三节　生产过程的会计处理

一、生产过程会计核算的内容

生产过程处于企业生产经营过程的中间环节，是企业生产活动的耗费过程，也是企业生产经营资金循环的第二个阶段。制造企业通过采购过程拥有了满足生产需要的材料和设备，接着就将其投入到生产过程中进行产品生产。生产产品发生各种消耗，包括劳动对象消耗、活劳动消耗和劳动资料消耗。企业在一定时期内发生的、用货币表现的生产消耗，称为生产费用。这种费用最终应归集、分配到特定产品上，形成产品的生产成本，即制造成本；生产过程会计核算和监督的任务是产品生产过程中费用的发生、归集和分配以及产品成本的计算，考核生产资金定额和成本计划的执行情况。

成本是指企业为生产产品、提供劳务等发生的各种耗费，是对象化的费用。生产成本是相对于特定产品而言发生的费用，是按产品品种等成本计算对象对当期发生的费用进行归集而形成的。

成本核算对象的确定

二、成本计算对象与方法

(一) 成本计算对象

成本计算对象是指生产费用的归集对象。成本计算,首先确定成本计算对象。如果成本计算对象确定的不准确或不恰当,会增加成本计算的难度,计算出的生产成本信息不能满足企业管理的需要,甚至不能完成成本计算的任务。根据企业生产类型和管理的要求及对生产成本的影响,成本计算对象可以分为产品品种、批次和生产步骤等三种类型。

如何确定成本计算对象? 一般来说,成本计算对象就是各种耗费的受益对象,也就是耗费各种经济资源,及人类劳动后形成的产出物,是“制造”活动取得的直接成果,即“产品”。例如,企业生产工业品、农场生产粮食、文艺组织摄制电影、电视剧等,都是生产成本的计算对象。

(二) 成本计算方法

无论什么样的企业,无论生产何种产品,也不论管理要求如何,最终都必须按照产品的品种计算产品成本。按产品品种计算生产成本,是产品成本计算最一般、最基础的要求,品种法是最基本的成本计算方法。当然企业可以根据需要或管理上要求采用其他成本方法计算产品的生产成本。在此只介绍品种法、分批法两种成本计算方法。

1. 品种法

(1) 定义。品种法是指以企业生产的产品品种作为生产成本计算对象的一种成本计算方法。

(2) 成本对象。品种法成本计算对象是产品品种。在实际工作中,可以将品种法的成本计算对象拓展为产品类别、产品规格等。

(3) 应用的要点。以“产品品种”为成本计算对象开设生产成本明细分类账及成本计算单;成本计算期一般采用“会计期间”;以“产品品种”为对象归集和分配费用;以“产品品种”为对象进行成本分析与管理。

(4) 适用范围。品种法适合于大批大量、单步骤生产的企业。例如发电、采掘业,管理上只要求考核最终产品的企业。

2. 分批法

(1) 定义。分批法是指以生产产品的批别(次)作为生产成本计算的对象的一种成本计算方法。

(2) 成本计算对象。分批法成本计算对象是企业生产产品的“批”别。分批法是一种广义的成本计算方法,在实际工作中,有“批号”“批次”的含义。

(3) 应用的要点。以“批号”“批次”为成本计算对象开设生产成本明细分类账及成本计算单;成本计算期一般采用“工期”,正常情况下不存在生产费用在完工产品和在产品之间分配问题。

(4) 适用范围。分批法适用于单件、小批量生产的企业、可以按照客户订单组织生产的企业,因而也称“订单法”。

企业产品成本核算制度——钢铁行业

三、成本项目

成本项目是指生产产品所发生的各种费用,按其经济用途所作的分类。成本项目包括直接材料、直接人工和制造费用等。

直接材料费是指直接用于产品生产，并构成产品实体的原材及主要材料、辅助材料、燃料、外购半成品、修理用备件、包装物及其他材料等消耗。

直接人工费是指直接从事产品生产工人的薪酬，主要包括直接生产产品的人员薪酬、社会保险等。

制造费用是指为生产产品而发生的各种间接费用，不能直接计入产品成本，因而一般没有专设成本项目。这些费用是企业内部各生产单位为组织和管理生产所发生的，包括生产管理人员及其他非生产人员的薪酬、固定资产折旧费、租赁费、机物料消耗、低值易耗品摊销、取暖费、水电费、差旅费、运输费、保险费、设计图纸费、试验检验费、劳动保护费、季节性和修理期间的停工损失等项目。

四、成本核算程序

成本核算程序是指对在生产产品过程中发生的各项生产费用，按照成本核算的要求，逐步归集和分配，最后计算出产品成本的过程。根据成本核算要求和生产费用的分类，可将成本核算程序归纳如下：

（一）确定成本核算范围

企业在生产品中发生的各项生产费用，根据国家、上级主管部门和企业的有关制度、规定进行严格审核，对于不符合制度和规定所发生的各种支出以及各种浪费，损失等不得计入生产成本。

（二）确定成本计算对象和项目

企业生产类型不同，对成本管理的要求不同，成本计算对象和成本项目也就有所不同，根据企业生产类型、特点和成本管理的要求，确定成本计算对象和成本项目，并根据确定的成本计算对象开设产品成本明细分类账及成本计算单。

（三）正确计算本期费用

企业在产品生产过程中发生的各项要素费用进行汇总，编制各种要素费用分配表，按其用途分配计入有关生产成本明细分类账及成本计算单。对能够确认为某个成本计算对象的耗用应直接计入相关成本项目，例如，直接材料、直接人工，可以直接记入“生产成本——××产品”明细账户及相应的成本计算单；对于不能确认某一产品生产所发生的费用，则应按其发生的地点或用途进行归集，记入“制造费用”账户。

（四）间接费用分配

在产品成本计算中已记入“制造费用”账户的间接费用，月终应采用一定分配方法在各种产品之间进行分配，记入“生产成本——××产品”明细分类账及相应的成本计算单。

（五）生产费用在完工产品与在产品之间的分配

通过直接费用的计入和间接费用的分配，企业生产产品中所发生的各项费用均已归集在“生产成本——××产品”明细分类账及相应的成本计算单中。在没有在产品[①]的情况下，产品成本明细分类账及相应的成本计算单所归集的生产费用即为完工产品总成本；在存在在产品的情况下，需将产品成本明细分类账及相应的成本计算单所归集的生产费用按一定的分配方法在完工产品和在产品之间进行分配，从而计算出完工产品成本和在产品的成本。

① 在产品是指从原材料、外购物投入生产到制成成品出产前，存在于生产过程的各个阶段、各个环节上需要继续加工的产品，包括存在与车间之间的半成品和存在于车间内部的在制品，是企业的存货。

（六）计算产品总成本和单位成本

在品种法、分批法下，产品成本明细分类账及相应成本计算单中，计算出完工产品的成本即为产品总成本。产品单位成本是以产品的总成本除以产品的数量计算得出的结果。

中国动物保健品账本丢失

五、生产过程的会计核算

2021 年 12 月，企业发生如下经济业务：

【例 5.29】 31 日，企业各部门本月从仓库多次领用甲、乙、丙、丁材料，用以生产 A、B 两种产品和其他一般性耗用。会计部门根据转来的领料凭证汇总后，编制“发出材料汇总表”，如表 5－38 所示。

表 5－38　　中华家具股份有限公司　发出材料汇总表①

2021 年 12 月 31 日　　金额单位：元

领用单位	甲材料		乙材料		丙材料		丁材料		合　计
	数量	金额	数量	金额	数量	金额	数量	金额	
生产 A 产品	1 000	10 000	600	6 000	2 000	34 000			50 000
生产 B 产品	1 000	10 000	300	3 000	1 000	17 000			30 000
小　计	2 000	20 000	900	9 000	3 000	51 000			80 000
车间一般							100	2 000	2 000
行政管理部门			100	1 000					1 000
销售部门							100	2 000	2 000
合　计	2 000	20 000	1 000	10 000	3 000	51 000	200	4 000	85 000

已审核

制单：李　浩　　记账：王　丽　　主管：张　力

（1）业务分析。该笔经济业务发生后，一方面引起企业资产（成本）、费用要素的增加，另一方面引起企业资产要素的减少；具体涉及资产类“原材料”账户，损益（费用）类“管理费用”“销售费用”账户，成本类“制造费用”和“生产成本”账户；其中“管理费用”“销售费用”“制造费用”和“生产成本”账户都登记到增加方向，“原材料”账户登记到减少方向。

（2）账户介绍。

①“生产成本”账户用来归集和分配产品生产过程中发生的各项费用，以正确计算产品成本，属于成本类账户。账户借方登记应计入产品成本的各项费用；账户贷方登记结转完工验收入库产品的实际生产成本。账户期末余额在借方，表示期末尚未完工在产品的实际生产成本。账户可以按产品的品种等设置明细分类账，进行明细分类核算。

②“制造费用”账户用来归集和分配生产部门为组织和管理生产产品和提供劳务而发生的各项间接费用，属于成本类账户。账户借方登记生产部门在产品生产中发生的各项间接费用；账户贷方登记月末分配结转的应由各种产品承担的制造费用。账户月末无余额。账户可

① 发出材料的成本核算可以分次结转，也可以月末一次结转。分次结转可以及时了解消耗材料的成本信息，月末一次结转只有在月末时才能掌握所消耗材料的成本信息，但是可以简化成本核算手续，减少工作量。

以按车间、部门和费用项目设置明细分类账，进行明细分类核算。

③ “销售费用”账户用来核算企业销售产品（商品）、提供劳务等过程中发生的相关费用，属于损益（费用）类账户。账户借方登记企业在销售商品过程中发生的运输费、装卸费、包装费、保险费、展览费和广告费等项目。账户贷方登记期末转入“本年利润”账户的数额。账户期末结转后无余额。账户按费用项目设置明细分类账户，进行明细分类核算。

④ “管理费用”账户用来核算企业行政管理部门为组织和管理生产经营活动而发生的各种费用，属于损益（费用）类账户。账户核算内容包括企业行政管理部门的职工薪酬、办公费、差旅费、工会经费、业务招待费、职工教育经费、存货盘亏等。账户借方登记企业发生各项费用的数额；账户贷方登记期末转入“本年利润”账户的数额。期末结转后无余额。账户应按费用项目设置明细分类账，进行明细分类核算。

（3）编制会计分录。

借：生产成本——A 产品——直接材料	50 000	
——B 产品——直接材料	30 000	
制造费用——材料费	2 000	
管理费用——材料费	1 000	
销售费用——材料费	2 000	
贷：原材料——甲材料		20 000
——乙材料		10 000
——丙材料		51 000
——丁材料		4 000

【例 5.30】 31 日，根据考勤记录和有关资料计算职工薪酬，编制“薪酬分配汇总表”，如表 5－39 所示。

表 5－39　　中华家具股份有限公司　薪酬分配汇总表

2021 年 12 月 31 日　　单位：元

项　　目	薪　　酬	其 他 省 略
生产 A 产品	25 000	
生产 B 产品	40 000	
小　　计	65 000	
车间管理人员	2 000	
行政管理人员	6 000	
销售部门	3 000	
合　　计	76 000	

已审核

制表：罗　书　　记账：钟　金　　主管：杨　阳

（1）业务分析。该笔经济业务发生后，一方面引起企业资产（成本）、费用要素的增加，另一方面引起企业负债要素的增加；具体涉及负债类“应付职工薪酬”账户，损益（费用）类“管理费用”“销售费用”账户，成本类“制造费用”和“生产成本”账户；“应付职工薪酬”“管理费用”“销售费用”“制造费用”和“生产成本”账户都登记到增加方向。

(2) 账户介绍。“应付职工薪酬”账户用来核算企业与职工之间的薪酬结算情况，属于负债类账户。职工薪酬主要包括职工工资、福利费、津贴、补助和工资性奖金等项目。账户借方登记本期实际支付的职工薪酬数额；账户贷方登记本期应付职工薪酬的数额。账户期末一般无余额，如期末余额在贷方，表示企业应付而未付的薪酬。如期末余额在借方，表示企业已预付的薪酬。账户可以按职工类别、工资总额构成等设置明细分类账，进行明细分类核算。

(3) 编制会计分录。

借：生产成本——A 产品——直接人工　　25 000

　　　　　　——B 产品——直接人工　　40 000

　　制造费用——人工费　　2 000

　　管理费用——人工费　　6 000

　　销售费用——人工费　　3 000

　　贷：应付职工薪酬——工资　　76 000

【例 5.31】　10 日，根据上月“应付薪酬发放表”，开出转账支票通过网银由银行代发上月职工薪酬 21 000 元(图 5-14、图 5-15)。

(1) 业务分析。该笔经济业务发生后，一方面引起企业资产要素的减少，另一方面引起企业负债要素的减少；具体涉及资产类“银行存款”账户、负债类“应付职工薪酬”账户；两个账户都登记到减少方向。

(2) 账户介绍(略)。

(3) 编制会计分录。

借：应付职工薪酬——工资　　21 000

　　贷：银行存款——工商银行　　21 000

中国工商银行
转账支票存根
76890888

附加信息

出票日期 2021 年 12 月 10 日

收款人：中华家具股份有限公司

金　额：￥21 000.00

用　途：发放薪酬

单位主管 李南　会计 阳丽

复核　记账

图 5-14　支票存根

中国工商银行业务凭证/回单

交易时间：20211210

委托号：23590687
待划转账号：07701801848000118
付款人全称：中华家具股份有限公司
标志：批量代发业务种类：其他代发
经办人姓名：何静
币种：人民币钞汇标志：钞户
存期：活期约定入账日期：2021/12/10
总笔数：24 总金额：21 000.00
成功笔数：24 成功金额：21 000.00
失败笔数：0 失败金额：0

江汉支行江滨分理处 转讫

经办行：45900 经办人：00971186 授权柜员：04790110
本人已阅读并自愿遵守中国工商银行“客户须知”，并确认银行交易结果正确无误。

客户签名：钟晓燕
（本签字1页有效）
回单号：900458903578902134 第1页，共1页打印时间：2021-12-15 15:09:34

图5-15 业务凭证/回单

【例5.32】 31日，按照规定计提本期固定资产折旧25 000元。其中：行政管理部门折旧为4 000元，生产车间折旧为16 000元，销售部门折旧为5 000元（表5-40）。

表5-40 中华家具股份有限公司 固定资产折旧计算表

2021年12月份 单位：元

部 门	固定资产原值				折旧率 %	月折旧额
	上 月	上月增加	上月减少	本 月		
生产车间		（略）	（略）	（略）	（略）	16 000
行政管理		（略）	（略）	（略）	（略）	4 000
销售部		（略）	（略）	（略）	（略）	5 000
合 计						25 000

已审核

主管：李 南 复核： 记账：张 任 制单：阳 丽

（1）业务分析。该笔经济业务发生后，一方面引起企业资产（成本）、费用要素的增加，另一方面引起企业资产要素的减少；具体涉及成本类“制造费用”，损益（费用）类“管理费用”“销售费用”账户，资产类“累计折旧”账户；“制造费用”“管理费用”“销售费用”“累计折旧”账户都登记到增加方向。

（2）账户介绍。“累计折旧”账户用来核算企业固定资产因损耗而转移的价值，属于资产类账户，它是“固定资产”账户的调整备抵账户。账户贷方登记固定资产因计提折旧而减少的余额，即固定资产折旧的增加额；账户借方登记已计提固定资产折旧的减少或转销数额。账户期末余额在贷方，表示现有固定资产累积已计提折旧的数额。账户贷方余额抵消固定资产账户借方余额后，即为固定资产的净值。账户一般只作总分类核算，不进行明细分类核算。

（3）编制会计分录。

借：管理费用——折旧费　　4 000
　　制造费用——折旧费　　16 000
　　销售费用——折旧费　　5 000
　　贷：累计折旧　　25 000

【例 5.33】 31 日，分摊应由本期负担短期租赁设备的租赁费 9 000 元，该租赁费尚未支付。其中：行政管理部门负担 8 000 元，生产车间负担 1 000 元。设备来自于鸿运租赁公司(表 5－41)。

表 5－41　　**中华家具股份有限公司　设备租赁费计算表**

2021 年 12 月份　　单位：元

部　门	固定资产原值				折旧率 %	月折旧额
	上　月	上月增加	上月减少	本　月		
生产车间		（略）	（略）	（略）	（略）	1 000
行政管理		（略）	（略）	（略）	（略）	8 000
合　计						9 000

已审核

主管：李　南　　复核：　　记账：张　任　　制单：阳　丽

（1）业务分析。该笔经济业务发生后，一方面引起企业资产(成本)、费用要素的增加，另一方面引起企业负债要素的增加；具体涉及负债类“其他应付款”，成本类“制造费用”，损益(费用)类“管理费用”账户；三个账户都登记到增加方向。

（2）账户介绍。“其他应付款”账户是用来核算企业除应付票据、应付账款、预收账款、应付利息和股利、应付职工薪酬、应交税费及长期应付款等以外的各种应付、暂收款项，主要包括应付的各种赔款、罚款、租金、押金及存入保证金等款项，属于负债类账户。贷方登记发生的各种应付、暂收款项，借方登记偿还或转销的各种应付暂收款项，月末，余额在贷方，表示企业应付、暂收的结存现金。账户应按应付、暂收款项的类别设置明细分类账，进行明细分类核算。

（3）编制会计分录。

借：管理费用——设备租赁费　　8 000
　　制造费用——设备租赁费　　1 000
　　贷：其他应付款——设备租赁费(鸿运公司)　　9 000

【例 5.34】 31 日，企业开出工商银行转账支票一张，用以支付正大工器具修理有限公司提供的生产车间工器具维修劳务，增值税专用发票上标明价款 6 000 元，增值税税率为 13%(表 5－42、图 5－16)。

表 5-42

江苏增值税电子专用发票

发票代码：032002100122
发票号码：00012900
开票日期：2021年12月31日
机器编号 496890239956
校验码：54212 85062 15645 35201

购买方	名　　称：中华家具股份有限公司 纳税人识别号：91320100060435460A 地 址、电 话：江汉市江滨路219号 开户行及账号：中国工商银行江汉支行江滨分理处1006641964				密码区	略	
项目名称	规格型号	单位	数量	单价	金额	税率	税额
*劳务*修理修配劳务				6 000	6 000.00	13%	780.00
合　计					¥6 000.00		¥780.00
价税合计（大写）	⊗陆仟柒佰捌拾圆整					（小写）¥6 780.00	
销售方	名　　称：正大工器具维修有限公司 纳税人识别号：9132010006RT565U2A 地 址、电 话：江汉市北江山路290号 开户行及账号：中国工商银行沿江支行沿江分理处8925613754				备注	略	

收款人：肖明虎　　复核：柯塔布飞　　开票人：封江

中国工商银行
转账支票存根
76890889
附加信息
出票日期 2021 年 12 月 31 日
收款人：正大工器具维修有限公司
金　额：¥6 780.00
用　途：车间工器具维修费
单位主管 李南　会计 阳丽

图 5-16　支票存根

（1）业务分析。该笔经济业务发生后，一方面引起企业资产（成本）、要素的增加，另一方面引起企业资产、负债要素的减少；具体涉及资产类“银行存款”，成本类“制造费用”负债类“应交税费”账户；“银行存款”“应交税费”账户登记到减少方向，“制造费用”账户登记到增加方向。

（2）账户介绍（略）。

（3）编制会计分录。

借：制造费用——维修费　　　　6 000

　　应交税费——应交增值税(进项税额)　　　　　　　　　　780
　　贷：银行存款——工器具修理费　　　　　　　　　　　　6 780

【例 5.35】 31 日，企业开出工商银行转账支票一张，支付生产车间办公用品采购费，增值税专用发票上标明价款 1 000 元，增值税税率为 9%。该办公用品已经被车间领用(表 5-43、图 5-17)。

表 5-43

江苏增值税电子专用发票

发票代码：032002100122
发票号码：00022900
开票日期：2021年12月31日
机器编号 439968995602
校验码：12542 86250 15885 35666

购买方	名　　称：中华家具股份有限公司 纳税人识别号：91320100060435460A 地 址、电 话：江汉市江滨路219号 开户行及账号：中国工商银行江汉支行江滨分理处1006641964				密码区	略	
项目名称	规格型号	单位	数量	单价	金额	税率	税额
*文具*车间办公费				1 000	1 000.00	13%	130.00
合　计					¥1 000.00		¥130.00
价税合计(大写)	⊗壹仟壹佰叁拾圆整					(小写)¥1 130.00	
销售方	名　　称：江汉市润驰办公用品商店 纳税人识别号：91320100ER7835743A 地 址、电 话：江汉市江山路310号 开户行及账号：中国工商银行江汉支行江滨分理处2561387549				备注	略	

收款人：郑丽命　　　复核：柯布塔　　　开票人：江封理

中国工商银行
转账支票存根
76890890

附加信息

出票日期 2021 年 12 月 31 日
收款人：江汉市润驰办公用品商店
金　额：¥1 130.00
用　途：车间办公用品费
单位主管 李南　会计 阳丽

图 5-17　支票存根

（1）业务分析。该笔经济业务发生后，一方面引起企业资产（成本）要素的增加，另一方面引起企业资产、负债要素的减少；具体涉及资产类“银行存款”账户，成本类“制造费用”账户，负债类“应交税费”账户；“制造费用”账户登记到增加方向，“银行存款”“应交税费”账户登记到减少方向。

（2）账户介绍（略）。

（3）编制会计分录。

借：制造费用——办公费	1 000
应交税费——应交增值税（进项税额）	130
贷：银行存款——工商银行	1 130

【例 5.36】 31 日，企业以银行存款支付电信营业费，增值税专用发票上标明价款 2 000 元，增值税税率为 9%，其中：行政管理部门负担 1 500 元，生产车间负担 500 元（表 5－44）。

表 5－44

江苏增值税电子专用发票

全国统一发票监制章 国家税务总局 江苏省税务局

发票代码：032002100222

发票号码：00085000

开票日期：2021年12月31日

机器编号 439560989296

校验码：12882 86560 15858 35297

购买方	名　　称：中华家具股份有限公司 纳税人识别号：91320100060435460A 地 址、电 话：江汉市江滨路219号 开户行及账号：中国工商银行江汉支行江滨分理处1006641964				密码区	略	
项目名称	规格型号	单位	数量	单价	金额	税率	税额
*电信服务*基础电信费					2 000.00	9%	180.00
合　　计					¥2 000.00		¥180.00
价税合计（大写）	⊗贰仟壹佰捌拾圆整					（小写）¥2 180.00	
销售方	名　　称：江汉市中国移动通信分公司 纳税人识别号：913201003EF435434A 地 址、电 话：江汉市北江山路910号 开户行及账号：中国工商银行山前支行北江路分理处2538756491				备注	略	

收款人：蒲丽谷　　　复核：王钦　　　开票人：李红

（1）业务分析。该笔经济业务发生后，一方面引起企业资产（成本）、费用要素的增加，另一方面引起企业资产、负债要素的减少；具体涉及资产类“银行存款”账户，成本类“制造费用”账户，损益（费用）类“管理费用”账户，负债类“应交税费”账户；其中“制造费用”“管理费用”账户都登记到增加方向，“银行存款”“应交税费”账户登记到减少方向。

（2）账户介绍。“库存现金”账户用来核算企业存放在企业内部各部门的货币（包括纸币和铸币）的实有数额，属于资产类账户。账户借方登记库存现金的增加额；账户贷方登记库存现金的减少额。账户期末余额在借方，表示企业期末存放在企业内部各部门的货币的实有数额。账户按库存现金种类，分别设置“库存现金日记账”，进行明细分类核算。

（3）编制会计分录。

借：管理费用——电信费	1 500

　　制造费用——电信费　　500

　　应交税费——应交增值税（进项税额）　　180

　　贷：银行存款——工商银行　　2 180

【例 5.37】　31 日，企业收到工商银行转来同城特约委托收款凭证一张，银行已代付水费，增值税专用发票上标明价款 2 000 元，增值税税率为 13%。全部是生产车间耗用（表 5－45、表 5－46）。

（1）业务分析。该笔经济业务发生后，一方面引起企业资产（成本）要素的增加，另一方面引起企业资产、负债要素的减少；具体涉及资产类“银行存款”账户，成本类“制造费用”账户，负

表 5－45

中国工商银行　委托收款凭证（付款通知）　5

委托日期：2021 年 12 月 31日

收款人	全称	中国长江供水股份公司滨江分公司	付款人	全称	中华家具股份有限公司
	账号	077012342356578908		账号	1006641964
	开户银行	中国工商银行东南支行		开户银行	中国工商银行江汉支行江滨分理处
委收金额	人民币（大写）	贰仟贰佰陆拾元整		百十万千百十元角分	￥226000
款项内容	11月水费	合同号		委托收据名称	增值税专用发票 1
备注：付款人开户银行收到日期为2021年12月31日 复核　　记账		付款人开户银行签章 2021年12月31日		付款人注意： 1. 上列款项为“见票即付”。 2. 上列款项如有误，请与收款单位协商解决。	

此联交付款人作付款通知

表 5－46

江苏增值税电子专用发票

发票代码：032002100322

发票号码：00006600

开票日期：2021年12月31日

机器编号 434560988896　　校验码：12856 86852 15851 35854

购买方	名　称：中华家具股份有限公司 纳税人识别号：91320100060435460A 地址、电话：江汉市江滨路219号 开户行及账号：中国工商银行江汉支行江滨分理处1006641964				密码区	略	
项目名称	规格型号	单位	数量	单价	金额	税率	税额
*水冰雪*水费		M^3	500	4	2 000.00	13%	260.00
合　计					￥2 000.00		￥260.00
价税合计（大写）	⊗贰仟贰佰陆拾圆整					（小写）￥2 260.00	
销售方	名　称：江汉市供水股份公司滨江分公司 纳税人识别号：91320100QW4785464A 地址、电话：江汉市骊山区骊山路9号 开户行及账号：中国工商银行东南支行077012342356578908				备注	略	

收款人：邹明鸣　　复核：王阿庆　　开票人：李思红

债类“应交税费”账户；“制造费用”账户登记到增加方向，“应交税费”账户、“银行存款”账户都登记到减少方向。

（2）账户介绍（略）。

（3）编制会计分录。

借：制造费用——水费	2 000
应交税费——应交增值税（进项税额）	260
贷：银行存款——工商银行	2 260

【例 5.38】　31 日，企业收到工商银行转来一张电费收款凭证，增值税专用发票上标明价款 5 000 元，增值税税率为 13%。其中：行政管理部门负担 2 000 元，生产车间负担 2 000 元，销售部门承担 1 000 元（表 5－47、表 5－48）。

（1）业务分析。该笔经济业务发生后，一方面引起企业资产、负债要素的减少，另一方面引起企业资产、费用要素的增加；具体涉及资产类“银行存款”账户，成本类“制造费用”账户，损益（费用）类“管理费用”账户，负债类“应交税费”账户；其中“制造费用”“管理费用”“销售费用”账户都登记到增加方向，“银行存款”“应交税费”账户都登记到减少方向。

（2）账户介绍（略）。

（3）编制会计分录。

借：制造费用——电费	2 000
管理费用——电费	2 000
销售费用——电费	1 000
应交税费——应交增值税（进项税额）	650
贷：银行存款——工商银行	5 650

六、计算生产成本

2021 年 12 月份，企业发生如下经济业务：

公司仍在生产的 A 产品总成本为 5 000 元，其中，直接材料费为 3 000 元、直接人工费为 1 500 元、制造费用为 500 元。B 产品无月初余额。

表 5－47　中国工商银行　委托收款凭证（付款通知）　**5**

委托日期：2021 年 12 月 31日

收款人	全称	中国华能电力股份有限公司滨江分公司	付款人	全称	中华家具股份有限公司
	账号	342307701256578908		账号	1006641964
	开户银行	中国工商银行东南支行		开户银行	中国工商银行江汉支行江滨分理处

委收金额	人民币（大写）	百	十	万	千	百	十	元	角	分
	伍仟陆佰伍拾元整			¥	5	6	5	0	0	0

款项内容	11月电费	合同号		委托收据名称	增值税专用发票	单证张数	1

备注： 付款人开户银行收到日期为2021年12月31日 复核　　记账	付款人开户银行签章 2021年12月31日	付款人注意： 1. 上列款项为“见票即付”。 2. 上列款项如有误，请与收款单位协商解决。

江汉支行江滨分理处 转讫

此联交付款人作付款通知

表 5－48

江苏增值税电子专用发票

全国统一发票监制章 国家税务总局 江苏省税务局

机器编号 498348956086

发票代码：032002100322
发票号码：00007890
开票日期：2021年12月31日
校验码：12568 85286 85115 85435

购买方	名　　称：中华家具股份有限公司 纳税人识别号：91320100060435460A 地 址、电 话：江汉市江滨路219号 开户行及账号：中国工商银行江汉支行江滨分理处1006641964				密码区	略	
项目名称	规格型号	单位	数量	单价	金额	税率	税额
*供电*电费		度	10 000	0.5	5 000.00	13%	650.00
合　计					¥5 000.00		¥650.00
价税合计（大写）	⊗伍仟陆佰伍拾圆整					（小写）¥5 650.00	
销售方	名　　称：中国华能电力股份有限公司滨江分公司 纳税人识别号：913201001WQ433961A 地 址、电 话：江汉市北疆区人民路路99号 开户行及账号：中国工商银行东南支行342307701256578908				备注	略	

收款人：裴丽吉　　复核：左总　　开票人：刘利益

【例 5.39】 31 日，按生产工人薪酬比例将本期发生的制造费用，分配转入“生产成本”账户。会计人员依据前例有关资料登记“制造费用”账户，如表 5－49 所示，以确定本期制造费用总额。

表 5－49　　总 分 类 账

会计科目：制造费用　　第 5 页

2021 年		凭证号	摘　要	借　方	贷　方	借或贷	余　额
月	日						
12	31	（略）	耗用材料	2 000		借	2 000
12	31	（略）	车间管理人员薪酬	2 000		借	4 000
12	31	（略）	计提车间折旧	16 000		借	20 000
12	31	（略）	设备租赁费	1 000		借	21 000
12	31	（略）	工器具维修费	6 000		借	27 000
12	31	（略）	办公费	1 000		借	28 000
12	31	（略）	电信基础费	500		借	28 500
12	31	（略）	水费	2 000		借	30 500
12	31	（略）	电费	2 000		借	32 500
12	31	（略）	分配结转制造费用		32 500	平	0
			本月合计	32 500	32 500	平	0

已审核

会计人员再依据制造费用账户归集的金额编制制造费用分配表，制造费用分配表如表5－50所示。

表5－50

制造费用分配表

2021年12月31日　　　　单位：元

产品名称	分配标准（工人薪酬）	分配率	分配金额
A产品	25 000		12 500
B产品	40 000	0.5	20 000
合　计	65 000		32 500

已审核

制表：黎　明　　主管：王　润　　记账：郝尚明

其中：分配率＝32 500÷(25 000＋40 000)＝0.5

A产品应承担的制造费用＝25 000×0.5＝12 500(元)

B产品应承担的制造费用＝28 000－12 500＝20 000(元)(或：40 000×0.5)

(1) 业务分析。该笔经济业务发生后，一方面引起企业资产(成本)要素的增加，另一方面引起企业资产(成本)要素的减少；具体涉及成本类“生产成本”“制造费用”账户；“生产成本”账户登记到增加方向，“制造费用”账户登记到减少方向。

(2) 账户介绍(略)。

(3) 编制会计分录。

借：生产成本——A产品——制造费用　　12 500

　　　　　——B产品——制造费用　　20 000

　贷：制造费用　　32 500

【例5.40】 31日，本月生产A、B产品各别为200件，期末A、B产品全部完工并已验收入库，结转完工入库产品的生产成本(表5－51、表5－52)。

表5－51

生产成本明细分类账

产品名称：A产品　　　　第1页

2021年		凭证号	摘　要	借方(成本项目)			贷　方	合　计
月	日			直接材料	直接人工	制造费用		
12	31	(略)	期初余额	3 000	1 500	500		5 000
12	31	(略)	领用原材料	50 000				55 000
12	31	(略)	分配工人薪酬		25 000			80 000
12	31	(略)	分配制造费用			12 500		92 500
12	31	(略)	本月合计	53 000	26 500	13 000		92 500
12	31	(略)	结转完工产品				92 500	0

已审核

表 5－52　　　　**生产成本　明细分类账**

产品名称：B 产品　　　　第 1 页

2021 年		凭证号	摘　　要	借方(成本项目)			贷　方	合　计
月	日			直接材料	直接人工	制造费用		
12	31	(略)	领用原材料	30 000				30 000
12	31	(略)	分配工人薪酬		40 000			70 000
12	31	(略)	分配制造费用			20 000		90 000
12	31	(略)	本月合计	30 000	40 000	20 000		90 000
12	31	(略)	结转完工产品				90 000	0

已审核

(1) 业务分析。该笔经济业务发生后，一方面引起企业资产要素的增加，另一方面引起企业资产(成本)要素的减少；具体涉及成本类“生产成本”账户，资产类“库存商品”账户；“库存商品”账户登记到增加方向，“生产成本”账户登记到减少方向。

(2) 账户介绍。“库存商品”账户用来核算制造业产品生产完工后，验收入库产品的实际成本，属于资产类账户。账户借方登记已经完工验收入库的各种产品的实际生产成本；账户贷方登记已经出库的各种产品的实际生产成本。账户期末余额在借方，表示库存产成品的实际成本。账户应按产品的品名、种类和规格等设置明细分类账，进行明细分类核算。

(3) 编制会计分录。

借：库存商品——A 产品　　92 500
　　　　　　——B 产品　　90 000
　贷：生产成本——A 产品　　92 500
　　　　　　　——B 产品　　90 000

第四节　销售过程的会计处理

销售过程处于企业生产经营过程的后端，是产品价值得以实现的过程，是生产经营资金循环的第三个环节，是满足社会经济发展需要的过程。

一、销售核算的内容

(一) 销售收入[①]

应确认的销售收入包括销售产品或商品、销售材料、代购代销手续费、包装物出租、资产对外租赁等形成的经济利益的流入。

(二) 销售费用

销售费用是指在销售产品等过程中发生的运输费、装卸费、包装费、保险费、展览费和广告费以及为销售本企业产品或商品而专设的销售机构(含销售网点、售后服务网点等)的职工薪酬、固定资产折旧、办公费等经营费用。

---

① 销售收入不包括其他业务收入，营业收入应该是指企业的业务收入，企业的业务除了销售产品，可能还有提供服务等其他方面，所以营业收入的范围就会比销售收入宽一些。

（三）销售税费

销售税费是指在销售过程中发生的增值税、消费税、城市维护建设税及教育费附加等。

（四）销售成本[①]

销售成本是指销售产品或商品的生产成本或采购成本。包括销售产品的生产成本，销售材料、提供劳务等发生的成本、费用等。

（五）其他业务的核算

主要包括职工预借差旅费及报账的会计核算。

二、销售过程的会计核算

企业在销售产品时，根据产品是否已发出，货款是否已收到为标准进行区分，会计核算可以依据不同组合，设计核算账户及程序。一般会发生商品发出货款已收到，商品已发出但货款尚未收到或已收到商业票据，商品尚未发出但货款已预收等不同情况。

（一）主营业务销售

2021 年 12 月份，中华家具公司发生如下经济业务：

1. 商品发出，货款收到

【例 5.41】 5 日，企业向大力公司出售 A 产品 200 件，其中，产品已于当日发出，每件售价 862.50 元，增值税税率为 13%，货款和税款已通过工商银行收到（表 5－53、表 5－54）。

表 5－53

江苏增值税电子专用发票

发票代码：032002100522
发票号码：00009110
开票日期：2021年12月5日
机器编号 498348956086
校验码：15682 28685 81155 84355

购买方	名　　称：大力迁移设备有限责任公司 纳税人识别号：91320100SD1335460U 地 址、电 话：龙山市福田区北京路911号 开户行及账号：中国工商银行北京路支行9640641061					密码区	略	
项目名称	规格型号	单位	数量	单价	金额	税率	税额	
*家具*A产品		件	200	862.5	172 500.00	13%	22 425.00	
合　计					¥172 500.00		¥22 425.00	
价税合计（大写）	⊗壹拾玖万肆仟玖佰贰拾伍圆整					（小写）：¥194 925.00		
销售方	名　　称：中华家具股份有限公司 纳税人识别号：91320100060435460A 地 址、电 话：江汉市江滨路219号 开户行及账号：中国工商银行江汉支行江滨分理处1006641964					备注	略	

收款人：嘉利　　复核：黎书　　开票人：段玉

① 销售成本是指已销售产品的生产成本，即"库存商品"科目中核算的生产成本。

表 5－54

中国工商银行　进账单（回单）

2021年12月5日

<table>
<tr><td rowspan="3">出票人</td><td>全　　称</td><td>大力迁移设备有限责任公司</td><td rowspan="3">收款人</td><td>全　　称</td><td colspan="11">中华家具股份有限公司</td></tr>
<tr><td>账　　号</td><td>9640641061</td><td>账　　号</td><td colspan="11">1006641964</td></tr>
<tr><td>开户银行</td><td>中国工商银行北京路分理处</td><td>开户银行</td><td colspan="11">中国工商银行江汉支行江滨分理处</td></tr>
<tr><td colspan="5" rowspan="2">人民币（大写）　壹拾玖万肆仟玖佰贰拾伍元整</td><td>亿</td><td>千</td><td>百</td><td>十</td><td>万</td><td>千</td><td>百</td><td>十</td><td>元</td><td>角</td><td>分</td></tr>
<tr><td></td><td></td><td>¥</td><td>1</td><td>9</td><td>4</td><td>9</td><td>2</td><td>5</td><td>0</td><td>0</td></tr>
<tr><td colspan="2">票据种类</td><td>汇入　票据张数　1张</td><td colspan="13" rowspan="3">江汉支行江滨分理处
转　讫
复核　记账</td></tr>
<tr><td colspan="2">票据号码</td><td></td></tr>
<tr><td colspan="3">备注：</td></tr>
</table>

（1）业务分析。该笔经济业务发生后，引起企业资产、负债、收入要素的增加；具体涉及资产类“银行存款”账户，损益（收入）类“主营业务收入”账户，负债类“应交税费”账户；三个账户都登记到增加方向。

（2）账户介绍。“主营业务收入”账户用来核算企业在销售产品、提供劳务及让渡资产使用权等日常活动中所产生的收入增加、减少及结转等情况，属于损益（收入）类账户。账户贷方登记企业销售产品或提供劳务时确认的销售收入增加的数额；账户借方登记因销售退回而冲减的销售收入和期末转入“本年利润”账户的数额。账户期末结转后无余额。账户可按产品类别等设置明细分类账，进行明细分类核算。

（3）编制会计分录。

借：银行存款——工商银行	194 925
贷：主营业务收入	172 500
应交税费——应交增值税（销项税额[①]）	22 425

2. 商品已发出，货款尚未收到或收到商业汇票

【例 5.42】 8 日，企业向永丰公司出售 B 产品 100 件，每件售价 900 元，增值税税率为 13%，开出工商银行转账支票一张，金额为 1 090 元，为购买方代垫运费。产品已发出，货款尚未收到，但已办妥托收手续（表 5－55、表 5－56、图 5－18）。

① 纳税人销售货物或者提供应税劳务，按照销售额和税法规定的税率计算并向购买方收取的增值税税额，为销项税额。其含义：一是销项税额是计算出来的，对销售方来讲，在没有依法抵扣其进项税额前，销项税额不是其应纳增值税税额，而是销售货物或提供应税劳务的整体税负；二是销售额是不含销项税额的销售额，是从购买方收取的，体现了价外税性质。

表 5－55

江苏增值税电子专用发票

全国统一发票监制章　国家税务总局　江苏省税务局

发票代码：032002100522
发票号码：00009111
开票日期：2021年12月8日
校验码：16825 26858 81885 84366

机器编号 498348956086

购买方	名　　　称：永丰装饰有限责任公司 纳税人识别号：91320100RF0147TR0A 地 址、电 话：龙山市京北路919号 开户行及账号：中国工商银行京北路分理处9641040661				密码区	略	
项目名称	规格型号	单位	数量	单价	金额	税率	税额
*家具*B产品		件	100	900	90 000.00	13%	11 700.00
合　　计					¥90 000.00		¥11 700.00
价税合计（大写）	⊗壹拾万零壹仟叁佰圆整					（小写）：¥101 700.00	
销售方	名　　　称：中华家具股份有限公司 纳税人识别号：913201000604354 60A 地 址、电 话：江汉市江滨路219号 开户行及账号：中国工商银行江汉支行江滨分理处1006641964				备注	略	

收款人：嘉利　　　　复核：黎书　　　　开票人：段玉

表 5－56

托收承付凭证　（回单）　　1

托收号：54468　　委托日期：2021年12月8日

收款人	全　　称	中华家具股份有限公司	付款人	全　　称	永丰装饰有限责任公司
	账　　号	1006641964		账　　号	9641040661
	开户银行	中国工商银行江汉支行江滨分理处		开户银行	中国工商银行京北路分理处

委托收款金额	百	十	万	千	百	十	元	角	分
人民币（大写）壹拾万零贰仟柒佰玖拾元整	¥	1	0	2	7	9	0	0	0

附　　件		商品发运情况	合同号码
附寄单据	2	公路已发货	购销合同9004号

备注：

付款人注意：
1. 根据结算办法规定，上列托收款项，在承付期限内未拒付时，即视同全部承付。如系全额支付即以此联代支款通知；如预延付或部分支付时，再由银行另送延付或部分支付的支款通知。
2. 如需提前承付或多承付时，应另写书面通知送银行办理。
3. 如系全部或部分拒付，应在承付期限内另填拒绝承付理由书送银行办理。

中国工商银行江汉支行　江滨分理处　2021.12.8　托收专用章

单位主管：李南　　会计：吴涛　　复核：　　记账：　　付款人开户银行盖章　月　日

收款单位开户银行给收款单位的回单

中国工商银行
转账支票存根
76890891

附加信息

出票日期 2021 年 12 月 8 日

收款人：扬子交通运输服务有限责任公司

金　额：¥1 090.00

用　途：运费

单位主管 李南　会计 阳丽

图 5-18　支票存根

(1) 业务分析。该笔经济业务发生后，引起企业资产、负债、收入要素的增加，资产要素的减少；具体涉及资产类“应收账款”“银行存款”账户，损益(收入)类“主营业务收入”账户，负债类“应交税费”账户；三个账户登记到增加方向，“银行存款”账户登记到减少方向。

(2) 账户介绍。“应收账款”账户用来核算企业因销售商品、产品、提供劳务等形成的，应向购货单位或接受劳务企业收取的款项(债权)，属于资产类账户。账户借方登记销售产品、商品或提供劳务而产生的企业债权；账户贷方登记企业已经收回的企业债权。期末余额一般在借方，表示企业尚未收回的债权。账户应按不同的购货单位或接受劳务企业(债务人)等设置明细分类账，进行明细分类核算。

(3) 编制会计分录。

借：应收账款——永丰公司	102 790	
贷：主营业务收入		90 000
应交税费——应交增值税(销项税额)		11 700
银行存款——工商银行		1 090

【例 5.43】　9 日，企业向三浦公司销售 B 产品 50 件，每件售价为 900 元，增值税税率为 13%，收到三浦公司开出并承兑的金额为 50 850 元，3 个月到期的商业承兑汇票一张(表 5-57、表 5-58)。

(1) 业务分析。该笔经济业务发生后，引起企业资产、负债、收入要素的增加；具体涉及资产类“应收票据”账户，损益(收入)类“主营业务收入”账户，负债类“应交税费”账户；三个账户都登记到增加方向。

(2) 账户介绍。“应收票据”账户用来核算企业因销售产品(商品)、提供劳务等活动收到的商业汇票，属于资产类账户。账户借方登记增加(收到)商业汇票的数额，账户贷方登记到期收回商业汇票的数额。账户期末余额在借方，表示尚未到期商业汇票的数额。账户应按购货单位或接受劳务单位(债务人)等设置明细分类账，进行明细分类核算。

表 5－57

江苏增值税电子专用发票

（印章：全国统一发票监制章　国家税务总局　江苏省税务局）

机器编号　498348956086

发票代码：032002100522
发票号码：00009112
开票日期：2021年12月9日
校验码：12365 26656 81425 84311

购买方	名　　称：江山三浦工程有限责任公司 纳税人识别号：91320100GT0435BG0A 地 址、电 话：江山市武汉路199号 开户行及账号：中国工商银行武汉路分理处0669641041	密码区	略

项目名称	规格型号	单位	数量	单价	金额	税率	税额
*家具*B产品		件	50	900	45 000.00	13%	5 850.00
合　计					¥45 000.00		¥5 850.00
价税合计（大写）	⊗伍万零捌佰伍拾圆整				（小写）：¥50 850.00		

（印章：商业承兑汇票）

销售方	名　　称：中华家具股份有限公司 纳税人识别号：91320100060435460A 地 址、电 话：江汉市江滨路219号 开户行及账号：中国工商银行江汉支行江滨分理处1006641964	备注	略

收款人：嘉利　　　　复核：黎书　　　　开票人：段玉

表 5－58

商业承兑汇票　2

出票日期（大写）　贰零贰壹年壹拾贰月零玖日

00100061
00880099

付款人	全　称	江山三浦工程有限责任公司	收款人	全　称	中华家具股份有限公司
	账　户	0669641041		账　户	1006641964
	开户银行	中国工商银行武汉路分理处		开户银行	中国工商银行江汉支行江滨分理处

出票金额	人民币（大写）伍万零捌佰伍拾元整	亿	千	百	十	万	千	百	十	元	角	分
					¥	5	0	8	5	0	0	0

汇票到期日（大写）	贰零贰贰年零贰月零玖日	付款人开户行	行号	365289410
交易合同号码	739		地址	江山市北京路12号

本汇票已经承兑，到期无条件付票款。 （印章：刘涛志印） 承兑人盖章 承兑日期　2021年12月9日	本汇票请予以承兑并于到期日付款。 （印章：江山三浦工程有限责任公司财务专用章） 出票人签章

此联持票人开户行随托收凭证寄付款人开户行作借方凭证附件

(3) 编制会计分录。

借：应收票据——三浦公司　　50 850

　　贷：主营业务收入　　45 000

　　　　应交税费——应交增值税(销项税额)　　5 850

3. 商品未发出，货款先预收

【例 5.44】　10 日，根据销货合同预收三浦公司购买 C 产品货款 30 000 元，已收到工商银行转来的电汇收款通知单，企业预收账款业务较多，应单独设置“预收账款”账户进行核算(表 5-59)。

表 5-59

中国工商银行　电汇凭证(收账通知)　4

☑普通　□加急　　　委托日期 2021 年 12 月 10 日

汇款人	全称	江山三浦工程有限责任公司	收款人	全称	中华家具股份有限公司
	账号	0669641041		账号	1006641964
	开户银行	中国工商银行武汉路分理处		开户银行	中国工商银行江汉支行江滨分理处
人民币(大写)	叁万元整			千百十万千百十元角分	￥3000000
此汇款已收入收款人账户。 江汉支行江滨分理处 收讫 汇入行盖章			支付密码 附加信息及用途： 三浦工程有限责任公司预付购货款 复核：　记账：　年　月　日		

此联给收款人的收账通知

(1) 业务分析。该笔经济业务发生后，一方面引起企业资产要素的增加，另一方面引起企业负债要素的增加；具体涉及资产类“银行存款”账户，负债类“预收账款”账户；两个账户都登记到增加方向。

(2) 账户介绍。“预收账款”账户用来核算企业在销售产品等过程中，按照购货合同规定向购货方预收的款项，属于负债类账户。账户贷方登记企业收到预收款项的数额；借方登记销售确认时与购货企业结算款项的数额。账户期末如为贷方余额，反映企业向购货方预收的款项；账户期末如为借方余额，反映企业应由购货方补付的款项。应按购货方(债权人)等设置明细分类账，进行明细分类核算。

预收账款情况不多的企业，也可以将预收的款项直接记入“应收账款”账户的贷方，不设“预收账款”账户。这时“应收账款”为资产负债类账户，账户具有双重性质。

(3) 编制会计分录。

借：银行存款——工商银行　　30 000

　　贷：预收账款——三浦公司　　30 000

【例 5.45】　20 日，企业向三浦公司发出 C 产品 100 件，每件不含增值税售价为 700 元。增值税专用发票上注明的货款为 70 000 元，增值税税额为 9 100 元(表 5-60、表 5-61)。

表 5-60

江苏增值税电子专用发票

发票代码：032002100522
发票号码：00009113
开票日期：2021年12月20日
校验码：12365 66526 81411 84325

机器编号 498348956086

购买方	名　　称：江山三浦工程有限责任公司 纳税人识别号：91320100GT0435BG0A 地址、电话：江山市武汉路199号 开户行及账号：中国工商银行武汉路分理处0669641041				密码区	略	
项目名称	规格型号	单位	数量	单价	金额	税率	税额
*家具*C产品		件	100	700	70 000.00	13%	9 100.00
合　计					¥70 000.00		¥9 100.00
价税合计（大写）	⊗柒万玖仟壹佰圆整					（小写）：¥79 100.00	
销售方	名　　称：中华家具股份有限公司 纳税人识别号：91320100060435460A 地址、电话：江汉市江滨路219号 开户行及账号：中国工商银行江汉支行江滨分理处1006641964				备注	略	

收款人：嘉利　　复核：黎书　　开票人：段玉

表 5-61

中华家具股份有限公司　产品出库单

仓库：成品库

购货方：三浦公司　　2021 年 12 月 20 日　　编号：001

产品编号	规格	产品名称	计量单位	数量		单位成本	金额	备注
				应发	实发			
11		C 产品	件	100	100	350	35 000	
合　计							¥ 35 000	

第二联　记账联

已审核

销售审批人：杨　玉　　保管：王　涛　　记账：梁　丽　　制单：李　洪

（1）业务分析。该笔经济业务发生后，一方面引起企业负债、收入要素的增加，另一方面引起企业负债要素的减少；具体涉及损益（收入）类“主营业务收入”账户，负债类“应交税费”“预收账款”账户；其中“主营业务收入”“应交税费”账户都登记到增加方向，“预收账款”账户登记到减少方向。

(2) 账户介绍(略)。

(3) 编制会计分录。

借：预收账款——三浦公司　　79 100

　贷：主营业务收入　　70 000

　　　应交税费——应交增值税(销项税额)　　9 100

【例 5.46】 23 日，收到三浦公司购买 C 产品的货款的剩余部分合计 49 100 元，已存入工商银行(表 5 - 62)。

表 5 - 62　　中国工商银行　信汇凭证(收款通知或取款收据)

委托日期　　2021年12月22日　　应解汇款编号：第121号

<table>
<tr><td rowspan="3">收款单位</td><td>全　称</td><td colspan="3">中华家具股份有限公司</td><td rowspan="3">付款单位</td><td>全　称</td><td colspan="3">江山三浦工程有限责任公司</td></tr>
<tr><td>账　号</td><td colspan="3">1006641964</td><td>账　号</td><td colspan="3">0669641041</td></tr>
<tr><td>汇入地点</td><td>江汉市</td><td>汇入行名称</td><td>中国工商银行江汉支行江滨分理处</td><td>汇出地点</td><td>江山市</td><td>汇出行名称</td><td>中国工商银行武汉路分理处</td></tr>
<tr><td>汇入金额</td><td colspan="4">人民币(大写) 肆万玖仟壹佰元整</td><td colspan="5">千 百 十 万 千 百 十 元 角 分
¥ 4 9 1 0 0 0 0</td></tr>
<tr><td colspan="6">汇款用途：前欠货款</td><td colspan="4"></td></tr>
<tr><td colspan="3">上列款项已代进账，如有错误，请持此联来行面洽。此致

(开户银行)(汇入行盖章)

2021年12月22日</td><td colspan="3">上列款项已照收无误

(收款人盖章)

2021年12月22日</td><td colspan="4">科　目：
对方科目：
汇入行解汇日期2021年12月22日
复核号：2　记账号：8　出纳号:8
(江汉支行江滨分理处 转讫)</td></tr>
</table>

此联是给收款单位的收款通知或代取款收据

(1) 业务分析。该笔经济业务发生后，一方面引起企业资产要素的增加，另一方面引起企业负债要素的增加；具体涉及资产类“银行存款”账户，负债类“预收账款”账户；两个账户都登记到增加方向。

(2) 账户介绍(略)。

(3) 编制会计分录。

借：银行存款——工商银行　　49 100

　贷：预收账款——三浦公司　　49 100

4. 销售费用核算

【例 5.47】 23 日，企业开出工商银行转账支票一张，用以支付电视台的产品广告费，增值税专用发票上标明价款 50 000 元，增值税税率为 6%(表 5 - 63、图 5 - 19)。

(1) 业务分析。该笔经济业务发生后，一方面引起企业费用要素的增加，另一方面引起企业资产、负债要素的减少；具体涉及资产类“银行存款”账户，负债类“应交税费”账户，损益(费用)类“销售费用”账户；其中“银行存款”“应交税费”账户登记到减少方向，“销售费用”账户登记到增加方向。

表 5－63

江苏增值税电子专用发票

（印章：全国统一发票监制章　国家税务总局　江苏省税务局）

发票代码：032002100522
发票号码：00004553
开票日期：2021年12月23日
机器编号 498083486956
校验码：13625 65266 41811 28435

购买方	名　　称：中华家具股份有限公司 纳税人识别号：91320100060435460A 地 址、电 话：江汉市江滨路219号 开户行及账号：中国工商银行江汉支行江滨分理处1006641964				密码区	略	
项目名称	规格型号	单位	数量	单价	金额	税率	税额
*广告服务*广告费		小时	100	500	50 000.00	6%	3 000.00
合　计					¥50 000.00		¥3 000.00
价税合计（大写）	⊗伍万叁仟圆整					（小写）：¥53 000.00	
销售方	名　　称：江汉市电视媒体有限责任公司 纳税人识别号：91320100IU043F460A 地 址、电 话：江汉市滨江路129号 开户行及账号：中国工商银行江汉支行滨江分理处9600614164				备注	略	

收款人：余玲　　　　复核：郝依　　　　开票人：那鞠

中国工商银行
转账支票存根
76890892

附加信息

出票日期 2021 年 12 月 23 日

收款人：江汉市电视媒体有限责任公司

金　额：¥53 000.00

用　途：广告费

单位主管 李南　会计 阳丽

图 5－19　支票存根

（2）账户介绍（略）。

（3）编制会计分录。

借：销售费用——广告费　　50 000

　　应交税费——应交增值税（进项税额）　　3 000

　　贷：银行存款——工商银行　　53 000

5. 销售税费核算

【例 5.48】　31 日，上述已销售 A 产品为应纳消费税的产品，其适用的消费税税率为 10%，计算已销 A 产品应缴纳的消费税（表 5－64）。

表 5-64　　**中华家具股份有限公司 消费税计算表**

2021 年 12 月份　　　　单位:元

计税收入		税率	应纳税额
项目	收入		
A 产品销售	172 500	10%	17 250
合计	172 500	10%	17 250

已审核

复核:简　伟　　　　编制:肖　明

(1) 业务分析。该笔经济业务发生后,一方面引起企业费用要素的增加,另一方面引起企业负债要素的增加;具体涉及损益(费用)类"税金及附加"账户,负债类"应交税费"账户;两个账户都登记到增加方向。

(2) 账户介绍。"税金及附加"账户是用来核算企业日常活动中应负担的税金及附加,属于损益(费用)类账户。账户借方登记企业应负担的各项销售税金及附加;账户贷方登记期末转入"本年利润"账户的各种销售税金及附加。账户期末结转后无余额。账户应按税种类别,例如,消费税、城市维护建设税和教育费附加等设置明细分类账,进行明细分类核算。

(3) 编制会计分录。

借:税金及附加——消费税　　　　17 250

　　贷:应交税费——应交消费税　　　　17 250

6. 销售成本核算

【例 5.49】 31 日,结转本月销售 A 产品、B 产品、C 产品的销售成本,本月共销售 A 产品 200 件、B 产品 150 件、C 产品 100 件。A 产品的单位生产成本为 462.50 元、B 产品的单位成本为 450 元、C 产品的单位生产成本为 350 元(表 5-65)。

表 5-65　　**中华家具股份有限公司 销售产品成本计算表**

2021 年 12 月份　　　　单位:元

顺序	存放地点	名称	规格	计量单位	本月销售		
					数量	单位成本	总成本
1	001	A	略	件	200	462.5	92 500
2	001	B	略	件	150	450	67 500
3	001	C	略	件	100	350	35 000
合计							195 000

已审核

复核(名章):宋小明　　　　编制(名章):周明伟

(1) 业务分析。该笔经济业务发生后,一方面引起企业资产要素的减少,另一方面引起企业费用要素的增加;具体涉及损益(费用)类"主营业务成本"账户,资产类"库存商品"账户;"主营业务成本"账户登记到增加方向,"库存商品"账户登记到减少方向。

(2) 账户介绍。"主营业务成本"账户用来核算企业因销售产品、提供劳务及让渡资产使用权等日常活动中所发生的销售成本增加、减少及结转等情况,属于损益(费用)类账户。账户借方登记企业本期因销售产品、提供劳务及让渡资产使用权等日常活动中所发生的销售成本的数额;贷方登记因销售退回而冲减的销售成本和期末转入"本年利润"账户的销售成本的数额。账户期末结转后无余额。账户可按产品或劳务的类别等设置明细分类账,进行明细分类核算。

(3) 编制会计分录。

借:主营业务成本	195 000	
贷:库存商品——A 产品		92 500
——B 产品		67 500
——C 产品		35 000

7. 应收账款收回

【例 5.50】 28 日,工商银行转来收账通知单,企业向永丰公司出售 B 产品的货款已收到(表 5-66)。

表 5-66

中国工商银行　**托收承付凭证**　(收账通知)　4

委托日期2021年12月8日

<table>
<tr><td rowspan="3">付款人</td><td>全　称</td><td colspan="2">永丰装饰有限责任公司</td><td rowspan="3">收款人</td><td>全　称</td><td colspan="2">中华家具股份有限公司</td></tr>
<tr><td>账　号</td><td colspan="2">9641040661</td><td>账　号</td><td colspan="2">1006641964</td></tr>
<tr><td>开户银行</td><td colspan="2">中国工商银行京北路分理处</td><td>开户银行</td><td colspan="2">中国工商银行江汉支行江滨分理处</td></tr>
<tr><td>托收金额</td><td>人民币(大写)</td><td colspan="4">壹拾万零贰仟柒佰玖拾元整</td><td colspan="2">千 百 十 万 千 百 十 元 角 分
¥ 1 0 2 7 9 0 0 0</td></tr>
<tr><td colspan="2">附　件</td><td colspan="3">商品发运情况</td><td colspan="3">合同名称号码</td></tr>
<tr><td colspan="2">附寄单证张数或册数</td><td>2</td><td colspan="2">公路货运</td><td colspan="3">合同9606</td></tr>
<tr><td>江汉分行江滨分理处</td><td colspan="4">上列款项已由付款单位开户行全额划回并收入你方账户内。
此致
收款单位　收款人开户行盖章
月　日</td><td colspan="3">科目
对方科目
转账　年　月　日
单位主管　　会　计
复　核　　记　账
江汉支行江滨分理处　收　讫</td></tr>
</table>

收款单位开户银行给收款单位收账通知

(1) 业务分析。该笔经济业务发生后,一方面引起企业资产要素的增加,另一方面引起企业资产要素的减少;具体涉及资产类"银行存款""应收账款"账户;"银行存款"账户登记到增加方向,"应收账款"账户登记到减少方向。

(2) 账户介绍(略)。

(3) 编制会计分录。

借:银行存款——工商银行	102 790	
贷:应收账款——永丰公司		102 790

(二) 其他销售业务

【例 5.51】 28 日,企业向尼康公司出售一批生产剩余的丁材料 100 千克,价款 1 000 元,增值税税率 13%。款项尚未收到,但已办妥托收款手续(表 5-67、表 5-68)。

表 5－67

江苏增值税电子专用发票

发票代码：032002100522
发票号码：00009114
开票日期：2021年12月28日

机器编号 498348956086　　校验码：12321 56521 81488 84775

购买方	名　　称：江都尼康电器有限责任公司 纳税人识别号：91320100060Y3RT60A 地 址、电 话：江都市玲珑区滨江路129号 开户行及账号：中国工商银行玲珑路分理处0091416664				密码区	略	
项目名称	规格型号	单位	数量	单价	金额	税率	税额
*塑料制品*丁材料		千克	100	10	1 000.00	13%	130.00
合　计					¥1 000.00		¥130.00
价税合计（大写）	⊗壹仟壹佰叁拾圆整				（小写）¥1 130.00		
销售方	名　　称：中华家具股份有限公司 纳税人识别号：91320100060435460A 地 址、电 话：江汉市江滨路219号 开户行及账号：中国工商银行江汉支行江滨分理处1006641964				备注	略	

收款人：嘉利　　复核：黎书　　开票人：段玉

表 5－68

托收凭证（受理回单）

委托日期　2021 年 12 月 28 日　　第1625号

业务类型	委托收款（□邮划 ☑电划）			托收承付（□邮划 □电划）					
付款人	全称	江都尼康电器有限责任公司		收款人	全称	中华家具股份有限公司			
	账号	0091416664			账号	1006641964			
	地址	江苏 省 苏州 市县	开户行 中国工商银行玲珑路分理处		地址	江苏 省 滨江 市县	开户行 中国工商银行江汉支行江滨分理处		
金额	人民币（大写）	壹仟壹佰叁拾元整				亿千百十万千百十元角分	¥ 1 1 3 0 0 0		
款项内容	货款		托收凭据名称	运费、发票		寄付票据张数	2		
商品发运情况	已发运			合同名称号码	销货合同、MA00112				
备注 复核　记账			款项收妥日期 年　月　日			收款人开户银行盖章 2021年12月28日			

收款人银行给收款人的收账通知

（1）业务分析。该笔经济业务发生后，引起企业资产、收入、负债要素的增加；具体涉及资产类“应收账款”账户，损益（收入）类“其他业务收入”账户，负债类“应交税费”账户；三个账户都登记增加方向。

（2）账户介绍。“其他业务收入”账户用来核算企业日常活动中除主营业务收入以外的其他销售或其他业务的收入增加、减少及结转等情况，属于损益（收入）类账户。账户贷方登记企业日常活动中除主营业务收入以外的其他销售或其他业务的收入增加数额；账户借方登记期末转入“本年利润”账户的数额。账户期末结转后无余额。账户应按其他业务种类设置明细分类账，进行明细分类核算。

（3）编制会计分录。

借：应收账款——尼康公司　　1 130
　　贷：其他业务收入　　1 000
　　　　应交税费——应交增值税（销项税额）　　130

【例 5.52】 31 日，企业结转上述已出售原材料的销售成本为 800 元（表 5－69）。

表 5－69　　**中华家具股份有限公司　材料领用单**　　仓库：材料库

购货方：尼康浦公司　　2021 年 12 月 31 日　　编号：002

产品编号	规格	产品名称	计量单位	数量		单位成本	金额	备注
				应发	实发			
12		丁材料	千克	40	40	20	800	
合计							￥800	

第二联　记账联

已审核

销售审批人：杨　玉　　保管：王　涛　　记账：梁　丽　　制单：李　洪

（1）业务分析。该笔经济业务发生后，一方面引起企业资产要素的减少，另一方面引起企业费用要素的增加；具体涉及资产类“原材料”账户，损益（收入）类“其他业务成本”账户；“其他业务成本”账户登记到增加方向，“原材料”账户登记到减少方向。

（2）账户介绍。“其他业务成本”账户用来核算企业除主营业务成本以外的其他销售或其他业务所发生的成本增加、减少及结转等情况，属于损益（费用）类账户。账户借方登记因企业除主营业务成本以外的其他销售或其他业务所发生的成本增加数额；账户贷方登记期末转入“本年利润”账户的数额。账户期末结转后无余额。账户应按其他业务种类设置明细分类账，进行明细分类核算。

（3）编制会计分录。

借：其他业务成本　　800
　　贷：原材料——丁材料　　800

（三）其他业务

【例 5.53】 26 日，企业财务科长杨洋外出开会预借差旅费[①] 2 000 元，出纳人员以库存现金给付（表 5－70）。

① 职工公出借款凭据，必须附在记账凭证之后。收回借款时，应当另开收据或者退借据副本，不得退还原借款收据。即借款和还回借款是互有联系的两项经济业务。

表 5－70　　中华家具股份有限公司　请款单

2021 年 12 月 26 日　　借字第 21 号

借款人姓名	杨洋	借款事由	参加企业会计培训会议
所属部门	厂办		
借款金额 人民币(大写)	贰仟元整	核准借款金额 人民币(大写)	贰仟元整
审批意见：同意借支　李南 12.26		归还方式：返回报账	

现金付讫

第二联　记账联

主管：李　南　　会计：吴　起　　出纳：杨　丽　　借款人：杨　洋

(1) 业务分析。该笔经济业务发生后，一方面引起企业资产要素的减少，另一方面引起企业资产要素的增加；具体涉及资产类“库存现金”“其他应收款”账户；“其他应收款”账户登记到增加方向，“库存现金”账户登记到减少方向。

(2) 账户介绍。“其他应收款”账户用来核算企业除应收票据、应收账款、预付账款及长期应收款等以外的其他各种应收、暂付等款项，主要包括应收的各种赔款、罚款、租金以及向职工收取的各种垫付的款项等，属于资产类账户。账户借方登记企业发生的其他各种应收款项；账户贷方登记已收回的各种应收款项。账户期末余额在借方。账户应按债务人等设置明细分类账，进行明细分类核算。

(3) 编制会计分录。

借：其他应收款——杨洋　　2 000

　贷：库存现金　　2 000

【例 5.54】 30 日，企业财务科长杨洋出差回来，报销差旅费 1 800 元，余款以现金方式退回。本例只提供住宿费票据、差旅费报销单、收款的内部收据，其他票据及相关税费省略(表 5－71 至表 5－73)。

表 5－71　　中华家具股份有限公司　差旅费报销单

2021 年 12 月 30 日

出差人姓名			杨洋					所在单位		财务科(厂部)			
公出事由			会计培训会议					公出天数		3			
出发地				到达地				货车(船)费	卧铺费	宿费	交通补助费		补助	合计
月	日	时	地点	月	日	时	地点				天数	金额		
12	27		江汉	12	29		上海			1 060		略		略
合　计														1 800
金额	人民币(大写)壹仟捌佰元整								借款：2 000			退补：200		

已审核

审批：李　南　　借款单位负责人：钟　程　　报销人：杨　洋

表 5－72

上海增值税电子普通发票

发票代码：031001900222

发票号码：00000600

开票日期：2021年12月29日

机器编号 483495608689

校验码：12565 32121 88814 47785

购买方	名　　称：中华家具股份有限公司 纳税人识别号：91320100060435460A 地 址、电 话：江汉市江滨路219号 开户行及账号：中国工商银行江汉支行江滨分理处1006641964	密码区	略

项目名称	规格型号	单位	数量	单价	金额	税率	税额
*住宿服务*住宿		天	2.5	400	1 000.00	6%	60.00
合　计					¥1 000.00		¥60.00
价税合计（大写）	⊗壹仟零陆拾圆整						（小写）¥1 060.00

销售方	名　　称：上海帝豪国际大酒店有限公司 纳税人识别号：9131001R5790WE134A 地 址、电 话：上海市黄浦路219号 开户行及账号：中国工商银行黄浦路分理处6641964100	备注	略

收款人：封样　　复核：洪阳　　开票人：余露

表 5－73

中华家具股份有限公司　收款收据

2021 年 12 月 30 日　　No 1890699

今收到职工　杨洋					
人民币（大写）贰佰元整			¥ 200.00		
事由：差旅费余款退回　现金收讫				现金：√ 支票	
收款单位	中华家具股份有限公司	财务部总监	李南	交款人	杨洋

此联记账凭证

注：其他原始凭证略。

（1）业务分析。该笔经济业务发生后，一方面引起企业资产、负债要素的减少，另一方面引起企业资产、费用要素的增加；具体涉及资产类“库存现金”“其他应收款”账户，损益（费用）类“管理费用”账户，负债类“应交税费”账户；其中“库存现金”“管理费用”账户登记到增加方向，“其他应收款”“应交税费”账户登记到减少方向。

（2）账户介绍（略）。

（3）编制会计分录。

借：管理费用——差旅费　　1 800

　　库存现金　　200

　　贷：其他应收款——杨洋　　2 000

【例 5.55】 31 日，计算企业本期应交的城市维护建设税 7 000 元，应交的教育费附加 3 000元（表 5－74）。

表 5-74 中华家具股份有限公司 城市维护建设税和教育费附加计算表

2021 年 12 月份 单位：元

计税收入		税率	应纳税额
项目	收入		
计税依据	100 000	7%	7 000
计税依据	100 000	3%	3 000
合计			10 000

已审核

复核：吉喆 编制：安贝

注：根据相关税务规范规定，城市维护建设税和教育附加，依据纳税人实际缴纳的产品税，增值税为计税依据，此表中的计税依据为假设。

（1）业务分析。该笔经济业务发生后，一方面引起企业费用要素的减少，另一方面引起企业负债要素的增加；具体涉及损益（费用）类“税金及附加”账户，负债类“应交税费”账户；其中“税金及附加”“应交税费”账户都登记到增加方向。

（2）账户介绍（略）。

（3）编制会计分录。

借：税金及附加——应交城市维护建设税 7 000

——应交教育费附加 3 000

贷：应交税费——应交城市维护建设税 7 000

——应交教育费附加 3 000

【例 5.56】 24 日，企业出租包装物一批给弘扬公司，对方交来工商银行转账支票一张，金额 1 500 元作为押金，支票已存入银行（表 5-75）。

表 5-75 中国工商银行 进账单（回单）

2021 年 12 月 30 日

<table>
<tr><td rowspan="3">出票人</td><td>全称</td><td colspan="3">弘扬公司</td><td rowspan="3">收款人</td><td>全称</td><td colspan="11">中华家具股份有限公司</td></tr>
<tr><td>账号</td><td colspan="3"></td><td>账号</td><td colspan="11">1006641964</td></tr>
<tr><td>开户银行</td><td colspan="3">中国工商银行经济技术开发区分行</td><td>开户银行</td><td colspan="11">中国工商银行江汉支行江滨分理处</td></tr>
<tr><td rowspan="2">金额</td><td rowspan="2">人民币（大写）</td><td colspan="5" rowspan="2">壹仟伍佰元整</td><td>亿</td><td>千</td><td>百</td><td>十</td><td>万</td><td>千</td><td>百</td><td>十</td><td>元</td><td>角</td><td>分</td></tr>
<tr><td></td><td></td><td></td><td></td><td>¥</td><td>1</td><td>5</td><td>0</td><td>0</td><td>0</td><td>0</td></tr>
<tr><td colspan="2">票据种类</td><td></td><td>票据张数</td><td></td><td colspan="13" rowspan="3">江汉支行江滨分理处
已承办
复核 记账</td></tr>
<tr><td colspan="2">票据号码</td><td colspan="3">12714559</td></tr>
<tr><td colspan="5">备注：</td></tr>
</table>

（1）业务分析。该笔经济业务发生后，一方面引起企业资产要素的增加，另一方面引起企业负债要素的增加；具体涉及资产类“银行存款”账户，负债类“其他应付款”账户；两个账户都登记到增加方向。

（2）账户介绍（略）。

（3）编制会计分录。

借：银行存款——工商银行　　　　1 500

　　贷：其他应付款——弘扬公司　　　　1 500

【例 5.57】　3 日企业开出工商行金额为 3 000 元现金支票一张，用以支付日常开支（图 5－20）。

中国工商银行
现金支票存根
76890893

附加信息

出票日期 2021 年 12 月 03 日

收款人：中华家具股份有限公司

金　额：¥3 000.00

用　途：日常开支

单位主管 李南　会计 阳丽

图 5－20　支票存根

（1）业务分析。该笔经济业务发生后，一方面引起企业资产要素的增加，另一方面引起企业资产要素的减少；具体涉及资产类“银行存款”“库存现金”账户；其中“银行存款”账户登记到减少方向，“库存现金”账户登记到增加方向。

（2）账户介绍（略）。

（3）编制会计分录。

借：库存现金　　　　3 000

　　贷：银行存款——工商银行　　　　3 000

【例 5.58】　5 日企业按财经制度要求将现金 3 000 元，存入工商银行账户（表 5－76）。

（1）业务分析。该笔经济业务发生后，一方面引起企业资产要素的增加，另一方面引起企业资产要素的减少；具体涉及资产类“银行存款”“库存现金”账户；其中“库存现金”账户登记到减少方向，“银行存款”账户登记到增加方向。

（2）账户介绍（略）。

（3）编制会计分录。

借：银行存款　　　　3 000

　　贷：库存现金　　　　3 000

【例 5.59】　28 日，企业财务部长员工陈红因工作期间生病预借治疗费 6 000 元，出纳人员以库存现金付讫（表 5－77）。

表 5－76　　　　中国工商银行　**现金缴款单**

委托日期2021年12月5日　　　　　　　　　　序号：12526

客户填写部分	收款人户名		中华家具股份有限公司														
	收款人账号		1006641964			收款人开户行		中国工商银行江汉支行江滨分理处									
	缴　款　人		汪琦			款项来源		备用金									
	币种	人民币☑	大写：叁仟元整						十	万	千	百	十	元	角	分	
		外币								¥	3	0	0	0	0	0	
	券别	100元	50元	20元	10元	5元	2元	1元	辅币金额								
	张数	30															
银行打印	上述款项已入账，请核对与银行打印信息一致。																
	(银行打印有效)						收款人：网大涨										

江汉支行江滨分理处
收　讫

第二联　收款人入账通知

表 5－77　　　　**中华家具股份有限公司　请款单**

2021 年 12 月 28 日　　　　　　　　　　借字第 22 号

借款人姓名	陈红	借款事由	个人住院治疗费
所属部门	财务部		
借款金额 人民币(大写)	陆仟元整	核准借款金额 人民币(大写)	陆仟元整
审批意见：同意借支　王浩 12.28		归还方式：返回报账	

现金付讫

主管：　　　　会计：吴　起　　　　出纳：杨　丽　　　　借款人：陈　红

第二联　记账联

(1) 业务分析。该笔经济业务发生后，一方面引起企业资产要素的增加，另一方面引起企业资产要素的减少；具体涉及资产类“其他应收款”“库存现金”账户；其中“库存现金”账户登记到减少方向，“其他应收款”账户登记到增加方向。

(2) 账户介绍（略）。

(3) 编制会计分录。

借：其他应收款——陈红　　　　6 000

　　贷：库存现金　　　　6 000

三、存货发出的成本核算

存货是指企业在日常活动中持有以备出售的产成品或商品、处在生产过程中的在产品、在生产过程或提供劳务过程中耗用的材料和物料等。

确定发出存货实际成本[①]的方法有先进先出法、加权平均法或个别计价法等。

① 存货发出成本的结转，可以采用分批结转，也可以采用月末一次结转。

（一）先进先出法

先进先出法[①]是存货发出的成本计价方法之一。先进先出法是以先购入(完工入库)的产品先发出的一种存货实物流转假设为前提,对发出存货进行计价的一种方法。用先进先出法计算期末存货成本,比较接近现实存货的采购或生产成本。采用这种方法,先购入存货的成本在后购入存货的成本之前转出,据此确定发出存货和期末存货的成本。

先进先出法具有以下特点:第一,期末结存存货的成本接近后期入库存货的采购成本或生产成本;第二,发出存货的成本接近早期入库存货的采购成本或生产成本。

（二）加权平均法

加权平均法包括全月一次加权平均法和移动加权平均法。

1. 全月一次加权平均法

全月一次加权平均法是指以当月全部入库存货数量加上月初结存存货数量作为权数,去除当月全部入库存货成本加上月初结存存货成本,计算出库存存货的加权平均单位成本,以此为基础计算当月发出存货的成本和期末结存存货的成本的一种方法。

全月一次加权平均法计算公式:

存货加权平均单位成本＝(月初结存货成本＋本月入库存货成本)÷(月初结存存货数量＋本月入库存货数量)

月末库存存货成本＝月末库存存货数量×存货加权平均单位成本

本期发出存货的成本＝本期发出存货的数量×存货加权平均单位成本

2. 移动加权平均法

移动加权平均法是指对每次入库存货的成本加上原有的库存存货的成本,除以每次入库存货数量加上原有库存存货的数量,据以计算加权平均单位成本,作为在下次入库前计算各次发出存货成本依据的一种方法。

移动加权平均法计算公式如下:

(1) 存货单位成本＝(原有库存存货实际成本＋本次入库存货实际成本)÷(原有库存存货数量＋本次入库存货数量)

(2) 本次发出存货的成本＝本次发出存货数量×本次发货前存货单位成本

(3) 本月月末库存存货成本＝月末库存存货的数量×本月月末存货单位成本

采用移动平均法能够使企业管理者及时了解库存存货的收入、发出及结存情况,计算平均单位成本以及发出和结存的存货成本比较客观。但由于每次入库存货都要计算一次平均单价,计算工作量较大,对存货收发较为频繁的企业不适用。当然现在采用计算机处理会计业务,可以由会计软件自动生成,该种方法的应用也是比较普遍。

（三）个别计价法

个别计价法又称“个别认定法”“具体辨认法”。采用该方法的理论基础是假设入库存货的成本流转与实物流转相一致,按照入库的各种存货,逐一辨认各批发出存货和期末结存存货所属的购进批次或生产批别,分别按其购入或生产时所确定的单位成本作为计算各批发出存货和期末结存存货成本的方法。

---

① 与“先进先出法”相反,还有“后进先出法”计算存货发出的实际成本的方法。但是,自 2007 年以后,会计规范禁止其使用。

该方法适用于库存存货或商品数量比较少、价值比较大、容易辨认具有实物形态的存货。例如：珠宝、玉石等。

个别计价法具有计算发出存货成本和期末存货成本比较合理、准确等优点。但是，在会计实务操作中也存在工作量繁重，困难较大等缺点。

第五节　利润计算及分配的会计处理

一、利润计算

我国《企业会计准则——基本准则》规定，利润是指企业在一定会计期间的经营成果，利润包括收入减去费用后的净额、直接计入当期利润的利得和损失等。

直接计入当期利润的利得和损失是指应当计入当期损益、会导致所有者权益发生增减变动的、与所有者投入资本或者向所有者分配利润无关的利益流入或者流出。

利润金额取决于收入和费用、直接计入当期利润的利得和损失金额的计量。

企业利润计算的过程可分为三个层次：营业利润、利润总额和净利润。

按此步骤计算企业实现利润的公式如下：

营业利润＝营业收入－营业成本－期间费用－税金及附加－资产减值损失＋公允价值变动净收益（损失“－”）＋投资收益（损失“－”）

其中：营业收入＝主营业务收入＋其他业务收入

营业成本＝主营业务成本＋其他业务成本

期间费用＝销售费用＋管理费用＋财务费用

利润总额＝营业利润＋营业外收入－营业外支出

净利润＝利润总额－所得税费用

其中：所得税费用＝应纳税所得额（会计利润经过调整后的数额）×所得税税率

二、利润分配

利润分配，是指将企业实现的净利润，按照国家相关规定的分配形式和分配顺序，在国家、企业和投资者之间进行的分配。利润分配的过程与结果，关系到所有者合法权益能否得到保护，企业能否长期、稳定地发展，为此，企业必须加强利润分配的管理和核算。

（一）利润分配的条件

利润分配必须以存在利润为前提，没有利润自然不存在分配利润的问题。企业是否存在可分配利润，取决于三个方面的余额：未弥补亏损、盈余公积、未分配利润；一个可以参考的判断标准是：未分配利润项目加盈余公积项目减未弥补亏损项目后的结果大于零，则可以进行利润分配，否则，根本就没有利润可供分配。

（二）利润分配的顺序

企业在扣除所得税费用后，需要对税后利润进行分配，由此进入利润分配过程。利润分配的法定顺序是：

（1）弥补亏损；

(2) 提取法定盈余公积。企业还可以经股东会议形成决议,从税后利润中提取任意盈余公积;

(3) 股利分配。

(三) 利润分配过程的计算

利润分配的计算公式包括:

法定盈余公积的数额=当年实现的净利润的数额×法定盈余公积计提比率(10%)

任意盈余公积的数额=当年实现的净利润的数额×任意盈余公积计提比率

可供分配利润的数额=年初未分配利润的数额+当年实现净利润的数额-提取法定(任意)盈余公积的数额

年末未分配利润的数额=本年可供分配利润的数额-向投资者分配利润的数额

留存收益的数额=年末未分配利润的数额+盈余公积的数额

三、利润计算及分配的会计核算

(一) 营业外收支业务

企业除发生日常活动的经营收支外,还会发生一些与企业日常生产经营活动无直接关系的收支业务,这些业务是构成直接计入企业当期利润的营业外收入和营业外支出,也是企业计算最终财务成果时必须考虑的因素。

营业外收入是指计入当期损益的经济利益流入,主要包括非流动资产毁损报废的收益、盘盈利得(仅限于无法查明原因的库存现金的长款)、罚款利得、捐赠利得、与日常经营活动无关的政府补助、确实无法支付而按规定程序经批准后转作利得的应付款项等项目。

营业外支出是指计入当期损益的经济利益流出,主要包括固定资产盘亏、非流动资产毁损、报废损失、盘亏损失、公益性捐赠支出、罚款支出、赔偿金、违约金、非常损失等项目。

2021 年 12 月,企业发生如下经济业务:

【例 5.60】 15 日,企业对弘扬公司违反销售合同的行为,按照约定收取的 1 500 元定金不予返还(图 5-21)。

附件

记账凭证说明

企业对弘扬公司违反销售合同的行为,按照约定收取的 1 500.00 元定金不予返还。

中华家具股份有限公司财务专用章

财务总监:李南　　总经理:王浩　　销售总监:杜丽

中华家具股份有限公司

2021 年 12 月 15 日

图 5-21 记账凭证说明

(1) 业务分析。该笔经济业务发生后,一方面引起企业收入(利得)要素的增加,另一方面引起企业负债要素的减少;具体涉及损益(收入)类"营业外收入"账户,负债类"其他应付款"账户;"营业外收入"账户登记到增加方向,"其他应付款"账户登记到减少方向。

（2）账户介绍。“营业外收入”账户用来核算企业发生的与其日常生产经营活动无直接关系的各项经济利益的流入，属于损益（收入）类账户。账户贷方登记企业取得的相关利得的数额；账户借方登记期末转入“本年利润”账户的数额。账户期末结转后无余额。账户应按相关利得项目等设置明细分类账，进行明细分类核算。

（3）编制会计分录。

借：其他应付款——弘扬公司　　　　1 500

　　贷：营业外收入　　　　1 500

【例 5.61】　20 日，企业开出工商银行转账支票，向市福利院捐款 15 000 元（公益性捐赠的收据省略）（表 5－22）。

中国工商银行
转账支票存根
76890894

附加信息

出票日期 2021 年 12 月 20 日

收款人：江汉市福利院

金　额：￥15 000.00

用　途：捐款

单位主管 李南　会计 阳丽

图 5－22　支票存根

（1）业务分析。该笔经济业务发生后，一方面引起企业费用要素的增加，另一方面引起企业资产要素的减少；具体涉及损益（费用）类“营业外支出”账户，资产类“银行存款”账户；“营业外支出”账户登记到增加方向，“银行存款”账户登记到减少方向。

（2）账户介绍。“营业外支出”账户用来核算企业发生的与其日常生产经营活动无直接关系的各项经济利益的流出，属于损益（费用）类账户。账户借方登记企业相关损失的实际发生数额；账户贷方登记期末转入“本年利润”账户的数额。账户期末结转后无余额。账户应按相关损失项目等设置明细分类账，进行明细分类核算。

（3）编制会计分录。

借：营业外支出——捐赠支出　　　　15 000

　　贷：银行存款——工商银行　　　　15 000

【例 5.62】　24 日，企业经核实，大山公司因经营严重违法两年前就被依法撤销，本企业所欠一笔货款 1 000.00 元，现确认已无法支付（图 5－23）。

（1）业务分析。该笔经济业务发生后，一方面引起企业收入（利得）要素的增加，另一方面引起企业负债要素的减少；具体涉及损益（收入）类“营业外收入”账户，负债类“应付账款”账户；“营业外收入”账户登记到增加方向，“应付账款”账户登记到减少方向。

（2）账户介绍（略）。

（3）编制会计分录。

借：应付账款——大山公司　　　　1 000

　　贷：营业外收入——无法归还账款　　　　1 000

附件

记账凭证说明

企业经核实，大山公司因经营严重违法两年前就被依法撤销，其所欠一笔货款 1 000.00 元，现确认已无法支付。

中华家具股份有限公司财务专用章

财务总监：李南 总经理：王浩 销售总监：杜丽

中华家具股份有限公司

2021 年 12 月 24 日

图 5-23 记账凭证说明

（二）利润的计算

企业利润的核算在每一会计期间（1 年）的 1—11 月可以采用表结法和账结法中的任一种方法计算当期实现的利润。所谓表结法是指在每一会计期间内 1—11 月不需编制损益类账户期末余额结转的会计分录及相应的账务登记处理，损益类账户保留其期初余数额和本期发生额及至本期期末余额；账结法是指在会计期间的每月月末，都需要编制损益类账户期末余额结转的会计分录及相应的账务登记处理，损益类账户期末结转后无余额。本例采用表结法完成 1—11 月的企业利润计算与结转。

但每年年末则必须要采用账结法结转全年实现的利润。为此，应将损益（收入）类账户，包括“主营业务收入”“其他业务收入”“投资收益”“营业外收入”“公允价值变动损益”等账户贷方余额转入“本年利润”账户的贷方；将损益（费用）类账户，包括“主营业务成本”“其他业务成本”“税金及附加”“销售费用”“管理费用”“财务费用”“营业外支出”“资产减值准备”“所得税费用”等账户的借方余额转入“本年利润”账户的借方。结转后“本年利润”账户的贷方余额为本年度年初至当期累积发生的净利润数额；结转后“本年利润”账户的借方余额为本年度年初至当期累积发生的净亏损数额。

2021 年 12 月，企业发生如下经济业务：

【例 5.63】 31 日，将企业损益类账户记录的收入、利得与费用、损失的数额转入“本年利润”账户，具体数据如表 5-78 所示。

（1）业务分析。该笔经济业务发生后要做两笔会计分录，①对于收入、所得的结转一方面引起企业利润要素的增加，另一方面引起企业收入要素的减少；具体涉及损益（收入）类“营业外收入”“主营业务收入”“其他业务收入”“投资收益”“公允价值变动损益”账户，利润类“本年利润”账户；其中“营业外收入”“主营业务收入”“其他业务收入”“投资收益”“公允价值变动损益”账户都登记到减少方向，“本年利润”账户登记到增加方向。

②对于费用、损失的结转，一方面引起企业利润要素的减少，另一方面引起企业费用要素的减少；具体涉及损益（费用）类“主营业务成本”“其他业务成本”“税金及附加”“销售费用”“管理费用”“财务费用”“营业外支出”“资产减值损失”账户，利润类“本年利润”账户；其中“主营业务成本”“其他业务成本”“税金及附加”“销售费用”“管理费用”“财务费用”“营业外支出”“资产减值损失”账户都登记到减少方向，“本年利润”账户登记到减少方向。

表 5-78　　损益类账户期末余额

2021年12月31日　　单位：元

账　户	方向	金　额	账　户	方向	金　额
主营业务收入	贷	4 980 000	主营业务成本	借	1 894 000
其他业务收入	贷	220 000	税金及附加	借	160 000
营业外收入	贷	48 000	销售费用	借	70 000
投资收益	贷	30 000	管理费用	借	96 000
公允价值变动损益	贷	200 000	财务费用	借	20 000
			其他业务成本	借	128 000
			营业外支出	借	30 000
			资产减值损失	借	23 000

已审核

（2）账户介绍。“投资收益”账户用来核算企业对外投资活动确认的投资收益或投资损失，属于损益类（收入）账户。账户借方登记投资损失或投资发生的相关费用减少，结转的投资收益；贷方登记取得的投资收益；年末结转至“本年利润”账户，无余额。

“本年利润”账户用来核算企业当期实现的净利润，属于利润类账户。账户贷方登记期末将“主营业务收入”“其他业务收入”“营业外收入”等账户转入的数额；账户借方登记期末将“主营业务成本”“税金及附加”“其他业务成本”“管理费用”“财务费用”“销售费用”“营业外支出”“所得税费用”等账户转入的数额。账户期末余额如在贷方，表示企业自年初至本期末累积实现净利润的数额；账户期末余额如在借方，则表示企业自年初至本期末累积发生净亏损的数额。年度终了，企业应将本年实现的净利润或净亏损转入“利润分配——未分配利润”账户，账户结转后无余额。该账户不进行明细分类核算。

“公允价值变动损益”账户用来核算下列有关资产或负债的公允价值变动形成的应当计入当期损益的利得和损失：交易性金融资产、交易性金融负债、采用公允价值模式计量的投资性房地产、衍生工具、套期保值业务、指定为以公允价值计量且其变动计入当期损益的金融资产或金融负债，属于损益类账户。账户借方核算因公允价值变动而形成的损失数额和贷方发生额的转出数额；贷方核算因公允价值变动而形成的收益数额和借方发生额的转出数额。年末结转至“本年利润”账户，无余额。

“资产减值损失”账户用来核算企业计提各项资产减值准备所形成的损失，属于损益类（费用）账户。账户借方登记资产减值的金额；账户贷方登记由于价值回升而冲减的已计提的减值金额及结转到“本年利润”账户的数额。年末结转后本账户无余额。账户可按资产减值损失的项目设置明细分类账，进行明细核算。资产减值损失是指企业在资产负债表日，经过对资产的测试，判断资产的可收回金额低于其账面价值而计提资产减值损失准备所确认的相应损失。

（3）编制会计分录。

① 借：主营业务收入	4 980 000
其他业务收入	220 000
营业外收入	48 000
投资收益	30 000

公允价值变动损益	200 000	
贷：本年利润		5 478 000
② 借：本年利润	2 421 000	
贷：主营业务成本		1 894 000
其他业务成本		128 000
税金及附加		160 000
销售费用		70 000
管理费用		96 000
财务费用		20 000
营业外支出		30 000
资产减值损失		23 000

【例 5.64】 31 日，计算企业当年应缴纳的所得税税额[①]（假设没有应税所得调整事项）。企业所得税税率为 25%，而且本期企业的应纳税所得额就是企业本年的利润总额，计算企业当期的所得税费用及转到“本年利润”账户（表 5－79）。

表 5－79　　中华家具股份有限公司　所得税计算表

2021 年 12 月 31 日　　单位：元

应纳税所得额	税　率	税　额
3 057 000	25%	764 250
合　计		764 250

已审核

会计主管：李　南　　复核：张丽丽　　编制：王　闯

（1）业务分析。利润的计算过程为：

营业收入＝主营业务收入＋其他业务收入＝4 980 000＋220 000＝5 200 000（元）

营业成本＝主营业务成本＋其他业务成本＝1 894 000＋128 000＝2 022 000（元）

营业利润＝营业收入－营业成本－期间费用－税金及附加－资产减值损失＋公允价值变动净收益（损失“－”）＋投资收益（损失“－”）

＝5 200 000－2 022 020－186 000－160 000－23 000＋30 000＋200 000

＝3 039 000（元）

营业外收支净额＝营业外收入－营业外支出＝48 000－30 000＝18 000（元）

利润总额＝营业利润＋营业外收入－营业外支出＝3 039 000＋18 000＝3 057 000（元）

① 纳税人在计算应纳税所得额时，按照税法规定计算出的应纳税所得额与企业依据财务会计制度计算的会计所得额（会计利润）往往不一致。当企业财务、会计处理办法与有关税收法规不一致时，应当依照国家税收法规的规定计算缴纳所得税。

该笔经济业务发生后，一方面引起企业费用要素的增加，另一方面引起企业负债要素的增加；具体涉及损益（费用）类“所得税费用”账户，负债类“应交税费”账户；两个账户都登记到增加方向。

同时，该笔经济业务发生后，一方面引起企业利润要素的减少，另一方面引起企业费用要素的减少；具体涉及损益（费用）类“所得税费用”账户，利润类“本年利润”账户；两个账户都登记到减少方向。

（2）账户介绍。“所得税费用”账户用来核算企业按规定确认的从当期利润中扣除的所得税费用，属于损益（费用）类账户。账户借方登记企业发生的所得税费用；账户贷方登记期末转入“本年利润”账户的数额。账户期末结转后无余额。本账户不进行明细分类核算。

（3）编制会计分录。

① 借：所得税费用　　764 250
　　贷：应交税费——应交所得税　　764 250

② 借：本年利润　　764 250
　　贷：所得税费用　　764 250

（三）利润分配核算

每年年度终了，企业应将除“本年利润”账户的余额，转入“利润分配——未分配利润”账户。结转后，“本年利润”账户无余额。在此基础上，企业可以进行利润分配。

2021年12月，企业发生如下经济业务：

【例5.65】 31日，企业计算全年实现的净利润，并将“本年利润”账户的余额转入“利润分配——未分配利润”账户（表5-80）。

表5-80　　中华家具股份有限公司　净利润计算表

2021年12月31日　　单位：元

项　　目	金　　额	备　　注
应纳税所得额	3 057 000	
所得税费用	764 250	已审核
本年实现的净利润	2 292 750	
合　　计	2 292 750	

会计主管：李　南　　复核：张丽丽　　编制：王　闯

（1）业务分析。该笔经济业务发生后，一方面引起企业利润要素的减少，另一方面引起企业所有者权益要素的增加；具体涉及利润类“本年利润”账户和所有者权益类“利润分配——未分配利润”账户；“利润分配——未分配利润”账户登记到增加方向，“本年利润”账户登记到减少方向。

（2）账户介绍。“利润分配”账户用来核算企业已实现利润的分配和历年分配后的积存余额，属于所有者权益类账户。账户借方登记提取盈余公积、应付现金股利和利润以及由“本年利润”账户转入本年度净亏损数额；账户贷方登记盈余公积弥补亏损的数额以及年末由“本年利润”账户转入当年实现累积净利润的数额；账户期末如为贷方余额，表示历年累积实现的未分配利润数额;账户期末如为借方余额,则表示历年累积未弥补亏损的数额。期末将“利润分配”账户下的其他明细分类账的余额转入本账户“未分配利润”明细分类账中。结转后,除“未分配利润”明细分类账之外,账户的其他明细分类账应无余额。本账户应按提取法定盈余公积、提取任意盈余公积、应付现金股利、转作股本股利、盈余公积转入、盈余公积补亏、未分配利润等设置明细分类账,进行明细分类核算。

(3) 编制会计分录。

借:本年利润　　2 292 750

　　贷:利润分配——未分配利润　　2 292 750

【例 5.66】 31 日,企业董事会决定按当年实现的净利润的 10% 提取法定盈余公积(表 5-81)。

表 5-81　　**中华家具股份有限公司　计提法定盈余公积计算表**

2021 年 12 月 31 日　　单位:元

项　　目	计提比例	计算基数	金　　额
法定盈余公积	10%	2 292 750	229 275
	已审核		
合　　计			229 275

会计主管:李　南　　复核:张丽丽　　编制:王　闯

(1) 业务分析。该笔经济业务发生后,一方面引起企业所有者权益要素的减少,另一方面引起企业所有者权益要素的增加;具体涉及所有者权益类“盈余公积——法定盈余公积”“利润分配——提取盈余公积”账户;“盈余公积——法定盈余公积”账户登记到增加方向,“利润分配——提取盈余公积”账户登记到减少方向。

(2) 账户介绍。“盈余公积”账户是用来核算企业从净利润中提取的盈余公积,属于所有者权益类账户。账户贷方登记企业提取盈余公积的数额;账户借方登记盈余公积弥补亏损的数额。账户期末余额在贷方,表示盈余公积的结余数额。账户应当设置法定盈余公积、任意盈余公积等明细分类账,进行明细分类核算。

(3) 编制会计分录。

借:利润分配——提取盈余公积　　229 275

　　贷:盈余公积——法定盈余公积　　229 275

【例 5.67】 31 日,经企业股东大会批准决定,向投资者分配现金股利 917 100 元,2022 年 1 月 10 日支付现金股利(表 5-82)。

(1) 业务分析。该笔经济业务发生后,一方面引起企业所有者权益要素的减少,另一方面引起企业负债要素的增加;具体涉及所有者权益类“利润分配——分配现金股利”账户,负债类“应付股利——各所有者”账户;“应付股利——各所有者”账户登记到增加方向,“利润分配——分配现金股利”账户登记到减少方向。

表 5－82　　**中华家具股份有限公司　利润分配计算表**

2021 年 12 月 31 日　　　　单位:元

项　　目	计提比例	计算基数	金　　额
利润分配数额	40%	2 292 750	917 100
合　　计			917 100

已审核

会计主管：李　南　　　　复核：张丽丽　　　　编制：王　闯

（2）账户介绍。“应付股利”账户用来核算企业经董事会、股东大会或类似机构决议确定分配的现金股利或利润，属于负债类账户。本账户贷方登记企业向投资者分配利润的数额；账户借方登记实际向投资者支付利润的数额。账户期末余额在贷方，反映已分配给投资者但尚未实际支付的股利或利润的数额。本账户应当按照投资者设置明细分类账，进行明细分类核算。

（3）编制会计分录。

借：利润分配——分配现金股利　　917 100

　贷：应付股利——南钢公司　　458 550

　　　　　　——南化公司　　458 550

【例 5.68】　31 日，利润分配完毕后，将除“利润分配——未分配利润”账户以外的其他“利润分配”账户明细分类账的余额结转到“利润分配——未分配利润”明细分类账户，以便结出年末未分配利润余额(表 5－83)。

表 5－83　　**中华家具股份有限公司　利润分配明细账户余额情况**

2021 年 12 月 31 日　　　　单位:元

项　　目	金　　额	备　　注
利润分配——计提法定盈公积	229 275	
利润分配——分配现金股利	917 100	
合　　计	1 146 375	

已审核

会计主管：李　南　　　　复核：张丽丽　　　　编制：王　闯

（1）业务分析。该笔经济业务发生后，一方面引起企业所有者权益要素的减少，另一方面引起企业所有者权益要素的增加；具体涉及所有者权益类“利润分配——提取法定盈余公积”“利润分配——未分配利润”“利润分配——分配现金股利”账户；其中“利润分配——提取法定盈余公积”“利润分配——分配现金股利”账户都登记到增加方向，“利润分配——未分配利润”

账户登记到减少方向。

（2）账户介绍（略）。

（3）编制会计分录。

借：利润分配——未分配利润　　1 146 375

　　贷：利润分配——提取法定盈余公积　　229 275

　　　　　　　　——分配现金股利　　917 100

【例 5.69】 31 日，企业开出工商银行转账支票 150 000 元，用以支付固定资产大修理费用，该大修理费用将在以后两年内（24 个月）平均分摊，修理费发票省略，不考虑相关税费。

图 5-24　支票存根

（1）业务分析。该笔经济业务发生后，一方面引起企业资产要素的减少，另一方面引起企业资产要素的增加；具体涉及资产类“长期待摊费用”“银行存款”账户；“长期待摊费用”账户登记到增加方向，“银行存款”账户登记到减少方向。

（2）账户介绍（略）。

（3）编制会计分录。

借：长期待摊费用——租赁设备费　　150 000

　　贷：银行存款——工商银行　　150 000

第六节　资金退出的会计核算

一、资金退出的含义

所有者及债权人将资金投入企业后，经过循环和周转，在一定条件下就会有一部分资金退出企业。资金退出的形式主要表现为偿还债务，发放薪酬、缴纳税费、支付现金股利或利润、投资及依法减少注册资本等，该部分资金离开了企业，退出了企业的资金循环与周转。

二、资金退出的会计核算

(一) 偿还债务

2021 年 12 月,中华家具公司发生如下部分经济业务:

【例 5.70】 31 日,企业通过电子转账方式,缴纳当年的应交增值税 200 000 元、所得税 764 250 元、城市维护建设税 7 000 元、消费税 17 250 元、教育费附加 3 000 元(表 5－84、表 5－85、图 5－25、图 5－26)。

表 5－84

中华人民共和国
税收电子转账专用完税证　　No　234796012

填发日期:2021年12月31日

税务登记证代码	91320100060435460A	征收机关	江汉市税务分局	
纳税人全称	中华家具股份有限公司	收款银行	中国工商银行江汉支行	
税(费)种	级次	税款所属时期		实缴金额
增值税		2021年12月1日至12月31日		200 000.00
金额合计	(大写)贰拾万元整			¥200 000.00
征收机关(盖章)	收款银行(盖章)	经办人(盖章)	备注	电子税票号23000870098006540932

表 5－85

中华人民共和国
税收通用缴款书　　No 00897654

隶属关系

注册类型　　填发日期:2021 年 12 月 31 日　　征收机关:

缴款单位	代码	245754100604354	预算科目	编码	
	全称	中华家具股份有限公司		名称	
	开户银行	中国工商银行江汉支行江滨分理处		级次	
	账号	1006641964	收款国库		江汉市支库

税款所属时期2021年12月1日至12月31日	税款限缴日期2022年1月15日

品目名称	课税数量	计税金额或销售收入	税率或单位税额	已缴或扣除额	实缴金额
所得税	略	略	25%	略	764 250.00
城市维护建设税			7%		7 000.00
教育费附加			3%		3 000.00
消费税					17 250.00
金额合计	(大写)柒拾玖万壹仟伍佰元整				¥791 500.00
缴款单位(人)(盖章)经办人(章)	税务机关(盖章)填票人(章)	上列款项已收妥并划转收款单位账户 国库(银行)盖章年月日		备注	

逾期不缴按税法规定加收滞纳金

第一联(收据)国库(银行)收款盖章后退缴款单位(人)作完税凭证

中国工商银行电子缴税付款凭证

转账日期：2021 12 31　　凭证字号：01892388

纳税人全称及纳税人识别号：中华家具股份有限公司91320100060435460A

付款人全称：中华家具股份有限公司

付款人账号：1006641964　　征收机关名称：江汉市税务分局

付款人开户银行：中国工商银行江汉支行江滨分理处　　收款国库(银行)名称：中国工商银行江汉支行

小写(合计)金额：200 000.00　　缴款书交易流水号：2021120648387955

大写(合计)金额：贰拾万元整　　税票号码：23000870098006540932

税(费)种名称	所属时间	实缴金额
增值税	20211201—20211231	200 000.00

第 1 次打印第一页，共一页　999500100999　打印时间：2021 12 31

第二联：作付款回单(无银行收讫章无效)复核记账

中国工商银行江汉支行江滨分理处 业务核算章 2021.12.31 张黎黎 (05)

图 5-25　电子缴税付款凭证

中国工商银行电子缴税付款凭证

转账日期：2021 12 31　　凭证字号：01892389

纳税人全称及纳税人识别号：中华家具股份有限公司91320100060435460A

付款人全称：中华家具股份有限公司

付款人账号：1006641964　　征收机关名称：江汉市税务分局

付款人开户银行：中国工商银行江汉支行江滨分理处　　收款国库（银行）名称：中国工商银行江汉支行

小写（合计）金额：¥791 500.00　　缴款书交易流水号：2021120648387956

大写（合计）金额：柒拾玖万壹仟伍佰元整　　税票号码：23000870098006540932

税（费）种名称	所属时间	实缴金额
所得税	20211201—20211231	764 250.00
城市维护建设税	20211201—20211231	7 000.00
教育费附加	20211201—20211231	3 000.00
应交消费税	20211201—20211231	17 250.00

第 1 次打印第一页，共一页　999500100999　打印时间：2021 12 31

第二联：作付款回单（无银行收讫章无效）复核记账

中国工商银行江汉支行江滨分理处 业务核算章 2021.12.31 张黎黎 (05)

图 5-26　电子缴税付款凭证

（1）业务分析。该笔经济业务发生后，一方面引起企业资产要素的减少，另一方面引起企业负债要素的减少；具体涉及负债类“应交税费”账户，资产类“银行存款”账户；两个账户都登记到减少方向。

（2）账户介绍（略）。

（3）编制会计分录。

借：应交税费——应交所得税　　764 250
　　　　——应交城市维护建设税　　7 000
　　　　——应交增值税　　200 000
　　　　——应交教育费附加　　3 000
　　　　——应交消费税　　17 250
　贷：银行存款——工商银行　　991 500

（二）投资

2021 年 12 月，企业发生如下经济业务：

【例 5.71】 31 日，以银行存款购买平安公司二级市场[①]流通的股票，价值 200 085 元（表 5－86、表 5－87）。

表 5－86

江汉民族证券公司

成交过户交割单

2021 年 12 月 31 日

股东编号	0000454690	成交证券中国平安	
电脑编号	670980789	成交数量	20 000（股）
公司代码	67	成交价格	10.00
申请编号	88	成交金额	200 000.00
申报时间	10:30:30	佣金	80.00
成交时间	11:25:23	过户费	5.00
上次余额	20 000（股）	印花税	
本次成交	20 000（股）	应收金额	200 085.00
本次余额	40 000（股）	到期日期	
附加费用		实收金额	200 085.00

表 5－87

江汉民族证券公司

保证金转出凭证

2021 年 12 月 31 日

转出	交易账户	0000454690		转入	存折户名	中华家具股份有限公司		
	股东姓名	中国民族证券有限公司			存折账号	9800101465978		
人民币（大写）	贰拾万零捌拾伍元整							
交易账号	0000454690	日期	2021 年 12 月 31 日	取款金额	200 085.00	余额		操作 69
代理人	赵树理			身份证号码	302102198701010234			

① 二级市场是证券交易市场的别称，是指对已经发行的证券进行买卖、转让和流通的市场。在二级市场上销售证券的收入属于出售证券的投资者，而不属于发行该证券的公司。二级市场主要是投资者之间的交易。

（1）业务分析。该笔经济业务发生后，一方面引起企业资产要素的减少，另一方面引起企业资产要素的增加；具体涉及资产类“交易性金融资产”“银行存款”账户；“交易性金融资产”账户登记到增加方向，“银行存款”账户登记到减少方向。

（2）账户介绍。交易性金融资产是指企业为了近期内出售而持有的金融资产。通常情况下，以赚取差价为目的从二级市场购入的股票、债券和基金等行为。交易性金融资产表现为企业持有的目的是短期性的，该资产具有活跃市场，公允价值能够通过活跃市场获取。

“交易性金融资产”账户用来核算企业持有的以公允价值计量且其变动计入当期损益的金融资产，属于资产类账户。账户借方登记交易性金融资产的取得成本、资产负债表日其公允价值高于账面余额的差额；账户贷方登记资产负债表日其公允价值低于账面余额的差额，以及出售交易性金融资产时结转的成本和公允价值变动损益。账户期末余额在借方，反映企业持有的交易性金融资产的公允价值。本账户可按交易性金融资产的类别和品种，分别以“成本”，即核算取得时的公允价值、“公允价值变动”，即期末公允价值变动设置明细分类账，进行明细分类核算。

（3）编制会计分录。

借：交易性金融资产——中铁公司（股票）　　200 085

　　贷：银行存款——交通银行　　200 085

（三）减资业务

2021 年 12 月，企业发生如下经济业务：

【例 5.72】 31 日，企业开出工行银行转账支票一张，支付给投资人依法减资的 300 000 元，相关法律手续已经办妥（图 5－27）。

附件

记账凭证说明

企业开出工行银行转账支票一张，支付给投资人（南化公司）依法减资 300 000.00 元，相关法律手续已经办妥。

中华家具股份有限公司财务专用章

财务总监：李南　　总经理：王浩　　销售总监：杜丽

中华家具股份有限公司

2021 年 12 月 31 日

图 5－27　记账凭证说明

（1）业务分析。该笔经济业务发生后，一方面引起企业资产要素的减少，另一方面引起企业所有者权益要素的减少；具体涉及资产类“银行存款”账户，所有者权益类“股本”账户；两个账户都登记到减少方向。

（2）账户介绍（已介绍）。

（3）编制会计分录。

借：股本——南化公司　　300 000

　　贷：银行存款——工商银行　　300 000

留存收益与未分配利润

练习题

一、单项选择题

1.“预收账款”账户是(　　)账户。

A. 资产类　　B. 负债类　　C. 所有者权益类　　D. 收入类

2. 企业对外捐赠现金时,应借记(　　)账户。

A.“管理费用”　　B.“生产成本”　　C.“营业外支出”　　D.“其他业务成本”

3. 企业用来核算库存原材料的是(　　)账户。

A.“材料采购”　　B.“在途物资”　　C.“原材料”　　D.“生产成本”

4.“生产成本”的期末借方余额表示(　　)。

A. 期末完工产品的实际成本　　B. 期末未完工产品的在产品实际成本

C. 本期产品的实际成本　　D. 企业库存商品的实际成本

5. 企业在购入原材料过程中发生的运杂费,应记入(　　)账户的借方。

A.“销售费用”　　B.“管理费用”　　C.“原材料”　　D.“生产成本”

6. 企业采购人员采购原材料的差旅费,应记入(　　)账户。

A.“管理费用”　　B.“原材料”　　C.“销售费用”　　D.“生产成本”

7. 企业发出原材料,应贷记(　　)账户。

A.“材料采购”　　B.“原材料”　　C.“生产成本”　　D.“制造费用”

8. 企业出租包装物的租金收入,应记入(　　)账户的贷方。

A.“营业外收入”　　B.“产品销售收入”　　C.“主营业务收入”　　D.“其他业务收入”

9. 企业申请短期借款的手续费,应记入(　　)账户的借方。

A.“管理费用”　　B.“销售费用”　　C.“财务费用”　　D.“短期借款”

10. 企业销售产品、提供劳务取得的收入,记入(　　)账户的贷方。

A.“其他业务收入”　　B.“主营业务收入”

C.“营业外收入”　　D.“投资收益”

二、多项选择题

1. 以下属于期间费用的有(　　　　)。

A. 制造费用　　B. 财务费用　　C. 管理费用　　D. 销售费用

2. 企业取得3年期的贷款,应(　　　　)。

A. 借记“银行存款”账户　　B. 借记“长期借款”账户

C. 贷记“长期借款”账户　　D. 贷记“短期借款”账户

3. 企业收到作为投资的一台设备,应(　　　　)。

A. 借记“固定资产”账户　　B. 贷记“短期借款”账户

C. 贷记“实收资本”账户　　D. 贷记“应付账款”账户

4. 企业计提固定资产折旧,可以(　　　　)。

A. 借记“制造费用”账户　　B. 贷记“固定资产”账户

C. 借记“生产成本”账户　　D. 贷记“累计折旧”账户

5. 材料采购费用包括(　　　)。

A. 运费　　B. 运输途中合理损耗

C. 入库前的挑选整理费用　　D. 购入材料应负担的税金

6. 原材料验收入库时,可能记入(　　　)。

A. 借记“原材料”账户　　B. 借记“在途物资”账户

C. 贷记“在途物资”账户　　D. 贷记“银行存款”账户

7. 与“应付职工薪酬”贷方相对应的账户可能有(　　　)账户。

A. “生产成本”　　B. “制造费用”　　C. “管理费用”　　D. “财务费用”

8. 计算并结转“所得税费用”时可能涉及的账户有(　　　)。

A. “本年利润”　　B. “银行存款”

C. “应交税费——应交所得税”　　D. “所得税费用”

9. 企业的其他经济业务主要有(　　　)。

A. 销售材料　　B. 销售商品

C. 代购代销　　D. 包装物出租

10. 存货发出的计价方法有(　　　)。

A. 先进先出法　　B. 后进先出法

C. 个别计价法　　D. 加权平均法

三、判断题

1. 企业购买原材料支付的增值税(进项税)是企业的一项负债。(　　)

2. 企业支付给职工的薪酬应当计入生产成本的“直接人工”成本项目。(　　)

3. 企业购买原材料支付的增值税(进项税)全部计入材料采购成本。(　　)

4. 企业外购原材料支付的外地运费等采购费用都必须按照一定的标准分配计入材料采购成本。(　　)

5. 制造费用的分配标准,除以生产工时为标准外,还可以生产工人薪酬等为标准。(　　)

6. “生产成本”账户期末余额的经济含义是资产,也就是在产品成本。(　　)

7. “预收账款”账户的期末余额表示企业负债。(　　)

8. “预付账款”账户的期末贷方余额实质是应付未付的企业负债。(　　)

9. 利润分配是指将税后净利润在投资者之间进行分配。(　　)

10. 为管理和组织本单位的日常生产经营活动所发生的全部支出属于企业的管理费用。(　　)

四、名词解释

1. 生产成本

2. 固定资产

3. 期间费用

4. 销售成本

5. 折旧

五、简述题

1. 简述企业生产经营过程。

2. 简述材料采购成本构成。

3. 简述产品成本构成。

六、实务题

(一) 练习筹资业务的核算

2021 年 12 月份，某企业发生下列业务：

(1) 收到甲公司投资 70 000 元，已存入工商银行。

(2) 收到乙公司投资，其中生产设备协议价 80 000 元，已交付使用；原材料协议价值 100 000 元，已验收入库。

(3) 自工商银行取得期限为 12 个月、年利率为 6%、到期一次还本付息的借款 2 000 000 元，已存入工商银行。

(4) 计算提取上述借款本月的借款利息。

(5) 以工商银行存款 500 000 元，偿还到期的银行临时借款。

(6) 经有关部门批准将资本公积金 20 000 元，转增资本。

要求：根据上述资料编制会计分录。

(二) 练习采购业务的核算

2021 年 12 月份，某企业发生下列物资采购业务：

(1) 购入甲材料 5 000 千克，单价每千克 8 元，增值税税率为 13%，货款及税款未付。

(2) 用工商银行存款，支付上述甲材料外地运费价税合计 3 270 元，增值税税率为 9%。

(3) 购入乙材料 7 000 千克，单价每千克 10 元，增值税税率为 13%，价税款均以工商银行存款付清。

(4) 购进丙材料 3 000 千克，单价每千克 5 元，丁材料 10 000 千克，单价 6 元，增值税税率为 13%，款项均已通过工商银行存款付讫。

(5) 按采购重量分配供应单位代垫的乙、丙、丁材料外地运费价税合计为 4 360 元，增值税税率为 9%。款项已用银行存款支付。

(6) 用工商银行存款 100 000 元，预付给大华公司订购材料货款。

(7) 以前月份已预付给大华公司的货款 100 000 元的甲材料本月到货，并验收入库，价税款合计 113 000 元，增值税税率为 13%，用银行存款补付尾款。

(8) 本月购入的甲、乙、丙、丁材料均已验收入库，结转其成本。

要求：编制本月经济业务的会计分录。

(三) 练习生产业务的核算

2021 年 12 月份，某企业发生下列生产业务：

(1) 以工商银行存款 58 000 元，发放职工工资。

(2) 以工商银行存款 6 540 元，支付第三季度车间房租，增值税税率为 9%。

(3) 仓库发出材料，用途如表 5－88 所示：

表 5－88 仓库发出材料明细表

项　　目	金　额(元)
A 产品生产耗用	120 000
B 产品生产耗用	180 000
车间生产用固定资产维修耗用	4 200
厂部办公设备维修耗用	1 500

(4) 开出现金支票，购买厂部用办公用品价税合计为 7 910 元，增值税税率为 13%，该办公用品被车间领用。

(5) 以工商银行存款支付应由本月负担的财产保险费价税合计为 5 300 元，增值税税率为 6%。

(6) 以库存现金支付给车间主任，应由车间负担的差旅费 8 600 元，不考虑相关税费。

(7) 计提本月固定资产折旧，其中车间固定资产折旧额 11 000 元，厂部固定资产折旧额6 500 元。

(8) 月末分配工资费用如表 5－89 所示：

表 5－89 月末分配工资费用表

项　　目	金　额(元)
A 产品生产工人工资	34 000
B 产品生产工人工资	66 000
车间管理人员工资	16 000
厂部管理人员工资	8 000

(9) 将本月发生的制造费用转入“生产成本”账户(按生产工人工资分配)。

(10) 本月生产的 A 产品和 B 产品各 100 台全部完工，验收入库，结转成本(假设没有期初期末在产品)。

要求：编制本月经济业务的会计分录。

(四) 练习销售业务的核算

2021 年 12 月份，某企业发生下列销售业务：

(1) 销售 A 产品 800 台，单价 4 000 元，增值税税率为 13%，价税款暂未收到。

(2) 预收中天公司购买 B 产品货款 200 000 元，款项收到已存入工商银行。

(3) 以工商银行存款，支付产品广告费价税合计为 1 060 元，增值税税率为 6%。

(4) 发给中天公司 B 产品 90 件，单价 2 500 元，增值税税率为 13%，除预收款外余款尚未收到。

(5) 结转本月已销售的 A、B 两产品的销售成本，相关成本资料见练习(三)。

(6) 计算本月销售产品的应交消费税 1 600 元。

要求：编制本月经济业务的会计分录。

(五) 练习利润形成和分配业务的核算

2021 年 12 月份，某企业发生下列有关利润的业务：

(1) 以库存现金 4 500 元，支付企业运输车辆违章罚款。

(2) 将因债权人大帝立公司违法经营而解散致使企业的应付账款 18 000 元现在无法偿还，根据相关规定予以转销。

(3) 以工商银行存款 6 000 元，支付企业违约的罚款。

(4) 企业财务部门黎明报销差旅费 2 000 元，不考虑相关税费，以库存现金给付。

(5) 计算应由本月负担的银行借款利息 6 500 元。

(6) 没收爱健公司逾期未退还的包装物押金 4 000 元。

(7) 根据练习(二)、(三)、(四)及本题的具体业务确定利润总额，并按 25%税率计算所得税(假设无其他纳税调整事项)。

(8) 结转本月实现的各项收入、费用，并将净利润转入利润分配账户。

(9) 按净利润的 10%提取盈余公积金。

(10) 股东大会决议，将企业净利润的 40%以现金股利的方式发放给投资人，该股利将于 2022 年的 1 月 20 日实际支付。

要求： 编制上述业务的会计分录。

(六) 练习材料采购成本的计算

2021 年 6 月份，某企业发生下列材料采购业务：

(1) 购入下列材料如表 5－90 所示：

表 5－90　　材料采购明细表

名　　称	数量(千克)	单价(元)
甲材料	100	13
乙材料	500	6
丙材料	1 000	4

款项通过工商银行支付，增值税税率为 13%，材料未到。

(2) 以库存现金，支付上述材料的外地运费价税合计为 1 090 元，增值税税率为 9%，按材料重量比例分摊，材料验收入库，结转成本。

(3) 购入丙材料 2 000 千克，单价 4.5 元，增值税税率为 13%，款项尚未支付，材料已入库。另以工商银行存款支付丙材料外地运费价税合计为 1 090 元，增值税税率为 9%。

(4) 赊购甲、乙两种材料如表 5－91 所示：

表 5－91　　材料赊购明细表

名　　称	数量(千克)	单价(元)
甲材料	500	11.5
乙材料	900	6.5

(5) 以工商银行存款支付上述甲、乙材料外地运费价税合计为 763 元，增值税税率为 9%，材料验收入库，结转成本。

(6) 以工商银行存款购入甲材料 400 千克，单价 11 元，运费价税合计为 436 元，增值税税率为 9%，材料验收入库，结转成本。

要求：

1. 设置“在途物资”总分类账户及明细分类账户、“原材料”总分类账户(“原材料”账户期初余额 4 000 元)。

2. 根据以上资料编制会计分录，并登记有关账户。

3. 编制甲、乙、丙材料采购成本计算表。

(七) 练习产品制造成本和销售成本的计算

2021 年 6 月份，某企业生产甲、乙、丙三种产品有关资料如下：

(1) 上月末有甲、乙两种产品尚未完工，全部在产品成本为 60 000 元，其中直接材料 40 000 元，直接人工 10 000 元，其余为制造费用。甲、乙两种在产品的费用比例为 2∶3。

(2) 本月生产费用为 901 120 元，月末三种产品均无在产品。本月完工产品数量及直接材料费用如表 5-92 所示：

表 5-92　　　　月末完工产品数量及直接材料费表

材料名称	完工数量(件)	直接材料(元)
甲产品	64 600	251 120
乙产品	40 000	12 000
丙产品	20 000	70 000

(3) 本月完工产品的直接人工费用共计 310 000 元，按产品生产工时比例分配，其中甲、乙、丙三种产品单位工时分别为 2.5，0.9，6。

(4) 本月的制造费用以本期发生的直接人工费用为标准进行分配。

(5) 本月售出乙产品 38 000 件，丙产品 25 000 件，丙产品有期初库存 10 000 件，单位成本 12 元，而甲、乙产品月初均无库存。

要求：

1. 计算甲、乙、丙三种完工产品的总成本和单位成本。

2. 计算乙、丙两种产品销售成本，假定发出产品计价方法采用移动加权平均法。

(八) 练习企业经营过程综合业务的核算

2021 年 12 月，某企业发生的部分经济业务如下：

(1) 从工商银行取得期限为 6 个月、年利率为 9%的借款 50 000 元，存入工商银行。

(2) 收回其他单位欠款 2 800 元，已存入工商银行。

(3) 总厂办公室职工李明报销差旅费 1 180 元，不考虑相关税费，余款退回现金(原借款1 500 元)。

(4) 购入甲材料 2 000 千克，单价 9 元；乙材料 1 200 千克，单价 4 元。发票注明的增值税税额为 2 964 元，价税款未付。

(5) 以工商银行存款支付甲、乙材料外地运费价税合计为 3 270 元，增值税税率为 9%，按重量分配，材料验收入库，结转入库材料成本。

(6) 接受某公司捐赠的一台设备，价值 7 000 元，投入使用(不考虑相关税费)。

(7) 仓库发出材料，A 产品生产耗用 70 000 元，B 产品生产耗用 30 000 元。

(8) 以工商银行存款支付应由本月负担的保险费价税合计为 6 360 元，增值税税率为 6%，其中生产车间 3 600 元，管理部门 2 400 元。

(9) 以工商银行存款支付本月水费价税合计为 2 260 元。其中,车间 1 200 元、厂部 800 元,增值税税率为 13%。

(10) 以工商银行存款 900 元,支付本季度的借款利息。

(11) 以银行存款支付企业行政管理部门设备租赁费价税合计为 2 260 元,增值税税率为 13%。

(12) 计算应由本月负担的本月初借款利息。

(13) 月末分配工资费用如表 5-93 所示:

表 5-93　月末分配工资费用表

项　　目	金　额(元)
A 产品生产工人工资	26 000
B 产品生产工人工资	14 000
车间管理人员工资	10 000
厂部管理人员工资	8 000

(14) 以工商银行存款支付本月电费价税合计为 3 390 元。其中车间 2 500 元、厂部 500 元,增值税税率为 13%。

(15) 以工商银行存款支付生产车间设备租赁费价税合计为 11 300 元,增值税税率为 13%。

(16) 计提本月固定资产折旧,其中:车间设备折旧额为 1 700 元,厂部设备折旧额为 1 300 元。

(17) 以工商银行存款 15 000 元,支付交通违章罚款。

(18) 以工商银行存款 6 000 元,捐赠给市福利院。

(19) 将无法偿还的应付账款 32 000 元,予以转账。

(20) 将本月发生的制造费用按生产工人工资比例分配计入 A、B 产品成本。

(21) 本月生产的 A 产品 18 台全部完工,验收入库,结转成本,期初期末没有在产品。

(22) 企业销售 A 产品 10 台,单价 5 600 元,增值税税率为 13%,款项未收到。

(23) 计算本月应交消费税 2 800 元。

(24) 以工商银行存款支付销售产品的运费价税合计为 545 元,增值税税率为 9%。

(25) 结转本月已销产品的成本 30 000 元。

(26) 销售 A 材料 20 000 元,增值税税率为 13%,价税款存入工商银行。该项材料的采购成本为 16 000 元。

(27) 将本月发生的各项收入和费用或支出转入"本年利润"账户。

(28) 企业的会计利润等于应纳税所得额,按所得税率 25%计算企业的所得税费用,并予以结转。

(29) 以工商银行存款缴纳企业所得税。

要求: 编制本月经济业务会计分录。

第六章　会 计 凭 证

【理论目标】

1. 了解会计凭证的概念和种类；
2. 掌握原始凭证的概念、种类和填制要求；
3. 掌握记账凭证的概念、种类和填制要求；
4. 理解会计凭证传递和保管的意义。

【实践目标】

1. 原始凭证的填制方法和审核内容；
2. 记账凭证的编制要求和编制方法。

第一节　会计凭证概述

一、会计凭证的含义和意义

（一）会计凭证的含义

会计凭证是记录经济业务、登记账簿、明确经济责任的书面证明。会计行为应以会计主体实际发生的经济业务为依据，这是会计核算与监督必须遵循的原则。任何单位在处理每一项经济业务时，都必须办理符合会计规范要求的程序与手续，由执行或完成该项经济业务的相关人员填制或取得会计凭证，借以说明该项经济业务的内容等，并在会计凭证上签名或盖章，这是完成会计行为过程的首要环节。填制或取得会计凭证后，一般由会计机构或会计人员进行审核，经审核无误并由审核人员签章后的会计凭证，可以作为计入会计信息系统的依据。填制和审核会计凭证，是会计确认得以实现的过程，是会计核算的专门方法之一。

取得和填制会计凭证是会计基础工作的基本内容之一，对会计核算工作和会计信息质量具有至关重要的影响和作用。要做好这一基础工作，单位负责人必须给予足够的重视，会计人员则要有高度的职业责任感、严谨细致的工作作风和扎实的基本功。《会计基础工作规范》第四十七条规定，各单位在对第三十七条规定的会计事项办理会计手续、进行会计核算时“必须取得或者填制原始凭证，并及时送交会计机构”。

（二）填制会计凭证的意义

填制和审核会计凭证，是会计核算方法之一，是会计核算与监督的初始阶段，做好这一阶段工作，对于保证会计资料的真实性和准确性、提高会计核算的质量、加强财产物资管理以及提高会计信息质量等都具有十分重要的意义。

1. 提供经济业务的原始资料

企业发生的经济业务，都须由经办人员按照规定的程序和要求，及时填制或取得会计凭证，借以反映经济业务的真实内容，确认应记入的账户名称、方向，计量应计入会计系统的价值，使得经济业务的发生或完成情况，通过会计凭证的记录真实、完整、及时地反映出来。通过对会计凭证的加工、整理和传递，可以直接取得和传递会计信息，既协调了会计主体内部各部门、各单位之间的经济活动，保证生产经营各个环节的正常运转，又为会计分析和检查提供了基础性资料。

2. 作为计入会计信息系统的依据

任何单位发生的经济业务，例如，库存现金的收付、财产物资的收、发以及往来款项的结算等，都必须通过填制会计凭证，如实记录经济业务的内容、数量和金额及其他相关信息。经过审核无误的会计凭证，才能作为登记入账的唯一依据。如果没有合法、合规、合理的会计凭证作会计核算与监督的依据，任何经济业务都不能计入会计信息系统，参与会计信息的生成与披露。因此，做好会计凭证的填制和审核工作，是会计账簿资料真实性、完整性、正确性的基础保证。

3. 明确经济责任

会计凭证记录经济业务的内容等信息，需要由有关部门及经办人员签章，要求有关部门和人员对经济活动的真实性、正确性、合法（规）性负责。这样会增强有关部门和有关人员的责任感，促使其严格按照有关政策、法律、制度、计划或预算完成或审核经济业务的发生的内容等。如有发生违法乱纪或经济纠纷等事项，也可借助会计凭证确定各经办部门和人员应承担的责任，并据以进行正确的裁决和处理，从而加强企业的内部控制。

4. 监督经济活动

通过对会计凭证的审核，可以查明各项经济业务是否符合法规、制度的规定，有无按计划、标准、定额等完成经济业务，有无贪污、盗窃和铺张浪费等违法乱纪行为，从而发挥会计的监督作用，保护会计主体所拥有资产的安全完整，维护会计主体的利益相关者的合法权益。

二、会计凭证的分类

企业发生经济业务的内容非常复杂丰富，用以记录经济业务的会计凭证，也必然是五花八门、名目繁多。为了具体地认识、掌握和运用会计凭证，首先要对会计凭证加以分类。按照会计凭证的填制程序和用途一般可以分为记账凭证和原始凭证①两类。会计凭证的分类，归纳如图 6-1 所示。

① 原始凭证是会计核算的初始载体，是证明经济业务发生及结果的书面文件。

会计凭证{原始凭证
　　　　　记账凭证

图 6-1　会计凭证分类图

原始凭证是在经济业务发生或完成时取得或填制的，用以记录和证明经济业务的发生或完成情况，明确经济责任，并用作记账的原始依据的一种会计凭证。原始凭证是进行会计核算的原始资料，记载着大量的经济信息，是证明经济业务发生的初始文件，与其他会计核算资料相比较，具有较强的法律效力。

记账凭证是会计人员根据审核无误的原始凭证，按照经济业务的内容进行归类、整理，并确定会计分录而编制的会计凭证，是登记账簿的直接依据。由于原始凭证种类繁多，格式不一，没有登记账簿所需要的必要信息，所以有必要将各种原始凭证反映的经济内容加以归类整理，根据复式记账方法，编制会计分录。从原始凭证到记账凭证是经济信息转换为会计信息的初始过程，是会计的初始确认和计量阶段。

第二节　填制与审核原始凭证

原始凭证，亦称单据，是填制记账凭证或登记账簿的原始依据，是重要的会计核算资料。各会计主体在经济业务发生时，不但必须取得或者填制原始凭证，还应该将原始凭证及时送交本单位的会计机构或会计人员，以保证会计核算工作的顺利进行。

一、原始凭证必须具备的内容

原始凭证种类繁多，来源广泛，形式各异。为了能够客观反映经济业务的发生或完成情况，表明经济业务的性质，明确有关单位和人员的经济责任等，原始凭证必须具备以下基本要素：

(一) 凭证的名称

原始凭证的名称反映了原始凭证所记录的经济业务的性质或种类，明确了原始凭证的用途。

(二) 填制凭证的日期

填制原始凭证的日期一般是业务发生或完成时的日期。如果在业务发生或完成时，因各种原因未能及时填制原始凭证，应以实际填制日期为准。

(三) 填制凭证单位名称

原始凭证应由填制单位名称，且不得用简称，应明确地反映其经济责任，并且可以据其验证凭证的真实性。

(四) 经办人员的签名或盖章

原始凭证应有经办人员的签名或盖章，且不得用简称。

(五) 接受原始凭证单位名称

完整的原始凭证必须载明接受原始凭证单位的名称，且不得简化。

(六) 经济业务的内容

经济业务的内容包括经济业务的项目、名称、计量单位及数量和金额，有关的附注说明。

它可以通过凭证内的“摘要”栏反映，也可以通过凭证其他项目加以体现。

原始凭证除了应当具备上述内容外，还应当符合下列要求：

（1）从外单位取得的原始凭证，必须盖有填制单位的公章；对外开出的原始凭证，必须加盖本单位公章。这里所说的“公章”，包括业务公章、财务专用章、发票专用章、结算专用章等。

（2）自制的原始凭证，必须有经办单位的负责人或者由单位负责人指定的人员签名或者盖章。

（3）购买实物的原始凭证，必须有验收入库或领用证明。

（4）支付款项的原始凭证，必须有收款单位和收款人的收款证明，不能仅以支付款项的有关凭证如银行汇款凭证等代替。其目的是为了防止舞弊行为的发生。

（5）发生销货退回的，除填制退货发票外，还必须有退货入库验收证明；退款时，必须取得对方的收款收据或者汇款银行的凭证，不得以退货发票代替收据。

（6）职工公出借款凭据，必须附在记账凭证之后。收回借款时，应当另开收据或者退还借款副本，不得退还原借款凭据。

除上述基本内容外，为了满足经营管理的需要，可以增加必要的内容。为了加强宏观管理，强化监督，各有关主管部门应当为同类经济业务设计统一的原始凭证格式。例如，由中国人民银行设计统一的银行结算凭证、由税务部门设计统一的发票、由交通运输部门设计统一的客运货运单据等。这样可以在全国或全省范围内使用同样的原始凭证反映同类经济业务，便于监督和管理。

二、原始凭证的分类

（一）按原始凭证来源不同，可分为外来原始凭证和自制原始凭证

1. 外来原始凭证

外来原始凭证是指会计主体在同外单位发生经济往来事项时，由业务经办人员在经济业务发生或者完成时，从外单位取得的会计凭证，例如，增值税专用发票、飞机和火车的票据，银行收付款通知单等。如表 6－1、表 6－2 所示。

表 6－1　　中国工商银行　**进账单**　（收账通知）

2021 年 12 月 25 日

出票人	全　称	萧山股份有限公司	收款人	全　称	中华家具股份有限公司
	账　号	478905673		账　号	1006641964
	开户银行	中国工商银行武汉支行黄鹤分理处		开户银行	中国工商银行江汉支行滨江分理处
金额	人民币（大写）	肆拾捌万零捌佰柒拾元整			千 百 十 万 千 百 十 元 角 分 ¥ 4 8 0 8 7 0 0 0
票据种类	转账支票	票据张数 1张	收款人开户银行盖章		中国工商银行江汉支行 汇滨分理处 2021.12.25 收讫
票据号码					
备注：			复核：景剑		记账：蒋浩源

此联是银行交给收款人记账凭证

表 6－2

江苏增值税电子专用发票

（印章：全国统一发票监制章 国家税务总局 江苏省税务局）

机器编号 434985605679

发票代码：032002101122
发票号码：00000300
开票日期：2021年12月27日
校验码：12565 32121 88814 47785

购买方	名　　称：中华家具股份有限公司 纳税人识别号：91320100060435460A 地 址、电 话：江汉市江滨路219号 开户行及账号：中国工商银行江汉支行江滨分理处1006641964	密码区	略

项目名称	规格型号	单位	数量	单价	金额	税率	税额
*皮革毛皮制品*乙材料		千克	1 000	150	150 000.00	13%	19 500.00
*塑料制品*丁材料		千克	1 000	145	145 000.00		18 850.00
合　计					¥295 000.00		¥38 350.00
价税合计（大写）	⊗叁拾叁万叁仟叁佰伍拾圆整					（小写）	¥333 350.00

销售方	名　　称：浦口电子科技有限责任公司 纳税人识别号：913201004756009988A 地 址、电 话：江汉市浦口区江浦路1213号 开户行及账号：中国工商银行浦口支行浦口分理处457908654	备注	略

收款人：蔡丽红　　复核：王晓　　开票人：乔莉

2. 自制原始凭证

自制原始凭证是指在经济业务发生或完成时，由本单位内部经办部门或人员填制的会计凭证。例如，收料单、领料单、工资结算单、收款收据、销货发票、成本计算单等。

（二）按原始凭证填制方法不同，可分为一次原始凭证、累计原始凭证、记账编制原始凭证、汇总原始凭证

1. 一次原始凭证

一次原始凭证是指填制手续一次完成，只记载一项经济业务或同时记载若干项同类经济业务的凭证。该凭证对所发生或完成的经济业务，每次或每笔只填制一份。外来原始凭证多为一次性原始凭证。在自制原始凭证中，大部分凭证的填制手续都是一次完成的，已填制的凭证不能再重复使用。例如，中华家具股份有限公司购进材料验收入库，由仓库保管员填制的“收料单”；车间向仓库领料时填制的一次使用的“领料单”；职工出差填制的“借款单”；产品完工入库填制的“产成品入库单”等，如表 6－3 至表 6－6 所示。

2. 累计原始凭证

累计原始凭证是指用以连续记载一定时期内不断重复发生的同类经济业务的原始凭证，其填制手续是随着经济业务的陆续发生而分次进行的。为了简化填制手续，对于在一定时期内连续发生的相同经济业务，逐次逐笔累计，集中填制一份凭证。使用累计凭证时，由于平时在一张凭证上随时登记发生的经济业务，并汇总计算后作为记账的依据，减少了凭证的使用数量，简化了凭证填制手续。例如，产品制造业使用的限额领料单及费用限

表 6-3

中华家具股份有限公司领料单

领料单位：铸造车间　　2021 年 12 月 10 日　　No：065

供货单位	铁力炉料站			材料类别及编号		（略）	
材料名称及规格	计量单位	数　量		实　际　成　本			
		发　票	实　收	发票价格	运杂费	合　计	单　价
废　钢	吨	10	10	8 500	382.50	8 882.50	888.25
备　注							

记账联

领料单位负责人：王　平　　记账：王　涛　　发料：王　涛　　领料：叶　万

表 6-4

中华家具股份有限公司收料单

2021 年 12 月 5 日　　No：3468

名称、规格	计量单位	请领数量	实发数量	单　价	金　额
棉布工作服	套	10	10	26	260
备注：					

记账联

核算（签字）：　　主管：季　平　　保管：王　涛　　验收：管　成

表 6-5

中华家具股份有限公司借款单

2021 年 12 月 15 日

工作单位	姓　名	借款金额	批 准 金 额	地　点
采 购 部	侯玺	1 800	1 800	大　连
人民币（大写）壹仟捌佰元整				备　注
借款理由	采购材料			

记账联

批准人：刘　明　　审核：王成大　　借款人：侯　玺　　经办人：梁　丽

表 6-6

中华家具股份有限公司产品入库单

编号：

2021 年 12 月 20 日

品　名	型　号	包装规格	数　量	生产日期	批　号	检验单号
甲产品	ASDF	KD-12	300	2021-12	12 号	65 号

记账联

入库人：华昂明　　质检员：校　名　　库管员：仲　彦

额卡就是典型的累计凭证。限额领料单中标明了某种材料在规定期限内的领用额度，用料单位每次领料及退料，都要由经办人员在限额领料单上逐笔记录、签章，并结出限额结余，这样既可以做到对领用材料的事前、事中控制，又可以减少凭证填制的手续。但因这种凭证要反复使用，故必须严格凭证的保管制度和材料收发手续。限额领料单的一般格式如表 6－7 所示。

表 6－7　　中华家具股份有限公司限额领料单

单据号：0040080506　　生产订单号：0102898　　出库类别：原材料领用

领料单位：一车间　　2021 年 12 月　　发料仓库：2 号仓库

材料类别	材料编号	材料品名及规格	计量单位	领料限额	单价	金额	备注
型钢	2369	板材、2MM	千克	1 000	4 800	4 800	

日期	请领		实发			限额结余	退库	
	数量	签字	数量	发料人	领料人		数量	退库单编号
12.5	300		300	苏安扈	荀云丽	700		
12.15	200		200	苏安扈	荀云丽	500		
12.27	100		100	苏安扈	荀云丽	400		
合计	600		600			400		

附凭证 12 张

供应部门负责人：王　元　　生产部门负责人：戴　利　　仓库负责员：杨明远

3. 记账编制原始凭证

记账编制原始凭证是指由会计人员根据已经登记入账的结果，对某些特定事项进行归类、整理而编制的，这种根据账簿记录而填制的原始凭证，称为记账编制原始凭证，是在企业自制的各种原始凭证中，以实际发生或完成的经济业务为依据，由经办人员填制并签章，但有些自制原始凭证，例如，月末确定已销商品成本时，根据库存商品账簿记录所编制的销售成本计算表；月末计算产品生产成本时，所编制的制造费用分配表以及年末所编制的利润分配计算表等。

4. 汇总原始凭证

汇总原始凭证又称原始凭证汇总表，是指根据一定时期内若干反映同类经济业务的原始凭证定期汇总而编制的原始凭证。为了简化核算手续，将一定时期内若干张同类经济业务的原始凭证汇总成一份的凭证。例如，工资汇总表、发料汇总表、差旅费报销单等。月末根据本月所有领料单汇总编制的领料单汇总表（发出材料汇总表），就是汇总原始凭证。其格式如表 6－8 所示。

编制汇总原始凭证的优点是可以简化记账凭证的填制工作。

表 6－8　中华家具股份有限公司材料发出汇总表

2021 年 12 月 1 日—12 月 31 日　　单位：元

应贷科目 / 应借科目	原材料				合计
	原料及主要材料	辅助材料	修理用备件	燃料	
生产成本					
其中：基本生产成本	32 000	1 600			33 600
辅助生产成本	4 000	800	900	3 000	8 700
制造费用	1 500	400	200		2 100
管理费用	500	100	100	200	900
销售费用	2 000		300		2 300
合计	40 000	2 900	1 500	3 200	47 600

附件 37 张

会计主管：李　南　　审核：袁　立　　保管：王明远

（三）按原始凭证记录经济业务的不同，可分为款项收付业务原始凭证、出入库业务原始凭证、成本费用原始凭证、购销业务原始凭证、固定资产业务原始凭证、期末结转业务原始凭证等

（1）款项收付业务原始凭证是指用来记录库存现金和银行存款收付等业务的凭证，既有外来的，也有自制的，但多为一次性的凭证，例如现金借据、现金收据、领款单、零星购货发票、车船机票、医药费单据、银行支票、付款委托书、托收承付结算凭证等。

（2）出入库业务原始凭证是指用来记录材料、产成品出入库的凭证，可以为一次性凭证，也可以为累计凭证，例如，产品入库单、材料出库单、商品提货单等。

（3）成本费用原始凭证是指用来记录产品生产费用的发生和分配的凭证，大都是内部自制凭证，例如，薪酬费用汇总表、材料耗用汇总表、折旧费用分配表、制造费用分配表、产品成本计算单等。

（4）购销业务原始凭证是指用来记录材料物品采购或劳务供应、产成品（商品）或劳务销售的凭证，前者一般为外来的凭证，后者一般为自制的凭证，例如，提货单、发货票、交款单、运费单据等。

（5）固定资产业务原始凭证是指用来记录固定资产购置、调拨、报废和盘盈、盘亏等业务的凭证，例如，固定资产调拨单、固定资产移交清册、固定资产报废单和盘盈、盘亏报告单等。

（6）期末结转业务原始凭证是指在会计期间终了，用来结平收入和支出等账户，计算并结转成本、利润等，由会计人员根据账簿记录整理制作的凭证，一般不规定固定格式，但须有制证人员和主管会计的签章。

（四）按原始凭证格式的不同，可分为通用原始凭证和专用原始凭证

（1）通用原始凭证是指由有关部门统一印制，在一定范围内使用的具有统一格式和使用方法的原始凭证。例如，某省（市）印制的在该省（市）通用的发货票、由中国人民银行制作的在全国通用的银行结算凭证、由国家税务总局统一印制的全国通用的增值税专用发票等。

(2) 专用原始凭证是指由单位自行印制的，仅在本单位内部使用的原始凭证。例如，领料单、差旅费报销单、折旧计算表、借款单、薪酬费用分配表。

(五) 按原始凭证所起作用的不同，可分为通知原始凭证、执行原始凭证和计算原始凭证

(1) 通知原始凭证是对某项经济业务起通知或指示作用的凭证，对这类凭证的管理，不能完全等同于其他原始凭证，因为其不能证明经济业务已经完成。例如，物资订货单、扣款通知等等。

(2) 执行原始凭证是对某项经济业务执行后填制的原始凭证，可以证明经济业务已经完成。例如，入库单、出库单、各种收据等。

(3) 计算原始凭证是指某项经济业务完成后填制的原始凭证，用以证明经济业务已经完成。但是，该凭证上的数据是按照一定的方法计算后形成的。例如，工资结算汇总表、辅助生产费用分配表、制造费用分配表等。

根据上述原始凭证的分类，归纳如图 6－2 所示。

原始凭证
- 自制原始凭证、外来原始凭证
- 一次原始凭证、累计原始凭证、记账编制原始凭证、汇总原始凭证
- 款项收付、出入库、成本费用、购销、固定资产、期末结转业务等原始凭证
- 通知原始凭证、执行原始凭证、计算原始凭证
- 通用原始凭证、专用原始凭证

图 6－2　原始凭证分类图

三、填制原始凭证

(一) 填制原始凭证的要求

1. 内容真实完整

原始凭证上所记载的经济业务，必须真实可靠，符合实际情况。凭证填制的内容、数字等必须真实。原始凭证中的基本内容和补充内容都要按照规定的要求逐项填写齐全、完整，不得遗漏。为了明确经济责任，原始凭证必须由经办部门和人员签章。具体内容如图 6－3 所示。

2. 手续完备

从外单位取得的原始凭证，必须盖有填制单位的公章；从外单位取得的原始凭证如有遗失，应取得原签发单位所填制的原始凭证的复印件，并盖有公章证明，由经办单位负责人批准后，可代作原始凭证。对于确实无法取得证明的，例如，火车票、轮船票、飞机票等凭证，由当事人写出详细情况说明，由经办单位负责人批准后，也可代作原始凭证；从个人取得的原始凭证，必须有填制人员的签名或者盖章；自制原始凭证必须有经办单位负责人或其指定的人员签名或盖章；对外开出的原始凭证，必须加盖本单位的公章。

3. 书写规范

原始凭证应按规定填写，文字和数字的字迹必须清晰、工整，不得潦草，要易于辨认，文字不得使用未经国务院批准颁布的简化字，数字应正确无误。原始凭证应用蓝色或黑色笔书写，填写支票时必须使用碳素笔。属于复写的凭证必须一次写透，不能上面的几联清楚，下面的几联模糊。

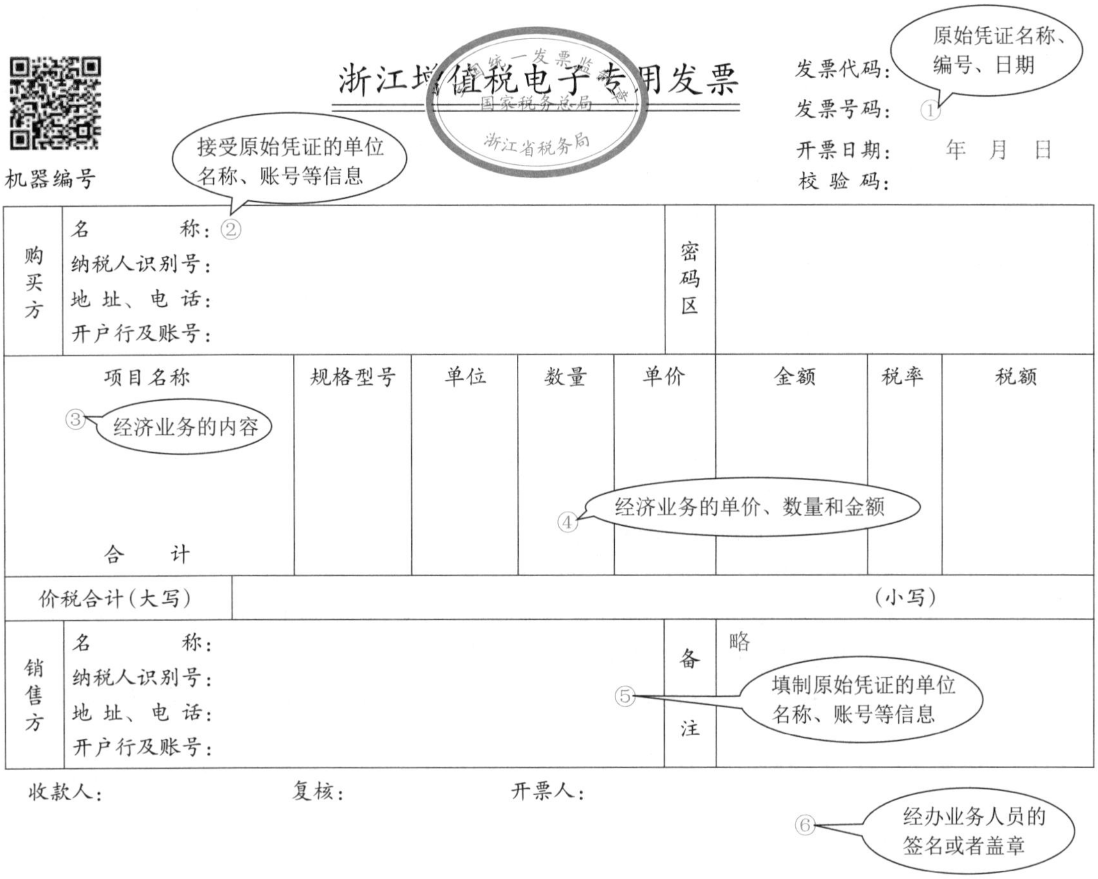

图 6－3　原始凭证填制内容

大小写金额必须相符且符合填写规范，小写金额用阿拉伯数字逐个书写，不得连笔写。阿拉伯金额数字[①]前面应当书写人民币符号“￥”，用外币计价、结算的凭证，金额前要加注外币符号。人民币符号与阿拉伯金额数字之间不得留有空白，凡阿拉伯数字前写有人民币符号的，数字后面不需再写书货币单位。所有以元为单位的阿拉伯数字，除表示单价等情况外，一律要填写到角分；无角分的，角位和分位可写“0”，或者符号“－”；有角无分的，分位应写“0”，不得用符号“－”代替。

用汉字大写金额数字时，一律用正楷字或行书字书写。例如，壹、贰、叁、肆、伍、陆、柒、捌、玖、拾、佰、仟、万、亿、元、角、分、零、整等，不得用一、二、三、四、五、六、七、八、九、十等简化字代替，不得任意自造简化字。大写金额数字到元或角为止的，在“元”或“角”之后应当写“整”字或“正”字；大写金额数字有分的，“分”字后面不写“整”或“正”字。大写金额数字前未印有人民币字样的，应加填“人民币”三个字，“人民币”三个字与金额之间不得留有空白。

阿拉伯金额数字中间有“0”时，汉字大写金额要写“零”字，如￥107.80，汉字大写金额应写成“人民币壹佰零柒元捌角整”。阿拉伯金额数字中间连续有几个“0”时，汉字大写金额中可以只写一个“零”字，例如，￥1 006.88，汉字大写金额应写成“人民币壹仟零陆元捌角捌分”。阿拉伯金额数字元位是“0”，或者数字中间连续有几个“0”、元位也是“0”但角位不是“0”时，汉字大

① 公元3世纪，印度的一位科学家巴格达发明了阿拉伯数字，后由阿拉伯人传向欧洲，之后再经欧洲人将其现代化。正因阿拉伯人的传播，成为该种数字最终被国际通用的关键节点，所以人们称其为“阿拉伯数字”。阿拉伯数字由0，1，2，3，4，5，6，7，8，9共10个计数符号组成。

写金额可以只写一个“零”字，也可以不写“零”字，例如，￥7 590.32，汉字大写金额应写成“人民币柒仟伍佰玖拾元零叁角贰分”，或者写成人民币“柒仟伍佰玖拾元叁角贰分”。

原始凭证上所记载的各项内容均不得涂改、刮擦、挖补；原始凭证文字有错误的，应当由出具单位重开或者更正，更正处应当加盖出具单位印章；原始凭证金额有误的，应当由出具单位重开，不得在原始凭证上更正。

如何使用原始凭证分割单

4. 填制、传递及时

填制、传递及时是指经济业务发生或完成后，经办业务的有关部门和人员必须及时填制原始凭证，并要按规定的程序将其送交会计部门，由会计部门审核并据以编制记账凭证。

（二）填制原始凭证的注意事项

填制原始凭证时，应注意以下几点：

（1）原始凭证的填制手续，必须符合内部控制规范的要求。凡是填有大写和小写金额的原始凭证，大写与小写金额必须一致。

（2）购买实物的原始凭证，必须有验收证明。

（3）支付款项的原始凭证，必须有收款单位和收款人的签名或盖章。

（4）一式多联的原始凭证，应当注明各联的用途，并且只能以其中一联作为报销凭证。

（5）一式多联的发票和收据，必须用双面复写纸套写，并连续编号。

（6）凡是预先印有编号的原始凭证，填错作废时应加盖“作废”戳记，连同存根一起保存，不得撕毁。

（7）销货退回时，除填制退货发票外，还必须有退货验收证明；退款时，必须取得对方的收款收据或汇款银行的汇款凭证，不得以退货发票代替收据。

（8）职工因公出差的借款凭据，必须附在记账凭证之后；收回借款时，应当另开收据或退还借据副本，不得退还原借款借据。

（9）经上级有关部门批准办理的某些特殊业务，应将批准的文件作为原始凭证的附件；如果批准文件需要单独归档的，应在凭证上注明批准机关名称、日期和文件字号。

总之，取得的原始凭证必须符合手续完备的要求，以明确经济责任，确保凭证的合法性、真实性。

（三）原始凭证填制的举例

1. 限额领料单的填制

限额领料单是一种一次开设、多次使用、领用限额已定的累计原始凭证。在有效期（最长 1 个月）内，只要领用数量累计不超过限额就可以连续使用。每月开始以前，应由供应部门根据生产计划、材料消耗定额等有关资料，按照产品和材料分别填制限额领料单。在限额领料单中，应填明领料单位、材料用途、发料仓库、材料名称以及根据本月产品生产计划和材料消耗定额等计算确定的全月领料限额等项目。限额领料单一般一式两联，经生产计划部门和供应部门负责人审核签章后，一联送交仓库据以发料，登记材料明细分类账；一联送交领料单位据以领料。

2. 普通发货票的填制

填制普通发货票，首先要写清购货单位的名称全称，不能简略（如仅填写××公司，不写明是××市公司还是××县公司）。然后按凭证格式和内容逐项填列齐全。发货票记载的事项须如实填写，不能按购货人的要求填写。经办人的签章和单位的公章都要盖全。

3. 增值税专用发票的填制

增值税专用发票是一般纳税人于销售货物或提供劳务等活动时开具的销货发票，一式三联，销货单位和购货单位各两联。其中一联作会计机构的记账凭证；交购货单位的两联，一联作购货单位的结算凭证，一联为税款抵扣凭证。购货单位向一般纳税人购货，应取得增值税专用发票，按增值税专用发货票抵扣联的进项税额，在购货单位作为“进项税额”记账并抵扣。

自制原始凭证时应审核的五类经济业务情况

4. 发料凭证汇总表的填制

制造业在生产过程中领发材料比较频繁，业务量大，同类凭证也较多。为了简化核算手续，需要编制发料凭证汇总表。编制时间根据业务量的多少确定，可以每 5 天、10 天、15 天或 1 个月汇总编制一次。汇总时，根据实际成本计价（或计划成本计价）的领发料凭证、领料部门以及材料用途分类进行。

四、审核原始凭证

只有经过审核确认无误的原始凭证，才能作为编制记账凭证、登记账簿的依据。为了正确反映和监督各项经济业务，会计人员必须按相关法规、计划、定额、预算等严格审核各种原始凭证，以确保会计核算资料的可靠性、合法性、合理性。

（一）审核的内容

1. 可靠性审核

原始凭证作为生成会计信息的基础，其可靠性对会计信息的质量至关重要。可靠性要求包括内容真实、项目完整、计算正确及填制及时。如果原始凭证不真实，说明输入会计信息系统的原始或基础资料不真实，会导致最终提供的会计信息不真实。可靠性的审核包括原始凭证的项目填写是否齐全、规范，经济业务的主体、时间、地点、内容、数量和金额是否真实。同时还要满足及时性的要求。

对于外来原始凭证，必须有填制单位公章[①]和填制人员签章。对自制原始凭证，必须有经办部门和经办人员的签名或盖章。

2. 合规性审核

根据国家相关政策、法律、制度，审核原始凭证所记载的经济业务是否符合其规范的要求，有无违法行为，审核是否履行了规定的凭证传递和审核程序，是否有贪污等行为。

3. 合理性审核

合理性审核是指审核原始凭证所记载的经济业务是否符合经济业务发生时所处的客观环境的内在逻辑关系。根据本单位有关的制度、计划等，审核原始凭证所记录的经济业务是否符合经营活动的需要，是否符合有关计划和预算等。

原始凭证审核的具体内容如图 6－4 所示。

（二）审核后的处理

经审核的原始凭证，应根据审核结果的不同，采用不同的处理方法：

（1）对于审核无误的原始凭证，应及时编制记账凭证，并将原始凭证作为附件附在记账凭证之后，妥善保管。

（2）对于不真实、不合法的原始凭证，会计人员有权不予接受并应及时向单位负责人报告。

---

① 原始凭证上的出票单位的签章应该是“财务专用章”或“发票专用章”，其他签章是不能使用在用来记录经济业务的凭证上的。

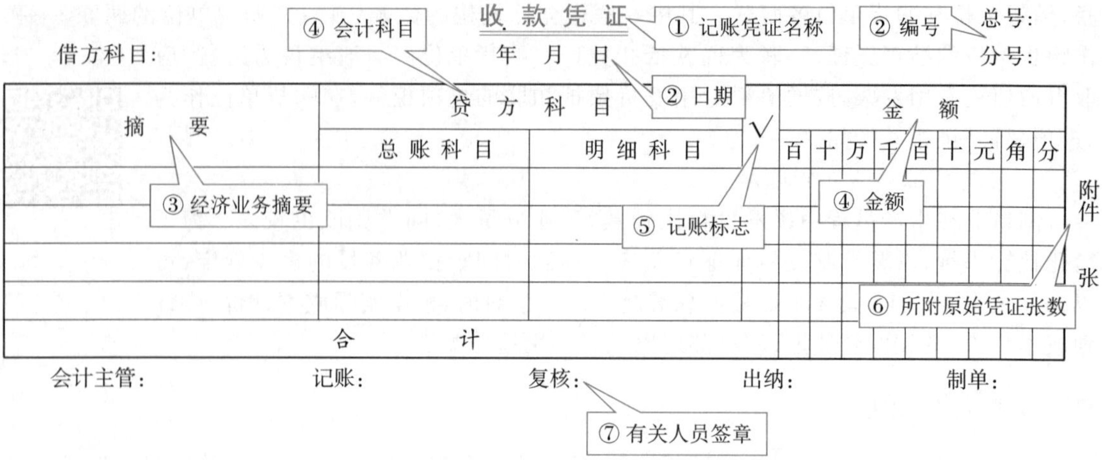

图 6－4 原始凭证审核的内容

发票开出已认证丢失后财务人员如何处理

(3) 对于真实合法但内容不够完整、填写有错误或者手续不全的原始凭证，应退回给经办人员，由其负责将有关凭证补充完整、更正错误或补齐手续。

(三) 审核人员应具备的条件

审核原始凭证是一项细致而严肃的工作。作为原始凭证审核的会计人员，必须熟悉国家有关法规和制度以及本单位的有关规定。只有掌握了审核和判断是非的标准，才能确定经济业务是否真实、合理、合规，从而做好原始凭证的审核工作，完成会计监督的职能。

第三节 填制与审核记账凭证

一、记账凭证的概念和内容

(一) 记账凭证的概念

记账凭证是会计人员根据审核无误的原始凭证，按照经济业务的内容进行归类、整理，并确定会计分录而编制的会计凭证，是登记会计账簿的直接依据。

(二) 记账凭证的内容

1. 记账凭证的名称

记账凭证的名称随企业所采用的记账凭证类型的不同而不同，如采用一种格式的通用记账凭证就称为记账凭证；如采用专用记账凭证，则分别称为收款凭证、付款凭证和转账凭证。

2. 填制凭证的日期

填制凭证的日期，即填制凭证当天的日期，记账凭证的填制日期与原始凭证的填制日期可能相同，也可以不同。

3. 记账凭证的编号

记账凭证应根据经济业务发生的先后顺序按月综合连续或分类连续编号，不得重复。

4. 经济业务的内容

会计凭证中有关经济业务内容的摘要必须真实。摘要应能简明扼要地说明经济业务的性质与内容。在填写“摘要”时，既要简明，又要全面、清楚，应以说明问题为主。写物要有品名、数量、单价；写事要有过程；银行结算凭证，要注明支票号码、去向；送存款项，要注明现金、支票、汇票等。遇有冲转业务，不应只写冲转，应写明冲转某年、某月、某日、某项经济业务和凭证号码，也不能只写对方科目。要求“摘要”能够正确地、完整地反映经济活动和资金变化的来龙去脉，切忌含糊不清。

5. 会计科目名称和记账方向

会计科目名称和记账方向是指记账凭证上编制的会计分录所涉及的会计科目以及借贷方向，会计科目包括总分类科目和明细分类科目。

记账凭证应附的几种原始凭证

6. 记账金额

记账凭证上编制的会计分录记载的金额，可以是人民币，也可以是某一种外币。

7. 所附原始凭证张数

为了表明记账凭证所记载的经济业务有确实的凭据，应将原始凭证附在记账凭证后面，同时，在记账凭证上注明所附原始凭证的自然张数。通过核对记账凭证和所附的原始凭证，可以审核填制的记账凭证正确与否。

8. 签名(章)

记账凭证上应有填制记账凭证人员、稽核人员、记账人员、会计主管人员的签名或盖章。收款凭证和付款凭证还应当有出纳人员的签名或盖章。

二、记账凭证的分类

(一) 专用记账凭证和通用记账凭证

按记账凭证的用途不同，可分为专用记账凭证和通用记账凭证两类。

1. 专用记账凭证

专用记账凭证是指专门用来记录某一类经济业务的记账凭证。专用记账凭证按其反映经济业务的内容不同，即按其所记录的经济业务是否与货币资金(库存现金和银行存款两个账户)的收付有关，可分为收款凭证、付款凭证和转账凭证。

(1) 收款凭证是指用于记录库存现金和银行存款两个账户收款业务的记账凭证。它是由出纳人员根据货币资金的收入业务的原始凭证填制的专用记账凭证，作为登记库存现金和银行存款等账簿的依据。其格式如表 6-9 所示。

表 6-9　　收款凭证　　总号①：

借方科目：　　年　月　日　　分号②：

摘要	贷方科目		√	金额								
	总账科目	二级或明细科目		百	十	万	千	百	十	元	角	分
合计												

附件　张

会计主管：　记账：　复核：　出纳：　制单：

① 记账凭证上的“总号”，可以根据企业经济业务发生的先后顺序，采用顺序编码的方式进行编码。例如：总字 1、2、3…。

② 记账凭证上的“分号”，可以根据各类记账凭证记载的经济业务的发生的先后顺序，采用顺序编码的方式进行编码。例如：收、付或转字 1、2、3…。

（2）付款凭证是指用于记录库存现金和银行存款两个账户付款业务的记账凭证。它是出纳人员根据货币资金付出业务的原始凭证编制的专用记账凭证，作为登记库存现金和银行存款等账簿的依据。付款凭证的格式如表 6－10 所示。

表 6－10

付款凭证

贷方科目：　　　　年　月　日　　　　总号：　分号：

摘　要	借方科目		✓	金额								
	总账科目	二级或明细科目		百	十	万	千	百	十	元	角	分
合　计												

附件　张

会计主管：　　记账：　　复核：　　出纳：　　制单：

（3）转账凭证是指用来记录不涉及库存现金和银行存款两个账户的非货币资金收付业务的会计凭证。在经济活动中，凡是不涉及货币资金收付的经济业务，都称为转账业务，是会计人员根据有关转账业务的原始凭证编制的作为登记总分类账簿依据的专用凭证。其格式如表 6－11 所示。

表 6－11

转账凭证

年　月　日　　　　总号：　分号：

摘　要	总账科目	明细科目	✓	借方金额									贷方金额								
				百	十	万	千	百	十	元	角	分	百	十	万	千	百	十	元	角	分
合　计																					

附件　张

会计主管：　　记账：　　复核：　　制单：

2. 通用记账凭证

通用记账凭证是指用来记录所有经济业务的记账凭证。在此种情况下对全部经济业务不再区分收、付款及转账业务，而是将企业发生的所有经济业务统一编号，在统一格式的记账凭证中进行记录。其基本格式如表 6－12 所示。

表 6－12

记账凭证

年　月　日　　　　总号：　分号：

摘　要	总账科目	明细科目	✓	借方金额									贷方金额								
				百	十	万	千	百	十	元	角	分	百	十	万	千	百	十	元	角	分
合　计																					

附件　张

会计主管：　　记账：　　复核：　　出纳：　　制单：

对于经济业务较简单、规模较小、收付款业务较少的单位，为了简化核算，可以采用通用记账凭证记录所有经济业务。在目前，已经普遍应用会计软件完成记账凭证的编制，是否区分记账凭证的种类已无必要。

(二) 复式记账凭证和单式记账凭证

按记账凭证填制的方式不同，可分为复式记账凭证和单式记账凭证两类。

1. 复式记账凭证

复式记账凭证是指将每一笔经济业务所涉及的会计科目、方向及其发生额，即会计分录均在一张凭证上完整地列示出来的记账凭证。上述专用记账凭证和通用记账凭证均为复式记账凭证。复式记账凭证能够全面反映经济业务的账户对应关系，且填写方便，附件集中，便于了解经济业务的全貌，还可以减少填制记账凭证的工作量，有利于检查会计分录的正确性，但是不便于分工记账及编制科目汇总表。复式记账凭证是实际工作中应用最普遍的记账凭证。

2. 单式记账凭证

单式记账凭证是指在每一张记账凭证上只填写每笔经济业务所涉及的一个方向的会计科目及其金额的记账凭证。填写借方科目的记账凭证称为借项记账凭证，填写贷方科目的记账凭证称为贷项记账凭证。这样，每笔经济业务涉及几个会计科目，就需要编制几张单式凭证。设置单式记账凭证的目的，一是便于汇总，即每张凭证只汇总一次，可以减少差错；二是为了实行会计部门内部的岗位责任制；三是有利于贯彻内部控制制度，防止差错和舞弊。但由于一张凭证不能反映每一笔经济业务的全貌，不便于检验会计分录的正确性，并且记账凭证张数太多，填制凭证的工作量较大，不易保管，故现在几乎没有单位使用。

(三) 本位币记账凭证和复币式记账凭证

按记账凭证所记载的币种的不同，可分为本位币记账凭证和复币式记账凭证两类。

1. 本位币记账凭证

本位币记账凭证是指记账凭证中所记载的货币种类唯有记账本位币币种。一般没有外币结算业务的企业，所填写的记账凭证是只有一种货币金额的记账凭证，前面所阐述的内容都是属于此类。

2. 复币式记账凭证

复币式记账凭证是指记账凭证中所记载的货币种类有两种或两种以上。一般有外币结算业务的企业，所填写的记账凭证是复币式记账凭证。其基本格式如表 6－13 所示。

表 6－13　　记账凭证(复币)

VOUC.HER(MULTI-C.URRENC.IES)

年　月　日　　　　第　号

编制单位：　　Y　M　D.　　　　NO

摘要 DESCRIPTION	总账科目 DEN.LEDA/C	明细科目 SUBLEDA/C	原币金额 ORIDINAL CY		汇率 EX.RATE	借方本位币 DEBIT BASE CY	贷方本位币 CREDIT BASE CY	记账 P.R
			币种 CY	金额 AMOUNT				
附单据　张 ATTACHMENTS			合　计 TOTAL			合计金额	合计金额	

核准：APPROVED　复核：CHECKED　记账：ENTERED　出纳：CASHIER　制单：PREPARED　签收：RECEIVER

记账凭证的分类，如图 6－5 所示。

- 记账凭证
  - 按经济内容不同划分
    - 收款凭证
    - 付款凭证
    - 转账凭证
  - 按填制方式不同划分
    - 单式记账凭证
    - 复式记账凭证
  - 按涉及币种多寡划分
    - 单币记账凭证
    - 复币记账凭证

图 6－5　记账凭证的分类

三、填制记账凭证

（一）记账凭证的填制要求

填制记账凭证是会计核算工作的重要环节。及时准确地填制记账凭证可以保证记账工作的质量，提高会计核算的工作效率。填制记账凭证的要求如下：

1. 项目齐全，记录准确

记账凭证中的各项内容必须填写齐全，并按规定程序办理相关手续。记账凭证的合计行应填写合计数额，并在合计数额前书写人民币符号“￥”。记账凭证填写了所有经济业务后，若有空行，应当自“金额”栏最后一笔数字行下一行的空行处起至合计行上一行的空行处划线注销。

以自制原始凭证或者汇总原始凭证代替记账凭证的，也必须具备记账凭证应有的项目。

记账凭证可以根据一张原始凭证填制，或根据若干张同类原始凭证汇总后填制，也可以根据原始凭证汇总表填制。但是在一张记账凭证上，只能反映某一项经济业务或若干同类的经济业务，而不得将不同类型的经济业务合并填制在一张记账凭证上。

2. 业务摘要，简明扼要

记账凭证的摘要应使用简明扼要的语言，概括出经济业务的主要内容，同时又要全面、清楚，应能够正确、完整地反映经济活动和资金变化的来龙去脉，切忌含糊不清。例如，库存现金、银行存款的收付款项应写明收付对象、来源渠道及用途；财产物资的收付事项应写明物资名称和收付单位名称；往来款项应写明对方单位名称及款项内容。

3. 会计科目，运用准确

会计核算中一级科目必须按会计准则统一规定的会计科目填写，不得任意简化或改动，不得只写科目编号，会计凭证若用会计软件处理的只填写会计科目的编码即可；凡有明细分类科目的，必须填写齐全。应借、应贷的记账方向和账户对应关系必须清楚。

4. 凭证编号，规范统一

记账凭证编号有哪些方法

记账凭证应根据业务发生的先后顺序按月综合连续或分类连续编号。采用通用记账凭证，可按全部经济业务发生的先后顺序编号。采用专用记账凭证的，可以按收款、付款、转账三类业务分收、付、转三类记账凭证编号，也可详细地分为现收、现付、银收、银付、转账五类编号。一笔经济业务需填制两张或两张以上记账凭证的，可采用分数编号法编号。例如，某一笔经济业务需要编制三张转账凭证，该凭证的编号为第 7 号时，这三张凭证的编号应分别为“转”字第 7－1/3 号、7－2/3 号、7－3/3 号。在每月最后一张记账凭证的编号旁边可加注“全”字，以免记账凭证散失。

5. 附件齐全，计数准确

记账凭证所附的原始凭证必须完整无缺，并在记账凭证上注明原始凭证的张数，以便核对摘要及所编会计分录是否准确无误。如果一张原始凭证涉及几张记账凭证，可以把原始凭证附在一张主要的记账凭证后面，并在其他未附原始凭证的记账凭证上注明附有该原始凭证的记账凭证的编号或者附上该原始凭证的复印件。一张原始凭证所记载的支出需要几个单位共同负担的，应按其他单位负担的部分，开给对方原始凭证分割单。对于结账和更正错账的记账凭证，可以不附原始凭证。

6. 书写清楚，严格规范

记账凭证的书写应当清楚、规范。相关的技术要求与原始凭证要求相同。

（二）填制记账凭证实例

1. 填制专用记账凭证

如前所述，专用记账凭证按其所记载的经济业务是否与货币资金有关，分为收款凭证、付款凭证和转账凭证。为便于识别，各种记账凭证一般印制成不同的颜色①。

（1）填制收款凭证。收款凭证是用以记载货币资金收入业务的记账凭证，根据货币资金收入业务的原始凭证填制而成。在实际工作中，出纳人员应根据审核无误的收款单据收款后编制收款凭证。出纳人员根据收款凭证收款（尤其是收入现金）时，须在凭证所附的原始凭证上加盖“现金收讫”戳记，以免重收。

填制收款凭证的项目有：

① “借方科目”项目，收款凭证的借方填写的会计科目比较单一，即收款凭证的左上角按收款的性质填写“库存现金”或“银行存款”科目；

② “日期”项目，即填写填制收款凭证的当天日期，若在下个月月初，编制上个月月末的记账凭证，日期应填写上个月的最后一天的日期；

③ “编号”项目，即右上角填写填制收款凭证的综合或分类顺序编号；

④ “摘要”项目，即应填写所记录经济业务的简要内容；

⑤ “贷方科目”项目，即应填写与“库存现金”或“银行存款”科目相对应的总账科目和相关明细科目；

⑥ “金额”项目，即应填写库存现金或银行存款的收入金额；

⑦ “记账符号”项目，即指根据收款凭证登记入账后，在该栏作“√”符号或注明登记入账的页数，以备查考，并防止重复记账或漏记；

⑧ “附件　张”项目，即指编制收款凭证所附的原始凭证的自然张数；

⑨ “会计主管”等项目，即由有关人员签名或盖章，以明确经济责任。

【例 6.1】　2021 年 6 月 3 日，中华家具股份有限公司收到乙公司所欠货款 80 000 元，存入工商银行。会计人员填制的收款凭证，如表 6－14 所示。

① 记账凭证的颜色一般情况下，红色为收款凭证、蓝色为付款凭证、黑色为转账凭证。

表 6－14 **收款凭证**

借方科目：银行存款　　2021年6月3日　　总号：1　分号：1

摘要	贷方科目		✓	金额								
	总账科目	二级或明细科目		百	十	万	千	百	十	元	角	分
收回乙公司欠款	应收账款	乙公司				8	0	0	0	0	0	0
合计					￥	8	0	0	0	0	0	0

附件1张

会计主管：李　楠　　记账：　　复核：孙红梅　　出纳：　　制单：李　明

（2）填制付款凭证。付款凭证是用以记载货币资金支出业务的记账凭证，根据货币资金支出业务的原始凭证填制而成。在实际工作中，出纳人员应根据审核无误的付款凭据付款后编制付款凭证。出纳人员根据付款凭证付款时，须在原始凭证上加盖“现金付讫”戳记，以免重付。

付款凭证具体的填制方法与收款凭证基本相同，不同的是在凭证左上角应填写贷方科目“库存现金”或“银行存款”科目；“借方科目”栏应填写与“库存现金”或“银行存款”科目相对应的总分类账科目和相关明细分类科目。

【例6.2】 6月8日，中华家具股份有限公司采购员王强预借差旅费6 800元，以库存现金支付。会计人员应填制的付款凭证，如表6－15所示。

表 6－15 **付款凭证**

贷方科目：库存现金　　2021年6月8日　　总号：2　分号：1

摘要	借方科目		✓	金额								
	总账科目	二级或明细科目		百	十	万	千	百	十	元	角	分
支付差旅费	其他应收款	王　强					6	8	0	0	0	0
合计						￥	6	8	0	0	0	0

附件1张

会计主管：李　楠　　记账：　　复核：孙红梅　　出纳：　　制单：李　明[①]

【例6.3】 6月9日，中华家具股份有限公司将当日收入的库存现金78 900元存入工商银行。会计人员应填制一张现金付款凭证，如表6－16所示。

① 除将各项目签名盖章外，出纳人员在办理收款或付款业务后，应在凭证上加盖“收讫”或“付讫”的戳记，以避免重收重付。

表 6-16　　付款凭证　　总号：3

贷方科目：库存现金　　2021 年 6 月 9 日　　分号：2

摘　　要	借方科目		✓	金额								
	总账科目	二级或明细科目		百	十	万	千	百	十	元	角	分
存　现	银行存款	工商银行				7	8	9	0	0	0	0
合　　计					¥	7	8	9	0	0	0	0

附件 1 张

会计主管：李　楠　　记账：　　复核：孙红梅　　出纳：　　制单：李　明

对于库存现金和银行存款之间的货币相互划转业务，如从银行提取现金或将库存现金存入银行，为避免重复记账，一般只填制付款凭证。即从银行提取现金时，填制银行存款付款凭证；将库存现金存入银行时，填制库存现金付款凭证。

【例 6.4】　6 月 10 日，中华家具股份有限公司从银行提取现金 4 500 元，已备零星开支使用。会计人员应填制一张银行存款的付款凭证，如表 6-17 所示。

表 6-17　　付款凭证　　总号：4

贷方科目：银行存款　　2021 年 6 月 10 日　　分号：3

摘　　要	借方科目		✓	金额								
	总账科目	二级或明细科目		百	十	万	千	百	十	元	角	分
提现备用	库存现金						4	5	0	0	0	0
合　　计						¥	4	5	0	0	0	0

附件 1 张

会计主管：李　楠　　记账：　　复核：孙红梅　　出纳：　　制单：李　明

（3）填制转账凭证。转账凭证是用以记载与货币资金的收付无关的转账业务的记账凭证，根据有关转账业务的原始凭证填制而成。

转账凭证具体的填制方法与收付款凭证有不同之处在于，经济业务所涉及的全部会计科目都填制在记账凭证内，填制顺序是先借后贷。转账凭证中“总账科目”和“明细科目”栏，应分别填写应借、应贷的科目，借方科目应记录的金额应在同一行的“借方金额”栏填列；贷方科目应记录的金额应在同一行的“贷方金额”栏填列。“借方金额”栏合计数额与“贷方金额”栏合计数额应相等。其他项目的填列与收、付款凭证相同。

【例 6.5】　6 月 15 日，中华家具股份有限公司的生产车间领用价值为 5 000 元的甲材料，其中，生产 A 产品领用 2 000 元，车间一般耗用 3 000 元。会计人员应填制的转账凭证，如表 6-18 所示。

表 6－18

转 账 凭 证

2021 年 6 月 15 日

总号：5

分号：1

摘 要	总账科目	明细科目	✓	借方金额									贷方金额								
				百	十	万	千	百	十	元	角	分	百	十	万	千	百	十	元	角	分
领用材料	生产成本	A 产品					2	0	0	0	0	0									
	制造费用	材料费					3	0	0	0	0	0									
	原材料	甲材料														5	0	0	0	0	0
合 计						¥	5	0	0	0	0	0			¥	5	0	0	0	0	0

附件 1 张

会计主管：李 楠　　记账：　　复核：孙红梅　　制单：李 明

2. 填制通用记账凭证

通用记账凭证是记录所有经济业务的记账凭证。采用通用记账凭证的单位，不再填制专用记账凭证。实际填制时，将经济业务所涉及的会计科目全部填列在凭证内，具体填制方法及格式与转账凭证类似。仍以【例 6.5】为例说明通用凭证的填制方法，如表 6－19 所示。

表 6－19

记 账 凭 证

2021 年 6 月 15 日

总号：5

分号：

摘 要	总账科目	明细科目	✓	借方金额									贷方金额								
				百	十	万	千	百	十	元	角	分	百	十	万	千	百	十	元	角	分
领用材料	生产成本	A 产品					2	0	0	0	0	0									
	制造费用	材料费					3	0	0	0	0	0									
	原材料	甲材料														5	0	0	0	0	0
合 计						¥	5	0	0	0	0	0			¥	5	0	0	0	0	0

附件 1 张

会计主管：李 楠　　记账：　　复核：孙红梅　　出纳：　　制单：李 明

四、审核记账凭证

根据第五章例题填制的记账凭证

记账凭证是登记账簿的直接依据之一，为了保证账簿记录的正确性，提供准确无误的会计信息，必须严格按照要求填制记账凭证，同时在记账前应由有关会计人员对记账凭证进行认真、严格地审核。审核的内容包括以下几个方面：

（一）内容是否真实

审核记账凭证所填列的经济业务是否真实，是否附有原始凭证，所附原始凭证是否齐全，记账凭证的内容与所附原始凭证的内容是否相符，金额是否一致等。

（二）会计科目是否正确

审核记账凭证中会计科目的使用是否正确，明细分类科目是否齐全；科目的对应关系是否清晰，所使用的会计科目是否符合国家会计制度的规定等。

（三）项目是否齐全

审核记账凭证中有关项目是否填列齐全，摘要是否明晰，填写是否规范，有关人员的签章是否齐全等。

（四）金额是否正确

审核记账凭证所记录的金额与原始凭证的有关金额是否一致、计算是否正确，记账凭证汇总表的金额与记账凭证的金额合计是否相符等。

记账凭证附件的处理

（五）书写是否规范

审核记账凭证中的记录是否文字工整、数字清晰，是否按规定进行更正。

在审核中若发现记账凭证填制有错误，应查明原因，并按规定的方法及时加以更正或重填。只有经审核无误的记账凭证，才能作为登记账簿的依据等。

第四节　会计凭证的传递与保管

一、会计凭证的传递

会计凭证传递是指从会计凭证的取得或填制时起至归档保管过程中，在单位内部有关部门和人员之间的传送程序及时间规定。会计凭证传递的要求能够满足内部控制制度的要求，使传递程序合理有效，同时尽量节约传递时间，减少传递的工作量。

（一）正确组织会计凭证传递的意义

正确组织会计凭证的传递，对于及时处理和登记经济业务、明确经济责任、实行会计监督，具有重要意义。会计凭证传递的实质是在单位内部各部门之间、各环节之间起着组织和协调的作用。会计凭证传递程序及时间要求是企业管理规章制度的重要组成部分。

1. 有利于及时反映各项经济业务的完成情况

正确组织会计凭证的传递，可以使有关部门和人员及时了解经济业务发生及完成的具体情况，加快经济业务处理的速度，提高工作效率。

2. 有利于加强经济管理责任制，实行会计监督

一项经济业务，往往由本单位的若干业务部门分工完成，会计凭证也就随着经济业务的进程在各有关部门之间传递。科学地确定凭证的传递程序及时间规定，可以加强内部控制，督促各有关部门和人员及时高效地完成本职工作并相互监督，从而保证经济活动顺利进行。

（二）会计凭证传递的内容

由于企业组织结构不同，生产工艺特点的不同，使得经济业务的内容也不同，企业的管理要求也不尽相同。在会计凭证的传递中，应根据具体情况，确定每一种会计凭证的传递程序和方法，作为业务部门和会计部门处理会计凭证的工作规范。会计凭证传递一般包括传递程序和传递时间两个方面。

1. 传递程序

不同会计凭证所记载的经济业务不同，涉及的部门和人员不同，据以办理的经济业务手续也不同。因此，应当为各种会计凭证规定一个合理的传递程序，即一张会计凭证，填制后应交到哪个部门、哪个岗位、由谁来办理相关手续，直至归档保管。如果会计凭证有一式数联的，还应规定每一联次传到哪个或哪几个部门，什么用途等。

2. 传递时间

会计凭证的传递时间，是指各种凭证在各经办部门、各环节所停留的最长时间。应根据各部门和有关人员的工作内容和工作量，在正常情况下完成的时间来确定。明确会计凭证的传递时间，能防止拖延处理和积压记账凭证，保证会计工作的正常秩序，提高工作效率。一切会计凭证的传递和处理，都应在规定的时期内完成，否则将会影响会计信息的准确性和及时性。

凭证传递应注意的事项

会计凭证的传递程序和传递时间确定后，可制成会计凭证流转图，规定会计凭证传递的路线、环节以及在各环节上的时间、处理内容及交接手续，通知有关人员遵照执行，从而可以会计使凭证传递工作有条不紊、迅速有效地进行。在会计凭证传递过程中，若遇有不合理的环节，应根据实际情况及时加以修改，以确保会计凭证传递的合理化、制度化，并可以节约传递时间。

二、会计凭证的保管

会计凭证保管是指会计凭证记账后的整理、装订、归档和存查工作。会计凭证作为记账的依据，是重要的会计档案和经济资料。

任何单位在完成经济业务相关手续和记账之后，必须将会计凭证按规定的归档制度形成会计档案资料，妥善保管，防止丢失，不得任意销毁，以便于日后查阅。会计凭证归档保管的方法和要求包括以下几个方面。

（一）会计凭证的整理归类

会计部门在会计凭证记账以后，应定期将会计凭证加以归类整理，即将记账凭证及其所附原始凭证，按记账凭证的类别、编号顺序排列整理，将其折叠整齐，加上封面、封底，装订成册，并在装订线上加贴封签，以防散失和任意拆装。在封面上须注明单位名称、凭证种类、所属年月和起讫日期、起讫号码、凭证张数等。会计主管或指定装订人员在装订线封签处签名或盖章。

对于那些性质相同、数量过多或各种随时需要查阅的原始凭证，可以单独装订保管，在封面上注明记账凭证的日期、编号、种类，同时在记账凭证上注明“附件另订”和原始凭证名称及编号。各种经济合同及涉外文件等重要的原始凭证，应当另编目录，单独登记保管，并在有关记账凭证和原始凭证上相互注明日期及编号。

（二）会计凭证的归档

每年的会计凭证都应由会计部门按照归档的要求，负责整理立卷或装订成册。当年形成的会计凭证，在会计年度终了后，可暂由会计部门保管1年，期满后，由会计部门编制移交清册移交本单位档案部门统一保管。档案部门接收的会计凭证，原则上须保持原卷册的封装，个别需要拆封重新整理的档案部门应当会同会计部门和经办人员共同拆封整理，以明确责任。会计凭证必须做到妥善保管，存放有序，查找方便，并要严防毁损、丢失和泄密。

（三）会计凭证的借阅

会计凭证原则上不得借出，如有特殊需要须报请相关人员批准，但不得拆散原卷册，并应限期归还。需要查阅已归档的会计凭证时，必须办理借阅手续。原始凭证不得外借，其他单位因特殊原因需要使用原始凭证时，经本单位会计机构负责人、会计主管人员批准，可以复制。但向外单位提供的原始凭证复制件，一律应当在专设的登记簿上登记，并由提供人员和收取人员共同签名或盖章。

(四) 会计凭证的销毁

会计凭证的保管期限一般为 30 年。保管期未满,任何人都不得随意销毁会计凭证。按规定销毁会计凭证时,必须编制销毁清册,列明销毁会计凭证的卷号、册数、起止年度和档案编号、应保管期限、已保管期限、销毁时间等内容。报经批准后,由档案部门和会计部门共同派员监督销毁。在销毁会计凭证前,监销人员应认真清点核对;销毁后,在销毁清册上签名或盖章,并将监销情况报本单位负责人。

凭证的装订与保管

练习题

一、单项选择题

1. 仓库保管人员填制的收料单,属于企业的(　　)。

   A. 外来原始凭证　B. 自制原始凭证　C. 汇总原始凭证　D. 累计原始凭证

2. (　　)是记录经济业务发生或完成情况的书面证明,也是登记账簿的依据。

   A. 科目汇总表　B. 会计凭证　C. 原始凭证　D. 记账凭证

3. 会计凭证按(　　)的不同,分为原始凭证和记账凭证。

   A. 填制的程序和用途　B. 填制的手续

   C. 来源　D. 记账凭证

4. 企业根据一张发料汇总表编制记账凭证,由于涉及科目较多,需填制两张记账凭证,则记账凭证编号为(　　)。

   A. 转字第××号

   B. 收字第××号

   C. 转字第××1/2 号和转字第××2/2 号

   D. 收字第××1/2 号和收字第××2/2 号

5. 在填制会计凭证时,1 518.53 元的大写金额数字为(　　)。

   A. 壹仟伍佰拾捌元伍角叁分整　B. 壹仟伍佰壹拾捌元伍角叁分整

   C. 壹仟伍佰拾捌元伍角叁分　D. 壹仟伍佰壹拾捌元伍角叁分

6. 原始凭证金额有错误的,应当(　　)。

   A. 在原始凭证上更正

   B. 由出具单位更正并且加盖公章

   C. 由经办人更正

   D. 由出具单位重开,不得在原始凭证上更正

7. 出纳人员在办理收款或付款后,应在(　　)上加盖"收讫"或"付讫"的戳记。

   A. 转账凭证　B. 原始凭证　C. 单式凭证　D. 复式凭证

8. 下列业务中,应该填制现金收款凭证的是(　　)。

   A. 出售产品一批,款未收

   B. 从银行提取现金

   C. 出售产品一批,收到一张转账支票

D. 出售多余材料，收到现金

9. 某会计人员在审核记账凭证时，发现误将 1 000 元写成 100 元，尚未入账，一般应采用(　　)改正。

A. 重新编制记账凭证　　B. 红字更正法

C. 补充登记法　　D. 冲账法

10. 付款凭证科目借贷对应方式正确的是(　　)。

A. 多借多贷　　B. 多贷一借　　C. 多借一贷　　D. 以上全部正确

11. 汇总原始凭证与累计原始凭证的主要区别点是(　　)。

A. 登记的经济业务内容不同　　B. 填制时期不同

C. 会计核算工作繁简不同　　D. 填制手续和方法不同

12. 会计凭证传递是指(　　)，在单位内部有关部门及人员之间的传递程序。

A. 会计凭证的填制到登记账簿止

B. 会计凭证的填制或取得时起到归档保管为止

C. 会计凭证审核后到归档止

D. 会计凭证的填制或取得到登记账簿止

13. 一项经济业务所涉及的每个会计科目单独填制一张记账凭证，或每一张记账凭证中只登记一个会计科目，这种凭证叫做(　　)。

A. 单式记账凭证　　B. 专用记账凭证　　C. 通用记账凭证　　D. 一次凭证

14. 企业出售产品一批，售价 5 000 元，收到一张转账支票送存银行。这笔业务应编制的记账凭证为(　　)。

A. 收款凭证　　B. 付款凭证　　C. 转账凭证　　D. 以上均可

15. 下列项目中，可能不属于原始凭证的是(　　)。

A. 增值税专用发票　　B. 借款借据

C. 经济合同　　D. 运费结算凭证

16. 根据同一原始凭证编制几张记账凭证的，应(　　)。

A. 编制原始凭证分割单

B. 采用分数编号的方法

C. 不必作任何说明

D. 在未附原始凭证的记账凭证上注明其原始凭证附在哪张记账凭证中

17. 审核原始凭证所记录的经济业务是否符合企业生产经营活动的需要、是否符合有关的计划和预算，属于(　　)审核。

A. 合理性　　B. 合法性　　C. 合规性　　D. 完整性

18. 差旅费报销单按填制的手续及内容分类，属于原始凭证中的(　　)。

A. 一次凭证　　B. 累计凭证　　C. 汇总凭证　　D. 专用凭证

19. 会计机构和会计人员对不真实、不合法的原始凭证，应当(　　)。

A. 不予接受　　B. 予以退回

C. 予以纠正　　D. 不予接受，并向单位负责人报告

20. 当年形成的会计凭证，在会计年度终了后，可暂由会计部门保管(　　)年，期满后，由会计部门编制移交清册移交本单位档案部门统一保管。

A. 1　　B. 2　　C. 3　　D. 4

二、多项选择题

1. 下列项目中，属于单位自制原始凭证的有(　　　　)。

A. 收料单　　B. 限额领料单

C. 购料收到的增值税专用发票　　D. 领料单

2. 原始凭证审核的内容包括(　　　　)等方面。

A. 真实性　　B. 合法性　　C. 合理性　　D. 完整性

3. 以下项目中，属于原始凭证所必须具备的基本内容有(　　　　)。

A. 凭证名称、填制日期和编号　　B. 经济业务内容摘要

C. 对应的记账凭证号数　　D. 填制、经办人员的签字、盖章

4. 专用记账凭证按其所反映的经济业务是否与库存现金和银行存款两个账户有关，通常可以分为(　　　　)。

A. 收款凭证　　B. 付款凭证　　C. 转账凭证　　D. 结算凭证

5. 下列人员中，应在记账凭证上签名或盖章的有(　　　　)。

A. 审核人员　　B. 会计主管人员　　C. 记账人员　　D. 制单人员

6. 按照规定，除(　　　　)的记账凭证可以不附原始凭证外，其他记账凭证必须附有原始凭证。

A. 提取现金　　B. 结账　　C. 更正错账　　D. 现金存入银行

7. 张三出差回来，报销差旅费 1 000 元，原预借 1 500 元。交回剩余现金 500 元，这笔业务应该编制的记账凭证有(　　　　)。

A. 付款凭证　　B. 收款凭证　　C. 转账凭证　　D. 原始凭证

8. 涉及库存现金与银行存款之间的划款业务时，可以编制的记账凭证有(　　　　)。

A. 付款凭证　　B. 现金付款凭证

C. 银行存款付款凭证　　D. 原始凭证

9. 记账凭证的填制做到记录真实、内容完整、填制及时、书写清楚外，还必须符合(　　　　)要求。

A. 如有空行，应当在空行处划线注明

B. 发生错误应该按规定的方法更正

C. 必须连续编号

D. 除另有规定外，应该有附件并注明附件张数

10. 以下有关会计凭证的表述中正确的有(　　　　)。

A. 会计凭证是记录经济业务的书面证明　　B. 会计凭证是明确经济责任的书面文件

C. 会计凭证是编制报表的依据　　D. 会计凭证是登记账簿的依据

11. 下列项目中，属于原始凭证和记账凭证共同具备的基本内容的有(　　　　)。

A. 凭证的名称及编号　　B. 填制凭证的日期

C. 填制及接受单位的名称　　D. 有关人员的签章

12. 原始凭证作为会计凭证之一，其作用可以是(　　　　)。

A. 记录经济业务　　B. 明确经济责任　　C. 作为登账的依据　　D. 作为编表的依据

13. 下列项目中，经审核无误后可以作为编制记账凭证依据的有(　　　　)。

A. 填制完毕的工资计算单　　B. 运费发票

C. 银行转来的进账单　　D. 银行转来的对账单

14. 记账凭证审核的主要内容有(　　　　)。

A. 项目是否齐全　B. 科目是否正确　C. 内容是否真实　D. 数量是否正确

15. 制造费用分配表属于(　　　　)。

A. 累计凭证　B. 自制原始凭证　C. 一次凭证　D. 外来原始凭证

16. 收款凭证的借方科目可能是(　　　　)。

A. "应收账款"　B. "库存现金"　C. "银行存款"　D. "应付账款"

17. 收账凭证和付款凭证是用来记录货币资金收付业务的凭证,它们是(　　　　)。

A. 根据库存现金和银行存款收业务的原始凭证填制的

B. 登记库存现金日记账、银行存款日记账的依据

C. 登记明细账和总账等有关账簿的依据

D. 出纳员收付款的依据

18. 以下项目中,属于汇总原始凭证的有(　　　　)。

A. 汇总收款凭证　B. 收料凭证汇总表　C. 限额领料单　D. 发料凭证汇总表

19. 关于原始凭证的填制,下列说法中正确的有(　　　　)。

A. 不得以虚假的交易或事项为依据填制原始凭证

B. 购买实物的原始凭证,必须有验收证明

C. 原始凭证应在交易或事项发生或完成后及时填制

D. 自制原始凭证必须有经办部门负责人或其指定的人员签名或盖章

20. 会计凭证的传递一般包括(　　　　)和(　　　　)。

A. 传递岗位　B. 传递时间　C. 传递程序　D. 传递人员

三、不定项选择题

1. 会计核算工作的起点是(　　　　)。

A. 登记账簿　B. 成本计算

C. 填制和审核会计凭证　D. 编制会计报表

2. 会计凭证按照编制(　　　　)的不同,分为原始凭证和记账凭证。

A. 程序　B. 来源　C. 用途　D. 方法

3. 下列属于外来原始凭证的有(　　　　)。

A. 供货方提供的销量发票　B. 企业销售产品开具的发票

C. 职工出差取得车票和住宿发票　D. 仓库保管人员填制的收料单

4. 下列项目不属于会计凭证的是(　　　　)。

A. 生产计划　B. 限额领料单　C. 薪酬结算汇总表　D. 销售合同

5. (　　　　)按照填制手续和内容不同,分为一次凭证、累计凭证和汇总凭证。

A. 增值税专用发票　B. 原始凭证

C. 薪酬结算汇总表　D. 销售合同

6. 原始凭证按照(　　　　)不同分为通用凭证和专用凭证。

A. 格式　B. 来源　C. 填制手续　D. 记载内容

7. 会计凭证的作用是(　　　　)。

A. 记录经济业务,提供记账依据　B. 明确经济责任,强化内部控制

C. 控制会计科目,保证记账正确　D. 监督经济活动,控制经济运行

8. 将一定时期内若干同类性质的经济业务的多张原始凭证按照一定标准综合填制的凭证是(　　)。

A. 累计凭证　B. 一次凭证　C. 汇总凭证　D. 复式凭证

9. 在一定时期内多次记录同类经济业务的原始凭证是(　　)。

A. 复式凭证　B. 一次凭证　C. 汇总凭证　D. 累计凭证

10. 下列属于原始凭证基本内容的有(　　)。

A. 填制日期　B. 凭证名称　C. 接收单位名称　D. 凭证附件

11. 会计凭证的传递是指从会计凭证的取得或填制时起至归档保管过程中，在单位内部(　　)和(　　)之间的传送程序及时间规定。

A. 人员　B. 传递时间　C. 传递程序　D. 有关部门

12. 记账凭证的审核内容包括(　　)等。

A. 内容是否真实　B. 会计科目是否正确

C. 项目是否齐全　D. 金额是否正确

13. 经济业务较少的单位可以采用(　　)来记录所有经济业务。

A. 原始凭证　B. 通用记账凭证　C. 专用记账凭证　D. 汇总记账凭证

14. ￥3 005.50 在填写大写金额时，正确的是(　　)。

A. 人民币叁仟零伍元伍角整　B. 人民币叁仟伍元伍角整

C. 人民币叁仟零零伍元伍角整　D. 人民币叁仟零伍元伍角

15. 一般情况下，(　　)是登记账簿的直接依据。

A. 会计凭证　B. 原始凭证　C. 记账凭证　D. 复式凭证

16. (　　)是在经济业务发生或完成时取得或填制的，用以记录或证明经济业务发生或完成情况的书面文件。

A. 会计凭证　B. 原始凭证　C. 记账凭证　D. 会计凭证

17. 从银行提取现金 3 000 元备用，应填制(　　)。

A. 收款凭证　B. 付款凭证　C. 转账凭证　D. 原始凭证

18. 记账凭证按记载内容分为(　　)。

A. 复式凭证　B. 付款凭证　C. 转账凭证　D. 专用凭证

19. 采用通用记账凭证的单位，不再填制(　　)凭证。

A. 专用记账　B. 收款　C. 付款　D. 转账

20. (　　)不得外借，其他单位如确实需要使用，经本单位会计机构负责人。会计主管人员批准，可以复印。

A. 记账凭证　B. 会计凭证　C. 会计账簿　D. 原始凭证

四、判断题

1. 填制原始凭证，汉字大写金额数字一律用正楷或行书字书写，汉字大写金额数字到元位或角位为止的，后面应当写“正”或“整”，分位后面不写“正”或“整”。(　　)

2. 填制会计凭证，所有以元为单位的阿拉伯数字，除单价等情况外，一律填写到角分；有角无分的，分位应当写“0”或用符号“－”代替。(　　)

3. 审核无误的原始凭证是登记账簿的直接依据。(　　)

4. 填制和审核会计凭证是一种会计核算的专门方法。(　　)

5. 会计凭证按其取得的来源不同，可以分为原始凭证和记账凭证。 （ ）

6. 现金存入工商银行时，为避免重复记账只编制银行存款收款凭证，不编制现金付款凭证。 （ ）

7. 对于数量过多的原始凭证，可以单独装订保管，但应在记账凭证上注明“附件另订”。 （ ）

8. 复式凭证是指将每一笔经济业务事项所涉及的全部会计科目及其发生额均在同一张记账凭证中反映的一种凭证，该凭证至少涉及三个会计科目。 （ ）

9. 记账人员根据记账凭证记账后，在“记账符号”栏内作“√”记号，表示该笔金额已记入有关账户，以免漏记或重记。 （ ）

10. 发料凭证汇总表是一种汇总记账凭证。 （ ）

11. 从外单位取得的原始凭证遗失时，必须取得原签发单位盖有公章的证明，并注明原始凭证的号码、金额、内容等由经办单位会计机构负责人、会计主管人员审核签章后，才能代作原始凭证。 （ ）

12. 记账凭证可以根据若干张原始凭证汇总编制。 （ ）

13. 已登记入账的记账凭证在当年内发生填写错误时，可以用红字填写一张与原内容相同的记账凭证，在摘要栏注明“注销某年某月某日某号凭证”字样。 （ ）

14. 记账凭证既是记录经济业务发生和完成情况的书面证明，也是登记账簿的依据。 （ ）

15. 会计凭证上填写的“人民币”字样或符号“¥”与汉字大写金额数字或阿拉伯金额数字之间应适当留有空白。 （ ）

16. 如果原始凭证已预先印定编号，在写坏作废时，应加盖“作废”戳记，妥善保管，不得撕毁。 （ ）

17. 转账支票大小写金额或收款人姓名填错，如有更改，须在更改处加盖预留银行印鉴章。 （ ）

18. 转账凭证只登记与货币资金收付无关的经济业务。 （ ）

19. 各种凭证不得随意涂改、刮擦、挖补，若填写有误，应用红字更正法更正。 （ ）

五、名词解释

1. 会计凭证
2. 原始凭证
3. 记账凭证

六、简述题

1. 简述原始凭证的内容及填制方法。
2. 简述原始凭证的审核。
3. 简述记账凭证的内容及填制方法。

七、实务题

（一）原始凭证审核

1. 目的与要求

掌握原始凭证的审核内容，完成对原始凭证的审核，指出存在的问题。

2. 资料

2021 年 12 月份，隆兴置业有限责任公司发生的经济业务涉及原始凭证如下。

(1) 采购员李明 12 月 10 日赴上海参加商品交易会，12 月 1 日填写借款单一份，预借差旅费(表 6－20)。

表 6－20

借　据

2021 年 12 月 1 日　　　　No.45

借款单位	供应科		金　额						
人民币(大写)柒仟捌佰元整			万	千	百	十	元	角	分
			￥	9	6	0	0	0	0
收款事由：购买原材料									
领 导 批 示	财务主管	借款单位领导	借 款 人						
刘　国	李　南	明　赢	李　明						

隆兴置业有限责任公司 2021.12.01 现金付讫

(2) 12 月 5 日销售科业务员持发票报销住宿费，以库存现金支付(表 6－21)。

表 6－21

江西增值税电子专用发票

发票代码：036002100122
发票号码：00001200
开票日期：2021年12月31日
校验码：14565 32121 86514 47698

机器编号 438560496989

购买方	名　　称：隆兴置业有限责任公司 纳税人识别号：9132014523568972RA 地 址、电 话：江汉市中山南路119号 开户行及账号：中国工商银行江汉支行滨江分理处809444678	密码区	略

项目名称	规格型号	单位	数量	单价	金额	税率	税额
服务费		天	5	400	2 000.00	6%	120.00
合　　计					￥2 000.00		￥120.00
价税合计(大写)	⊗贰仟壹佰陆拾圆整				(小写)￥2 120.00		

销售方	名　　称：江西省赣榆市鸿临园大酒店 纳税人识别号：913605266738256L72 地 址、电 话：赣榆市源大路9121号 开户行及账号：中国工商银行武关分理处19112764	备注	略

收款人：彭程　　　复核：赵一力　　　开票人：孙立明

(3) 采购员李明12月26日出差回厂报销差旅费。该厂财务管理制度规定,因公出差住宿标准每人每日400.00元,伙食补助标准每人每日80.00元,市内车费每人每日100.00元。李明根据有关原始凭证如实填写差旅费报销单一张(附原始单据21张)(表6-22)。

表6-22

差旅费报销单

姓名 李明 职别 副科长　　2021年12月26日　　金额单位:元

起日		止日		合计天数	各项补助费										车船杂支费							合计金额
					伙食补助			住宿补助			未买卧铺补助			夜间乘硬座超过12小时补助	火车费	汽车费	轮船费	飞机费	市内交通	住宿费	其他杂支	
月	日	月	日		天数	标准	金额	天数	标准	金额	票价	标准	金额									
12	5	12	7		2	80	160								1 500				200		400	1 960
12	9	12	9		2	80	160	2	400	800						124			200			1 084
12	11	12	11		2	80	160	2	400	800						138			200			1 098
12	13	12	13		3	80	240	2	400	800						130			300			1 340
12	16	12	18		2	80	160	4	400	800					1 500				200		2 00	2 860
																						8 342
合计人民币(大写)X万捌仟叁佰肆拾贰元零角零分																						
原借差旅费 8 000 元　报销 8 342 元　补付 342 元																						
出差事由	参加商品交易会展																					

附件21

审批人签字:宋 文　会计主管签字:李 灏　报账人签字:李 立　领款人签字:顾 丽

(4) 办公室秘书凭收据报销支付给新华印刷厂的资料费458元(表6-23)。

表6-23

行政事业单位往来结算票据

江汉市财政局

收款日期 2021年12月28日　　No.0089350

支票单位:隆兴置业有限责任公司		支付方式		现金						
人民币(大写)肆佰伍拾捌元整				万	千	百	十	元	角	分
					¥	4	5	8	0	0
收款事由:资料印刷费				收款部门 收款人员						
上述款项照数收讫无误 收款单位财务印章	行政领导	会计主管	审核员	出纳员 范明				缴款人 龚茹		

新华印刷厂 2021.12.28 业务专用章

（二）记账凭证的填制

1. 目的与要求

使学生了解各种不同经济业务应填制取得的原始凭证，掌握复式记账凭证的填制方法，完成记账凭证的填制。

2. 资料

隆兴置业有限责任公司 2021 年 12 月 21—30 日发生的部分经济业务涉及其原始凭证如下。

（1）12 月 21 日，向银行借款，存入工商银行存款户（表 6－24）。

表 6－24

借款借据（代收账通知）

贷款日期：2021 年 12 月 21 日

借款单位	隆兴置业有限责任公司		存款户账号	809444678
人民币（大写）贰拾万元整				百 十 万 千 百 十 元 角 分 ¥ 2 0 0 0 0 0 0 0
借款种类	临时	约定还款日 2021 年 12 月 31 日		利率 10%
实际借款用途	购料	展期到期日 年 月 日		利率
借款单位预留财务专用章及法人代表签章		担保单位户名： 担保单位账户： 担保单位开户银行：		担保单位公章 法人代表章 记账：

第四联 借款借据

行长：周明　　科（处）长：吴昊　　信贷员：李萍

（2）12 月 21 日，购入运输卡车一辆，已交付使用（其他费用略）（图 6－6、表 6－25）。

中国工商银行
转账支票存根
80867890

附加信息

出票日期 2021 年 12 月 21 日

收款人：昊天汽车股份有限责任公司

金　额：¥226 000.00

用　途：购车款

单位主管 李南　会计 阳丽

图 6－6

表 6-25

上海增值税电子专用发票

发票代码：031002100322
发票号码：00000900
开票日期：2021年12月21日

机器编号 498938560496

校验码：14895 32561 86514 42138

购买方	名 称：隆兴置业有限责任公司 纳税人识别号：9132014523568972RA 地 址、电 话：江汉市中山南路119号 开户行及账号：中国工商银行江汉支行滨江分理处809444678				密码区	略	
项目名称	规格型号	单位	数量	单价	金额	税率	税额
*机动车*运输卡车	KC.230045	辆	1	200 000	200 000.00	13%	26 000.00
合 计					¥200 000.00		¥26 000.00
价税合计（大写）	⊗贰拾贰万陆仟圆整						（小写）¥226 000.00
销售方	名 称：昊天汽车股份有限公司 纳税人识别号：91310012579000134A 地 址、电 话：上海市辛庄2134号 开户行及账号：中国农业银行辛庄支行235789087				备注	略	

收款人：王小瑞 复核：郑莉 开票人：贾良

（3）12 月 21 日，提取现金，以备零星使用（图 6-7）。

（4）12 月 21 日，开出转账支票支付餐饮费（图 6-8、表 6-26）。

（5）12 月 22 日，以转账支票支付经理人员的电话费（表 6-27、图 6-9）。

（6）12 月 22 日，购入材料，验收入库（图 6-10、表 6-28、表 6-29）。

中国工商银行
转账支票存根
80867891

附加信息

出票日期 2021 年 12 月 21 日

收款人：隆兴置业有限责任公司

金 额：¥2 500.00

用 途：提现备用

单位主管 李南 会计 阳丽

图 6-7

中国工商银行
转账支票存根
80867892

附加信息

出票日期 2021 年 12 月 23 日

收款人：江汉市滨江餐饮有限责任公司

金 额：¥3 180.00

用 途：餐费

单位主管 李南 会计 阳丽

图 6-8

表 6－26

江苏增值税电子专用发票

发票代码：032002102122
发票号码：00008000
开票日期：2021年12月23日
校验码：14895 35612 85164 42658

机器编号 498604993856

购买方	名　　　称：隆兴置业有限责任公司 纳税人识别号：9132014523568972RA 地 址、电 话：江汉市中山南路119号 开户行及账号：中国工商银行江汉支行滨江分理处809444678	密码区	略

项目名称	规格型号	单位	数量	单价	金额	税率	税额
*生活服务*餐饮费					3 000.00	6%	180.00
合　　计					¥3 000.00		¥180.00
价税合计（大写）	⊗叁仟壹佰捌拾圆整					（小写）¥3 180.00	

销售方	名　　　称：江汉市滨江餐饮有限责任公司 纳税人识别号：91320100424013457A 地 址、电 话：江汉市小注庄134号 开户行及账号：中国农业银行春申路支行572387908	备注	略

收款人：王瑞　　　　复核：蔡政据　　　　开票人：陈良

表 6－27

江苏增值税电子专用发票

发票代码：032002102222
发票号码：00000200
开票日期：2021年12月23日
校验码：14666 35662 85546 42258

机器编号 452314994523

购买方	名　　　称：隆兴置业有限责任公司 纳税人识别号：9132014523568972RA 地 址、电 话：江汉市中山南路119号 开户行及账号：中国工商银行江汉支行滨江分理处809444678	密码区	略

项目名称	规格型号	单位	数量	单价	金额	税率	税额
*电信服务*基础电信服务费					2 000.00	9%	180.00
合　　计					¥2 000.00		¥180.00
价税合计（大写）	⊗贰仟壹佰捌拾圆整					（小写）¥2 180.00	

销售方	名　　　称：江汉市移动通信有限责任公司 纳税人识别号：91320100340024257E 地 址、电 话：江汉市大力区建设路14号 开户行及账号：中国农业银行建设路支行572083879	备注	略

收款人：瑞福相　　　　复核：功力　　　　开票人：农心妍

中国工商银行
转账支票存根
80867893

附加信息

出票日期 2021 年 12 月 24 日

收款人:	江汉市移动通信有限责任公司
金 额:	￥2 180.00
用 途:	话费

单位主管 李南 会计 阳丽

图 6－9

中国工商银行
转账支票存根
80867894

附加信息

出票日期 2021 年 12 月 25 日

收款人:	北方铝材加有限责任公司
金 额:	￥113 000.00
用 途:	贷款

单位主管 李南 会计 阳丽

图 6－10

表 6－28

江苏增值税电子专用发票

发票代码：032002100922
发票号码：00001200
开票日期：2021年12月25日
机器编号 498914998956
校验码：12336 31262 85123 42897

购买方	名　　称：隆兴置业有限责任公司 纳税人识别号：9132014523568972RA 地 址、电 话：江汉市中山南路119号 开户行及账号：中国工商银行江汉支行滨江分理处809444678	密码区	略

项目名称	规格型号	单位	数量	单价	金额	税率	税额
*林业产品*甲材料		KG	1 000	100	100 000.00	13%	13 000.00
合　计					￥100 000.00		￥13 000.00
价税合计(大写)	⊗壹拾壹万叁仟圆整						(小写)￥113 000.00

销售方	名　　称：北方铝材加有限责任公司 纳税人识别号：91320100400794242C 地 址、电 话：江汉市大力区大庆路258号 开户行及账号：中国农业银行大庆路支行380897572	备注	略

收款人：苏州　　复核：成的　　开票人：南靖

表 6－29 隆兴置业有限责任公司材料入库单

供货单位：北方铝材

发票号码：0098789　　　2021 年 12 月 25 日　　　No.67986

材料名称	材 质	规 格	单 位	数量		单 价	金 额
				应 收	实 收		
甲材料			KG	1 000	1 000	100	100 000
备　注：						合　计	¥100 000

第二联　记账联

仓库负责人：杨　福　　记账：郝　玉　　仓库保管：季　平　　收料：王　彦

(7) 12 月 27 日，银行结算贷款利息(表 6－30)。

(8) 12 月 27 日，销售产品，代办托运并办妥托收手续(表 6－31、表 6－32、图 6－11)。

(9) 12 月 27 日，销售废料一批，收到转账支票已送存工商银行(表 6－33 至表 6－35)。

(10) 12 月 25 日，偿还上月购料款(表 6－36)。

(11) 12 月 26 日，职工交来现金偿还借款(表 6－37)。

(12) 12 月 27 日，收回销货款(表 6－38)。

表 6－30 中国工商银行计收借款利息单(付款通知)

委托日期 2021 年 12 月 27 日　　　借据号 9851258044521

客户号	6003596825	结算账号	809444678	单位名称	隆兴置业有限责任公司
计息类型	经营周转借款	计息起讫日期		2021.10.28 至 2021.12.27	
正常本金/积数	2 000 000	利率	0.5%/月	利息	30 000
逾期本金/积数		利率		利息	
欠息/积数		利率		利息	
利息金额合计	人民币(大写)叁万元整				¥30 000.00

江汉支行江滨分理处　转讫

客户联

银行盖章：　　　　复核：

表 6-31

江苏增值税电子专用发票

发票代码：032002100822
发票号码：00005600
开票日期：2021年12月27日
校验码：12899 56991 81499 84799

机器编号 498348956086

购买方	名　　称：萧山科技制品有限责任公司 纳税人识别号：91320100890456821B 地 址、电 话：武汉市黄鹤路119号 开户行及账号：中国工商银行武汉支行黄鹤分理处478905673			密码区	略		
项目名称	规格型号	单位	数量	单价	金额	税率	税额
*家具*W01 *家具*W02		件 件	300 250	720 780	216 000.00 195 000.00	13%	28 080.00 25 350.00
合　计					¥411 000.00		¥53 430.00
价税合计（大写）	⊗肆拾陆万肆仟肆佰叁拾圆整				（小写）¥464 430.00		
销售方	名　　称：隆兴置业有限责任公司 纳税人识别号：9132014523568972RA 地 址、电 话：江汉市中山南路119号 开户行及账号：中国工商银行江汉支行滨江分理处809444678			备注	略		

收款人：王成　　复核：肖锋　　开票人：宋丽

表 6-32

江苏增值税电子专用发票

发票代码：032002100822
发票号码：00008970
开票日期：2021年12月27日
校验码：12412 56523 81488 84889

机器编号 498348952356

购买方	名　　称：隆兴置业有限责任公司 纳税人识别号：9132014523568972RA 地 址、电 话：江汉市中山南路119号 开户行及账号：中国工商银行江汉支行滨江分理处809444678			密码区	略		
项目名称	规格型号	单位	数量	单价	金额	税率	税额
*运输服务*运费		千克千米	2 000	3	6 000.00	9%	540.00
合　计					¥6 000.00		¥540.00
价税合计（大写）	⊗陆仟伍佰肆拾圆整				（小写）¥6 540.00		
销售方	名　　称：江汉市顺丰物流有限责任公司 纳税人识别号：91320100520356814A 地 址、电 话：江汉市滨江路921号 开户行及账号：中国工商银行汉江支行扬子江分理处480978446			备注	略		

收款人：成程　　复核：宋城　　开票人：连云钢

中国工商银行
转账支票存根
80867895

附加信息 ____________

____

____

出票日期 2021 年 12 月 27 日

收款人：江汉市顺丰物流有限责任公司

金　额：¥6 540.00

用　途：运费款

单位主管 李南　会计 阳丽

图 6－11

表 6－33

江苏增值税电子专用发票

（全国统一发票监制章 国家税务总局 江苏省税务局）

发票代码：032002100822

发票号码：00008170

开票日期：2021年12月27日

机器编号 498348956086

校验码：12998 59169 89149 87949

购买方	名　　称：泰山科技制品有限责任公司 纳税人识别号：9132010090456821B 地 址、电 话：江汉市黄鹤路119号 开户行及账号：中国工商银行江汉支行黄鹤分理处478905673				密码区	略	
项目名称	规格型号	单位	数量	单价	金额	税率	税额
*林业产品*甲材料		KG	300	80	24 000.00	13%	3 120.00
合　计					¥24 000.00		¥3 120.00
价税合计（大写）	⊗贰万柒仟壹佰贰拾圆整					（小写）¥27 120.00	
销售方	名　　称：隆兴置业有限责任公司 纳税人识别号：9132014523568972RA 地 址、电 话：江汉市中山南路119号 开户行及账号：中国工商银行江汉支行滨江分理处809444678				备注	略	

收款人：王成　　复核：肖锋　　开票人：宋丽

表 6－34　　中国工商银行　**进账单**　（回单）

2021年12月27日

出票人	全　　称	泰山科技制品有限责任公司	收款人	全　　称	隆兴置业有限责任公司
	账　　号	12455719		账　　号	809444678
	开户银行	工商银行江汉分行黄鹤分理处		开户银行	滨江分理处

人民币（大写）	亿	千	百	十	万	千	百	十	元	角	分
贰万柒仟壹佰贰拾元整				¥	2	7	1	2	0	0	0

票据种类	汇入	票据张数	1张
票据号码			
备注：			

江汉支行江滨分理处
已承办

复核：　记账：

表 6－35　　隆兴置业有限责任公司　**材料出库单**　　仓库：材料库

购货方：泰山科技制品有限责任公司　　2021 年 12 月 27 日　　编号：001

产品编号	规格	产品名称	计量单位	数量		单位成本	金　额	备注
				应　发	实　发			
11		废料	KG	300	300	50	15 000	
合　　计							¥15 000	

已审核

第二联　记账联

销售审批人：杨玉环　　保管：王质涛　　记账：梁粒丽　　制单：李洪山

表 6-36

中国工商银行　电汇凭证(回单)　1

委托日期 2021 年 12 月 25 日

汇款人	全　　称	隆兴置业有限责任公司			收款人	全　　称	北满钢材厂
	账号住址	中国工商银行江汉支行滨江分理处 809444678				账号地址	37580063-98
	汇出地点	江汉市	汇出名称	中国工商银行江汉支行滨江分理处		汇入地点	哈尔滨市　汇入行名称　中国工商银行动力支行
汇款金额	人民币(大写)	陆拾万零陆仟元整					百 十 万 千 百 十 元 角 分 ¥ 6 0 6 0 0 0 0 0
汇款用途：前欠货款					汇出行盖章		2021 年 12 月 25 日
以上款项已根据委托办理，如需查询，请持此回单来行面谈							

此联汇款人开户行给汇款人的回单

（印章：中国工商银行江汉支行 滨江分理处 2021.12.25 转讫）

表 6-37

隆兴置业有限责任公司收据

2021 年 12 月 26 日　No.98

今收到 叶子						
人民币(大写)柒佰元整						¥ 700.00
收款事由：归还前欠款项					现金　√	
					支票第　　号	
收款单位		财务主管	李南	收款人	张力	

第三联 收据

（印章：隆兴置业有限责任公司 2021.12.26 现金收讫）

表 6-38

托收承付凭证　(收账通知)

第 20 号

委托日期 2021 年 12 月 27 日　托收号码：639

付款人	全　　称	泰山电厂	收款人	全　　称	隆兴置业有限责任公司
	账　　号	60065421		账　　号	809444678
	开户银行	中国工商银行泰山一支行		开户银行	中国工商银行江汉支行滨江分理处
托收金额	人民币(大写)	伍拾捌万柒仟壹佰元整			千 百 十 万 千 百 十 元 角 分 ¥ 5 8 7 1 0 0 0 0

附　件	商品发运情况		合同名称号码
附寄单证张数或册数	3	铁运	HB-005
备　注	款项收妥日期 2021 年 12 月 26 日		开户银行盖章 2021 年 12 月 27 日

此联银行给收款人的入账通知

（印章：中国工商银行江汉支行 江滨分理处 2021.12.27 托收专用章）

（13）12月31日，分配结转本月发出材料成本（表6－39）。

表6－39 **隆兴置业有限责任公司发料凭证汇总表** 编号：7

2021年12月31日 单位：元

日 期	领料单张数	贷方科目	借 方 科 目				
			生产成本	制造费用	管理费用	其他业务成本	合 计
1—10	7	原材料	240 000	12 000	2 000		254 000
11—20	10	原材料	210 000	21 000			231 000
21—31	6	原材料	315 700	700		100	316 500
合 计			765 700	33 700	2 000	100	801 500

会计主管：王 成　　记账：李泽民　　审核：陈 红　　制单：王 微

备注：百叶窗：505 000.00；风机：260 700.00。

（14）12月31日，分配本月结转工资费用（表6－40）。

表6－40 **隆兴置业有限责任公司工资费用汇总分配表**

2021年12月31日 单位：元

车 间（部 门）		应分配金额	备 注
车间生产人员	F－HB百叶窗产品工人	65 000	
	F－4风机产品工人	35 000	
	车间生产人员工资小计	100 000	
车间管理人员		6 200	
厂部管理人员		8 400	
专设销售机构人员		7 000	
合计		121 600	

主管：王 成　　审核：陈 红　　制单：李 轻

（15）12月31日，分配本月固定资产折旧（表6－41）。

表6－41 **隆兴置业有限责任公司固定资产折旧计算表**

2021年12月31日 单位：元

使用部门	上月计提折旧额	上月增加固定资产应提折旧额	上月减少固定资产应提折旧额	本月应计提折旧数额
车 间	38 500	500		39 000
厂 部	12 500		1 000	12 500
合 计	51 000	500	1 000	50 500

主管：王 成　　审核：陈 红　　制单：刘 明

(16) 12 月 31 日，按规定预提本月费用(表 6－42)。

表 6－42　　隆兴置业有限责任公司利息等费用计提表

2021 年 12 月 31 日　　单位：元

项目 部门	银行借款利息	固定资产大修理费用	本月应计提折旧数额
车　间		4 500	45 000
厂　部	4 000	2 500	65 000
合　计	4 000	7 000	11 000

主管：王　成　　审核：陈　红　　制单：刘　明

(17) 12 月 31 日，摊销本月费用(表 6－43)。

表 6－43　　隆兴置业有限责任公司财产保险等费用分配表

2021 年 12 月 31 日　　单位：元

项目 部门	财产保险费			报纸杂志费		
	实际支付	分摊期	本期摊销	实际支付	分摊期	本期摊销
车　间	6 000	2	3 000	2 400	12	200
厂　部	9 000	3	3 000	1 200	12	100
合　计			6 000			300

主管：王　成　　审核：陈　红　　制单：刘　明

(18) 12 月 31 日，结转本月制造费用(表 6－44)。

表 6－44　　隆兴置业有限责任公司制造费用分配表

车间：生产车间　　2021 年 12 月 31 日　　单位：元

分配对象	分配标准 (生产工人工资)	分配率 (%)	分配金额
百叶窗	65 000	1.168 6	75 959
风　机	35 000	1.168 6	40 901
合　计	100 000	1.168 6	116 860

主管：王　成　　审核：陈　红　　制单：刘　明

(19) 12 月 31 日，结转生产完工验收入库产品成本(表 6－45)。

表 6－45　　隆兴置业有限责任公司完工产品计算表

2021 年 12 月 31 日　　单位：元

成本项目	(F－4 型)风机(500 台)		(F－HB 型)百叶窗(80 台)	
	总成本	单位成本	总成本	单位成本
直接材料	220 000	440	480 000	6 000
直接人工	60 000	120	72 000	900
制造费用	60 000	120	88 000	1 100
合　计	340 000	680	640 000	8 000

主管：王　成　　审核：陈　红　　制单：刘　明

(20) 12 月 31 日，结转本月销售成本(表 6－46、表 6－47)。

表 6－46　　隆兴置业有限责任公司产品出库单

收货单位：　　2021 年 12 月 31 日　　单位：元

编　号	名称及规格	单　位	数　量	单　价	金　额	备　注
F－HB 型	百叶窗	台	60	8 200	492 000	
F－4 型	风　机	台	150	700	105 000	
合　计					597 000	

主管：王　成　　审核：陈　红　　制单：刘　明

表 6－47　　隆兴置业有限责任公司已销产品成本计算表

2021 年 12 月 31 日　　单位：元

产品名称	单位	月初结存		本月入库		本月销售	
		数量	总成本	数量	总成本	数量	总成本
F－HB 型百叶窗	台			80	640 000	60	492 000
F－4 型风机	台			500	340 000	150	105 000
合　计					980 000		597 000

主管：王　成　　审核：陈　红　　制单：刘　明

第七章　会计账簿

【理论目标】

1. 掌握会计账簿的概念、分类及作用；
2. 熟悉会计账簿的格式、内容和使用方法；
3. 掌握会计账簿的登记、对账和结账及错账更正方法；
4. 了解账簿档案的保管规定。

【实践目标】

1. 掌握账簿设置的实务操作；
2. 掌握会计账簿的登记方法。

第一节　会计账簿概述

一、会计账簿的概念和作用

（一）会计账簿的概念

会计账簿[①]（简称账簿）是指由具有专门格式和一定形式连接在一起的账页组成的，以会计凭证为依据，对会计主体发生的经济业务进行全面、系统、连续、分类地记录和核算的簿籍，又称账册。设置和登记账簿，是编制财务会计报告的基础，是连接会计凭证与财务会计报告的中间环节，在会计核算中具有重要意义。

在会计实务中，无论会计账簿的形式、格式、内容存在什么样的差别，但都具有共同的要素，这就是会计账簿的封面、扉页和账页等基本要素。

1. 封面

会计账簿封面上应载明账簿的名称，单位名称例如，总分类账、明细分类账、库存现金日记账、银行存款日记账等。单位或使用者名称，即会计主体名称，与公章内容一致。

2. 扉页

扉页是指在账簿封面之后、正文之前的一页。一般印有科目（账户）索引、账簿启用和经管账簿人员以及交接记录一览表等。

① 在新技术时代，会计账簿已经不需要手工登记了，计算机会自动登记，如果需要纸质的打印出来即可。

账簿扉页上应附"经办人员一览表"。内容包括单位名称、账簿名称、账簿页数、启用日期、记账人员和会计机构负责人、会计主管人员姓名，并加盖名章和公章。会计主管人员调动工作时，应当注明交接日期、接办人员和监交人员姓名，并由交接双方签名或者盖章。同时，需粘贴印花税票。

3. 账页

账页是用来记录经济业务的载体，是账簿的主要内容，账页格式因账簿的用途和反映经济业务的内容不同而不相同。但一般都包括下列基本内容：

（1）账户名称或称会计科目（一级科目和明细科目）。

（2）记账日期栏，包括年、月、日。

（3）凭证种类和编号栏。

（4）摘要栏。

（5）借、贷方金额及余额的方向、金额栏。

（6）页次，包括总页次和分户页次。

（二）会计账簿的作用

设置和登记账簿，是编制财务会计报告的基础，是联结会计凭证与财务会计报告的纽带，在企业经营管理中具有重要作用，主要表现在以下几个方面：

1. 为经营管理提供系统、完整的会计核算资料

会计账簿是会计信息的重要载体，通过账簿记录，可以对会计凭证提供的大量的、分散的会计核算资料进行整理、分类、汇总，将经济业务发生的状况，全面、系统地反映出来，提供经营管理所必需的会计信息。

2. 为编制财务会计报告提供依据

财务会计报告编制的基本依据是会计账簿，财务会计报告的具体项目有的与账簿中的账户由于作用不同而不能直接一致，但它仍然离不开账簿上提供的数据。例如，财务会计报告中的"存货"项目，账簿上的账户没有直接反映，但通过对会计账簿上的原材料、生产成本、库存商品、周转材料、材料成本差异等核算项目的数据，进行相应的确认与计量，即可形成了财务会计报告中存货项目的数据。

3. 为开展财务分析和会计检查提供依据

设置和登记账簿有利于保存会计资料，便于日后检查和分析。通过对账簿资料的检查、分析，可以了解会计主体贯彻有关政策、制度的情况，考核、评价有关计划的执行情况，对资金使用是否合理，费用开支是否符合标准，利润的形成与分配是否符合规定等作出分析、评价，从而找出差距，挖掘潜力，提出改进措施。

4. 会计账簿是企业重要的经济档案

设置和登记会计账簿，有利于保存会计信息资料，通过归类存档，可以实现方便查阅；在会计信息化环境下，应该以磁性介质（光、电介质）存贮为主；会计账簿是会计档案的重要组成部分，也是经济档案和经济史料的重要组成部分。

二、会计账簿的种类

在日常会计核算中，会计主体根据企业经营管理的需要，结合会计规范和经济业务的具体情况，设置会计账簿。在账簿设置时既要保证科学、完整、适用，又要便于全面反映和分析、检查生产经营状况，并以能够提供总括核算资料和详细情况为原则。

（一）序时账簿、分类账簿和备查账簿

按其用途的不同，会计账簿可以分为序时账簿、分类账簿和备查账簿。

1. 序时账簿

序时账簿是指按经济业务发生时间的先后顺序，逐日逐笔登记经济业务的账簿，也称日记账。其核心是将全部该类经济业务，按时间先后顺序，逐日逐笔记载于账簿之中。设置序时账簿，既能及时、详细地反映经济业务的发生和完成情况，提供连续系统的会计资料，又可以用来与分类账进行相互核对。

序时账簿按其记录经济业务的范围不同，分为普通日记和特种日记账簿。

（1）普通日记账是指用来记录会计主体发生的全部经济业务完成情况的账簿。它的特点是将每日发生的全部经济业务，按其发生的时间先后顺序，根据原始凭证在账簿中逐笔编制会计分录，因此，也可称为分录日记账。在会计实务中，由于经济业务的复杂多样性，采用一本账簿逐日逐笔序时登记全部的经济业务，显然比较困难，也不利于分工，因此在手工记账下实际已经很少有会计主体采用此类账簿。这种账簿适用于会计信息化条件下的会计核算工作。

普通日记账不适用于业务量大的企业，因为大量不同种类的经济业务分散在普通日记账中，给人一种零散的感觉，不利于企业对重要的、规律性发生的经济业务的归类核算与监督。为了克服普通日记账的上述缺陷，会计工作者在总结经验的基础上，结合企业经营管理上的特点，在保留了普通日记账固有优点的前提下，设计与完善了一种既序时、又分类的特种日记账。

（2）特种日记账是指用来记录会计主体发生的某一类经济业务完成情况的账簿。它的特点是对某一类重要的、发生频繁的经济业务进行序时登记。设置特种日记账有利于反映和考核特定的经济业务，简化记账、过账手续，并且便于会计人员分工记账、算账、报账。特种日记账的设置取决于企业的业务性质，以及这类业务发生的频繁程度。一个企业要设置多少种特种日记账，取决于经营管理上的考虑与成本效益的权衡。由于库存现金与银行存款在经营管理上具有重要意义，所以企业都设置了特种日记账即库存现金日记账与银行存款日记账。其他常见的特种日记账还包括：销售日记账、购货日记账等。

2. 分类账簿

分类账簿是对全部经济业务按总分类账户和明细分类账户进行分类登记的账簿，又叫做分类账簿。通过分类账簿，可以提供资产、负债和所有者权益的增减变动以及收入、费用和利润等总括情况及其详细资料，为编制财务会计报告提供重要依据。分类账簿是会计账簿的主体。

分类账簿按其反映经济内容的详细程度不同，分为总分类账簿和明细分类账簿。

（1）总分类账簿是根据总账科目或一级科目开设账户，用来分类登记全部经济业务，提供各种资产、负债、所有者权益、收入、费用及利润等总括核算资料的分类账簿，也称总分类账簿，简称总账。

（2）明细分类账簿是根据总账科目所属的明细科目开设账户，用来分类登记某一类经济业务，提供比较详细核算资料的分类账簿，也称明细分类账簿，简称明细账。

某个总分类账簿的金额应与其所属的明细分类账簿的金额之和相等。

3. 备查账簿[①]

备查账簿是指用来在日记账和分类账等账簿中未能登记或记载不全的经济业务进行补充

① 备查账簿没有固定的格式，只要满足需要即可。

登记以备查考的账簿，也称辅助账簿。这类账簿主要用于对某些经济资料提供必要的参考资料。备查账簿应根据各单位的实际需要灵活设置。在会计实务中主要包括各种租借设备、物资的辅助登记或有关应收、应付款项（票据）的备查簿，担保、抵押备查簿等。各单位可根据自身管理的需要，设置其他辅助账簿。

（二）订本式账簿、活页式账簿和卡片式账簿

按其外表形式的不同，会计账簿可以分为订本式账簿、活页式账簿和卡片式账簿。

1. 订本式账簿

订本式账簿[①]是指在启用前进行顺序编号并固定装订成册的账簿。订本账一般用于库存现金日记账、银行存款日记账和总分类账。这类账簿具有可避免账页散失、防止随便抽换账页的优点。其缺点是由于账页固定，不能增减，必须为每一账户预留空白账页，若预留过多，就会造成浪费；若过少，就会使账簿记录前后分开，不便查阅。此外，若在同一时间内，只能由一人登记账簿，不便会计人员分工同时登记账簿。

2. 活页式账簿

活页式账簿是指将若干具有相同格式的账页装入账夹内，启用时不作固定的装订，于年终时将其装订成册。活页式账簿的优缺点与订本式账簿恰恰相反。为防止散失和抽换，使用时应按账页顺序编号。一般适用于明细分类账簿。

3. 卡片式账簿

卡片式账簿[②]是指由专门格式、分散的卡片作为账页组成的账簿。这种账簿一般用卡片箱装置，可以随取随放，它实际也是一种活页账簿。卡片式账簿除具有一般活页账具有的优点外，它不需每年更换，可以跨年度使用。固定资产明细分类账一般可采用这种账簿。

（三）三栏式账簿、多栏式账簿和数量金额式账簿

按其账页格式的不同，会计账簿可分为三栏式账簿、多栏式账簿和数量金额式账簿。

1. 三栏式账簿

三栏式账簿[③]是指设有“借方”“贷方”和“余额”三个基本栏目的账页格式所构成的账簿。总分类账、日记账和债权债务及资本等明细分类账应采用三栏式账簿。三栏式账簿格式如表 7－1 所示。

表 7－1 三栏式 账簿

会计科目： 第 页

年		凭证编号	摘 要	借 方	贷 方	余 额
月	日					

① 计算机处理会计业务时，订本账由计算机打印出来以后经过装订后形成。

② 会计实务中使用得比较少，主要集中在“固定资产”明细分类账中使用。

③ 三栏式账页是所有账页格式的基础。

2. 多栏式账簿

多栏式账簿是指在账页的两个基本栏目"借方"和"贷方"，按照需要分别设置若干专栏的账页格式所构成的账簿。收入、费用明细分类账应采用多栏式账簿。多栏式账簿格式如表 7－2 所示。

表 7－2

多栏式　账簿

会计科目：　　　　　　　　　　　　　　　　　　第　　页

年		凭证编号	摘　要	借　　方					
月	日			合计	……	……	……	……	……

3. 数量金额式账簿

数量金额式账簿是指在三栏式账页"收入(借方)""发出(贷方)"和"结存(余额)"三栏的基础上再分别设置"数量""单价""金额"三个小栏目，借以反映财产物资的实物数量、单价和价值。"原材料""库存商品"等明细分类账应采用数量金额式账页格式的账簿。数量金额式账簿格式如表 7－3 所示。

表 7－3

数量金额式　账簿

会计科目：　　　　　　　　　　　　　　　　　　第　　页

年		凭证编号	摘　要	收　　入			发　　出			结　　存		
月	日			数量	单价	金额	数量	单价	金额	数量	单价	金额

第二节　设置会计账簿

根据《会计法》的规定，所有实行独立核算的国家机关、社会团体、公司、企业、事业单位和其他组织都必须设置符合法律规范的相关会计账簿，并保证其真实、完整。设置会计账簿是会计主体根据《会计法》《会计基础工作规范》的规定，结合本单位经济业务特点、会计核算及经营管理的需要而建立会计账簿体系的过程。会计账簿设置一般是在企业设立或年度更换新账之时进行。每个会计主体都须建立总分类账、日记账和明细分类账，建账册数以及每册账簿选用的账页格式须根据会计主体的实际情况确定。会计法规不仅规定各单位必须依法设置账簿，还对设置会计账簿的种类作出规定："会计账簿包括总账、明细账、日记账和其他辅助性账簿。"会计账簿的设置和登记，包括确定账簿种类和设计账页格式、内容以及账簿的登记方法等。会计主体应根据经济业务特点和管理要求，科学、合理地设置账簿体系。

一、设置会计账簿的原则

(1) 按照《会计法》和国家统一会计制度的规定设置。《会计法》规定,各单位必须依法设置会计账簿。各单位发生的各项经济业务应当在依法设置的会计账簿上统一登记、核算,不得违反《会计法》和国家统一会计制度的规定,少设、私设会计账簿进行登记、核算。

(2) 账簿设置必须能够保证全面地、系统地核算和监督会计主体或核算单位的各项经济活动,为经济管理提供必要的考核指标。

(3) 账簿设置必须考虑各会计主体或核算单位经济活动和业务工作的特点,以有利于会计分工和加强岗位责任制;各单位应根据经济业务的特点和管理要求科学、合理地设置账簿,确保账簿能全面、连续、系统地核算各项经济业务,为经营管理提供系统、分类的会计核算资料。

(4) 账簿结构要求科学严密,有关账簿之间须有统驭关系或平行制约关系,并避免重复记账或遗漏;账簿之间能清晰地反映账户间的对应关系,以便提供完整、系统的资料。会计账簿的设置,既要防止账簿重叠、繁琐复杂,也要防止过于简化,以致不能提供日常管理所需的资料和编制财务会计报告的依据。

(5) 账簿的格式,须简明实用,既要保证会计记录的系统和完整,又要避免过于繁琐,便于日常使用和保存。

年初建账

二、设置总分类账簿

(一) 账簿的外在形式

总分类账簿一般采用订本式账簿。选购时应结合企业业务量的多少,尽量选用一本账簿中的账页数量能够满足 1 年所用。活页账装订成册时,应注意纸色、大小的一致,且排齐订紧,以保证账本外形美观,防止账页松动。账簿封面的颜色,同一年度应力求统一,每年应更换一色,以便于区别。

(二) 账簿的格式

总分类账簿一般采用三栏式账页格式。三栏是指账页中"借方""贷方""余额"三个栏目。三栏式账页格式的总分类账有两种,一种是只记录金额,不反映账户之间对应关系的三栏式账页格式的总分类账,格式如表 7-4 所示。另一种是不仅记录金额,而且又反映账户之间对应关系的三栏式账页格式的总分类账,格式如表 7-5 所示。

表 7-4 总分类账

(仅记录金额)

会计科目: 第 页

年		凭证号数	摘要	借方									贷方									借或贷	余额								
月	日			百	十	万	千	百	十	元	角	分	百	十	万	千	百	十	元	角	分		百	十	万	千	百	十	元	角	分

表 7－5

总 分 类 账

会计科目：　　　　　　　　　　　　　　　　　　第　　页

年		凭证号数	对方科目	摘要	借方									贷方									借或贷	余额								
月	日				百	十	万	千	百	十	元	角	分	百	十	万	千	百	十	元	角	分		百	十	万	千	百	十	元	角	分

三、设置日记账簿

（一）账簿的外在形式

日记账簿一般也采用订本式账簿。库存现金、银行存款日记账是专门记录货币资金收付业务的特种日记账簿，它一般由出纳人员负责登记。

（二）账簿的格式

日记账簿一般采用三栏式账页格式，少数规模较小的单位也可采用多栏式。三栏式日记账是指按“借方”“贷方”“余额”三栏设置的，比较常用的三栏式日记账库存现金日记账簿，格式如表 7－6 所示。

表 7－6

日 记 账

会计科目：　　　　　　　　　　　　　　　　　　第　　页

年		凭证号数	对方科目	摘要	借方									贷方									借或贷	余额								
月	日				百	十	万	千	百	十	元	角	分	百	十	万	千	百	十	元	角	分		百	十	万	千	百	十	元	角	分

“对方科目”填列货币资金收入的来源科目或支出科目。例如开出支票支付材料款，其支出的对方科目为“原材料”科目，其作用在于了解经济业务的来龙去脉。

“借方”“贷方”“余额”是指货币资金实际收付的金额。对于库存现金日记账，每日终了应分别计算收入和支出的合计数，结算出余额，做到日清；对于银行存款日记账，每月终了应计算出全月收入和支出的合计数，做到月结，并与银行对账。

应当注意的是：在库存现金日记账中，对于从银行提取现金的现金收款业务，应根据银行存款的付款凭证登记；在银行存款日记账中，对于将库存现金存入银行的银行存款收款业务，应根据库存现金的付款凭证登记。

四、设置明细分类账簿

明细分类账簿按照明细科目设置账簿，记录经济业务的详细情况。一般来说，明细分类账簿除了记录金额以外，还要记录实物数量、费用与收入的构成、债权债务结算等情况。因此，须按经济业务的不同特点和管理要求，采用不同格式、不同形式的账页。明细分类账一般采用活页账，卡片账，其账页格式主要有“三栏式”“数量金额式”“多栏式”等。

（一）三栏式明细分类账簿

1. 账簿的账页格式

三栏式明细分类账簿是指在账页中设有“借方”“贷方”和“余额”三个栏目，用以分类核算各项经济业务，提供详细核算资料的账簿，其基本格式如表 7－7 所示。

表 7－7　　明细分类账户(三栏式)

第　　页

年		凭证号数	摘要	借方									贷方									借或贷	余额								
月	日			百	十	万	千	百	十	元	角	分	百	十	万	千	百	十	元	角	分		百	十	万	千	百	十	元	角	分

2. 账簿的适用

三栏式明细分类账簿适用于只需进行金额核算的账户，例如，“应收账款”“应付账款”“应交税费”等账户。

（二）数量金额式明细分类账簿

1. 账簿的账页格式

数量金额式明细分类账簿是指既能进行金额核算，又能同时完成数量核算的账户，其“借方”“贷方”和“余额”都分别设有“数量”“单价”和“金额”三个专栏。其基本格式如表 7－8 所示。

表 7－8　　明细分类账(数量金额式)

会计科目：　　　　第　　页

类别		计量单位	
名称规格		存放地点	
编号		储备定额	

年		凭证号数	摘要	收入(借方)											发出(贷方)												借或贷	结存(金额)										
				数量	单价	金额									数量	单价	金额											数量	单价	金额								
月	日					百	十	万	千	百	十	元	角	分			千	百	十	万	千	百	十	元	角	分				百	十	万	千	百	十	元	角	分

2. 账簿的适用

数量金额式明细分类账簿适用于既可以提供有关财产物资收、发、存的数量和金额的详细资料，又能够加强财产物资的实物管理和监督，保证财产物资安全完整等账簿。例如，“原材料”“库存商品”等明细分类账簿。

(三) 多栏式明细分类账簿

1. 账簿的账页格式

多栏式明细分类账簿属于同一总分类账账户的各个明细分类账户或项目合并在一张账页上进行登记，即在这种格式账页的借方或贷方“金额”栏内按照明细项目设若干专栏。在会计实务中，成本、费用类账户的明细分类账簿，可以只按借方发生额设置专栏，专栏内填写的项目，一般称为成本或费用项目。贷方发生额由于每月发生的数量很少，可以在借方直接用红字冲销。另一种格式是，借方设置专栏，贷方设一总的“金额”栏，再设一“余额”栏。这两种明细分类账的格式分别如表 7 - 9、表 7 - 10 所示。

表 7 - 9　　明细分类账（多栏式Ⅰ）　　本账第　　页

名称及规格：　　本账第　　页

年		凭证号	摘要	借方(项目)																																					余额								
月	日																															合计																	
				万	千	百	十	元	角	分	万	千	百	十	元	角	分	万	千	百	十	元	角	分	万	千	百	十	元	角	分	百	十	万	千	百	十	元	角	分	百	十	万	千	百	十	元	角	分

表 7 - 10　　明细分类账（多栏式Ⅱ）　　本账第　　页

名称及规格：　　本户第　　页

年		凭证号	摘要	借方(项目)																												贷方									余额								
月	日																								合计																								
				万	千	百	十	元	角	分	万	千	百	十	元	角	分	万	千	百	十	元	角	分	万	千	百	十	元	角	分	百	十	万	千	百	十	元	角	分	百	十	万	千	百	十	元	角	分

2. 账簿的适用

多栏式明细分类账簿一般适用于成本、费用类账户,例如,“生产成本”“制造费用”“销售费用”“管理费用”和“财务费用”等账户的明细分类核算。

五、设置备查账簿

备查账簿是对序时账簿和分类账簿等未能记载或记载不全的经济业务进行补充登记的会计账簿。设置和登记备查账簿,可以对某些经济业务的内容提供必要的参考资料。各企业、单位可以根据实际需要设置备查账簿。该类账簿的形式、种类没有统一规定或样式,主要是根据记录的经济业务的具体内容确定。

备查账主要用于登记分类账簿中需要补充资料的重要交易或事项,或分类账簿以外的重要交易或事项。它可以补充说明总分类账和明细分类账所不能详细反映的资料,具有备查备忘的基本作用。例如,分类账内没有反映的担保事项、分类账内虽已记录但性质重要的应收票据,都需要在备查账上进行登记说明。备查账对完善会计核算、加强企业内部控制与管理、强化对重要经济业务事项的监督、明确会计交接责任、准确填列财务会计报告附注内容等都具有重要意义。

企业常设的备查账簿有以下几种:

(1) 应收账款备查簿。该备查簿用于登记账内需要补充资料的重要应收款项或账簿以外的应收款项。例如,对于企业债务重组,如果未来应收金额大于应收债权账面金额的,则未来应收款项在债务重组时不作账务处理,但应在备查簿中进行登记。在企业以应收债权取得质押借款的情况下,因用于质押的应收债权的相关的风险和报酬并没有发生实质性变化,所以企业应设置备查簿,详细记录质押的应收债权的账面金额、质押期限及回款情况等。

(2) 应收票据备查簿。该备查簿用于逐笔登记每一应收票据的种类、号数、出票日期、票面金额、票面利率、交易合同号,付款人、承兑人、背书人的姓名或单位名称,到期日、背书转让日、贴现日期、贴现率、贴现净额、未计提的利息,以及收款日期和收回金额、退票情况等资料。应收票据到期结清票款或退票后,应当在备查簿内逐笔注销。

(3) 分期收款发出商品备查簿。该备查簿用于详细记录分期收款发出商品的数量、成本、售价、代垫运杂费、已收取的货款和尚未收取的货款等有关情况。

(4) 受托加工来料备查簿。该备查簿用于登记企业对外进行来料加工装配业务而收到的原材料、零件等收发结存数额。

(5) 代管商品备查簿。对已经办完销售手续、但购买单位在月末尚未提取的库存商品,单独在该备查簿中逐笔登记。

(6) 在用低值易耗品备查簿。对于在用低值易耗品以及使用部门退回仓库的低值易耗品,应当加强实物管理,在该备查簿中进行登记。

(7) 出租出借包装物备查簿。该备查簿用于登记企业的出租出借包装物。

(8) 临时租入固定资产备查簿。该备查簿用于登记临时租入固定资产的有关情况。

(9) 在建工程其他支出备查簿。该备查簿用于专门登记包括按照建设项目概算内容购置的不需用安装设备、现成房屋、无形资产以及发生的递延费用等。

(10) 应付票据备查簿。该备查簿用于详细登记每一应付票据的种类、号数、签发日期、到期日、票面金额、票面利率、合同交易号、收款人姓名或单位名称以及付款日期和金额等资料。

应付票据到期结清时，应当在备查簿内逐笔注销。

(11) 应付债券备查簿。用于登记企业发行债券的票面金额、债券票面利率、还本期限与方式、发行总额、发行日期和编号、委托代售部门、转换股份等情况。

(12) 实收资本(股本)备查簿。该备查簿用于登记企业资本的变化情况。对于投资者按规定转让其出资的，企业应当于有关的转让手续办理完毕时，将出让方所转让的出资额，在资本账户的有关明细账户及各备查簿中转给受让方。企业因减资而注销股份、发还股款，以及因减资而更新股票等的变动情况等资料。

(13) 持有股票备查簿。企业持有股票期间获得股票股利时，不作账务处理，但应在备查簿中登记所增加股份的相关资料。

(14) 股权投资未确认亏损备查簿。采用权益法核算时，企业确认被投资单位发生的净亏损，以股权投资账面价值减记至零为限。若被投资单位以后继续发生亏损，则未确认的亏损额应在备查簿中登记。

(15) 发票备查簿。该备查簿详细登记增值税专用发票、普通发票领购、缴销、结存等情况。

(16) 账销案存资产备查簿。用于登记企业资产评估、财产清查中核销资产的变现、保管、销毁等工作，对处置的实物资产，应建立实物台账和处置档案。对核销的应收账款，应实行债销账留，继续保持追索权，建立备查簿单独反映和监督其回收情况。

(17) 其他需要设置的备查簿。用于登记企业对外担保事项，以及应由以后年度弥补的所得税计税亏损情况等资料。

当然，企业备查账簿还不止这些。企业应根据国家统一会计制度的要求，结合管理需要和满足填报财务会计报告附注的需要，规范备查账簿的设置和登记工作。设置账簿的内容应科学、完整，设置格式应简捷、明了，可采用订本式或活页式等形式。在管理上，应建立相应的责任制度，明确何时登记、谁登记、谁保管、谁配合、谁检查，做到责任分明，并将备查账簿纳入企业重要的会计档案进行管理，在企业已经实现了会计信息化的条件下，备查账应以更加丰富的形式存在，可以实现内容丰富，自动计数，实时提醒，切实实现会计管理的信息化。

第三节　登记会计账簿

一、账簿启用

(一) 账簿启用及交接表

会计账簿是生成会计信息的载体，是企业重要的会计档案，为了保证账簿记录的合法性、合理性，保证账簿资料的完整，防止舞弊行为，明确相关记账人员的责任，会计人员在启用新账簿时，应在账簿的扉页上填制“账簿启用表”或“经管账簿人员一览表”，主要包括：企业名称、账簿名称、账簿编号、账簿页数和启用日期等。并载明会计主管人员、记账人员姓名及签章，加盖公章。如果需要记账人员更换时，应在主管会计监督下办理交接手续，并在表内注明交接日期。移交人和接管人双方都应签章，以明确责任，其格式如表 7－11 所示。

表 7-11　　**账簿启用及交接表**

<table>
<tr><td>单位名称</td><td colspan="5"></td><td colspan="5">单　位　公　章</td></tr>
<tr><td>账簿名称</td><td colspan="5"></td><td colspan="5" rowspan="4"></td></tr>
<tr><td>账簿编号</td><td colspan="5"></td></tr>
<tr><td>账簿页数</td><td colspan="5">本账簿共计　　页</td></tr>
<tr><td>启用日期</td><td colspan="5">年　月　日</td></tr>
<tr><td rowspan="3">经管人员</td><td colspan="2">负 责 人</td><td colspan="3">主 管 会 计</td><td colspan="2">复　　核</td><td colspan="3">记　　账</td></tr>
<tr><td>姓　名</td><td>盖　章</td><td>姓　名</td><td colspan="2">盖　章</td><td>姓　名</td><td>盖　章</td><td colspan="2">姓　名</td><td>盖　章</td></tr>
<tr><td></td><td></td><td></td><td colspan="2"></td><td></td><td></td><td colspan="2"></td><td></td></tr>
<tr><td rowspan="4">接交人员</td><td colspan="2">经管人员</td><td colspan="4">接　　管</td><td colspan="4">移　　交</td></tr>
<tr><td>职　别</td><td>姓　名</td><td>年</td><td>月</td><td>日</td><td>盖　章</td><td>年</td><td>月</td><td>日</td><td>盖　章</td></tr>
<tr><td></td><td></td><td></td><td></td><td></td><td></td><td></td><td></td><td></td><td></td></tr>
<tr><td></td><td></td><td></td><td></td><td></td><td></td><td></td><td></td><td></td><td></td></tr>
<tr><td>备　注</td><td colspan="10"></td></tr>
</table>

（二）缴纳印花税

印花税是以经济活动中签订的各种合同、产权转移书据、营业账簿、权利许可证照等应税凭证文件为对象所征的税。印花税由纳税人按规定应税的比例和定额自行购买并粘贴印花税票，即完成纳税义务。启用账簿一般需要缴纳印花税，账簿启用的印花税有以下两种缴纳方法。

（1）账簿启用时，直接将印花税票粘贴在账簿的扉页上，印花税票一律粘贴在账簿启用表的右上角，并在印花税票中间划两条出头的注销线，以示注销。印花税图样如图 7-1 所示。

（2）使用缴款书缴纳印花税，账簿启用时，在账簿启用表右上角注明“印花税已缴”及缴款金额，其缴款书作为原始凭证。

图 7-1　印花税图样

自 2018 年 5 月 1 日起，对按万分之五税率贴花的资金账簿减半征收印花税，对按件贴花五元的其他账簿免征印花税。

二、登记会计账簿的要求

（一）登账的依据

在登记各种账簿时，必须根据审核无误的会计凭证及时登记。

(二) 准确完整

登记会计账簿时,应当将会计凭证日期、编号、摘要、金额和其他有关资料逐项记入账簿内,做到数字准确、摘要清楚、登记及时、字迹工整。每一项会计事项,一方面要记入有关的总账,另一方面要记入该总分类账所属的明细账。账簿记录中的日期,应该填写记账凭证上的日期;以自制的原始凭证,例如,收料单、领料单等,作为记账依据的,账簿记录中的日期应按有关自制凭证上的日期填列。

登记账簿须及时,但对各种总账账簿的登记间隔应该多长,《会计基础工作规范》未作统一规定。一般来说,须根据单位所采用的具体会计核算程序而定。

(三) 注明记账符号

账簿登记完毕后,须在记账凭证上签名或者盖章,并注明已经登记入账的符号"√",表示已经记账。在记账凭证上设有专门的栏目供注明记账的符号,以免发生重记或漏记。

(四) 文字和数字必须整洁清晰,准确无误

在登记书写时,不得滥造简化字,不得使用同音异义字,不得写异形字体;摘要文字紧靠左线;数字要写在金额栏内,不得越格错位、参差不齐;文字、数字字体大小适中,紧靠下线书写,上面要留有适当空距,一般应占行宽的1/2,以备按规定的方法改错。记录金额时,如为没有角、分的整数,应分别在角分栏内写上"0",不得省略,不得以"一"号代替。阿拉伯数字一般可自左向右适当倾斜,以使账簿记录整齐、清晰。为防止字迹模糊,墨迹未干时不要翻动账页;夏天记账时,可在手臂下垫一块软质布或纸板等书写,以防汗浸。

(五) 正常记账使用蓝黑墨水

登记账簿用蓝黑墨水或者碳素墨水书写,不得使用圆珠笔(银行的复写账簿除外)或者铅笔书写。

(六) 特殊记账使用红墨水

下列情况,可以使用红色墨水记账:

(1) 编制红字冲账的记账凭证,冲销错误记录。

(2) 在不设借、贷等栏的多栏式账页中,登记减少数额。在多栏式账页中,只设借方(或贷方)栏目登记增加数额,若需要登记减少数额时,则用红字在表示增加栏目中登记。

(3) 在三栏式账户的余额栏前,如未印明余额方向的,在余额栏内登记负数余额。

(4) 划更正线、结账线和注销线。

(5) 冲销银行存款日记账时,用红字登记支票号码,进行冲销。

(6) 当销售货物发生退回时,则用红字冲减已入账的该笔货物销售收入和销售成本。

(7) 根据国家统一会计制度的规定可以用红字登记的其他会计记录。

(七) 顺序连续登记

总分类账簿应根据记账凭证或科目汇总表登记;日期、凭证号都应根据记账凭证或科目汇总表填写,摘要除写"某月某日至某月某日合计""上年结转"及"承前页"外,应填写凭证汇总起止号。

明细账簿应根据记账凭证或原始凭证登记,日期填写会计凭证的日期,如果同一月份有多笔业务,除第一、二笔外,以下各笔可用点点代替,但换页的第一、二笔必须填写。凭证号栏与摘要栏可按记账凭证号与摘要填写。

库存现金日记账应根据记账凭证逐笔登记。

银行存款日记账应根据支票存根或其他银行结算票据逐笔登记,"种类"项按银行结算种类填写,"号数"只填写支票的后四位数字。

各种账簿按页次顺序连续登记，不得跳行、隔页。如果发生跳行、隔页，不得随意涂改，应在空行空页的金额栏由右上角向左下角划红线注销，同时在摘要栏注明“此行空白”或“此页空白”字样，并由记账人员签名或者压线盖章。订本式账簿，不得任意撕毁。

（八）结出余额

（1）凡需要结出余额的账簿，结出余额后，应当在“借”或“贷”等栏内写明“借”或者“贷”等字样。没有余额的账簿，应当在“借”或“贷”等栏内写“平”字，并在余额栏内用0表示。

（2）库存现金日记账和银行日记账必须逐日结出余额。一般来说，对于没有余额的账簿，在余额栏内标注的“0”应当放在“元”位；记录金额时，如为没有角、分的整数，应分别在角分栏内写上“0”，不得省略不写，不得以“⁻”号代替。阿拉伯数字一般可自左向右适当倾斜，以使账簿记录整齐、清晰。

（九）过次承前

每一账页登记完毕结转下页时，应当结出本页合计数及余额，写在本页最后一行和下页第一行有关栏内，并在摘要栏内注明“过次页”和“承前页”字样；也可以将本页合计数及金额只写在下页第一行有关栏内，并在摘要栏内注明“承前页”字样。

（十）更正方法规范

严禁刮、擦、挖、补，或使用化学药物清除字迹。发现差错必须根据差错的具体情况采用划线更正、红字更正、补充登记等方法更正。

（十一）定期打印

《会计基础工作规范》第五十八条规定，“实行会计电算化的单位，用计算机打印的会计账簿必须连续编号，经审核无误后装订成册，并由记账人员和会计机构负责人、会计主管人员签字或者盖章。”《企业会计信息化工作规范》第四十条规定：“企业内部生成的会计凭证、账簿和辅助性会计资料，同时满足下列条件的，可以不输出纸面资料：（一）所记载的事项属于本企业重复发生的日常业务；（二）由企业信息系统自动生成；（三）可及时在企业信息系统中以人类可读形式查询和输出；（四）企业信息系统具有防止相关数据被篡改的有效机制；（五）企业对相关数据建立了电子备份制度，能有效防范自然灾害、意外事故和人为破坏的影响；（六）企业对电子和纸面会计资料建立了完善的索引体系。”

三、登记会计账簿的基本原理

登记账簿的基本原理是指登记会计账簿体系时，总分类账簿和明细分类账簿的同时、等量、同方向平行登记方法。平行登记方法的本质是凡涉及总分类账户和明细分类账户的同一笔经济业务，需要在总分类账户和所属明细分类账户中按同期、同向、同金额的方法进行登记。总分类账户和明细分类账户，两者登记的经济业务内容相同，只是简化程度不同而已。平行登记方法的要点如下：

（1）同时（期）登记。对同一笔经济业务，在同一会计期间，既要记入有关总分类账户，又要记入它所属的相关明细分类账户，不能漏记或重记。

（2）方向相同。每一笔经济业务发生后，总分类账户的登记方向和明细分类账户的登记方向应该相同。

（3）金额相等。每一笔经济业务发生后，记入总分类账户的金额应与记入其所属一个或多个明细分类账户的金额或金额之和相等。

【例7.1】 2021年12月31日，中华家具股份有限公司开出工商银行转账支票62 000元，用以购入原材料，其中，甲材料 200 千克，价值 12 000 元，乙材料 400 千克，价值 40 000 元，丙材料 100 千克，价值 10 000 元。不考虑相关税费。本例中只以登记“原材料”总分类账和“甲材料”明细分类账两个账户为例说明平行登记，其他账户不作登记。

根据经济业务的内容编制原始凭证如表 7－12 所示。

表 7－12　　中华家具股份有限公司原材料　入库单

交库单位：采购部　　　　2021 年 12 月份　　　　仓库：1 号

产品编号	名称、型号及规格	计量单位	送检数量	检验结果		入库数量	成　本(元)	
				合格	不合格		总成本	单位成本
BJC.P001	甲材料	KG	200	200	0	200	12 000	60
BJC.P002	乙材料	KG	400	400	0	400	40 000	100
BJC.P003	丙材料	KG	100	100	0	100	10 000	100

第四联　记账联

质检员：张　浩　　交库人：李　元　　记账：王　晓　　保管员：张　宝

根据原始凭证编制记账凭证，如表 7－13 所示。

表 7－13　　转账凭证　　总号：1

2021 年 12 月 31 日　　分号：1

摘　要	总分类科目	明细科目	✓	借方金额									贷方金额								
				百	十	万	千	百	十	元	角	分	百	十	万	千	百	十	元	角	分
材料入库	原材料	甲材料	✓			1	2	0	0	0	0	0									
	原材料	乙材料				4	0	0	0	0	0	0									
	原材料	丙材料				1	0	0	0	0	0	0									
	银行存款	工商行													6	2	0	0	0	0	0
合　　计					¥	6	2	0	0	0	0	0		¥	6	2	0	0	0	0	0

附件 1 张

会计主管：李　楠　　记账：王　晓　　复核：吴　明　　制单：王　晓

根据记账凭证登记“原材料”总分类账，如表 7－14 所示。

表 7－14　　总分类账

会计科目：原材料　　第 4 页

21 年		凭证号数	摘　要	借　方									贷　方									借或贷	余　额								
月	日			百	十	万	千	百	十	元	角	分	百	十	万	千	百	十	元	角	分		百	十	万	千	百	十	元	角	分
			以前内容省略																												
12	31	1－1	原材料入库			6	2	0	0	0	0	0										借			6	2	0	0	0	0	0

根据记账凭证登记“甲材料”明细分类账，如表 7－15 所示。

表 7－15　　甲材料　明细分类账

第 7 页

类　　别	A1102	计量单位	件
名称规格	甲材料	存放地点	1 号库
编　　号	BJCP001	储备定额	300 000

21年		凭证号数	摘要	收入(借方)											发出(贷方)												借或贷	结存(金额)										
月	日			数量	单价	金额									数量	单价	金额											数量	单价	金额								
						百	十	万	千	百	十	元	角	分			千	百	十	万	千	百	十	元	角	分				百	十	万	千	百	十	元	角	分
			以前内容省略																																			
12	31	1－1	甲材料入库	200	60			1	2	0	0	0	0	0													借	200	60			1	2	0	0	0	0	0

最后，检验“原材料”总分类账和“甲材料”明细分类账的平行登记情况。图解平行登记法，如图 7－2 所示。

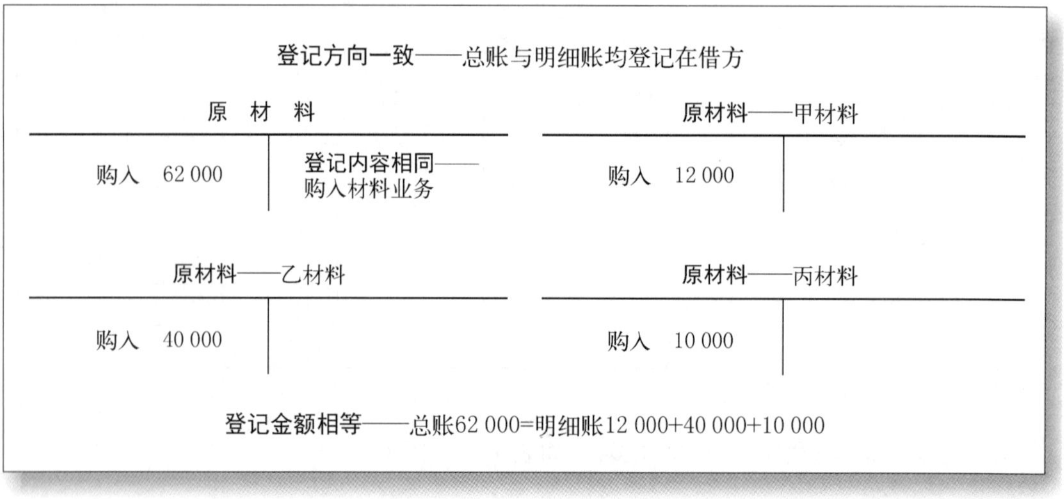

图 7－2　平行登记法图示

四、登记会计账簿的方法

会计账簿包括分类账和日记账，登记账簿包括登记分类账和日记账。登记分类账是指总分类账和明细分类账的登记过程。日记账应按经济业务发生的时间先后顺序登记入账，所以日记账的登记是会计人员将经济业务逐日逐笔顺序登记到账簿中，做到日清月结。日记账主要包括库存现金日记账和银行存款日记账。总分类账的方法依据登记的数据来源划分有多种，目前在会计信息化的背景下，基于登记账簿的基本原理，在会计实务中经常使用记账凭证和科目汇总表两种登记方法。

(一) 库存现金日记账的登记方法

库存现金日记账的登记,由出纳人员根据库存现金的收、付款凭证及银行付款凭证,逐日逐笔顺序登记,其中:借方根据库存现金的收款凭证或从银行提取现金的银行存款付款凭证登记;贷方根据库存现金的付款凭证登记。具体登记内容如下:

(1) 日期。“日期”栏中填入的应为据以登记账簿的会计凭证上的日期。

(2) 凭证字号。“凭证字号”栏中应填写据以登账的会计凭证类型及编号。

(3) 摘要。“摘要”栏简要说明入账的经济业务的内容,力求简明扼要。

(4) 对方科目。第一,对方科目只填总分类科目,不需填明细科目;第二,当对方科目有多个时,应填入主要对方科目;第三,当对应科目有多个且不能从科目上划分出主次时,可在对方科目栏中填入其中金额较大的科目,并在其后加上“等”字。

(5) 借方、贷方。“借方金额”“贷方金额”栏应根据相关会计凭证中记录的“库存现金”科目的借贷方向及金额记入。

(6) 余额。“余额”栏应根据“本行余额=上行余额+本行借方-本行贷方”公式计算填入。

库存现金日记账余额栏前未印有借贷方向,其余额方向默认为借方。

(二) 银行存款日记账的登记方法

银行存款日记账,由出纳人员根据银行存款收、付款凭证及收现金送到银行的库存现金付款凭证,逐日逐笔顺序登记,其中:借方根据银行存款收款凭证或库存现金付款凭证登记;贷方根据银行存款付款凭证登记。具体登记内容如下:

(1) 日期。“日期”栏中填入的应为据以登记账簿的会计凭证上的日期,日记账一般依据记账凭证登记,因此,此处日期为编制该记账凭证的日期。不能填写原始凭证上记载的发生或完成该经济业务的日期,也不是实际登记该账簿的日期。

(2) 凭证编号。“凭证字号”栏中应填入据以登记入账的会计凭证类型及编号。如,企业采用通用记账凭证,根据记账凭证登记银行存款日记账时,填入“记×号”;企业采用专用凭证格式,根据银行存款收款凭证登记银行存款日记账时,填入“收×号”。

(3) 摘要。“摘要”栏简要说明入账的经济业务的内容,力求简明扼要。

(4) 对方科目。“对方科目”栏应填入会计分录中“银行存款”科目的对方科目,用以反映银行存款增减变化的来龙去脉。

(5) 借方、贷方。“借方金额”栏、“贷方金额”栏应根据相关凭证中记录的“银行存款”科目的借贷方向及金额记入。

(6) 余额。“余额”栏应根据“本行余额=上行余额+本行借方-本行贷方”公式计算填入。正常情况下银行存款不允许出现贷方余额,因此,银行存款日记账余额栏前未印有借贷方向,其余额方向默认为借方。若在登记银行存款日记账过程中,由于登账顺序等特殊原因出现了贷方余额,则在余额栏用红字登记,表示贷方余额。

银行存款日记账登记注意事项:

(1) 根据复核无误的银行存款收、付款记账凭证及库存现金付款凭证登记账簿;

(2) 所记载的经济业务内容必须同记账凭证相一致,不得随便增减;

(3) 要按经济业务发生的顺序逐笔登记账簿;

(4) 必须连续登记,不得跳行、隔页,不得随便更换账页和撕扯账页;

(5) 使用蓝、黑色墨水书写,不得使用圆珠笔或铅笔书写;

(6) 每月月末必须按规定结账。

（三）登记明细分类账的方法

1. 明细分类账簿的外在形式

明细分类账簿是根据有关明细分类账户设置并登记的账簿。它能够提供交易或事项比较详细、具体的核算资料，以补充总分类账所提供核算资料的不足。明细分类账簿一般采用活页式账簿或卡片式账簿。

2. 登记明细分类账的方法

明细分类账簿一般根据记账凭证和相应的原始凭证登记。登记明细分类账和登记日记账方法类似。

（1）逐日逐笔登记固定资产、债权、债务等明细分类账。

（2）可以逐日逐笔登记也可定期汇总登记库存商品、原材料等明细分类账以及收入、费用的明细分类账。

根据第五章例题登记的日记账、明细分类账账簿

（四）总分类账的登记方法

登记总分类账方法取决于登记总分类账簿的数据来源，一般可以根据记账凭证逐笔登记，也可根据经济业务分类、定期汇总相关账户的发生额，可以概括为：原始凭证→记账凭证→会计账簿→财务会计报告。这一过程也被称为账务处理程序，其核心是总分类账登记的数据来源。

1. 逐笔登记总分类账的登记方法

逐笔登记总分类账方法是指在经济业务发生后，根据原始凭证或汇总原始凭证编制记账凭证，然后直接根据记账凭证逐笔登记总分类账簿的一种总分类账的登记程序。逐笔登记总分类账方法如图 7－3 所示。

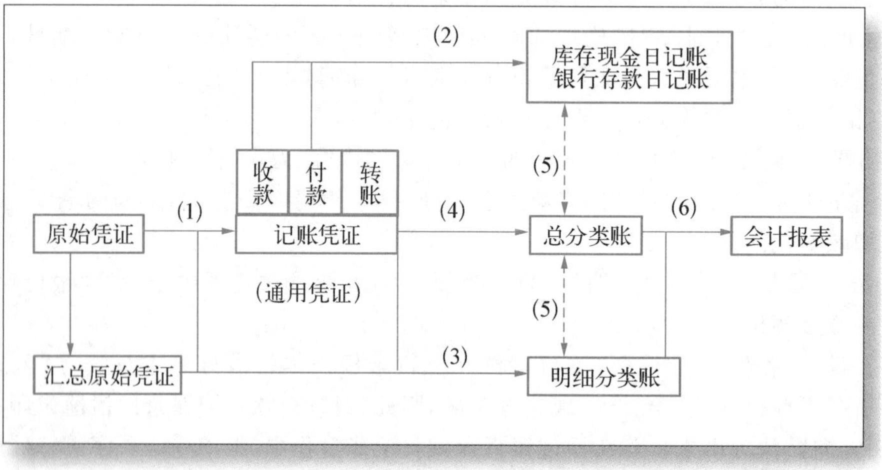

图 7－3　逐笔登记总分类账方法程序图

逐笔登记总分类账方法的程序是：

（1）根据审核无误的原始凭证或汇总原始凭证，编制记账凭证；

（2）根据收款凭证、付款凭证逐笔登记库存现金日记账簿和银行存款日记账簿；

（3）根据原始凭证、汇总原始凭证和记账凭证登记相关明细分类账簿；

（4）根据记账凭证逐笔登记总分类账；

（5）期末，库存现金日记账、银行存款日记账和明细分类账的余额与相关总分类账簿的余

额核对；

（6）期末，根据总分类账簿和明细分类账簿的记录，编制财务会计报告。

逐笔登记总分类账方法简单明了，易于理解，总分类账可以较详细地反映经济业务的发生情况。其缺点是登记总分类账的工作量较大。逐笔登记总分类账方法适用于规模较小、经济业务量较少的单位。

2. 汇总登记总分类账方法

汇总登记总分类账方法是指在经济业务发生后，根据记账凭证定期编制总分类账户当期发生额汇总表，再根据科目汇总表登记总分类账的一种登记总分类账的方法。汇总登记总分类账方法如图 7－4 所示。

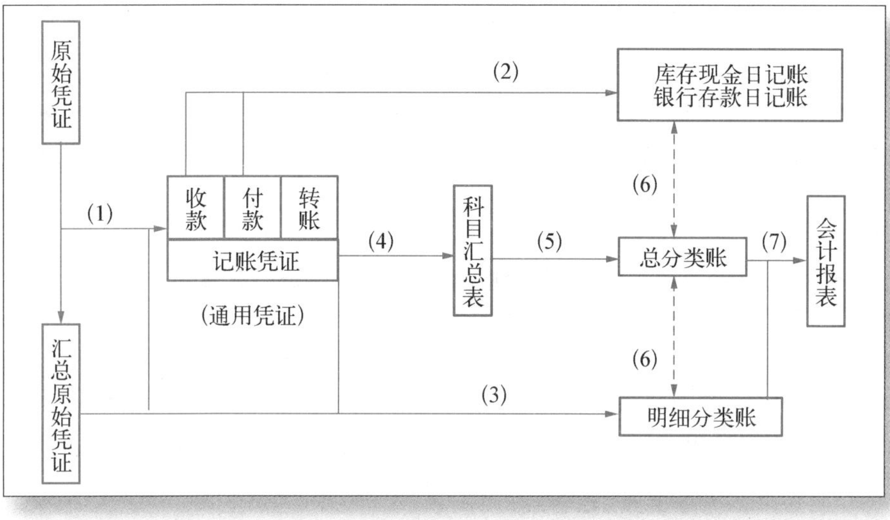

图 7－4　汇总登记总分类账方法程序图

根据第五章例题登记的总分类账账簿

汇总登记总分类账方法的程序是：

（1）根据原始凭证或汇总原始凭证，编制记账凭证；

（2）根据收款凭证、付款凭证逐笔登记库存现金日记账和银行存款日记账；

（3）根据原始凭证、汇总原始凭证和记账凭证登记各种明细分类账；

（4）根据各种记账凭证编制总分类账户当期发生额汇总表；

（5）根据科目汇总表登记总分类账；

分账制记账法

（6）期末，库存现金日记账、银行存款日记账和明细分类账的余额与有关总分类账的余额核对相符；

（7）期末，根据总分类账和明细分类账的记录，编制财务会计报告。

汇总登记总分类账方法减轻了登记总分类账的工作量，并可做到试算平衡，简明易懂，方便易学。其缺点是不能反映账户对应关系，不便于查对账目。它适用于经济业务较多的单位。

第四节　期末会计账簿处理

任何一个会计期间结束，都要编制财务会计报告。在编制财务会计报告之前，为了能够满足会计信息真实性的要求，须将企业本期发生的全部经济业务完整地记入会计账簿，以保证账簿记录过程及结果的正确与完整。企业在会计期末，首先完成对账工作；其次进行错账更正；最后完成结账处理，以便满足编制财务会计报告的需要。

一、对账

对账是指核对会计账簿记录的内容是否正确。在会计账簿登记中，发生诸如错登、漏登、重登等各种差错，是不可避免的，同时由于其他各种原因也会导致账款不符，账物不符等现象的存在。

为了确保会计信息的真实、可靠，为编制财务会计报告提供可靠依据，通常在结账前，必须核对账簿的记录，做到账证相符、账账相符、账实相符。

通过对账，还能发现会计工作中的薄弱环节，从而促进相关会计人员加强责任感，不断提高会计人员的职业和业务素质。同时，对账也是加强企业内部控制制度和保护货币资金、存货等各种资产不受侵占的一项有效措施。对账的内容主要包括：

（一）账证核对

账证核对是指将原始凭证、记账凭证与登记在账簿中的相应经济业务进行核对，以查明其内容、数量、金额、会计账户等是否一致。可以逐笔进行核对，也可以抽查核对。如果发现差错，应逐步检查与更正。

（二）账账核对

账账核对是指对登记在总分类账之间、总分类账与明细分类账或日记账之间以及有关明细分类账之间的相关经济业务进行核对。其具体操作方法如下：

1. 总分类账之间的核对

核对方法是编制试算平衡表。在试算表中，如果借贷合计数额相等，则证明总分类账簿登记基本是正确的；反之，则说明总分类账的记录存在差错，必须作进一步检查及更正。

2. 总分类账户与明细分类账户之间的核对

第一，编制本期发生额及余额明细表或物资财产的收、发、存表与总分类账户进行核对，如果不相符，应再进一步查找差错及其原因并更正；第二，根据各明细分类账户加计的发生额或余额的合计，直接与相关的总分类账簿的相应数额进行核对。找出导致差错的原因并及时更正。

3. 财产物资明细分类账簿与保管账簿（卡）之间的核对

核对方法是将相关账簿余额（数量或金额）直接同保管账（卡）的余额（数量或金额）核对，如果发现不符，应再进一步查对，找出导致差错的原因并及时更正。

（三）账实核对

账实核对是指对各种物资财产的账簿记载的账面余额与实际存在的数额进行核对，其本质就是财产清查。账实核对包括库存现金日记账的账面余额与实际库存现金数额的核对、银行存款日记账的账面余额与银行对账单余额的核对、财产物资明细分类账的结存数量（额）与实际存在数量（额）的核对等事项。

反账差错
速查法

各种债权、债务明细分类账的余额，与相应的债务人、债权人核对。

二、会计账簿的错账更正

登记账簿要求正确、及时、完整。因此，会计人员必须认真、细致地做好登记工作。如果出现记账错误，如账户名称记错、借贷方向记错、金额记错以及重记、漏记等，必须按规范的错账更正方法进行更正，不得任意刮、擦、挖补、涂抹等。错账更正必须在记账以后、结账之前完成。错账应根据形成差错的时间、过程及结果的不同，采用划线更正法、红字更正法和补充登记法三种方法进行更正。在会计信息化条件下，划线更正方法基本上应用不到。

（一）划线更正法

划线更正法也称红线更正法，这种方法适用于在登记账簿时发现账簿记录中的文字、数字有错误，而其所依据的记账凭证并无错误的情况。划线更正方法的具体操作步骤是：在错误的文字或数字上划一条红线，以示注销，然后将正确的文字或数字填写在被注销的文字或数字上方，并由更正人员在更正处盖章，以便明确责任。对于错误的数字，应整体划销，不得只划销其中的个别数字。对于被注销的文字或数字，应当保持可辨认出原有的字迹，不得涂抹，以备考查。

例如，将金额 6 908.25 元误写为 6 988.25 元，更正的方法是应将 6 988.25 元整体数字用红线居中全部划去，然后将正确数字 6 908.25 填在上方，并在更正处盖章。再如，误将会计账户"应收账款"写为"应付账款"，更正方法是将"付"字划去，在其上方填写"收"字，并盖章。

（二）红字更正法

红字更正法①也称红字冲销法，适用于两种情况：

（1）记账凭证中会计账户、记账方向有误而造成账簿登记出现错误。对于该种情况的更正方法是，使用红字填制一张内容与原错误凭证内容完全相同的记账凭证，在"摘要"栏中注明更正某月某日某凭证号的错账，并据以用红字登记入账，冲销错账，以实现错账注销的功能；再用蓝字填制一张正确的记账凭证，同样注明更正某月某日某凭证号的错账，并据此登记入账以实现正确的账簿信息登记入账的功能。

（2）记账凭证中会计账户、记账方向正确，但所记金额大于应记金额。对于该种情况的更正方法是，只需将多记的金额，使用红字填制一张会计账户、借贷方向与原记账凭证一样的记账凭证，并以红字登记入账，即可实现将多记数据冲销的功能。

【例 7.2】 2021 年 6 月 30 日，月末分配制造费用 8 000 元，已登记入账，但是记账凭证中会计分录的会计账户使用有错误，具体会计分录如下：

借：库存商品　　800

　　贷：制造费用　　800

要求完成错误更正。

（1）更正前的填制的会计凭证，假设凭证编号总号为 4 号、分号为 5，附件一张，如表 7－16 所示。

表 7－16

转账凭证

2021 年 6 月 30 日

总号：4

分号：5

摘要	总账科目	明细科目	✓	借方金额									贷方金额								
				百	十	万	千	百	十	元	角	分	百	十	万	千	百	十	元	角	分
分配制造费用	库存商品		✓					8	0	0	0	0									
	制造费用		✓														8	0	0	0	0
合　　计							¥	8	0	0	0	0				¥	8	0	0	0	0

附件 1 张

会计主管：李　楠　　记账：毛丽丽　　复核：徐　茵　　制单：李　楠

① 会计的计算机处理下，错账的更正方法可以采用"红字冲销法""补充登记法"。

（2）更正前的登记入账，如表 7－17 所示。

表 7－17(1)　　　　　　　　总 分 类 账

会计科目：库存商品　　　　　　　　　　　　　　　　　　　　第 24 页

21 年		凭证号数	摘要	借方									贷方									借或贷	余额								
月	日			百	十	万	千	百	十	元	角	分	百	十	万	千	百	十	元	角	分		百	十	万	千	百	十	元	角	分
6	30	4－5	分配制造费用					8	0	0	0	0										借					8	0	0	0	0

表 7－17(2)　　　　　　　　总 分 类 账

会计科目：制造费用　　　　　　　　　　　　　　　　　　　　第 21 页

21 年		凭证号数	摘要	借方									贷方									借或贷	余额								
月	日			百	十	万	千	百	十	元	角	分	百	十	万	千	百	十	元	角	分		百	十	万	千	百	十	元	角	分
			本期费用合计				8	0	0	0	0	0										借				8	0	0	0	0	0
6	30	4－5	分配制造费用														8	0	0	0	0	借				7	2	0	0	0	0

（3）更正时的做法，如表 7－18 所示。

① 更正时填制一张与原来错误的会计凭证一样的会计凭证，但是数字应该是红字，凭证号 10－11。

表 7－18　　　　　　　　转 账 凭 证　　　　　　　　总号：10

2021 年 6 月 30 日　　　　　　　　分号：11

摘要	总账科目	明细科目	✓	借方金额									贷方金额								
				百	十	万	千	百	十	元	角	分	百	十	万	千	百	十	元	角	分
更正第 4－5 号凭证	库存商品		✓					8	0	0	0	0									
	制造费用		✓														8	0	0	0	0
合　　计							¥	8	0	0	0	0				¥	8	0	0	0	0

附件 1 张

会计主管：李　楠　　　记账：毛丽丽　　　复核：徐　茵　　　制单：李　楠

② 更正时登记账簿的红字数据，如表 7－19 所示。

表 7－19(1)　　　　　　　　　　**总 分 类 账**

会计科目：库存商品　　　　　　　　　　　　　　　　第 24 页

21 年		凭证号数	摘　要	借　方									贷　方									借或贷	余　额								
月	日			百	十	万	千	百	十	元	角	分	百	十	万	千	百	十	元	角	分		百	十	万	千	百	十	元	角	分
6	30	4－5	分配制造费用					8	0	0	0	0										借					8	0	0	0	0
6	30	10－11	更正第 4－5 号凭证					8	0	0	0	0																			0

表 7－19(2)　　　　　　　　　　**总 分 类 账**

会计科目：制造费用　　　　　　　　　　　　　　　　第 21 页

21 年		凭证号数	摘　要	借　方									贷　方									借或贷	余　额								
月	日			百	十	万	千	百	十	元	角	分	百	十	万	千	百	十	元	角	分		百	十	万	千	百	十	元	角	分
			本期费用				8	0	0	0	0	0										借				8	0	0	0	0	0
6	30	4－5	分配制造费用														8	0	0	0	0	借				7	2	0	0	0	0
6	30	10－11	更正第 4－5 号凭证														8	0	0	0	0	借				8	0	0	0	0	0

③ 更正时填制的正确会计凭证，凭证编号为 11－12，如表 7－20 所示。

表 7－20　　　　　　　　　　**转 账 凭 证**　　　　　　　　　　总号：11

2021 年 6 月 30 日　　　　　　　　　　分号：12

摘　要	总账科目	明细科目	✓	借方金额									贷方金额								
				百	十	万	千	百	十	元	角	分	百	十	万	千	百	十	元	角	分
更正第 4－5 号凭证	生产成本		✓				8	0	0	0	0	0									
	制造费用		✓													8	0	0	0	0	0
合　　　计						¥	8	0	0	0	0	0			¥	8	0	0	0	0	0

附件 1 张

会计主管：李　楠　　　记账：毛丽丽　　　复核：徐　茵　　　制单：李　楠

④ 更正后的登记入账的正确数据，如表 7－21 所示。

表 7－21(1) **总 分 类 账**

会计科目：生产成本 第 12 页

21年		凭证号数	摘要	借方									贷方									借或贷	余额								
月	日			百	十	万	千	百	十	元	角	分	百	十	万	千	百	十	元	角	分		百	十	万	千	百	十	元	角	分
			以前内容省略																												
6	30	11-12	分配制造费用				8	0	0	0	0	0										借				8	0	0	0	0	0

表 7－21(2) **总 分 类 账**

会计科目：制造费用 第 21 页

21年		凭证号数	摘要	借方									贷方									借或贷	余额								
月	日			百	十	万	千	百	十	元	角	分	百	十	万	千	百	十	元	角	分		百	十	万	千	百	十	元	角	分
			本期费用合计				8	0	0	0	0	0										借				8	0	0	0	0	0
6	30	4-5	分配制造费用														8	0	0	0	0	借				7	2	0	0	0	0
6	30	10-11	更正第 4－5 号凭证														8	0	0	0	0	借				8	0	0	0	0	0
6	30	11-12	更正第 4－5 号凭证													8	0	0	0	0	0										0

(三) 补充登记法

补充登记法是指在记账凭证中会计账户、记账方向正确，但所记金额小于应记金额，导致账簿登记金额出现错误。更正步骤是将少记金额用蓝字填制一张会计账户、借贷方向与原记账凭证相同的记账凭证，并据以入账，即可补充少记的金额部分。

【例 7.3】 若【例 7.2】中误将金额填写成 800 元并已入账，即：

借：生产成本 800

　　贷：制造费用 800

更正时，填制一张金额为 7 200 元的蓝字记账凭证，其会计科目、借贷方向与原记账凭证相同，即：

借：生产成本 7 200

　　贷：制造费用 7 200

并据以登记入账，即可将少记金额补充登记入账。

三、结账

为了总结某一会计期间的经营活动情况，必须定期进行结账。结账是指在一定时期发生的全部经济业务登记入账的基础上，将各账户结计出“本期发生额”和“期末余额”，为编制财务会计报告奠定基础。

（一）结账方法

结账前，必须将本期内所发生的各项经济业务全部登记入账。

结账时，应当结计出每个账户的本期发生期末余额。需要结计出当月发生额的，应当在“摘要”栏内注明“本月合计”字样，并在该栏下面划通栏单红线；需要结计出本年累计发生额的，应当在“摘要”栏内注明“本年累计”字样，并在该栏下面划通栏单红线；每年12月末“本年累计”就是全年累计发生额，全年累计发生额栏下划通栏双红线，年度终了结账时，应将所有总分类账账户结计出全年发生额和年末余额。

（二）结账时应注意的事项

1. 结账方法的差异

根据不同的账户，采用不同的方法，对不需要按月结计本期发生额的账户，如各项应收账款明细分类账和各项财产物资明细分类账等，每次记账以后，都要随时结出余额，每月最后一笔余额即为月末余额。也就是说，月末余额就是本月最后一笔经济业务记录的同一行内的余额。月末结账时，只需要在最后一笔经济业务记录之下划一单红线，不需要再结计一次余额。

库存现金日记账、银行存款日记账和需要按月结计发生额的收入、费用等明细分类账，每月结账时，需在最后一笔经济业务记录下面划通栏单红线，结计出本日、本月发生额和余额，在“摘要”栏内注明“本日合计”“本月合计”字样，在下面再划通栏单红线。

需要结计本年累计发生额的某些明细分类账户，例如，主营业务收入、生产成本等明细分类账，每月结账时，应在“本月合计”行下结计自年初起至本月末止的累计发生额，登记在本月发生额下面，在“摘要”栏内注明“本年累计”字样，并在该栏下面再划通栏单红线。每年12月末“本年累计”就是全年累计发生额，全年累计发生额栏下划通栏双红线。

总分类账账户平时只需结计月末余额。年终结账时，为了反映全年各项资产、负债及所有者权益增减变动的全貌，便于核对账目，需将所有总分类账账户结计全年发生额和年末余额，在“摘要”栏内注明“本年合计”字样，并在合计栏下划通栏双红线。

需要结计本月发生额的某些账户，如果本月只发生一笔经济业务，由于这笔记录的金额就是本月发生额，结账时，只要在此行记录下划通栏单红线，表示与下月的发生额分开就可以了，不需另结出“本月合计”数。

2. 结账划线的差异

结账划线的目的，是为了突出本月合计数及月末余额，表示本会计期间的会计记录已经截止或结束，并将本期与下期的记录明显分开。月结划单线，年结划双线。划线时，应划红线；划线应划通栏线，不应只在本账页中的金额部分划线。

3. 填写账户余额的差异

每月结账时，应将月末余额写在本月最后 ·笔经济业务记录的同一行内。但在库存现金日记账、银行存款日记账和其他需要按月结计发生额的账户，例如，成本、费用、收入等明细分类账，每月结账时，还应将月末余额与本月发生额写在同一行内，在“摘要”栏注明“本月合计”字样。账户记录中的月初余额加减本期发生额等于月末余额，便于账户记录的稽核。需要结计本年累计发生额的某些明细分类账户，每月结账时，“本月合计”行已有余额的，“本年累计”行就不必再写余额了。

4. 数字颜色的差异

红字表示金额的减少或负数余额，结账时，如果出现负数余额，可以用红字在“余额”栏中登记，但如果“余额”栏前印有余额的方向则应用蓝黑墨水书写，而不得使用红色墨水。

5. 结转年度间余额方法的差异

年度终了，需将各账户的余额结转到下一会计年度，并在“摘要”栏注明“结转下年”字样；在下一会计年度新建有关会计账簿的第一行“余额”栏内填写上年结转的余额，并在“摘要”栏注明“上年结转”字样。年度终了结账时，有余额账户的余额，直接记入新账“余额”栏内即可，不需要编制记账凭证，也不必将余额再记入本年相关账户的借方或贷方，使本年有余额账户的余额为零。因为，既然年末是有余额的账户，余额就应当如实地在账户中加以反映，这样更显得清晰、明了。否则，就混淆了有余额账户和无余额的账户的区别。

四、更换会计账簿

在每一会计年度结束，新的会计年度开始时，应按会计制度规定，进行账簿的更换。

（一）总分类账簿和日记账簿的更换

这类账簿需要每年更换一次。年初，将旧账簿中各账户的余额直接记入新账簿中有关账户新账页的第一行“余额”栏内。同时，在“摘要”栏内填写“上年结转”，将旧账页最后一行数字下的空格划条斜红线注销，并在旧账页最后一行“摘要”栏内填写“结转下年”。在新旧账户之间转记余额，可不必填制凭证。

在年度内，订本账簿记满更换新账簿时，办理与年初更换新账簿相似的手续。

（二）明细分类账簿的更换

明细分类账簿的更换有两种情况：大部分的明细分类账簿，如反映债权债务的应收账款和应付账款账簿，应当和总分类账簿、日记账簿一样，每年更换一次。但是也有一部分明细分类账簿，如固定资产明细分类账簿等因年度内变动不多，所以年初可不必更换账簿。但在“摘要”栏内，须填写“结转下年”，以划分新旧年度之间的金额。

五、会计账簿的交接

《会计法》规定：“会计人员调动或者离职，必须与接管人员办理交接手续。一般会计人员办理交接手续，由会计机构负责人、会计主管人员监交。”会计人员在办理移交手续前，必须及时将会计工作办理完毕。例如，对已经受理的经济业务尚未填制会计凭证的，应当填制完毕；尚未登记账簿的，应当登记完毕，并在最后一笔余额后加盖经办人员印章。除在会计账簿上作上述记录外，并在账簿启用表上明确记录交接日期，在“交接记录”栏内明确记录经管人员、接管、交出的日期、姓名，加盖印章。再如，出纳人员变动需调换时，新老出纳人员必须办理交接手续，交接中在有关出纳账簿上注明交接日期、接办人员，并由交换双方人员签名或盖章。同时，要点清库存现金及各种有价证券，交出空白支票、发票、印鉴和账簿等，此外，还应该填制“出纳交接手续说明和财产物资清单”，由会计主管负责保管，以备查询。

六、会计账簿的保管

《会计法》规定：“各单位对会计凭证、会计账簿、财务会计报告和其他会计资料应当建立档案，妥善保管。”各种会计账簿是重要的经济档案，必须按规定妥善保管，不得丢失和任意销毁。否则，原有债权、债务无法理清，重要的经济资料和经济信息将丧失，经济责任将无法明确，故妥善保管会计账簿意义重大。会计账簿的保管，既要安全、完善、机密，又要保证使用时能及时迅速查到。年度终了更换新账后，旧账应清点整理，所有活页归档保管。会计账簿归档保管要做到五防：防火、防盗、防潮、防霉烂变质、防虫蛀鼠咬。存档后的会计账簿，调阅时必须提出理由，经会计主管人员批准，在保管员陪同下方可查阅，原则上不得借出。

年末结账后，会计人员应在活页账簿前面加放“账簿启用表”和“经管账簿人员一览表”装订成册，并加上封面，统一编号后，与各种订本账一并归档。

各种会计账簿应按年度分类归档，编制目录，妥善保管。既保证在需要时能迅速查阅，又保证各种账簿的安全和完整。

会计账簿，根据法律规定应具有一定的保管期限，根据其特点，分为永久和定期两类。就企业会计而言，国家规定会计凭证保管期限为 30 年，其中，涉及外事和重大事项的会计凭证为永久保管；会计账簿中，一般日记账 30 年，库存现金和银行存款日记账 30 年，明细账簿和总分类账簿 30 年，固定资本卡片在固定资产清理报废后保存 5 年，辅助账簿 30 年，涉外和重大事项会计账簿为永久保管；财务会计报告中，年度会计报告永久保管，月、季会计报表保管 10 年。

七、会计账簿的销毁

《会计法》规定：“隐匿或者故意销毁依法应当保存的会计凭证、会计账簿、财务会计报告，构成犯罪的，依法追究刑事责任。”

《中华人民共和国刑法》规定：“隐匿或者故意销毁依法应当保存的会计凭证、会计账簿、财务会计报告，情节严重的，处五年以下有期徒刑或者拘役，并处或者单处二万元以上二十万元以下罚金。”“单位犯前款罪的，对单位判处罚金，并对其直接负责的主管人员和其他直接责任人员，依照前款的规定处罚。”

会计档案保管期满，需要销毁时由档案部门提出销毁清单，会同财务部门共同鉴定后，编制会计档案销毁清册，报经主管经理和上级主管部门批准后，方可销毁。按规定销毁会计档案时，应由档案部门和财会部门、审计部门共同派人监销，监销人在销毁会计档案以前要认真清点、核对，销毁后，在销毁清册上签名盖章，并将监销情况以书面形式报告有关领导。会计账簿保管期满，可以按照下列程序销毁：

（1）由本单位档案机构会同会计机构提出销毁意见，编制会计账簿档案销毁清册，列明销毁档案的名称、卷号、册数、起止年度和档案编号，应保管期限、已保管期限、销毁时间等内容。

（2）单位负责人在会计账簿销毁清册上签署意见。

（3）销毁会计账簿时，应当由档案机构和会计机构共同派员监销。国家机关销毁会计账簿时，应当由同级财政部门、审计部门派员参加监销。财政部门销毁会计账簿时应当由同级审计部门派员参加监销。

（4）监销人员在销毁会计账簿前应当按照会计账簿销毁清册所列内容清点核对所销毁的会计账簿；销毁后，应当在会计账簿销毁册上签名盖章，并将监销情况报告本单位负责人。

保管期满但未结清的债权债务原始凭证和涉及其他未了事项的原始凭证，不得销毁，应当单独抽出立卷，保管到未了事项完结时为止。单独抽出立卷的会计档案，应当在会计档案销毁清册和会计档案保管清册中列明。

能否根据账簿登记账簿

正在项目建设期间的建设单位，其保管期满的会计档案不得销毁。

练习题

一、单项选择题

1. 登记会计账簿的依据是(　　)。

A. 经济合同　B. 会计分录　C. 记账凭证　D. 有关文件

2. 下列账户的明细分类账采用三栏式账页格式的是(　　)。

A. 管理费用　B. 销售费用　C. 库存商品　D. 应付账款

3. 下列各项中,(　　)是连接会计凭证和会计报表的中间环节。

A. 复式记账　B. 设置会计科目和账户
C. 设置和登记账簿　D. 编制会计分录

4. 从银行提取现金,登记银行存款日记账簿的依据是(　　)。

A. 库存现金收款凭证　B. 银行存款付款凭证
C. 银行存款收款凭证　D. 备查账

5. 生产成本明细分类账一般采用(　　)账页格式的明细分类账簿。

A. 三栏式　B. 多栏式　C. 数量金额式　D. 任意格式

6. 原材料等财产物资明细分类账一般适用(　　)账页格式的明细分类账簿。

A. 数量金额式　B. 多栏式　C. 三栏式　D. 任意格式

7. 若记账凭证上的会计科目和应借应贷方向没有错误,但所记金额大于应记金额,并据以登记入账,应采用的更正方法是(　　)。

A. 划线更正法　B. 红字更正法
C. 补充登记法　D. 编制相反分录冲减

8. 新的会计年度开始,启用新账时,可以继续使用,不必更换新账的是(　　)。

A. 总分类账　B. 银行存款日记账
C. 固定资产卡片　D. 管理费用明细账

9. 我国现行采用的库存现金日记账和银行存款日记账属于(　　)。

A. 普通日记账　B. 特种日记账　C. 分录日记账　D. 转账日记账

10. 在结账前发现账簿记录有文字或数字错误,而记账凭证没有错误,应当采用的更正方法是(　　)。

A. 划线更正法　B. 红字更正法　C. 补充登记法　D. 平行登记法

二、多项选择题

1. 下列项目中,属于序时账簿的有(　　　)。

A. 普通日记账　B. 银行存款日记账　C. 明细分类账　D. 库存现金日记账

2. 下列明细分类账簿中,可以采用三栏式账页格式的有(　　　)。

A. 应收账款　B. 原材料　C. 材料采购　D. 库存现金日记账

3. 登记明细分类账簿的依据可以为(　　　)。

A. 原始凭证　B. 汇总原始凭证　C. 记账凭证　D. 经济合同

4. 数量金额式账页格式的明细分类账一般适用于(　　　　)。

A. 库存商品明细账　　B. 应交税费明细账

C. 应付账款明细款　　D. 原材料明细账

5. 登记库存现金日记账簿的借方依据有(　　　　)。

A. 累计凭证　　B. 现金收款凭证

C. 转账凭证　　D. 银行存款付款凭证

6. 普通日记账的缺点有(　　　　)。

A. 记账时不便于分工合作

B. 不便于了解企业一定时期发生的所有经济业务全貌

C. 不便于进行试算平衡

D. 不便于了解某一特定账户的发生额及余额的变化情况

7. 下列项目中,适用多栏式账页格式的明细分类账簿有(　　　　)。

A. 生产成本　　B. 制造费用　　C. 材料采购　　D. 应付账款

8. 下列事项中,应设置备查账簿登记的有(　　　　)。

A. 固定资产卡片　　B. 本单位已采购的材料

C. 临时租入的固定资产　　D. 本单位受托加工材料

9. 任何会计主体都必须设置的账簿包括(　　　　)。

A. 日记账　　B. 备查账　　C. 总分类账　　D. 明细分类账

10. 会计账簿按其外表形式分,可以分为(　　　　)。

A. 三栏式　　B. 订本式　　C. 卡片式　　D. 活页式

11. 在会计核算中,为了检查账簿记录的正确性,对账簿记录的内容,在会计期末要求(　　　　)。

A. 只编试算平衡表即可　　B. 对账即可

C. 编制科目汇总表　　D. 既要编制试算平衡表,又要对账

12. 下列说法中,不正确的有(　　　　)。

A. 三栏式账簿一般适用于费用、收入类明细账

B. 应收账款总账应采用订本式账簿

C. 固定资产明细账应采用数量金额式账簿

D. 各单位都应设置备查账簿

13. 分类账簿按其提供信息的概括程度不同,可以分为(　　　　)。

A. 序时账簿　　B. 总分类账簿　　C. 备查账簿　　D. 明细分类账簿

14. 下列关于会计账簿启用的说法中,正确的有(　　　　)。

A. 启用会计账簿时,应当在账簿封面上写明单位名称和账簿名称

B. 启用会计账簿时,无须在账簿扉页上附“账簿启用和经管人员一览表”

C. 启用订本式账簿应当从第一页到最后一页顺序编定页数,不得跳页、缺号

D. 使用活页式账页应当按账户顺序编号,并须定期装订成册,装订后再按实际使用的账页顺序编定页码,另加目录以便于记明每个账户的名称和页次

15. 根据《会计档案管理办法》的规定,下列账簿应保管30年的有(　　　　)。

A. 总分类账　　B. 明细分类账

C. 辅助账　　D. 现金和银行存款日记账

三、不定项选择题

1. 下列明细分类账簿中，应采用数量金额式账页格式登记的是（　　）。
A. 库存商品　B. 制造费用　C. 原材料　D. 管理费用

2. 下列账簿中，可以采用卡片式账簿登记的是（　　）。
A. 固定资产总账　B. 固定资产明细账　C. 日记总账　D. 日记账

3. 在下列各类错账中，应采用红字更正法进行更正的错账有（　　）。
A. 记账凭证没有错误，但账簿记录有数字错误
B. 因记账凭证中的会计科目有错误而引起的账簿记录错误
C. 记账凭证中的会计科目正确但所记金额大于应记金额所引起的账簿记录错误
D. 记账凭证中的会计科目正确但所记金额小于应记金额所引起的账簿记录错误

4. 用红色墨水登记账簿时，适用于下列（　　）的情况。
A. 按照红字冲账的记账凭证，冲销错误记录
B. 在不设借贷栏的多栏式账页中
C. 在期末结账时，用红色墨水划通栏红线
D. 划线更正错账

5. 下列总分类账簿所属的明细分类账簿，采用借贷方多栏式账页的是（　　）。
A. 管理费用　B. 应交税费　C. 财务费用　D. 生产成本

6. 下列各明细分类账簿，可以采用定期汇总登记方式登记的是（　　）。
A. 固定资产　B. 预付账款　C. 预收账款　D. 库存商品

7. 下列各项，（　　）的单位适宜设置普通日记账。
A. 规模较大，业务量较多但较为简单
B. 规模较大，业务量较多且较复杂
C. 规模较小，业务量较多但较为简单
D. 规模较小，业务量较少

8. 债权债务明细分类账簿一般采用（　　）账簿。
A. 多栏式　B. 数量金额式　C. 三栏式　D. 以上三种都可以

9. 应收账款明细账簿一般采用的账页格式是（　　）。
A. 三栏式　B. 多栏式　C. 数量金额式　D. 自由式

10. 在会计核算中，可作为登记总分类账簿的依据的是（　　）。
A. 记账凭证　B. 原始凭证　C. 备查账　D. 科目汇总表

四、判断题

1. 库存现金日记账和银行存款日记账的外表形式必须采用订本式账簿。（　）

2. 登记账簿以后，发现记账凭证中应借应贷科目错误，应采用红字更正法更正。（　）

3. 为了实行钱账分管原则，通常由出纳人员填制收款凭证和付款凭证，由会计人员登记现金日记账和银行存款日记账。（　）

4. 为保持账簿记录的持久性，防止涂改，记账时必须使用蓝黑墨水或碳素墨水书写，不得使用铅笔或圆珠笔书写。（　）

5. 账簿按其用途不同，可分为订本式账簿、活页式账簿和卡片式账簿。（　）

6. 明细分类账簿是根据总分类科目开设账户，用来登记全部经济业务，进行总分类核算，

提供关于资产、负债、所有者权益、收入、费用、利润等总括核算资料的分类账簿。（　　）

7. 登记总分类账的直接依据只能是原始凭证。（　　）

8. 会计账簿与会计凭证、财务会计报告一样都是会计核算的重要档案资料，也是重要的经济档案，必须按照国家会计档案管理办法的规定，妥善保管，不得丢失和任意销毁。保管期满后，需要销毁的，自行销毁。（　　）

9. 债权债务明细分类账簿、固定资产卡片账和租入固定资产登记账簿都不必每年更换一次，而可以跨年度连续使用。（　　）

10. 结账就是结算，登记所有账户期末余额的工作。（　　）

11. 补充登记法一般适用于记账凭证所记会计科目无误，只是所记金额大于应计金额，从而引起的记账错误。（　　）

12. 为了保证总账与其所属明细账的记录内容相符，总账应根据所属明细账记录逐笔或汇总登记。（　　）

13. 总分类账簿和明细分类账簿登记的经济业务内容相同，只是详细不同而已。（　　）

14. 在账簿中不予登记或登记不详细的经济业务，可以在备查账簿中予以登记。（　　）

15. "生产成本"账户月末如有余额，表示企业期末有在产品，因而该账户进行明细分类核算时既要提供实物指标又要提供金额指标，应选用数量金额式账页登记。（　　）

16. 为了及时编制会计报表，各会计主体均可以提前结账。（　　）

17. 凡是只进行金额核算的明细分类账簿都应采用三栏式账页格式。（　　）

五、简述题

1. 简述会计账簿的错账更正方法。

2. 简述明细分类账的账页格式。

3. 简述科目汇总表账务处理程序。

六、实务题

（一）练习错账的更正方法

2021 年 12 月 31 日，隆兴置业有限责任公司将账簿记录与记账凭证进行核对时，发现下列经济业务的账簿记录有误：

（1）以库存现金 600 元，支付企业管理部门日常零星开支。原记账凭证的会计分录为：

借：财务费用　　600

　　贷：库存现金　　600

（2）签发转账支票 3 000 元，预付本季度办公用房租金。原记账凭证的会计分录为：

借：预提费用　　3 000

　　贷：银行存款　　3 000

（3）结转本月实际完工产品的生产成本 49 000 元。原记账凭证的会计分录为：

借：库存商品　　94 000

　　贷：生产成本　　94 000

（4）收到购货单位偿还上月所欠货款 7 600 元。原记账凭证的会计分录为：

借：银行存款　　6 700

　　贷：应收账款　　6 700

(5) 计提本月份公司固定资产折旧费 4 100 元。原记账凭证的会计分录为：

借：管理费用 1 400

  贷：预提费用 1 400

(6) 结算本月份应付职工薪酬，其中：生产工人薪酬为 14 000 元，厂部管理人员薪酬 3 400 元。原记账凭证的会计分录为：

借：生产成本 14 000

  管理费用 3 400

  贷：应付职工薪酬 17 400

登记该转账凭证时，其“管理费用”借方金额误记为 4 300 元。

(7) 结转本月产品销售收入 480 000 元。原记账凭证的会计分录为：

借：本年利润 450 000

  贷：主营业务收入 450 000

(8) 用银行存款支付所欠供货单位货款 7 600 元。原记账凭证的会计分录为：

借：应付账款 6 700

  贷：银行存款 6 700

(9) 以现金支付采购人员预借的差旅费 2 000 元。原记账凭证的会计分录为：

借：其他应付款 2 000

  贷：库存现金 2 000

(10) 车间管理人员出差回来报销差旅费 1 900 元，交回现金 100 元。原记账凭证的会计分录为：

借：管理费用 1 900

  库存现金 100

  贷：其他应收款 2 000

要求：将上列各项经济业务的错误记录，分别以适当的错账更正方法予以更正。

(二) 练习账项调整的会计处理

2021 年 12 月 31 日，隆兴置业有限责任公司需要调整的有关项目如下：

(1) 生产车间使用的机器设备及房屋应计提折旧 2 880 元，行政管理部门使用的房屋应计提折旧 900 元。

(2) 支付第四季度短期借款利息 1 550 元，10—11 月份已预提利息费用共计 1 000 元。

(3) 10 月份曾支付 1 年期的财产保险费 2 400 元，每月均匀负担，其中 1 800 元应由下年度负担。

(4) 本月应付未付的消费税 1 860 元。

(5) 本月份出租部分办公楼，每月房租收入 1 400 元，先预收半年租金。

(6) 本月出租包装物，预收 3 个月租金，每月租金 680 元。

要求：根据上列资料，编制必要的调整分录。

第八章　盘存制度与财产清查

【理论目标】

1. 了解盘存制度、财产清查概念与意义；
2. 熟悉盘存制度、财产清查方法；
3. 掌握财产清查结果的会计处理。

【实践目标】

1. 掌握财产清查方法；
2. 掌握财产清查结果的会计处理。

第一节　盘存制度

盘存是指企、事业等单位对其拥有或控制的实物、现金进行实地盘点和对银行存款、往来款项等财产物资进行查对，以确定各项财产物资的实存数，查明账实是否相符的一种会计管理手段。财产物资是指企业在生产经营过程中为管理、出租和生产及销售或者耗用而拥有或控制的各项资产。盘存制度是盘存主体为保证财产物资的安全与完整，提高其利用效率，定期与不定期地对其全面或部分地进行盘存的一种规范性安排。盘存制度根据计算当期财产物资实际消耗的方法不同，分为实地盘存制和永续盘存制两种。

一、实地盘存制

（一）实地盘存制的概念

实地盘存制是指在会计期末通过实地盘点财产物资的实际存有的数量（额）以确定其期末实际结存数量（额），并据此倒推出各项财产物资的发出数量（额）或耗用数量（额）的一种财产物资盘存制度。因此，又称以存计耗（销）制。

（二）实地盘存制的工作步骤

（1）在期末结账前，对原材料、在产品、库存商品等各项财产物资进行实地盘点，确定期末实存的数量（额）。

（2）根据期末盘点的结存数量和单价或单位成本计算出各项财产物资的期末结存数量及金额。

期末财产物资结存金额＝财产物资期末结存数量×单价

(3) 根据各项财产物资的期初、期末结存数量和金额、本期入库数量和金额,计算本期发出或耗用财产物资的数量和金额。

本期发出或耗用财产物资数量=期初结存数量＋本期入库数量－期末结存数量

本期发出或耗用财产物资金额＝期初结存金额＋本期入库金额－期末结存金额

(三) 实地盘存制的应用

实地盘存制适用于财产物资的发出或销售比较频繁,不便于计量发出或销售财产物资的数量,期末只有通过实地盘点才能倒推出各项财产物资的发出或销售数量(额),然后据此计算出财产物资的发出数量或销售金额。它一般只适用于核算那些价值低、品种杂、收发频率高的零星材料、废料和一些损耗大、数量不稳定的鲜活商品。

(四) 实地盘存制的优缺点

(1) 优点。平时对财产物资发出和结存数量可以不作详细记录,从而简化了财产物资的明细分类核算工作。

(2) 缺点。第一,平时对各项财产物资的收入、发出和结存没有严密的手续、不能及时提供各种财产物资收、发、结存的动态信息,不利于进行日常管理和监督;第二,由于在期末采用的是倒轧计算财产减少数量(额),使财产减少数中的成分复杂化,除正常耗用或销售的以外,把可能存在的损耗、差错,短缺等隐含在本期耗用或销售成本中,这既不利于财产的管理,又影响了成本计算的正确性;第三,由于不能及时反映财产的耗用或销售成本,从而影响成本结转的及时性。

采用实地盘存制时,财产清查的次数必须适当增加,以此弥补日常核算工作中的一些缺陷。

二、永续盘存制

(一) 永续盘存制的概念

永续盘存制是指通过设置财产物资明细分类账,根据会计凭证逐笔或逐日在明细分类账上登记财产物资收入、发出和结存情况,并随时结出账面余额的一种方法。因此,又称账面盘存制。

(二) 永续盘存制的工作步骤

(1) 采用永续盘存制时,会计核算时应该对各种财产物资的明细分类账都需要按其品种或规格设置。

(2) 在财产物资明细分类账簿上,平时应随时登记各项财产物资的收入、发出数量及金额,并及时根据账面的收发数量和金额结出账面的结存数量及金额。

(3) 需要定期或不定期地进行实地盘点,以查明各项财产物资账簿记录与实存数是否相符。如果某项财产物资的账面数量及金额与实存数量及金额存在差异,则应根据实际数量及金额调整账簿数量及金额,以保证账实相符。

(三) 永续盘存制的应用

适用范围广,除少数特殊情况外,企业一般都采用永续盘存制。

(四) 永续盘存制的主要优缺点

(1) 优点。第一,在财产物资明细账中,可随时掌握财产物资收入、发出和结存的情况,并进行数量和金额的双重控制从而可加强对财产物资的日常管理;第二,财产明细账的结存数量(额)与实际盘点数(额)进行核对,可及时发现短缺或溢余;第三,财产明细账上的结存数(额),随时与预定的最高和最低限额进行比较,可及时取得财产积压或不足的信息。

(2) 缺点。财产明细分类核算工作量较大,如果月末一次结转销售(耗用)成本,计算工作过于集中。

第二节　财产清查概述

一、财产清查

(一) 财产清查的概念

财产清查是指通过对货币资产、实物资产和往来款项的盘点与核对,确定其实存数量(额),并查明账存数量(额)与实存数量(额)是否相符的一种专门会计核算方法。财产清查是加强财产物资管理和会计核算工作的一项重要制度。相关会计规范要求,在编制年度财务会计报告之前必须进行财产清查,对账实不符的情况根据相关规定进行相应会计处理,以保证会计信息的真实、完整。

(二) 财产清查的意义

1. 确保会计资料真实可靠

财产清查能够查明各项财产物资的实有数量(额)与账面数量(额)是否相符,确定账实差异,及时调整账簿记录,保证账簿记载的真实性。

2. 保护财产物资的安全完整

财产清查能够查明各项财产物资的保管是否妥善,有无损坏、霉烂、变质等情况,以便采取得力措施,加强管理。

3. 促进财产物资的有效使用

财产清查能够挖掘财产物资的潜力,加速资金周转,提高资金利用效率。通过检查各种财产物资的储备与利用情况,查明各项财产物资有无积压、浪费、呆滞、不配套或储备不足等情况,并及时加以处理,以保证各项财产物资得到充分利用。

4. 确保财经纪律的贯彻执行

财产清查能够建立健全财产物资管理与核算制度,改善经营管理。检查企业是否遵守财经纪律,查明各财产物资收发保管等手续制度的执行情况,明确资金界限,清理债权、债务长期拖欠等问题,促使企业采取相应措施维护财经纪律。

高价值芯片接连被盗究竟是谁的过错

二、财产清查的种类

(一) 按照清查的范围划分,可以分为全面清查和局部清查

1. 全面清查

全面清查是指对企业所有财产物资进行全面清查、盘点和核对的方法,又称整体清查。全面清查是对属于本企业或存放在本企业的所有财产物资进行全面的清点和核对。全面清查的内容全面,清查的范围广泛,能够全面核实会计主体所有的财产物资、货币资金和债权债务的情况;但全面清查需要投入的人力多,花费的时间长。

(1) 全面清查的对象。

① 固定资产、工程物资以及在建工程等长期资产。

② 货币资金、有价证券[①]和银行借款等金融资产。

③ 各种往来结算款项、缴拨款项等债权债务情况。

（2）全面清查的时机。

① 年终决算之前。

② 单位撤销、合并或改变隶属关系前。

③ 中外合资、国内合资前。

④ 企业股份制改制前。

⑤ 开展全面的资产评估、清产核资前。

⑥ 单位主要领导调离工作前等。

2. 局部清查

局部清查是指根据需要对企业拥有或控制的部分财产物资进行盘点和核对的方法。局部清查应根据管理的需要决定清查对象和清查时间。局部清查范围小，内容少，涉及的人员也少，但专业性较强。

（1）局部清查的对象。局部清查对象是流动性较大和变现能力较强的财产，例如，库存现金、原材料、在产品和库存商品等。

（2）局部清查的时机。

① 对于库存现金，应由出纳人员每日清点核对，做到日清月结。

② 对于银行存款，每月应同银行核对一次。

③ 对于贵重物资，应每月清查盘点一次。

④ 对于各种往来款项，每年至少同对方企业核对一至两次。

通常情况下，对于流动性较大的材料物资，除年终进行全面清查外，年内还要轮流盘点或重点抽查。

（二）按照清查的时间划分，可以分为定期清查和不定期清查

1. 定期清查

定期清查是指按规定时间对企业拥有或控制的财产物资和往来款项所进行的清查和核对的方法。

定期清查一般适应于结账前进行的清查，例如，月末、季末、年末结账。定期清查可以是局部清查，也可以是全面清查。一般情况下，月末、季末进行局部清查，主要是对材料、商品、产成品、在产品、库存现金、银行存款、银行借款、债权债务等；年末进行全面清查，对各项财产物资、货币资金、债权债务进行清查。

进行定期清查，可以在编制财务会计报告前，发现账实不符的情况，据以调整有关账簿记录，使得账实相符，从而保证会计信息的完整性。

2. 不定期清查

不定期清查是指事前不规定清查日期，而是根据企业经营中的特殊需要临时进行的清查和核对的方法。不定期清查通常在下列情形下进行：

（1）更换财产物资、库存现金保管人员时，对有关人员保管的财产、库存现金进行清查，分清经济责任，便于办理交接手续。

（2）发生自然灾害和意外损失时，对受损失的财产物资进行清查，以查明损失情况。

---

① 有价证券是指具有一定价格和代表某种所有权或债权的凭证。包括股票和债券。

(3) 上级主管、财政、审计和银行等部门,对本单位进行会计检查时,应按检查的要求和范围对财产进行清查,以验证会计信息的可靠性。

(4) 企业临时性清产核资时,对本单位的财产物资进行清查,以便查实财产物资的实有数量(额)。

不定期清查,可以是全面清查,也可以是局部清查,企业根据实际需要确定清查的对象和范围。

三、财产清查的程序

财产清查是为了加强企业管理和发挥会计核算、监督职能的一项重要工作。财产清查工作涉及面广、量大,是一项极为复杂、细致的工作。因此,应按照一定的程序,进行财产清查工作。财产清查的程序包括:

(1) 建立财产清查组织。根据财产清查的范围、时间与要求,建立相应清查组织,以便使财产清查工作顺利、高效进行。

(2) 组织清查人员学习相关政策规范,掌握法律、法规和相关业务知识,以提高财产清查工作的质量。

(3) 确定财产清查的对象、范围,明确财产清查任务。

(4) 制订财产清查计划,具体安排清查内容、时间、步骤、方法以及必要的清查前准备等。

(5) 财产清查时,应按照"先清查数量、核对有关账簿记录等,后认定质量"的原则进行。

(6) 填制盘存清单等财产物资清查原始凭证。

(7) 根据盘存清单,填制实物、往来账项清查结果报告表等财产物资清查工作结果载体,用以完成后续的会计程序工作。

第三节　财产清查的方法

一、财产清查方法的内容

(一) 财产清查方法的概念

财产清查方法是指在财产清查中所采用的具体方法。财产清查包括实物的清点,各种债权、债务等往来款项的查询核对。清查主体为了完成财产物资清查任务,必须借助一定的清查方法,这些方法在财产清查过程中可以准确估计或测算出财产物资的实有数据。这些方法可以是统计方法,也可以是价值量核对方法等。

(二) 财产清查方法的内容

各项财产物资的存在形态不同,具体清查方法也各异。目前运用的主要方法有:

(1) 实地盘点法。实地盘点法是指对各有形资产通过逐一清点,或用计量器具确定其实存数量的方法。该方法适用范围较广泛,大部分财产物资均适用,如存货、库存现金等。

(2) 核对法。核对法是指将两种或两种以上的书面资料相互对照,以验证其内容是否一致的方法。银行存款的清查即可用此法。

(3) 查询法。查询法是指通过调查征询的方式,取得必要资料,以查明其实际情况的方法。具体又有函询法和面询法两种。

函询法就是发函给有关单位或个人,让对方通过函件来说明经济业务的实际情况,作为判断问题的依据。往来账项的清查，一般采用函询法。

面询法是直接找到有关个人进行面谈。

二、实物的清查方法

实物清查方法主要有实地盘点法和技术推算盘点法。

（一）实地盘点法

实地盘点法是指在财产物资存放现场逐一清点或用计量器具确定其实存数量的一种方法。该方法适用于采用需要逐一清点或用计量器具确定其实存数量的财产物资的清查。

（二）技术推算盘点法

技术推算盘点法是指利用技术方法推算出财产物资实存数量的一种方法。该方法适用于大量的难以逐一清点的财产物资的清查。

实物质量的鉴定一般由企业质检部门配合，根据不同实物采用不同的鉴定方法，例如，有的采用物理方法，有的采用化学方法。在清查过程中，还需了解财产物资的利用和储备情况以及在收发、保管等方面存在的问题。盘点时，实物保管人员必须在场，并参加盘点。对于盘点结果，须将数量和质量情况，如实登记在“盘存单”上，并由盘点人员和实物保管人员签章。“盘存单”是记录盘点结果的书面证明，也是反映财产物资实存数量的原始凭证，是会计处理的依据。其一般格式如表 8－1 所示。

表 8－1　　**中华家具股份有限公司盘存单**

单位名称：　　　　年　月　日　　　　单位：元

编　号	名　称	计量单位	数　量	单　价	金　额	备　注

保管人：　　　　主管：

为了查明实存与账存数量是否相符，确定盘盈、盘亏情况，应根据“盘存单”和有关账簿记录编制实存、账存对比表。实存、账存对比表是据以调整账簿记录的重要原始凭证，也是分析产生差异的原因、明确经济责任的依据。在实际工作中，为了简化编表工作，实存、账存对比表通常只填列账实不符的财产物资，对于账、实完全相符的财产物资并不列入。这样的实存、账存对比表主要是反映盘盈、盘亏情况，所以也称为盘盈盘亏报告。实存、账存对比表的一般格式如表 8－2 所示。

表 8－2　　**中华家具股份有限公司实存、账存对比表**

单位名称：　　　　存放地点：　　　　盘点时间：

财产类别：　　　　编号：　　　　盘点人：

编号	类别及名称	计量单位	单价	实　存		账　存		对比结果				备　注
								盘　盈		盘　亏		
				数量	金额	数量	金额	数量	金额	数量	金额	

保管人：　　　　主管：

三、货币资金的清查方法

(一) 库存现金的清查方法

金亚科技自曝多项财务造假

1. 库存现金清查的步骤

库存现金的清查应采用实地盘点法，首先确定库存现金的实存金额，然后与库存现金日记账的账面余额相核对，确定账实是否相符。库存现金清查一般由主管会计或财务负责人和出纳人员共同清点，并填写库存现金盘点报告表。

2. 库存现金清查的要求

对库存现金进行盘点时，出纳人员必须在场，本期涉及库存现金增减业务必须在库存现金日记账中全部登记完毕。盘点时，需注意账实是否相符，须检查现金管理制度的遵守情况，有无超过库存现金的库存限额，有无白条抵库、挪用舞弊等情况。盘点结束后，应编制库存现金盘点表，作为原始凭证，是会计处理的依据，其格式如表 8 - 3 所示。

表 8 - 3　　中华家具股份有限公司库存现金盘点表

年　月　日　　　　单位：元

实存金额	账存金额	对比结果		原因
		长款	短款	

盘点人：　　　　主管：　　　　出纳：

(二) 银行存款的清查方法

银行存款清查应采用将出纳人员登记的银行存款日记账簿余额与银行转来的对账单所记载的余额进行核对，检查两者是否相符。在同银行核对账项之前，应将银行存款业务全部记入银行存款日记账簿并核算出余额。银行存款的清查一般在月末进行。

1. 分析差异存在的原因

在正常情况下，企业对于每一笔银行存款的收付，出纳人员都须登记在银行存款日记账簿上，银行记账人员也相应地登记在银行对账单上，两者应该是相符的。但实际上，本单位银行存款日记账簿月末余额与银行转来银行对账单的月末余额经常会出现不一致的现象，差异存在的原因包括：第一，双方或一方存在记账错误；第二，在双方记账均无差错的情况下，主要是由于未达账项引起的。

所谓未达账项，是指企业与银行之间，由于凭证传递的时间差，一方根据结算凭证已登记入账，而另一方尚未收到结算凭证因而尚未登记入账的款项。具体有以下四种情况：

一是企业已记收、银行尚未记收的款项。这是指企业存入银行的款项，企业已登记入账增加了银行存款，但银行尚未办理存款手续，银行尚未登记入账增加企业的银行存款。

二是企业已记付、银行尚未记付的款项。这是指企业开出支票或其他付款凭证后，企业已登记入账减少银行存款，但银行尚未实际支付款项，尚未减少企业的银行存款。

三是银行已记收、企业尚未记收的款项。这是指银行付给企业的利息或代企业收到的款项，银行已登记入账增加了企业的银行存款，但企业未收到收款凭证，尚未登记入账增加银行存款。

四是银行已记付、企业尚未记付的款项。这是指银行代企业支付的款项，银行已登记入账减少了企业在银行的存款，但企业未接到付款凭证，尚未登记入账减少银行存款。

上述任何一种未达账项的出现，都会使企业和银行的账簿记录不一致。为了减少未达账项，月底应从开户银行将本单位的各种银行结算凭证及时取回，并及时登记入账。为了消除未达账项的影响，企业应根据核对后发现的未达账项，编制银行存款余额调节表，检查双方的账簿的记录是否有误。

2. 银行存款清查的步骤

（1）将企业银行存款日记账簿与银行对账单核对，以结算凭证的种类、号码和金额为依据，逐日逐笔核对。凡双方都有记载的，用铅笔在金额旁边打上标记，例如"√"，即找出已达账项。

（2）找出未达账项即银行存款日记账簿和银行对账单中没有打"√"的账项。

（3）将银行存款日记账簿和银行存款对账单的月末余额及找出的未达账项的金额填入银行存款余额调节表，计算出调整后的余额。

（4）将调整平衡的银行存款余额调节表经主管会计签章后，呈报开户银行。

余额调节表左、右两方的计算公式为：

调节后的企业银行存款应有余额＝企业银行存款日记账账面余额＋银行已收企业未收的未达账项－银行已付企业未付的未达账项

调节后的银行存款对账单应有余额＝银行对账单余额＋企业已收银行未收的未达账项－企业已付银行未付的未达账项

3. 案例分析

【例 8.1】 2021 年 6 月，中华家具股份有限公司银行存款日记账余额为 215 400 元，银行转来的对账单余额为 219 620 元。经核对后，发现有以下未达账项。

（1）6 月 26 日，企业委托银行代收款项 8 100 元，银行已收妥入账，但收款凭证尚未送达企业（银行已收、企业未收）；

（2）6 月 29 日，银行代企业付电话费 2 450 元，付款通知尚未送达企业（银行已付、企业未付）；

（3）6 月 29 日，企业销售材料收到银行本票一张，金额 3 120 元，企业尚未到银行办理有关进账手续（企业已收、银行未收）；

（4）6 月 30 日，企业购买办公用品 1 690 元，开出支票一张，持票人尚未到银行办理进账手续（企业已付、银行未付）。

根据上述资料，编制银行存款余额调节表，如表 8－4 所示。

表 8－4　　**银行存款余额调节表**

2021 年 6 月 30 日　　单位：元

项　目	金　额	项　目	金　额
企业银行存款账面余额	215 400	银行对账单余额	219 620
加：银行已收，企业未收	8 100	加：企业已收，银行未收	3 120
减：银行已付，企业未付	2 450	减：企业已付，银行未付	1 690
调节后的企业银行存款余额	221 050	调节后的银行对账单余额	221 050

制表人：（签章）王晓　　主管会计：（签章）李南

结论：通过编制银行存款余额调节表，双方账簿上所记载的余额是相等的，说明双方的账簿登记可能是正确的。

如果编制银行存款余额调节表后，双方的余额仍不相等，则说明一方或双方记账有误，需进一步追查，查明原因后予以更正和处理。

4. 对账后的说明

（1）未达账项不能作为登记账簿的依据。银行存款余额调节表是一种对账记录或对账工具，并不是会计凭证，不能作为登记账簿的依据，即不能根据未达账项调整银行存款账簿记录。未达账项所对应的经济事项，只有在企业收到相应的结算凭证后才能进行相关的会计处理。

（2）调节后余额相等说明双方的账簿登记可能是正确的。若银行存款余额调节表中调节后的余额相等，则调节后相等的余额是企业可以使用的银行存款实有数额，且说明企业和银行的账面记录基本上正确，企业与银行的账面存款余额不一致，只是由于未达账项造成的。

如何对企业的往来款项进行清查

四、往来款项的清查方法

往来款项的清查是指对本企业发生的各项债权、债务等结算业务进行的清查。往来款项包括应收账款、应付账款、应收票据、应付票据、其他应收款、其他应付款、预收账款、预付账款等项目。

往来款项的清查方法一般采用账目核对法，即采用函证方式进行信函查询，或开出结算资金核对表，与对方单位核对账目。对方单位核对相符时，应在回单上盖章返回；如果有部分数据核对不符，应在回单上注明不符的情况或另编表返回，作为进一步核对的依据。函证信中往来结算款项对账单如表 8－5 所示。

函　证　信

单位名称：

本企业与贵单位的业务往来款项有下列各项目，为了清兑账目，特函请查证，是否相符，请在回执联中注明后盖章寄回。此致敬礼。

表 8－5　**往来结算款项对账单**　单位：元

单位：　　地址：　　编号：

会计科目名称	截止日期	经济事项摘要	账面余额

制单：　　会计主管：　　记账：

企业名称：（盖章）

年　　月　　日

清查完毕，应根据各个往来单位寄回的回单，编制往来款项清查报告表，列示清查的具体结果。往来款项清查报告表的格式如表 8－6 所示。

表 8－6　　往来款项清查报告表

会计科目：应收账款　　　　单位：元

账面		清查情况		发生日期	对方不同意付款原因		备注
账户户名	应收金额	对方同意付款金额	对方不同意付款金额		按合同规定	异议中的款项	

清查人员签章：　　　　经管人员签章：

企业名称：（盖章）

年　　月　　日

第四节　财产清查的会计处理

一、盘盈、盘亏的成因

在财产清查中所确定的账实之间的数量（额）差异，即财产物质的盘盈，即实有数量（额）大于账面数量（额）、盘亏，即实有数量（额）小于账面数量（额），应及时查明原因，明确经济责任，并依据相关规定进行会计处理。

（一）盘亏成因

由于盘亏财产物资的种类不同，原因各异，盘亏的处理方式也不尽相同。

（1）因财产物资的自身因素，产生差异盘亏的，对于一些物资的合理性损耗，只要在规定的损耗标准和范围内，应按照相关规定进行处理。一般应作为管理费用登记入账。

（2）因计量不够准确、管理不善造成损失的，应作为管理费用登记入账。

（3）因个人原因造成财产物资损失的，应由个人赔偿。

（4）因自然灾害造成非常损失的，保险公司赔偿，不足部分，应作为营业外支出项目。

（二）盘盈的成因

由于盘盈财产物资的种类不同，原因各异，盘盈的处理方式也不尽相同。

（1）库存现金的长款，若能够查明是属于某个单位或个人的债权，企业应将其确认为债务；若不能查明原因，则可以冲减当期管理费用。

（2）存货的盘盈，可以冲减当期管理费用。

（3）固定资产盘盈，应调整以前年度损益。

造成账实不符的原因

二、财产清查的会计处理程序

（一）发生盘盈、盘亏时的会计处理

为了核算财产物资清查中出现的盘亏、盘盈的会计处理，企业应设置“待处理

财产损溢”[①]账户。该账户设置“待处理流动资产损溢”和“待处理非流动资产损溢”两个明细分类账户，用以分别核算流动资产和非流动资产的待处理损溢。

1. 发生盘盈时，编制的会计分录

借：××资产账户

　　贷：待处理财产损溢——待处理流动资产损溢或待处理非流动资产损溢

2. 发生盘亏时，编制的会计分录

借：待处理财产损溢——待处理流动资产损溢或待处理非流动资产损溢

　　贷：××资产账户

根据以上记账凭证，登记相关会计账簿，使账簿记录与实际盘存数额相符。

对于财产清查中发现的盘盈、盘亏，除做以上会计处理外，应及时将清查结果报告表和盘点报告表，报财务主管领导审批，使得后续会计工作正常进行下去。

（二）盘亏审批之后的会计处理

将反映财产物资盘盈、盘亏情况的各种表格，报给相关领导（或负责人）审批后，根据其意见，编制会计分录，并据以登记相关账簿。

1. 盘盈审批之后，编制的会计凭证

借：待处理财产损溢——待处理流动资产损溢或待处理非流动资产损溢

　　贷：营业外收入、管理费用等

或做红字反映的会计分录：

借：营业外收入、管理费用等

　　贷：待处理财产损溢——待处理流动资产损溢或待处理非流动资产损溢

2. 盘亏审批之后，编制的会计凭证

借：营业外支出、其他应收款等

　　贷：待处理财产损溢——待处理流动资产损溢或待处理非流动资产损溢

一般情况下的盘盈、盘亏的会计处理如图 8－1 和图 8－2 所示。

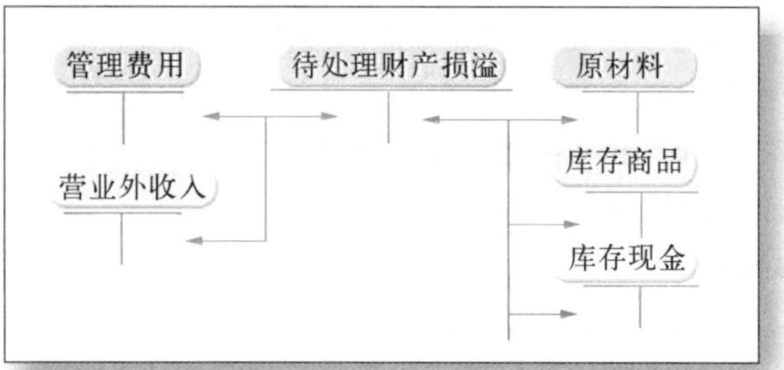

图 8－1　盘盈的会计处理图示

① 用于核算企业在财产清查过程中查明的各种财产物资的盘盈、盘亏或毁损。属于资产类账户。
借方登记的是：
a. 发生的待处理财产物资盘亏数额；
b. 结转已批准处理的财产物资盘盈数额。
贷方登记的是：
a. 发生的待处理财产物资盘盈数额；
b. 转销已批准处理财产物资盘亏数额。
借方余额表示尚待批准处理财产物资盘亏净额，贷方余额表示尚待批准处理财产物资的盘盈净额。

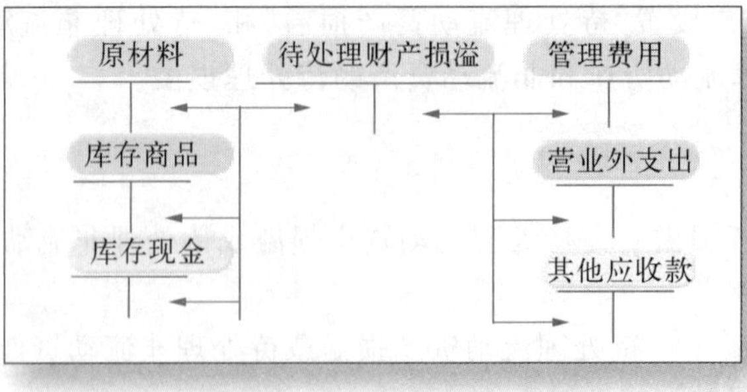

图 8-2　盘亏的会计处理图示

(三) 案例分析

2021 年 6 月 30 日,企业财产清查发现如下问题:

【例 8.2】 企业销售部门的出纳员发现库存现金长款 120 元,财务部门出纳人员宋平润发现库存现金短款 380 元。财务主管审批的处理意见为:长款作公司营业外收入处理,短款由出纳人员赔偿。

(1) 销售部门发现库存现金长款时,编制的会计分录:

借:库存现金　　120

　　贷:待处理财产损溢——待处理流动资产损溢　　120

(2) 财务部门发现库存现金短款时,编制的会计分录:

借:待处理财产损溢——待处理流动资产损溢　　380

　　贷:库存现金　　380

(3) 销售部门库存现金长款批准后,编制的会计分录:

借:待处理财产损溢——待处理流动资产损溢　　120

　　贷:营业外收入　　120

(4) 财务部门库存现金短款批准后,编制的会计分录:

借:其他应收款(库存现金)——××出纳　　380

　　贷:待处理财产损溢——待处理流动资产损溢　　380

【例 8.3】 企业清查原材料仓库,发现盘盈丙材料 100 千克,公允价值为 400 元。经查是由收发计量上的原因而造成的,相关领导审批的处理意见为冲减当期的管理费用。

(1) 发生材料盘盈时,编制的会计分录:

借:原材料——丙材料　　400

　　贷:待处理财产损溢——待处理流动资产损溢　　400

(2) 材料盘盈批准后,编制的会计分录:

借:待处理财产损溢——待处理流动资产损溢　　400

　　贷:管理费用　　400

【例 8.4】 清查商品仓库。发现库存 A 商品盘亏 30 件,价值 6 000 元。经查,属商品定额内损耗 3 000 元,仓库保管员李平责任损失 300 元,自然灾害损失 2 700 元。相关领导审批的处理意见为:定额内损耗增加管理费用,保管员责任损失由其赔偿,自然灾害损失由平安保险公司赔偿,但尚未收到其赔偿的款项。

(1) 发生库存 A 商品盘亏时,编制的会计分录:

借:待处理财产损溢——待处理流动资产损溢　　6 000

贷：库存商品　　6 000

（2）库存 A 商品盘盈批准后，编制的会计分录：

借：管理费用　　3 000

其他应收款——李平　　300

——平安保险公司　　2 700

贷：待处理财产损溢——待处理流动资产损溢　　6 000

关于 2016 年末资产清查结果的公告

练习题

一、单项选择题

1. 在企业撤销、合并和改变隶属关系时，应对财产物资进行（　　）。

A. 全面清查　　B. 局部清查　　C. 实地盘点　　D. 定期清查

2. 对于大量堆积煤炭的清查，一般采用（　　）方法进行清查。

A. 实地盘点　　B. 抽查检验　　C. 技术推算盘点　　D. 查询核对

3. 下列记录中，可以作为调整账面数字的原始凭证的是（　　）。

A. 盘存单　　B. 实存账存对比表

C. 银行存款余额调节表　　D. 往来款项对账单

4. 月末企业银行存款日记账余额为 180 000 元，银行对账单余额为 170 000 元，经过未达账项调节后的余额为 160 000 元，则对账日企业可以使用银行存款实有数额为（　　）元。

A. 180 000　　B. 160 000　　C. 170 000　　D. 不能确定

5. 财产清查中发现账外机器一台，其市场价格为 80 000 元，估计六成新，该固定资产的入账价值为（　　）元。

A. 80 000　　B. 48 000　　C. 32 000　　D. 128 000

6. 在财产清查中发现盘亏一台设备，其账面原值为 80 000 元，已提折旧 20 000 元，则该企业记入"待处理财产损溢"账户的金额为（　　）元。

A. 80 000　　B. 20 000　　C. 60 000　　D. 100 000

7. 银行存款余额调节表中，调节后的余额是（　　）。

A. 银行存款账面余额

B. 对账单余额与日记账余额的平均数

C. 对账日企业可以动用的银行存款实有数额

D. 银行方面的账面余额

8. "待处理财产损溢"账户未转销的借方余额表示（　　）。

A. 等待处理的财产盘盈

B. 等待处理的财产盘亏

C. 尚待批准处理的财产盘盈数大于尚待批准处理的财产盘亏和毁损数的差额

D. 尚待批准处理的财产盘盈数小于尚待批准处理的财产盘亏和毁损数的差额

9. 盘盈的固定资产，一般记入（　　）账户。

A. 本年利润　　B. 以前年度损益调整

C. 营业外收入　　D. 其他业务收入

10. 对盘亏的固定资产净损失经批准后可记入(　　)账户的借方。

A. "制造费用"　　B. "生产成本"　　C. "营业外支出"　　D. "管理费用"

11. 对银行存款进行清查时,应将(　　)与银行对账单逐笔核对。

A. 银行存款总账　　B. 银行存款日记账

C. 银行支票备查簿　　D. 库存现金日记账

12. 在实际工作中,企业一般以(　　)作为财产物资的盘存制度。

A. 收付实现制　　B. 权责发生制　　C. 永续盘存制　　D. 实地盘存制

13. 库存现金清查的方法是(　　)。

A. 核对账目法　　B. 实地盘点法　　C. 技术推算法　　D. 发函询证法

14. 银行存款清查中发现的未达账项应编制(　　)来检查调整后的余额是否相等。

A. 对账单　　B. 实存账存对比表

C. 盘存单　　D. 银行存款余额调节表

15. 隆兴置业有限责任公司仓库本期期末盘亏原材料原因已经查明,属于自然耗损,经批准后,会计人员应编制的会计分录为(　　)。

A. 借:待处理财产损溢
　　贷:原材料

B. 借:待处理财产损溢
　　贷:管理费用

C. 借:管理费用
　　贷:待处理财产损溢

D. 借:营业外支出
　　贷:待处理财产损溢

16. 出纳员每天工作结束前都要将库存现金日记账结清并与库存现金实存数核对,这属于(　　)。

A. 账账核对　　B. 账证核对　　C. 账实核对　　D. 账表核对

17. 库存现金清查中,对无法查明原因的长款,经批准应计入(　　)。

A. 其他应收款　　B. 其他应付款　　C. 营业外收入　　D. 管理费用

18. 财产清查是用来检查(　　)的一种专门方法。

A. 账实是否相符　　B. 账账是否相符　　C. 账表是否相符　　D. 账证是否相符

19. 已在企业与银行双方记账无误的情况下,银行存款日记账与银行对账单余额不一致是由于有(　　)存在。

A. 应收账款　　B. 应付账款　　C. 未达账项　　D. 其他货币资金

20. 以下情况中,宜采用局部清查的是(　　)。

A. 年终决算前进行的清查

B. 企业清产核资时进行的清查

C. 企业更换财产保管人员时

D. 企业改组为股份制试点企业进行清查

二、多项选择题

1. 银行存款日记账余额与银行对账单余额不一致,原因可能有(　　　　)。

A. 银行存款日记账有误　　B. 银行记账有误

C. 存在未达账项　　D. 存在未付款项

2. 出纳人员每天工作结束前都要将库存现金日记账结清并与库存现金实存数额核对,这属于(　　　　)。

A. 定期清查　　B. 不定期清查　　C. 全面清查　　D. 局部清查

3. 下列(　　　　)情况下,企业应对其财产进行全面清查。

A. 年终决算前　　B. 企业进行股份制改革前

C. 更换仓库保管员　　D. 企业破产

4. 财产物资的盘存制度有(　　　　)。

A. 权责发生制　　B. 收付实现制　　C. 实地盘存制　　D. 永续盘存制

5. 下列记录中,可以作为调整账簿记录的原始凭证有(　　　　)。

A. 盘存单　　B. 盘盈盘亏报告表

C. 银行存款余额调节表　　D. 库存现金盘点报告表

6. 对于盘亏、毁损的存货,经批准后进行账务处理时,可能涉及的借方账户有(　　　　)。

A. "其他应收款"　　B. "营业外支出"　　C. "管理费用"　　D. "原材料"

7. 下列(　　　　)的清查宜采用发函询证的方法。

A. 应收账款　　B. 应付账款　　C. 存货　　D. 预付账款

8. 由于仓库保管员变动对其保管的全部存货进行盘点属于(　　　　)。

A. 定期清查　　B. 不定期清查　　C. 全面清查　　D. 局部清查

9. 以下财产物资可以采用实地盘点法进行清查的有(　　　　)。

A. 库存现金　　B. 原材料　　C. 银行存款　　D. 固定资产

10. 发生下列(　　　　)事项需要对财产物资进行不定期的局部清查。

A. 库存现金、财产物资保管人员更换时

B. 企业改变隶属关系时

C. 发生非常灾害造成财产物资损失时

D. 企业进行清产核资时

11. 下列业务中,需要通过"待处理财产损溢"账户核算的有(　　　　)。

A. 库存现金丢失　　B. 原材料盘亏

C. 发现盘盈固定资产　　D. 应收账款无法收回

12. 与"待处理财产损溢"账户借方发生对应关系的账户可能有(　　　　)。

A. "原材料"　　B. "固定资产"　　C. "应收账款"　　D. "营业外收入"

13. 使企业银行存款日记账的余额小于银行对账单余额的未达账项有(　　　　)。

A. 企业已收款记账而银行尚未收款记账

B. 企业已付款记账而银行尚未付款记账

C. 银行已收款记账而企业尚未收款记账

D. 银行已付款记账而企业尚未付款记账

14. 以下情况中,可能造成账实不符的有(　　　　)。

A. 财产收发计量或检验不准　　B. 管理不善

C. 未达账项　　D. 账簿记录发生错误

15. 财产清查按清查的时间可分为(　　　　)。

A. 定期清查　　B. 不定期清查　　C. 全面清查　　D. 局部清查

16. 财产清查按清查的范围可分为(　　　　)。

A. 定期清查　B. 不定期清查　C. 全面清查　D. 局部清查

17. “待处理财产损溢”账户借方登记(　　)。

A. 等待批准处理的财产盘亏　B. 经批准转销的财产盘亏

C. 等待批准处理的财产盘盈　D. 经批准转销的财产盘盈

18. 原材料盘亏的核算业务涉及的账户有(　　)。

A. “营业外收入”　B. “待处理财产损溢”

C. “原材料”　D. “其他应收款”

19. 以下情况中，应该对财产物资进行不定期清查的有(　　)。

A. 发现库存现金被盗　B. 与其他企业合并

C. 年终决算时　D. 自然灾害造成的部分财产损失

20. 关于银行存款余额调节表，下列说法正确的有(　　)。

A. 调节后的余额表示企业可以实际使用的银行存款数额

B. 该表是通知银行更正错误的依据

C. 不能作为调节本单位银行存款日记账记录的原始凭证

D. 是更正本单位银行存款日记账记录的依据

三、不定项选择题

1. 以下情况中，宜采用全面清查的有(　　)。

A. 年终决算前进行的清查

B. 企业清产核资时进行的清查

C. 企业更换财产保管人员时

D. 企业改组为股份制试点企业进行的清查

2. 企业财产清查后，据以填制记账凭证的原始凭证是(　　)。

A. 收料单　B. 盘存单

C. 实存账存对比表　D. 发出材料汇总表

3. 下列项目清查时，应采用实地盘点法的是(　　)。

A. 应收账款　B. 应付账款　C. 银行存款　D. 固定资产

4. 企业实际可以利用的银行存款数额是(　　)。

A. 银行存款日记账余额　B. 银行对账单余额

C. 调节前余额　D. 调节后余额

5. 下列各项中，不属于原始凭证的是(　　)。

A. 购货发票　B. 购货合同

C. 银行存款余额调节表　D. 采购计划

6. 下列记录中，能作为调整账面数字的原始凭证的是(　　)。

A. 盘存单　B. 实存账存对比表

C. 银行存款余额调节表　D. 库存现金盘点报告表

7. 下列事项中，属于账实核对的是(　　)。

A. 银行存款日记账与银行对账单核对

B. 记账凭证与汇总记账凭证的核对

C. 会计报表与会计账簿的核对

D. “原材料”总账账户余额与“原材料”明细账余额的核对

8. 不定期清查的情况有(　　　)。

A. 年终决算时进行的清查　　B. 发生自然灾害和意外损失时

C. 更换财产保管员时　　D. 企业改变隶属关系时

9. 下列各项中,对永续盘存制表达正确的是(　　　)。

A. 账面随时反映财产物资的收入、发出和结算额

B. 对各项财产物资的增加数和减少数,平时要根据会计凭证登记账簿

C. 平时在账簿中只登记财产物资的增加数,不登记减少数

D. 财产物资品种繁杂的企业,其明细分类核算工作量较大

四、判断题

1. 先确定期末库存存货成本,后确定本期发出存货成本的方法,称为永续盘存制。(　　)

2. 从财产清查的对象和范围看全面清查只有在年终进行。(　　)

3. 永续盘存制与实地盘存制都是确定各项实物资产账面结存数量的方法。(　　)

4. 对于价值低、品种杂、进出频繁的商品或材料物资应采用实地存盘制。(　　)

5. 经批准转销固定资产盘亏净损失时,会计处理应借记“营业外支出”账户,贷记“固定资产清理”账户。(　　)

6. 企业对于与外部单位往来款项的清查,一般采用编制对账单寄交给对方单位的方式进行,因此属于账账核对。(　　)

7. 银行存款余额调节表只是为核对账目,并不能作为调整账面余额的原始凭证。(　　)

8. 永续盘存制下,可以通过存货明细账的记录随时结出存货的结存数量,故不需要对存货进行盘点。(　　)

9. 库存现金的清查包括出纳人员每日的清点核对和清查小组定期和不定期的清查。(　　)

10. 企业采用永续盘存制对存货进行核算时,在期末必须对存货进行实地盘点,否则无法确定本期发出存货成本。(　　)

11. 定期财产清查一般在结账以后进行。(　　)

12. 对银行存款进行清查时,如果存在账实不符现象,肯定是由于未达账项引起的。(　　)

13. 对于盘盈或盘亏的财产物资,须在期末结账前处理完毕,如在期末结账前尚未经批准处理的,等批准后进行处理。(　　)

14. 只有在永续盘存制下才可能出现财产的盘盈、盘亏现象。(　　)

15. 对仓库中的所有存货进行盘点属于全面清查。(　　)

16. 无论采用哪种盘存制度,都应对财产物资进行定期或不定期的清查盘点,只是清查的目的和作用是不同的。(　　)

17. 企业的银行存款日记账与银行对账单所记的内容是相同的,都是反映企业的银行存款的增减变动情况。(　　)

18. 存货盘亏毁损的净损失一律计入管理费用。(　　)

19. 银行存款余额调节表是调整账簿记录,是证明账实相符的原始凭证。(　　)

20. 存货清查过程中发现的超定额损耗应记入“营业外支出”账户。(　　)

五、简述题

1. 简述未达账项的类别。
2. 简述财产清查的分类。

六、实务题

(一) 练习银行存款余额调节表的编制

2021年8月31日，隆兴置业有限责任公司的银行存款日记账簿余额为691 600元，而银行对账单上企业存款余额为681 600元，经逐笔核对，发现有以下未达账项：

(1) 8月26日，企业开出转账支票3 000元，企业已登记入账，持票人尚未到银行办理转账，银行尚未登账；

(2) 8月28日，企业委托银行代收款项4 000元，银行已收款入账，但企业未接到银行的收款通知，因而未登记入账。

(3) 8月29日，企业送存购货单位签发的转账支票15 000元，企业已登记入账，银行尚未登记入账。

(4) 8月31日，银行代企业支付水电费2 000元，银行已登记入账，企业尚未接到银行的付款通知，故未登记入账。

要求：根据以上有关内容，编制银行存款余额调节表，并分析调节后是否需要编制有关会计分录。

(二) 练习财产清查结果的会计处理

2021年12月，隆兴置业有限责任公司进行财产清查，在清查中发现下列事项：

(1) 库存现金清查中发现短缺200元。

(2) 发现盘盈机器一台，市价10 000元，估计六成新，重置价值为6 000元。

(3) 甲材料账面余额455千克，价值19 110元。盘点实际存量为450千克，经查明其中3千克为定额损耗，2千克为日常收发计量中存在的差错。

(4) 乙材料账面余额166千克，价值5 312元，盘点实际存量为161千克，缺少部分为保管人员失职所造成的散失。

(5) 丙材料盘盈25千克，每千克30元，经查明属于日常收发计量中存在的差错。

(购买以上甲、乙、丙材料不考虑增值税)

上列各项盘盈、盘亏和损失，经查原因属实，报请领导审核批准，作如下处理：

(1) 库存现金清查中发现短缺，由出纳员承担。

(2) 盘盈机器尚可使用，交车间投入生产，作营业外收入处理。

(3) 材料定额内损耗及材料收发计量错误，均列入管理费用处理。

(4) 保管人员失职造成材料短缺损失，责成过失人赔偿。

要求：编制审批前的会计分录；根据报请批准处理的结果，编制会计分录。

第九章　财务会计报告

【理论目标】

1. 了解财务会计报告的概念；
2. 熟悉财务会计报告的分类及其特点；
3. 掌握财务会计报告的编制方法；
4. 掌握会计分析的方法。

【实践目标】

正确编制资产负债表及利润表。

第一节　财务会计报告概述

会计信息使用者最为关心的是企业财务状况、经营成果及现金流量等会计信息，从而考核企业的采购、生产、销售、投资等经营活动是否正常，分析与评价经营管理的业绩与不足，对未来的经营管理和决策提供依据。因此，保证会计信息质量，做到合规、真实、准确、完整地提供会计信息具有十分重要的意义。

一、财务会计报告的概念和意义

我国《企业会计准则——基本准则》指出："财务会计报告是指企业对外提供的反映企业某一特定日期的财务状况和某一会计期间的经营成果、现金流量等会计信息的文件。"财务会计报告是会计行为产生的直接成果，是综合反映企业某一特定日期的资产、负债和所有者权益状况以及某一特定时期的经营成果和现金流量情况的书面文件。

企业在日常会计核算中，对发生的经济业务进行确认、计量、记录，通过会计凭证和会计账簿对各项经济业务进行总分类和明细分类的记录与核算，可以全面、系统地反映企业经营活动中所形成的财务状况和经营成果等会计信息。会计核算过程及结果体现在若干总分类账簿和明细分类账簿中，但各分类账簿无法概括反映企业经营活动的全貌，不便于企业内、外会计信息使用者了解企业的财务状况、经营成果及现金流量等情况。因此，必须在做好会计日常工作的基础上，定期编制财务会计报告，向信息使用者报告经营活动综合、总括的会计信息。

※ST舜船公司财务造假

编制财务会计报告，具有以下重要意义：

（一）为国家宏观调控社会经济运行提供依据

通过对财务会计报告的逐级汇总，便于国家掌握国民经济的发展状况，是国家经济管理部门制定宏观经济管理政策和经济决策的重要信息来源。

（二）为主管部门、投资者、债权人及其他外部单位或部门的决策提供信息

通过财务会计报告，可以使上级主管部门了解企业的经营业绩，全面认识企业的财务状况和经营成果以及现金流量等会计信息，以指导、帮助企业沿着正确的轨道发展；有助于投资者、债权人和潜在投资者对不同企业的经营业绩、财务实力进行比较分析，以确定其投资和贷款方向，减少投资风险。

（三）为单位内部的经营管理者及职工提供必要的信息

通过财务会计报告，可以使经营管理人员掌握本单位经济活动、财务收支和财务成果的全部情况，分析本单位在经营活动中的优势，查明存在问题的成因，不断改进经营管理工作，以便正确地进行生产经营决策，提高经济效益。各单位职工、职工代表大会也可以通过财务会计报告提供的数据资料，更好地参与单位的经营管理活动。

（四）促进社会资源的合理配置

通过编制和提供财务会计报告，使信息的使用者借助于财务信息和其他信息，促进资本市场和其他市场的有效运作，使得有限的社会资源得到合理分配。

明朝的
会计报告

二、财务会计报告的分类

（一）按编报的期间，可以分为中期财务会计报告和年度财务会计报告

中期财务会计报告是以短于一个完整会计年度的报告期间为基础编制的财务会计报告，包括月报、季报和半年报等。中期财务会计报告至少应当包括资产负债表、利润表、现金流量表和报表附注。其中，中期资产负债表、利润表和现金流量表应当是完整报表，其格式和内容应当与年度财务会计报告相一致。与年度财务会计报告相比，中期财务会计报告中的附注披露可适当简略。

年度财务会计报告是年度终了以后编制的，全面反映企业财务状况、经营成果及其分配、现金流量等方面的报表。

（二）按编报主体，可以分为个别和合并财务会计报告

个别财务会计报告是由企业在个体会计核算基础上，对会计账簿记录进行加工而编制的财务会计报告，它主要用以反映企业自身的财务状况、经营成果和现金流量等情况。

合并财务会计报告是以母公司和子公司组成的企业集团为会计主体，根据母公司和所属子公司的财务会计账簿记录，由母公司编制的综合反映企业集团财务状况、经营成果及现金流量的财务会计报告。

我国企业年度财务会计报告的会计期间，是指公历每年的 1 月 1 日至 12 月 31 日。企业半年度财务会计报告的会计期间是指公历每年的 1 月 1 日至 6 月 30 日，或 7 月 1 日至 12 月 31 日。企业季度财务会计报告的会计期间是指公历的每季度，企业月度财务会计报告的会计期间则是指公历每月 1 日至当月最后 1 日。

三、财务会计报告的构成

财务会计报告至少应当包括：① 资产负债表；② 利润表；③ 现金流量表；④ 所有者权益变动表；⑤ 附注；⑥ 其他相关信息。财务会计报告的上述①至⑤组成部分具有同等的重要程度。

（一）资产负债表

资产负债表[①]是反映企业在某一特定日期财务状况的财务报表。企业编制资产负债表的目的是通过如实反映企业的资产、负债和所有者权益金额及其结构情况，从而有助于信息使用者评价企业资产的质量以及偿债能力、营运能力等。

（二）利润表

利润表[②]是反映企业在一定会计期间的经营成果的财务报表。企业编制利润表的目的是如实反映企业所实现的收入和发生的费用以及应当计入当期利润的利得和损失等金额及其结构情况，从而有助于信息使用者分析评价企业的盈利能力及其构成与质量。

（三）现金流量表

现金流量表[③]是反映企业在一定会计期间的现金和现金等价物流入和流出的财务报表。企业编制现金流量表的目的是如实反映企业各项活动的现金流入、流出情况，从而有助于信息使用者评价企业的现金流和资金周转情况。

（四）所有者权益变动表

所有者权益变动表[④]是反映企业会计期末所有者权益的构成及各组成部分当期增减变动情况的财务报表。企业编制所有者权益变动表的目的是如实反映企业一定时期所有者权益变动的情况，不仅包括所有者权益总量的增减变动，还包括所有者权益增减变动的重要结构性信息，特别是要反映直接计入所有者权益的利得和损失，让报表使用者准确理解所有者权益增减变动的根源。

（五）附注

附注是财务会计报告不可或缺的组成部分，是对资产负债表、利润表、现金流量表、所有者权益变动表等报表中列示项目的文字描述或明细资料，以及对未能在这些报表中列示项目的说明等。企业编制财务报表附注是因为财务报表中的数据是经过分类与汇总后的结果，是对企业发生经济业务的高度简化和浓缩的数据，如没有形成这些数据所使用的会计政策和理解这些数据必须的文字附注说明，财务报表就不可能充分发挥效用。因此，财务会计报告附注有助于报表使用者准确理解企业的财务状况、经营成果和现金流量，有助于使用者联系相关联的信息，并由此从整体上更好地理解财务报表。

（六）其他相关信息

财务会计报告还应当包括其他相关信息，具体内容可以根据有关法律法规的规定和外部使用者的需要而定。例如，企业可以在财务会计报告中披露其承担的社会责任、对社区的贡献、可持续发展能力等信息，这些信息对于信息使用者的决策也是相关的，尽管有些属于非财务信息，无法包括在会计报表及其附注中，但是如果有规定或者使用者有需求，企业应当在财务会计报告中予以披露，有时企业也可以自愿在报告中披露相关信息。

四、财务会计报告的编制要求

为了使财务会计报告能够最大限度地满足会计信息使用者的需要，充分发挥财务会计报告的作用，企业编制财务会计报告时应保证编制的财务会计报告真实、完整、准确，严格遵循会

① 资产负债表是静态报表，是时点报表。
② 利润表是动态报表，是时期报表。
③ 现金流量表是动态报表，是时期报表。
④ 所有者权益变动表是动态报表，是时期报表。

计规范的编制基础、依据、原则和方法。

（一）数据真实

财务会计报告构成项目的数据必须建立在真实可靠的基础之上，应使企业财务会计报告能够如实地反映企业的财务状况、经营成果和现金流量等情况。因此，财务会计报告必须根据核实无误的会计账簿及相关资料编制。如果财务会计报告所提供的资料不真实或者可靠性很差，则不仅不能发挥财务会计报告应有的作用，而且还会由于错误的信息，导致信息使用者对企业的财务状况、经营成果和现金流量情况作出错误的评价与判断，作出错误的决策。

（二）口径一致

财务会计报告构成项目的数据应当口径一致、相互可比，以便于信息使用者在不同企业之间及同一企业前后各期之间进行比较。只有提供相关且可比的信息，才能使信息使用者分析企业在整个社会及同行业中的地位，了解、判断企业过去、现在的情况，预测企业未来的发展趋势，进而为信息使用者的决策服务。

（三）内容完整

财务会计报告应当全面地披露企业的财务状况、经营成果和现金流量情况，完整地反映企业财务活动的过程和结果，以满足各有关方面对会计信息的需要。为了保证财务会计报告的全面完整，企业在编制财务会计报告时，应当按照《企业会计准则》规定的格式和内容填报。对某些重要会计事项，应当在财务报表附注中进行说明。

（四）编报及时

财务会计报告只有编报及时，才能够为信息使用者提供决策相关的会计信息。否则，即使财务会计报告编制得真实可靠、全面完整，但由于编报不及时，也可能失去其应有的价值，成为相关性较低甚至不相关的会计信息。随着市场经济和信息技术的迅速发展，财务会计报告的及时性要求将变得日益重要。

注册会计师出具审计报告的类型

（五）便于理解

财务会计报告是为企业目前或潜在的投资者和债权人提供的会计信息的信息系统。因此，编制的财务会计报告应当清晰明了，便于信息使用者理解和利用。如果提供的财务会计报告不可理解，使用者不能据以作出准确的判断，财务会计报告的作用会大大降低。

第二节　资产负债表

一、总体要求

资产负债表反映了某一特定日期关于企业资产、负债、所有者权益及其相互关系的信息。资产负债表，可以反映企业在某一特定时点所拥有或控制的经济资源、所承担的现时义务和所有者的要求权，帮助企业利益相关者全面了解企业的财务状况、分析企业的偿债能力等情况，从而为其作出经济决策提供依据。资产负债表列报的总体要求如下：

（一）分类别列报

资产负债表列报应当如实反映企业在资产负债表日所拥有或控制的资源、所承担的负债以及所有者所拥有的权益。《企业会计准则第 30 号——财务报表列报》应用指南规定，资产负债表应当按照资产、负债和所有者权益三大类别分类列报。

（二）资产和负债按流动性列报

《企业会计准则第30号——财务报表列报》应用指南规定，资产负债表上资产和负债应当按照流动性分别分为流动资产和非流动资产、流动负债和非流动负债列示。流动性，通常按资产的变现或耗用时间长短或者负债的偿还时间长短来确定。企业应当先列报流动性强的资产或负债，再列报流动性弱的资产或负债。

对于企业而言，通常在明显可识别的营业周期内销售产品或提供服务，应当将资产和负债分为流动资产和非流动资产、流动负债和非流动负债列示，有助于反映本营业周期内预期能实现的资产和应偿还的负债。但是，对于银行、证券、保险等金融企业而言，其销售产品或提供服务不具有明显可识别营业周期，在经营内容上也不同于企业，导致其资产和负债的构成项目也与企业有所不同，具有特殊性，金融企业的有些资产或负债无法严格区分为流动资产和非流动资产。在这种情况下，按照流动性列示往往能够提供可靠且更相关信息，因此，《企业会计准则第30号——财务报表列报》应用指南规定，金融企业等特殊行业企业等可以大体按照流动性顺序列示所有的资产和负债。

《企业会计准则第30号——财务报表列报》应用指南规定，对于从事多种经营的企业，可以采用混合的列报基础进行列报，即对一部分资产和负债按照流动资产和非流动资产、流动负债和非流动负债列报，同时对其他资产和负债按照流动性顺序列报，但前提是能够提供可靠且更加相关的信息。

（三）列报相关的合计、总计项目

资产负债表中的资产类至少应当列示流动资产和非流动资产的合计项目；负债类至少应当列示流动负债、非流动负债以及负债的合计项目；所有者权益类应当列示所有者权益的合计项目。但是，按照企业的经济性质列报“流动资产合计”“非流动资产合计”“流动负债合计”“非流动负债合计”等项目没有可行性的，则无须列报这些项目。比如，金融企业等特殊行业的资产和负债按照流动性顺序列报的情况。

资产负债表遵循了“资产＝负债＋所有者权益”这一会计恒等式，将企业在特定时日所拥有或控制的经济资源和与之相对应的企业所承担的负债及偿债以后属于所有者的权益充分反映出来。因此，《企业会计准则第30号——财务报表列报》应用指南规定，资产负债表应当分别列示资产总计项目和负债与所有者权益之和的总计项目，并且这两者的金额应当相等。

二、资产负债表的内容

（一）资产的列报

资产负债表中的资产反映由过去的交易或事项形成，并由企业在某一特定日期所拥有或控制的、预期会给企业带来经济利益的资源。根据《企业会计准则第30号——财务报表列报》应用指南的规定，资产应当按照流动资产和非流动资产两大类别在资产负债表中列示，在流动资产和非流动资产类别下进一步按流动性强弱分项列示。

1. 流动资产和非流动资产的划分

资产满足下列条件之一的，应当归类为流动资产：

（1）预计在一个正常营业周期中变现、出售或耗用。主要包括存货、应收账款等资产。

需要指出的是，变现一般针对应收账款等而言，是指将资产变为现金；出售一般针对产成品等存货而言；耗用一般是指将原材料等存货转变成为另一种形态，即产成品等。

（2）主要为交易目的而持有。例如，根据《企业会计准则第22号——金融工具确认和计量》划分的交易性金融资产。但是,并非所有交易性金融资产均为流动资产,例如,自资产负债表日起超过 12 个月到期,且预期持有超过 12 个月的衍生工具应当划分为非流动资产或非流动负债。

(3) 预计在资产负债表日起 1 年内(含 1 年)变现。

(4) 自资产负债表日起 1 年内(含 1 年),交换其他资产或清偿负债的能力不受限制的现金或现金等价物。

流动资产以外的资产应当归类为非流动资产。

对于同时包含资产负债表日后 1 年内和 1 年之后预期将收回或清偿金额的资产和负债单列项目,《企业会计准则第 30 号——财务报表列报》应用指南还要求,企业应当披露超过 1 年后预期收回或清偿的金额。例如,金融企业资产负债表中的资产和负债项目按照流动性顺序列示,有些资产或负债项目中同时包含了资产负债表日后 1 年内和 1 年之后预期收回或清偿的金额,针对这些项目,企业应当在附注中披露资产负债表日后 1 年之后预期收回或清偿的金额。再如,房地产开发企业的正常营业周期通常长于 1 年,其已经开发完工和正在开发的房地产作为存货在资产负债表的流动资产部分列示,企业对于该存货还应当在附注中披露资产负债表日后 1 年之后预期收回的金额。

小企业会计准则关于正常营业周期的解释

2. 正常营业周期

在判断流动资产、流动负债时所指的正常营业周期,是指企业从购买用于加工的资产起至实现现金或现金等价物的期间。

正常营业周期通常短于 1 年,在 1 年内有几个营业周期。但是,因生产周期较长等导致正常营业周期长于 1 年的,尽管相关资产往往超过 1 年才变现、出售或耗用,仍应当划分为流动资产。例如,房地产开发企业开发用于出售的房地产开发产品,造船企业制造的用于出售的大型船只等,从购买原材料投入生产环节,到制造出产品并出售及收回现金或现金等价物的过程,往往超过 1 年,在这种情况下,与生产过程相关的产成品、应收账款、原材料尽管超过 1 年才变现、出售或耗用,仍应作为流动资产列示。

当正常营业周期不能确定时,企业应当以 1 年或 12 个月作为正常营业周期。

3. 持有待售的非流动资产的列报

对于根据企业会计准则划分为持有待售的非流动资产的列报,《企业会计准则第 30 号——财务报表列报》应用指南规定,被划分为持有待售的非流动资产应当归类为流动资产;被划分为持有待售的非流动负债应当归类为流动负债。

持有待售的非流动资产既包括单项资产也包括处置组,处置组是指在一项交易中作为整体通过出售或其他方式一并处置的一组资产以及在该交易中转让的与这些资产直接相关的负债。因此,无论是被划分为持有待售的单项非流动资产还是处置组中的资产,都应当在资产负债表的流动资产部分单独列报;类似地,被划分为持有待售的处置组中的与转让资产相关的负债应当在资产负债表的流动负债部分单独列报。

资产负债表中列示的流动资产项目包括货币资金、交易性金融资产、应收票据、应收账款、预付款项、应收利息、应收股利、其他应收款、存货和一年内到期的非流动资产等。

资产负债表中列示的非流动资产项目包括长期股权投资、固定资产、在建工程、工程物资、无形资产、开发支出、长期待摊费用以及其他非流动资产等。

（二）负债的列报

资产负债表中的负债反映在某一特定日期企业所承担的、预期会导致经济利益流出企业的现时义务。根据《企业会计准则第 30 号——财务报表列报》应用指南的规定，负债应当按照流动负债和非流动负债在资产负债表中列示，在流动负债和非流动负债类别下再进一步按流动性强弱分项列示。

1. 流动负债与非流动负债的划分

流动负债的判断标准与流动资产的判断标准相类似。《企业会计准则第 30 号——财务报表列报》应用指南规定，负债满足下列条件之一的，应当归类为流动负债：

（1）预计在一个正常营业周期中清偿的。

（2）主要为交易目的而持有的。

（3）自资产负债表日起 1 年内到期应予以清偿的。

（4）企业无权自主地将清偿推迟至资产负债表日后 1 年以上的。

关于可转换工具负债成分的分类，《企业会计准则第 30 号——财务报表列报》应用指南还规定，负债在其对手方选择的情况下可通过发行权益进行清偿的条款与在资产负债表日负债的流动性划分无关。

企业在应用流动负债的判断标准时，应当注意以下两点：

（1）企业对资产和负债进行流动性分类时，应当采用相同的正常营业周期。

（2）企业正常营业周期中的经营性负债项目即使在资产负债表日后超过 1 年才予清偿的，仍应划分为流动负债。经营性负债项目包括应付账款、应付职工薪酬等，这些项目属于企业正常营业周期中使用的营运资金的一部分。

2. 资产负债表日后事项对流动负债与非流动负债划分的影响

流动负债与非流动负债的划分是否正确，直接影响到对企业短期和长期偿债能力的判断。

企业在判断流动负债与非流动负债的划分时，对于资产负债表日后事项对流动负债与非流动负债划分的影响，需要特别加以考虑。总的判断原则是，企业在资产负债表上对债务流动和非流动的划分，应当反映在资产负债表日有效的合同安排，考虑在资产负债表日起 1 年内企业是否必须无条件清偿，而资产负债表日之后或即使是财务会计报告批准报出日前的再融资、展期或提供宽限期等行为，与资产负债表日判断负债的流动性状况无关。

（1）资产负债表日起 1 年内到期的负债。对于在资产负债表日起 1 年内到期的负债，企业有意图且有能力自主地将清偿义务展期至资产负债表日后 1 年以上的，应当归类为非流动负债；不能自主地将清偿义务展期的，即使在资产负债表日后、财务报告批准报出日前签订了重新安排清偿计划协议，该项负债在资产负债表日仍应当归类为流动负债。

（2）企业在资产负债表日或之前违反了长期借款协议，导致债权人可随时要求清偿的负债，应当归类为流动负债。这是因为，在这种情况下，债务清偿的主动权并不在企业，企业只能被动地无条件归还贷款，而且该事实在资产负债表日即已存在，所以该负债应当作为流动负债列报。但是，如果贷款人在资产负债表日或之前同意提供在资产负债表日后 1 年以上的宽限期，在此期限内企业能够改正违约行为，且贷款人不能要求随时清偿的，在资产负债表日的此项负债并不符合流动负债的判断标准，应当归类为非流动负债。

企业的其他长期负债存在类似情况的，应当比照上述有关规定进行处理。

（三）所有者权益的列报

资产负债表中的所有者权益是企业资产扣除负债后的剩余权益。资产负债表中的所有者权益有不同来源和特定用途进行分类，所有者权益项目按其永久性程度或形成的先后顺序排列。资产负债表中的所有者权益类应当按照实收资本（或股本）、资本公积、其他综合收益、盈余公积、未分配利润等项目分项列示。

三、资产负债表的格式

资产负债表格式有两种，即报告式①和账户式。根据《企业会计准则第 30 号——财务报表列报》应用指南的规定，我国资产负债表采用账户式的格式，即左侧列报资产方，右侧列报负债方和所有者权益方，且资产负债表中的资产各项目的合计等于负债和所有者权益各项目的合计。

根据《企业会计准则第 30 号——财务报表列报》应用指南的规定，企业需要提供比较资产负债表，以便报表使用者通过比较不同时点资产负债表的数据，掌握企业财务状况的变动情况及发展趋势。资产负债表的构成项目分为“年初余额②”和“期末余额”两栏填列。企业资产负债表的格式，如表 9－1 所示。

表 9－1 资产负债表

会企 01 表

编制单位： 年 月 日 单位：元

资产	期末余额	年初余额	负债和所有者权益	期末余额	年初余额
流动资产：			流动负债：		
货币资金			短期借款		
交易性金融资产			交易性金融负债		
衍生金融资产			衍生金融负债		
应收票据			应付票据		
应收账款			应付账款		
预付款项			预收款项		
其他应收款			合同负债		
存货			应付职工薪酬		
合同资产			应交税费		
持有待售资产			其他应付款		
一年内到期的非流动资产			持有待售负债		
其他流动资产			一年内到期的非流动负债		
流动资产合计			其他流动负债		
非流动资产：			流动负债合计		
债权投资			非流动负债：		
其他债权投资			长期借款		

① 报告式又称垂直式，其资产、负债、股东权益项目自上而下排列，所有资产类项目按一定顺序列示于报表上部，其次列为负债，最后列示股东权益。

② 期初余额，一般是指上一期的，比如，2 月末的期初余额是指 1 月末，也就是 2 月初的数字。
年初余额，是个固定的数字，指年头，也就是上年末的余额。

续 表

资 产	期末余额	年初余额	负债和所有者权益	期末余额	年初余额
长期应收款			应付债券		
长期股权投资			其中:优先股		
其他权益工具投资			永续债		
其他非流动金融资产			长期应付款		
投资性房地产			预计负债		
固定资产			递延收益		
在建工程			递延所得税负债		
生产性生物资产			其他非流动负债		
油气资产			非流动负债合计		
无形资产			负债合计		
开发支出			所有者权益(或股东权益):		
商誉			实收资本(或股本)		
长期待摊费用			其他权益工具		
递延所得税资产			其中:优先股		
其他非流动资产			永续债		
非流动资产合计			资本公积		
			减:库存股		
			其他综合收益		
			盈余公积		
			未分配利润		
			所有者权益(或股东权益)合计		
资产总计			负债和所有者权益(或股东权益)总计		

企业如有下列情况,应当在资产负债表中调整或增设相关项目:

(1) 高危行业企业如有按国家规定提取的安全生产费的,应当在资产负债表所有者权益项下“其他综合收益”项目和“盈余公积”项目之间增设“专项储备”项目,反映企业提取的安全生产费期末余额。

(2) 企业如有划分为持有待售的非流动资产及划分为持有待售的处置组中的资产,应当在资产负债表资产项下“存货”项目和“一年内到期的非流动资产”项目之间增设“划分为持有待售的资产”项目,反映资产负债表日划分为持有待售的非流动资产及划分为持有待售的处置组中的资产的期末余额;如有划分为持有待售的处置组中的负债,应当在资产负债表负债项下

“其他应付款”项目和“一年内到期的非流动负债”项目之间增设“划分为持有待售的负债”项目，反映资产负债表日划分为持有待售的处置组中的负债的期末余额。

（3）金融企业的资产负债表列报格式，应当遵循《企业会计准则第30号——财务报表列报》应用指南的规定，并根据金融企业经营活动的性质和要求，比照上述企业的资产负债表列报格式进行相应调整。

四、资产负债表的列报方法

资产负债表的各项目均需填列“年初余额”和“期末余额”两栏。“年初余额”栏内各项数据，应根据上年末资产负债表的“期末余额”栏内所列数据填列。如果上年度资产负债表的各个项目的名称和内容与本年度不一致，应对上年年末资产负债表各项目的名称和数据按照本年度报表的项目和数据进行相应调整，填入本表“年初余额”栏内。

企业应当根据资产、负债和所有者权益类科目的期末余额填列资产负债表“期末余额”栏，具体包括如下情况：

（1）根据总分类账科目的余额填列。“短期借款”“应付票据”“应交税费”“实收资本（或股本）”“资本公积”“盈余公积”等项目，应根据有关总分类账科目的余额填列。

有些项目则应根据几个总分类账科目的余额计算填列，例如，“货币资金”项目，需根据“库存现金”“银行存款”和“其他货币资金”三个总分类账科目余额的合计数填列；“其他流动资产”“其他流动负债”项目，应根据有关科目的期末余额分析填列。

（2）根据明细账科目的余额计算填列。“应付账款”项目，应根据“应付账款”和“预付账款”科目所属的相关明细科目的期末贷方余额合计数填列；“一年内到期的非流动资产”“一年内到期的非流动负债”项目，应根据有关非流动资产或负债项目的明细科目余额分析填列；“应付职工薪酬”项目，应根据“应付职工薪酬”科目的明细科目期末余额分析填列；“长期借款”“应付债券”项目，应分别根据“长期借款”“应付债券”科目的明细科目余额分析填列；“未分配利润”项目，应根据“利润分配”科目中所属的“未分配利润”明细科目期末余额填列。

（3）根据总分类账科目和明细账科目的余额分析计算填列。“长期借款”项目，应根据“长期借款”总分类账科目余额扣除“长期借款”科目所属的明细科目中，将在资产负债表日起1年内到期且企业不能自主地将清偿义务展期的长期借款后的金额计算填列；“其他非流动资产”项目，应根据有关科目的期末余额减去将于1年内（含1年）收回数后的金额填列；“其他非流动负债”项目，应根据有关科目的期末余额减去将于1年内（含1年）到期偿还数后的金额填列。

【例9.1】 2021年12月31日企业结账后，有关账户余额如表9－2所示，资产负债表中“长期借款”项目的金额应该是多少。

表9－2　长期借款账户余额表　单位：元

借款起始日期	借款期限（年）	金　额
2021年1月1日	5	1 200 000
2020年3月1日	3	2 400 000
2018年8月1日	4	1 650 000

分析：三笔借款中将于1年内到期的长期借款是2018年8月1日借入的，偿还期限为4年的借款1 650 000元，该笔借款应填列在流动负债下“一年内到期的非流动负债”项目中，所

以企业 2021 年 12 月 31 日的资产负债表中：

“长期借款”项目的金额＝1 200 000＋2 400 000＝3 600 000(元)

(4) 根据有关科目余额减去其备抵科目余额后的净额填列。“债权投资”“其他债权投资”“长期股权投资”“在建工程”“商誉”项目，应根据相关科目的期末余额填列，已计提减值准备的，还应扣减相应的减值准备；“固定资产”“无形资产”“投资性房地产”等项目，应根据相关科目的期末余额扣减相关的累计折旧或摊销填列，已计提减值准备的，还应扣减相应的减值准备。

【例 9.2】 2021 年 12 月 31 日企业结账后，“应收账款”账户借方 450 000 元对应收账款计提的坏账准备为 60 000 元，假定“预收账款”账户无借方余额。

分析：应收账款项目的金额＝450 000－60 000＝390 000(元)

【例 9.3】 2021 年 12 月 31 日企业结账后，固定资产账户余额为 1 200 000 元，累计折旧账户余额为 80 000 元，固定资产减值准备账户余额为 150 000 元。

分析：固定资产项目的金额＝1 200 000－80 000－150 000＝970 000(元)

(5) 综合运用上述填列方法分析填列。主要包括：“应收票据”“应收利息”“应收股利”“其他应收款”项目，应根据相关科目的期末余额，减去“坏账准备”科目中有关坏账准备期末余额后的金额填列；“应收账款”项目，应根据“应收账款”和“预收账款”科目所属各明细科目的期末借方余额合计数，减去“坏账准备”科目中有关应收账款计提的坏账准备期末余额后的金额填列；“预付款项”项目，应根据“预付账款”和“应付账款”科目所属各明细科目的期末借方余额合计数，减去“坏账准备”科目中有关预付款职计提的坏账准备期末余额后的金额填列；“存货”项目，应根据“材料采购”“原材料”“发出商品”“库存商品”“周转材料”“委托加工物资”“生产成本”“受托代销商品”等科目的期末余额合计，减去“受托代销商品款”“存货跌价准备”科目期末余额后的金额填列。

【例 9.4】 2021 年 12 月 31 日企业结账后，有关账户余额如表 9－3 所示。2021 年 12 月 31 日企业的资产负债表中应收账款、预付款项、应付账款、预收款项项目的金额是多少。

表 9－3　　债权债务账户余额表　　单位：元

账户名称	借方余额(有关明细账户)	贷方余额(有关明细账户)
应收账款	1 500 000	100 000
预付账款	700 000	50 000
应付账款	300 000	1 700 000
预收账款	500 000	1 300 000

该企业 2021 年 12 月 31 日的资产负债表中相关项目的金额为：

(1) 应收账款项目金额＝1 500 000＋500 000＝2 000 000(元)。

(2) 预付款项项目金额＝700 000＋300 000＝1 000 000(元)。

(3) 应付账款项目金额＝50 000＋1 700 000＝1 750 000(元)。

(4) 预收款项项目金额＝1 300 000＋100 000＝1 400 000(元)。

其他综合收益的列报

企业应当根据上年末资产负债表“期末余额”栏有关项目填列本年度资产负债表“年初余额”栏。如果企业发生了会计政策变更、前期差错更正，应当对“年初余额”栏中的有关项目进行相应调整；如果企业上年度资产负债表规定的项目名称和内容与本年度不一致，应当对上年年末资产负债表相关项目的名称和金额按照本年度的规定进行调整，填入“年初余额”栏。

第三节 利润表

一、总体要求

利润表反映了企业经营业绩的主要来源和构成。

(一) 利润表列报的总体要求

企业在利润表中应当对费用按照功能分类，分为从事经营业务发生的营业成本、管理费用、销售费用和财务费用等。企业的活动通常可以划分为生产、销售、管理、融资等，每一类活动中发生的费用所发挥的功能并不相同，因此，按照费用功能法将其分开列报，有助于使用者了解费用发生的活动领域。

但是，由于银行、保险、证券等金融企业的日常活动与企业不同，具有特殊性，金融企业可以根据其特殊性列示利润表项目。例如，商业银行将利息支出作为利息收入的抵减项目、将手续费及佣金支出作为手续费及佣金收入的抵减项目列示等。

与此同时，企业应当在附注中披露费用按照性质分类的利润表补充资料，可将费用分为耗用的原材料、职工薪酬费用、折旧费用、摊销费用等，以有助于报表使用者预测企业的未来现金流量。

(二) 综合收益的列报

综合收益，是指企业在某一期间除与所有者以其所有者身份进行的交易之外的其他交易或事项所引起的所有者权益变动。综合收益总额项目反映净利润和其他综合收益扣除所得税影响后的净额相加后的合计金额。其他综合收益，是指企业根据其他会计准则规定未在当期损益中确认的各项利得和损失。

企业应当以扣除相关所得税影响后的净额在利润表上单独列示各项其他综合收益项目，并且其他综合收益项目应当根据其他相关会计准则的规定分为下列两类列报：

(1) 以后会计期间不能重分类进损益的其他综合收益项目

(2) 以后会计期间在满足规定条件时将重分类进损益的其他综合收益项目

二、利润表的内容

根据《企业会计准则第 30 号——财务报表列报》应用指南的规定，企业需要提供比较利润表，以便报表使用者通过比较不同期间利润表的数据，判断企业经营成果的未来发展趋势。利润表还就各项目再分为“本期金额”和“上期金额”两栏分别填列。企业利润表的格式，如表 9－4 所示。

表 9－4　　　　　　　　　　　　利　润　表　　　　　　　　　　　　会企 02 表

编制单位：　　　　　　　　　　　　____年____月　　　　　　　　　　　单位：元

项　　目	本期金额	上期金额
一、营业收入		
减：营业成本		
税金及附加		
销售费用		
管理费用		
研发支出		

续　表

项　　目	本期金额	上期金额
财务费用		
其中：利息费用		
利息收入		
资产减值损失		
信用减值损失		
加：其他收益		
投资收益(损失以“－”号填列)		
其中：对联营企业和合营企业的投资收益		
净敞口套期收益(损失以“－”号填列)		
公允价值变动收益(损失以“－”号填列)		
投资收益(损失以“－”号填列)		
资产处置收益(损失以“－”号填列)		
二、营业利润(亏损以“－”号填列)		
加：营业外收入		
减：营业外支出		
三、利润总额(亏损总额以“－”号填列)		
减：所得税费用		
四、净利润(净亏损以“－”号填列)		
五、其他综合收益的税后净额		
六、综合收益总额		
七、每股收益：		
(一)基本每股收益		
(二)稀释每股收益		

三、利润表的格式

企业利润表格式有单步式[①]和多步式两种。根据我国《企业会计准则第 30 号——财务报表列报》应用指南的规定，我国利润表采用多步式的格式，即通过对当期的收入、费用、支出项目按性质加以归类，按利润形成的主要环节列示一些中间性利润指标，便于使用者理解企业经营成果的不同来源。

四、利润表的编制

我国利润表分以下四个步骤编制：第一步，以营业收入为基础，减去营业成本、税金及附加、销售费用、管理费用、财务费用、资产减值损失，加(减)上公允价值变动收益(损失)、加(减)投资收益(损失)，计算出营业利润。

① 单步式利润表是将所有收入和所有费用、损失分别加总，然后两者相抵，计算出当期净利润。在这种格式下，利润表分为三个部分：① 营业收入和收益，包括主营业务收入、其他业务收入、营业外收入等；② 营业费用和损失，包括主营业务成本、营业费用、税金及附加、其他业务支出、营业外支出等；③ 根据前面两部分内容，计算出本期净利润。这种编制方法便于投资者理解。

第二步，以营业利润为基础，加上营业外收入，减去营业外支出，计算出利润总额。

第三步，以利润总额为基础，减去所得税费用，计算出净利润(或净亏损)。

第四步，以净利润总额为基础，加其他综合收益的税后净额，计算综合收益总额。

利润表列报方法企业应当根据损益类科目和所有者权益类有关科目的发生额填列利润表“本年金额”栏，具体包括如下情况：

(1)“营业收入”“营业成本”“税金及附加”“销售费用”“管理费用”“财务费用”“资产减值损失”“公允价值变动损益”“投资收益”“其他收益”“资产处置收益”“营业外收入”“营业外支出”“所得税费用”等项目，应根据有关损益类科目的发生额分析填列。

“其中：对联营企业和合营企业的投资收益””“项目，应根据“投资收益”等科目所属的相关明细科目的发生额分析填列。

(2)“其他综合收益的税后净额”项目及其各组成部分，应根据“其他综合收益”科目及其所属明细科目的本期发生额分析填列。

(3)“营业利润”“利润总额”“净利润”“综合收益总额”项目，应根据本表中相关项目计算填列。

综合收益，是指企业在某一期间除与所有者以其所有者身份进行的交易之外的其他交易或事项所引起的所有者权益变动。综合收益总额项目反映净利润和其他综合收益扣除所得税影响后的净额相加后的合计金额。

(4)普通股或潜在普通股已公开交易的企业，以及正处于公开发行普通股或潜在普通股过程中的企业，还应当在利润表中列示每股收益信息，并在附注中详细披露计算过程，以供投资者投资决策参考。基本每股收益和稀释每股收益项目应当按照《企业会计准则第 34 号——每股收益》的规定计算填列。

企业应当根据上年同期利润表“本期金额”栏内所列数字填列本年度利润表的“上期金额”栏。如果企业上年该期利润表规定的项目的名称和内容与本期不一致，应当对上年该期利润表相关项目的名称和金额按照本期的规定进行调整，填入“上期金额”栏。

【例 9.5】 2021 年度公司损益类账户本年累计发生额，如表 9-5 所示。根据上述资料，编制 2021 年度公司利润表，如表 9-6 所示。

表 9-5 **损益类账户余额表** 单位:元

账户名称	借方发生额	贷方发生额
主营业务收入		7 500 000
主营业务成本	4 500 000	
税金及附加	12 000	
销售费用	420 000	
管理费用	648 000	
账务费用	249 000	
投资收益		309 000
营业外收入		300 000
营业外支出	118 200	
所得税费用	614 394	

表 9-6　　　　**利　润　表**

会企 02 表

编制单位：　　　　2021 年 12 月　　　　单位：元

项　　目	本期金额	上期金额
一、营业收入	7 500 000	
减：营业成本	4 500 000	
税金及附加	12 000	
销售费用	420 000	
管理费用	648 000	
研发支出	0	
财务费用	249 000	
其中：利息费用		
利息收入		
资产减值损失	0	
信用减值损失	0	
加：其他收益	0	
投资收益（损失以“－”号填列）	309 000	
其中：对联营企业和合营企业的投资收益		
净敞口套期收益（损失以“－”号填列）	0	
公允价值变动收益（损失以“－”号填列）	0	
资产处置收益（损失以“－”号填列）	0	
二、营业利润（亏损以“－”号填列）	1 980 000	
加：营业外收入	300 000	
减：营业外支出	118 200	
三、利润总额（亏损总额以“－”号填列）	2 161 800	
减：所得税费用	614 394	
四、净利润（净亏损以“－”号填列）	1 547 406	
五、其他综合收益的税后净额	0	
六、综合收益总额	1 547 406	
七、每股收益：		
（一）基本每股收益		
（二）稀释每股收益		

第四节　现金流量表

利润表与资产负债表的关系

一、现金流量的概念和现金流量表的作用

（一）现金流量的概念

现金流量是指企业在一定会计期间内现金和现金等价物的流入和流出。企业从银行提取现金、用现金购买短期到期的国库券等现金和现金等价物之间的转换不属于现金流量。

现金是指企业库存现金以及可以随时用于支付的存款，包括库存现金、银行存款和其他货币资金等。不能随时用于支付的存款不属于现金。

现金等价物是指企业持有的期限短、流动性强、易于转换为已知金额现金、价值变动风险很小的投资。期限短，一般是指从购买日起 3 个月内到期。现金等价物通常包括 3 个月内到期的债券投资等。权益性投资变现的金额通常不确定，因而不属于现金等价物。企业应当根据具体情况确定现金等价物的范围，一经确定不得随意变更。

（二）现金流量表①的作用

在市场经济条件下，企业的现金流转情况在很大程度上影响着企业的生存和发展。企业现金充足，可以随时购入所需的资产，及时支付职工薪酬、偿还债务等，保证企业生产经营活动正常进行；否则会影响企业正常生产经营活动，甚至危及企业的生存，因此，会计信息使用者非常关注企业现金流转情况。现金流量表主要提供企业有关现金流入量和流出量方面的信息，以便会计信息使用者了解和评价企业获取现金和现金等价物的能力，据以预测企业未来的现金流量。

1. 评价企业的支付能力

现金流量表将现金流量划分为经营活动所产生的现金流量、投资活动所产生的现金流量和筹资活动所产生的现金流量，并按现金的流入和流出分项列示，反映了企业现金流入和现金流出的原因。现金流量表有助于报表使用者评价企业的支付能力、偿债能力。将现金流量表同企业的资产负债表、利润表结合起来，可以计算现金流动负债比率、现金获利能力、现金股利比率等财务指标，用以评价企业的偿债能力和支付能力。

2. 预测企业未来现金流量

现金流量表分项分类反映现金流入和流出的原因，便于会计信息使用者了解企业现金的来源和用途，从而评价企业产生现金的能力，并了解企业是如何使用这些现金的。通过逐项分析可以预测企业未来获取现金或支付现金的能力。

3. 分析企业收益的质量

编制现金流量表，可以了解企业经营活动、投资活动和筹资活动的现金流量，将经营活动产生的现金流量与净利润进行比较，通过计算企业收益与营业现金净流量的比例关系来分析、评价企业收益的质量。

现金与现金等价物的区别

① 现金流量表是以收付实现制为基础编制的财务报表。

二、现金流量表的内容与格式

（一）现金流量表的内容

按照企业会计准则的规定，企业的现金流量分为经营活动产生的现金流量、投资活动产生的现金流量和筹资活动产生的现金流量。

1. 经营活动产生的现金流量

经营活动是指企业投资活动和筹资活动以外的所有交易和事项。各类企业经营活动范围因其行业特点不同而有差异。

对于制造企业来说，在现金流量表中，经营活动的现金流量应当按照其经营活动的现金流入和流出的性质分项列示。经营活动产生的现金流量至少应当单独列示下列项目：

（1）销售商品、提供劳务收到的现金。

（2）收到的税费返还。

（3）收到其他与经营活动有关的现金。

（4）购买商品、接受劳务支付的现金。

（5）支付给职工以及为职工支付的现金。

（6）支付的各项税费。

（7）支付其他与经营活动有关的现金。

2. 投资活动产生的现金流量

投资活动是指企业长期资产的购建和不包括在现金等价物范围内的投资及其处置活动。这里的长期资产是指固定资产、无形资产、在建工程、其他资产等持有期限在 1 年或超过 1 年的 1 个营业周期以上的资产。投资活动，既包括实物资产投资，也包括金融资产投资。

在现金流量表中，投资活动产生的现金流量应当按照其投资活动的现金流入和流出的性质分项列示。投资活动产生的现金流量至少应当单独列示下列项目：

（1）收回投资收到的现金。

（2）取得投资收益收到的现金。

（3）处置固定资产、无形资产和其他长期资产收回的现金净额。

（4）处置子公司及其他营业单位收到的现金净额。

（5）收到其他与投资活动有关的现金。

（6）购建固定资产、无形资产和其他长期资产支付的现金。

（7）投资支付的现金。

（8）取得子公司及其他营业单位支付的现金净额。

（9）支付其他与投资活动有关的现金。

3. 筹资活动产生的现金流量

筹资活动是指导致企业资本及债务规模和构成发生变化的活动。这里的资本包括实收资本、资本溢价以及利润（股利）分配；债务包括银行借款、发行债券以及利息支付。应付账款、应付票据等商业应付款属于经营活动，不属于筹资活动。

在现金流量表中，筹资活动产生的现金流量应当按照其筹资活动的现金流入和流出的性质分项列示。筹资活动产生的现金流量至少应当单独列示下列项目：

（1）吸收投资收到的现金。

（2）取得借款收到的现金。

（3）收到其他与筹资活动有关的现金。

（4）偿还债务支付的现金。

（5）分配股利、利润或偿付利息支付的现金。

（6）支付其他与筹资活动有关的现金。

（二）现金流量表的格式

现金流量表由表头、正表和补充资料三部分构成。表头包括报表名称、报表编号、编制单位、编制日期和金额单位等。

正表包括六项内容：经营活动产生的现金流量、投资活动产生的现金流量、筹资活动产生的现金流量、汇率变动对现金及现金等价物的影响、现金及现金等价物净增加额、期末现金及现金等价物的余额。

补充资料又包括三项内容：一是将净利润调节为经营活动产生的现金流量；二是不涉及现金收支的投资和筹资活动；三是现金及现金等价物净变动情况。

正表与补充资料的关系：正表中的第一项“经营活动产生的现金流量净额”与补充资料中的第一项“经营活动产生的现金流量净额”应当核对相符；正表中的第五项“现金及现金等价物净增加额”和补充资料中的第三项存在勾稽关系，金额应当一致；正表中的数字是现金流入与现金流出的差额，补充资料中的数字是现金与现金等价物的期末数与期初数的差额，其计算依据不同，但结果应当一致，两者应核对相符。

三、现金流量表的编制方法

经营活动产生的现金流量的编制方法有两种：直接法和间接法。

（一）直接法

直接法是指通过现金收入和现金支出的主要类别直接列示企业经营活动产生的现金流量。它以利润表中的营业收入为起点，调整与经营活动有关的项目的增减变动，然后计算出经营活动的现金流量。采用直接法编制现金流量表，便于分析企业经营活动产生现金流量的来源和用途、预测企业未来现金流量状况。

（二）间接法

间接法是以本期净利润为基础，调整不涉及现金的收入、费用、营业外收支等有关项目的增减变动，据此计算出经营活动产生的现金流量。采用间接法编制现金流量表，有利于将净利润与经营活动产生的现金流量进行对比分析，评价企业收益的质量。

按照国际会计准则的规定，企业可以采用直接法，也可以采用间接法报告经营活动现金流量。而我国会计准则规定，企业必须采用直接法列示经营活动产生的现金流量，同时要求在附注中披露按间接法将净利润调节为经营活动的现金流量的信息，调整的项目主要有计提的各项资产减值准备、固定资产折旧、无形资产摊销、长期待摊费用摊销、处置固定资产、无形资产和其他长期资产的损益，固定资产报废损失、公允价值变动损益、财务费用、投资损益、存货、经营性应收项目和经营性应付项目等。我国现金流量表的结构如表 9－7 所示。

表 9－7　　**现金流量表**　　会企 03 表

编制单位：　　______年度　　单位：元

项　　目	金　　额
一、经营活动产生的现金流量	
销售商品、提供劳务收到的现金	
收到的税费返还	
收到的其他与经营活动有关的现金	
经营活动现金流入小计	
购买商品、接受劳务支付的现金	
支付给职工以及为职工支付的现金	
支付的各项税费	
支付的其他与经营活动有关的现金	
经营活动现金流出小计	
经营活动产生的现金流量净额	
二、投资活动产生的现金流量	
收回投资所收到的现金	
取得投资收益所收到的现金	
处置固定资产、无形资产和其他长期资产所收回的现金净额	
处置子公司及其他营业单位收到的现金净额	
收到的其他与投资活动有关的现金	
投资活动现金流入小计	
购建固定资产、无形资产和其他长期资产所支付的现金	
投资所支付的现金	
取得子公司及其他营业单位支付的现金净额	
支付的其他与投资活动有关的现金	
投资活动现金流出小计	
投资活动产生的现金流量净额	
三、筹资活动产生的现金流量	
吸收投资所收到的现金	
取得借款所收到的现金	
收到的其他与筹资活动有关的现金	
筹资活动现金流入小计	
偿还债务所支付的现金	
分配股利、利润或偿付利息所支付的现金	
支付的其他与筹资活动有关的现金	
筹资活动现金流出小计	
筹资活动产生的现金流量净额	
四、汇率变动对现金的影响	
五、现金及现金等价物净增加额	
加：期初现金及现金等价物余额	
六、期末现金及现金等价物余额	

续 表

补充资料	金额
1. 将净利润调节为经营活动现金流量	
净利润	
加：资产减值准备	
信用损失准备	
固定资产折旧	
无形资产摊销	
长期待摊费用摊销	
处置固定资产、无形资产和其他长期资产的损失（减：收益）	
固定资产报废损失	
公允价值变动损失（减：收益）	
财务费用（减：收益）	
投资损失（减：收益）	
递延税款贷项（减：借项）	
存货的减少（减：增加）	
经营性应收项目的减少（减：增加）	
经营性应付项目的增加（减：减少）	
其他	
经营活动产生的现金流量净额	
2. 不涉及现金收支的投资和筹资活动	
债务转为资本	
一年内到期的可转换公司债券	
融资租入固定资产	
3. 现金及现金等价物净增加情况	
现金的期末余额	
减：现金的期初余额	
加：现金等价物的期末余额	
减：现金等价物的期初余额	
现金及现金等价物净增加额	

第五节 所有者权益变动表

一、总体要求

所有者权益变动表应当全面反映一定时期所有者权益变动的情况，不仅包括所有者权益总量的增减变动，还包括所有者权益增减变动的重要结构性信息，有助于报表使用者理解所有者权益增减变动的根源。

所有者权益的来源包括所有者投入的资本，即包括实收资本和资本溢价等资本公积、其他综合收益、留存收益(盈余公积和未分配利润)等。《企业会计准则第 30 号——财务报表列报》应用指南规定，所有者权益变动表应当反映构成所有者权益的各组成部分当期的增减变动情况。综合收益和与所有者或股东的资本交易导致的所有者权益的变动，应当分别列示。与所有者的资本交易，是指与所有者以其所有者身份进行的、导致企业所有者权益变动的交易。

二、格式和列报方法

(一) 所有者权益变动表的列报格式

根据《企业会计准则第 30 号——财务报表列报》应用指南的规定，企业应当反映所有者权益各组成部分的期初和期末余额及其调节情况。因此，企业应当以矩阵的形式列示所有者权益变动表：一方面，列示导致所有者权益变动的交易或事项，按所有者权益变动的来源对一定时期所有者权益变动情况进行全面反映；另一方面，按照所有者权益各组成部分，包括实收资本、资本公积、其他综合收益、盈余公积、未分配利润、库存股等，及其总额列示相关交易或事项对所有者权益的影响。

根据《企业会计准则第 30 号——财务报表列报》应用指南的规定，企业需要提供比较所有者权益变动表，所有者权益变动表还就各项目再分为“本年金额”和“上年金额”两栏分别填列。企业所有者权益变动表的格式，如表 9－8 所示：

表 9－8　所有者权益变动表

会企 04 表

编制单位：　年度　单位：元

项　目	本 年 金 额						上 年 金 额					
	实收资本(或股本)	资本公积	减：库存股	盈余公积	未分配利润	所有者权益合计	实收资本(或股本)	资本公积	减：库存股	盈余公积	未分配利润	所有者权益合计
一、上年年末余额												
加：会计政策变更												
前期差错更正												
二、本年年初余额												
三、本年增减变动金额(减少以“－”号填列)												
(一) 综合收益总额												
(二) 所有者投入和减少资本												
1. 所有者投入的普通股												
2. 其他权益工具持有者投入资本												
3. 股份支付计入所有者权益的金额												
4. 其他												
(三) 利润分配												
1. 提取盈余公积												

续 表

项 目	本年金额						上年金额					
	实收资本(或股本)	资本公积	减:库存股	盈余公积	未分配利润	所有者权益合计	实收资本(或股本)	资本公积	减:库存股	盈余公积	未分配利润	所有者权益合计
2.对所有者(或股东)的分配												
3.其他												
(四)所有者权益内部结转												
1.资本公积转增资本(或股本)												
2.盈余公积转增资本(或股本)												
3.盈余公积弥补亏损												
4.其他												
四、本年年末余额												

企业如有下列情况，应当在所有者权益变动表中调整或增设相关项目：

(1) 高危行业企业如有按国家规定提取的安全生产费的，应当在“未分配利润”栏和“所有者权益合计”栏之间增设“专项储备”栏。

(2) 金融企业的所有者权益变动表列报格式，应当遵循《企业会计准则第30号——财务报表列报》应用指南的规定，并根据金融企业经营活动的性质和要求，比照上述企业的所有者权益变动表列报格式进行相应调整。

(二) 所有者权益变动表的列报方法

企业应当根据所有者权益类科目和损益类有关科目的发生额分析填列所有者权益变动表“本年金额”栏，具体包括如下情况：

(1) “上年年末余额”项目，应根据上年资产负债表中“实收资本或股本”“资本公积”“其他综合收益”“盈余公积”“未分配利润”等项目的年末余额填列。

(2) “会计政策变更”和“前期差错更正”项目，应根据“盈余公积”“利润分配”“以前年度损益调整”等科目的发生额分析填列，并在“上年年末余额”的基础上调整得出“本年年初金额”项目。

(3) “本年增减变动额”项目分别反映如下内容：

① “综合收益总额”项目，反映企业当年的综合收益总额，应根据当年利润表中“其他综合收益的税后净额”和“净利润”项目填列，并对应列在“其他综合收益”和“未分配利润”栏。

② “所有者投入和减少资本”项目，反映企业当年所有者投入的资本和减少的资本，其中：“所有者投入资本”项目，反映企业接受投资者投入形成的实收资本或股本和资本公积，应根据“实收资本”“资本公积”等科目的发生额分析填列，并对应列在“实收资本”和“资本公积”栏。

“股份支付计入所有者权益的金额”项目，反映企业处于等待期中的权益结算的股份支付当年计入资本公积的金额，应根据“资本公积”科目所属的“其他资本公积”二级科目的发生额分析填列，并对应列在“资本公积”栏。

③ “利润分配”下各项目，反映当年对所有者或股东分配的利润或股利金额和按照规定提取的盈余公积金额，并对应列在“未分配利润”和“盈余公积”栏。其中：“提取盈余公积”项目，反映企业按照规定提取的盈余公积，应根据“盈余公积”“利润分配”科目的发生额分析填列。

“对所有者（或股东）的分配”项目，反映对所有者或股东分配的利润或股利金额，应根据“利润分配”科目的发生额分析填列。

④ “所有者权益内部结转”下各项目，反映不影响当年所有者权益总额的所有者权益各组成部分之间当年的增减变动，包括资本公积转增资本或股本、盈余公积转增资本（或股本）、盈余公积弥补亏损等。其中：“资本公积转增资本或股本”项目，反映企业以资本公积转增资本或股本的金额，应根据“实收资本”“资本公积”等科目的发生额分析填列。

“盈余公积转增资本或股本”项目，反映企业以盈余公积转增资本或股本的金额，应根据“实收资本”“盈余公积”等科目的发生额分析填列。

“盈余公积弥补亏损”项目，反映企业以盈余公积弥补亏损的金额，应根据“盈余公积”“利润分配”等科目的发生额分析填列。

企业应当根据上年度所有者权益变动表“本年金额”栏内所列数字填列本年度“上年金额”栏内各项数字。如果上年度所有者权益变动表规定的项目的名称和内容同本年度不一致，应对上年度所有者权益变动表相关项目的名称和金额按本年度的规定进行调整，填入所有者权益变动表“上年金额”栏内。

第六节　财务会计报告分析

财务状况和经营成果最终体现在企业的财务会计报告上，财务会计报告是企业经营者、股东、债权人及潜在的投资者等信息使用者了解和掌握企业生产经营情况和发展水平的主要信息来源。为了使财务会计报告使用者能够理解和掌握企业财务会计报告所揭示的真正的经济内涵，我们就必须运用科学的方法对其进行综合的分析。

一、财务会计报告分析概述

（一）财务会计报告分析的含义

财务会计报告分析就是以财务会计报告为主要依据，采用科学的评价标准和恰当的分析方法，遵循规范的分析程序，通过对企业的财务状况、经营成果、现金流量及所有者权益等重要指标所进行分类、结构、比较以及趋势分析，对企业的财务状况、经营情况及其绩效作出判断、评价和预测的一项活动。

编制财务会计报告的目的在于提供有关企业经营成果、财务状况、所有者权益、现金流量及其变动方面的信息，以便企业管理者和企业外界有关信息使用者作出正确的经济决策。财务会计报告作为一种过去活动的总结文件，只是概括地反映了企业的经营成果、财务状况、所有者权益、现金流量及其变动情况。在企业的财务会计报告中，只有很少的绝对数字本身具有比较明确的意义。在更多情况下，如果孤立地去看财务会计报告上所列示的金额，可能对信息使用者的经济决策没有多大的意义。对于财务会计报告使用者的决策来说，比较重要、有意义的资料是数字与数字之间的关系，以及这些数字从过去到现在的变动趋势。会计分析的关键就在于揭示财务会计报告数字与数字之间的关系，并指出它们的变动趋势，从而提高会计信息的相关性。

（二）财务会计报告分析的程序

财务会计报告分析是一个复杂的过程，为了有效地分析会计信息，使分析工作能够顺利进行并对分析过程中的判断作出恰当的评价，保证分析质量，就有必要建立规范、合理的会计分析程序。

1. 明确分析目的

明确分析目标是会计分析的核心,会计分析过程中始终是围绕着分析目的而展开。分析目的确定之后,就应当根据分析目的,确定分析的内容和范围,并明确分析的重点、分清主次和难易,据此制订分析工作方案。工作方案一般包括分析的目的和内容、分析人员的分工和职责、分析工作的步骤和完成各步骤的标准和时间等。

2. 收集、整理资料

搜集、整理和核实资料是保障分析质量和分析工作顺利进行的基础性程序。在分析的技术性工作开始之前,首先应当收集和整理资料,切忌资料缺乏完整性就着手进行技术性的分析工作。整理资料是根据分析的目的,将资料进行分类、分组,并做好登记和保管工作,以便提高使用效率。核实资料的目的是保证资料真实、可靠与完整。对企业财务报告以及其他相关资料要全面审阅,如发现有不正确或不具有可比性的,应要求改正或剔除、调整。对无用的资料、真实程度低的资料则应当舍弃不用。

3. 选择恰当的分析方法

分析方法的恰当与否,对分析的结果和分析的质量有重要影响。一般应根据分析的目标、内容选用适宜的分析方法。在分析过程中,对数据的产生与结果作出判断,整个分析过程就是判断过程。分析结束后,要对分析的对象作出评价,评价的标准要具有客观性和公允性。一般认为会计分析可以从财务报告质量分析、财务比率分析两个方面着手。

财务会计报告质量分析就是对资产负债表、利润表、现金流量表、所有者权益变动表以及报表附注进行阅读和解读,借以评价财务会计报告所揭示的财务信息的质量。其中,对资产负债表分析主要集中在资产的流动性和偿债能力等方面的分析;对利润表主要集中在利润的实现过程及盈利的持久性和稳定性等方面的分析;对现金流量表主要集中在企业现金流量的合理性等方面的分析;对所有者权益变动表主要集中在所有者权益增减变动情况等方面的分析。在对财务会计报告的解读过程中,首先应当判断企业财务会计报告是否恰当地反映了企业真实的经济状况,然后,再作有关项目的变动趋势分析。

财务比率分析是在解读财务会计报告的基础上,分析人员应采用各种分析工具对企业综合状况进行分析。这一分析过程主要借助有关财务比率进行,包括偿债能力、盈利能力和营运能力等方面的分析。

4. 撰写分析报告

会计分析报告是会计分析的成果总结,是会计分析人员对企业财务状况、经营成果和现金流量等作出分析后的书面文件。分析报告要对分析目的是否实现作出明确回答,客观、全面、准确地评价企业的现状。评价的依据科学、合理、客观。对分析的主要内容,选用的分析方法,采用的分析步骤也要作简明扼要的叙述,以备审阅分析报告的人了解整个分析过程。分析报告中还应当包括分析人员针对分析过程中发现的矛盾和问题,提出的改进措施或建议。

(三) 财务会计报告分析的方法

财务会计报告分析主要是对报表项目的数字形成和各报表项目之间的数量关系进行分析。分析的方法主要有比较分析法、因素分析法和比率分析法等三种。

1. 比较分析法

比较分析法是利用同一企业不同时期或同一时期不同企业的同一性质或类别的指标,进行比较进而确定经济指标间的差异,分析产生差异的原因的一种方法。这种方法主要用来揭示客观存在的差距,从而发现问题,同时还可以为进一步分析原因、寻找解决办法指出方向或线索。因此，在会计分析中应用比较广泛。比较分析法按照不同的分析目的和要求，可以进行以下几种形式的比较。

（1）实际与计划比较。实际与计划进行比较就是将同一指标的实际数与计划数进行比较，揭示实际数与计划数之间的差异，以了解该指标计划或定额的完成情况。

（2）本期实际与上期实际比较。即将同一指标的本期实际数与上期实际、或上年同期实际、或历史上最好水平的实际数进行比较，从而确定前后不同时期或与历史上最好水平之间的差异，以便分析了解企业某项经济活动的发展趋势，检查企业经营管理工作的改进情况。

（3）本期实际与国内外先进水平比较。即将企业某指标的实际数与国内或者国外企业该指标的先进水平进行比较，找出与先进水平之间的差异，以便进一步推动企业学习先进，改善经营管理。

采用比较法进行分析时，应该注意各指标之间的可比性，即所比较的指标的内容、计算方法、采用的计价标准、时间单位等应当一致。否则，应对有关指标进行必要的调整，以使指标具有可比性。只有具备可比性的经济指标，才能进行对比分析。同时，在进行比较时，还应该注意各指标数量的真实性和科学性。例如，实际数与计划数进行比较时，应注意计划的制订是否先进、可行，实际数额是否真实可靠，以保证分析结果的正确性和有用性。

2. 因素分析法

通过对比分析，确定各指标间量的差异后，还要进一步研究形成这些差异的原因。在实际工作中，影响各经济指标的因素很多，而且往往是各因素共同影响的结果。因素分析法就是用来揭示影响各经济指标变化的因素，测定各因素对经济指标变动的影响程度的分析方法。因素分析法具体分为主次因素法、因果分析法和连环替代法。这里主要介绍连环替代法。

连环代替法是用来计算几个相互联系的因素对经济指标影响程度的一种分析法。

应用连环代替法，首先要根据经济指标形成的过程，找出该项经济指标受哪些因素变动的影响；其次，要根据经济指标与各影响因素的内在关系，建立起分析模型；再次，按照一定替换顺序，计算出各个因素的影响程度；最后汇总计算多因素影响的结果。在计算某个因素变动对经济指标的影响程度时，是假定其他因素不变，并通过每次替换后计算的结果与前一次替换后计算的结果相比较，逐次确定各个因素的影响程度。

【例 9.6】　2021 年 9 月，华厦公司某种原材料费用的实际值是 924 000 元，而其计划值是 935 000 元。实际比计划减少了 11 000 元。由于产品的原材料费用是由产品产量、单位产品材料消耗用量和材料单价三个因素的乘积构成的，因此，可以将材料费用这一总指标分解为三个因素，然后逐个分析它们对材料费用总额的影响方向和程度。现假定这三个因素的数值如表 9－9 所示。

表 9－9　　材料费用的影响因素及数值情况表

项　　目	单位	计　划　值	实　际　值
产品产量	件	100	110
单位产品材料消耗量	千克	85	70
材料单价	元	110	120
材料费用总额	元	935 000	924 000

分析：根据表 9-9 资料，材料费用总额实际值较计划值减少了 11 000 元。运用连环替代法，可以计算各因素变动对材料费用总额的影响方向和程度如下：

计划值 100 × 85× 110＝935 000(元)　　(1)

第一次替代(产品产量因素) 110×85×110＝1 028 500(元)　　(2)

第二次替代(单位材料消耗量因素) 110×70×110＝907 500(元)　　(3)

第三次替代(材料单价因素) 110×70×120＝924 000(元)　　(4)

由于产品产量增加对材料费用的影响为：

(2)－(1)＝1 028 500－935 000＝93 500(元)

由于单位产品材料消耗量节约对材料费用的影响为：

(3)－(2)＝907 500－1 028 500＝－121 000(元)

由于材料单价提高对材料费用的影响为：

(4)－(3)＝924 000－907 500＝16 500(元)

综合这三个因素对材料费用总额的影响为：

93 500－121 000＋1 650＝－11 000(元)

3. 比率分析法

财务报告中所列示的项目都是绝对数指标。但绝对数在不同的条件下无法比较，也说明不了问题的，需要用相对数来分析比较。

比率分析法就是利用报表中两个或两个以上项目指标的相互关系，通过计算财务比率来分析企业的财务状况、经营成果和现金流量等的一种分析方法。它用相对数来表示，因而又称为财务比率分析法。

根据分析的要求和内容的不同，财务比率又可以分为指标比率、构成比率和动态比率等。

(1) 指标比率。指标比率就是将两个经济性质不同但又相关的指标进行对比，求出其比率，然后进行比较。通过相关比率分析，可以从经济活动的客观联系中更深刻地了解经济活动，合理评价经济效益的高低。如通过销售利润率，可以评价企业每取得 1 元的销售收入，可以实现多少利润等。

(2) 构成比率。构成比率又称结构比率，是计算某项经济指标的各个组成部分占总体的比重。计算公式为：

构成比例＝(总体中某个组成部分的数额÷该总体数额)×100％

计算、比较构成比率可以了解某项经济指标的构成情况，以便考察总体组成部分的变动情况。通过构成比率分析，就可以了解这些构成比率是否合理，其发展变化是否有效等。例如，通过资产构成比率可以了解资产总额中有多少流动资产、有多少固定资产等，从而分析这样的结构是否合理、是否需要调整等。

(3) 动态趋势比率。动态比率是将同一经济指标在不同时期的数额进行对比，求出动态比率，然后进行各种形式的比较，以便考察该项经济指标的发展变化趋势和增减速度。

二、财务比率分析

(一) 偿债能力分析

偿债能力是指企业偿还到期债务的能力。偿债能力分析是债权人进行会计分析的主要目的。一般来说，企业的短期债权人主要对短期偿债能力感兴趣，长期债权人则主要关心企业的长期偿债能力。

反映企业偿债能力的主要指标有流动比率、速动比率、现金比率、资产负债率和已获利息倍数。其中前三个指标用于对短期偿债能力的分析，后两个指标则用于分析企业的长期偿债能力。

1. 短期偿债能力分析

（1）流动比率。流动比率是企业流动资产总额与流动负债总额的比率。它是用来衡量企业流动资产在短期债务到期前可以变为现金，用于偿还流动负债的能力的指标。其计算公式为：

流动比率＝流动资产总额÷流动负债总额

一般来说，流动比率越大，说明企业流动资产高于流动负债越多，企业的短期债务的偿还能力越强，而且在偿还债务后还有多余的流动资产可以满足企业的生产经营需要。但这一比率太高，并不一定表示企业有足够的现金可以用来偿还债务，因为也可能存货积压、应收款增加，或者企业的流动负债较少，会影响到企业的资金周转、盈利能力和使用财务杠杆的能力。同时，不同的行业对这一比率的要求也不同。国际上认为这个比率达到 2∶1 较好。

应该注意的是，流动比率只是表示企业在一定时点的流动资产与流动负债的静态关系的比率。考察一个企业的财务状况如何，不能拘泥于该企业的流动比率，还要进一步关注企业的业务、经营周期的长短及流动资产的构成情况。在同一行业内，一个企业如果拥有太高的流动比率，可能预示着该企业流动资产管理水平低下，利用率较低。高流动比率虽可降低风险，但投资回报率也低。

此外，流动资产的构成情况也是影响流动比率的一个重要因素，因为不同的流动资产变现能力不同。在流动资产中，如果存货和预付项目所占的比重较大，因其变现能力较差，虽然企业的流动比率较高，也只能说明其偿债能力不良。所以，在分析流动比率时，人们必须审慎核查流动资产和流动负债的明细构成项目并需要考察另一个流动性比率指标——速动比率。

（2）速动比率。速动比率是指企业速动资产总额与流动负债总额的比率。它是用来衡量企业流动资产中可以立即用来偿还流动负债的能力的指标。其计算公式为：

速动比率＝速动资产总额÷流动负债总额

速动资产＝流动资产－存货

其中，速动资产是指企业能够在较短时间内变为现金的流动资产。在流动资产中，存货要通过销售、回收货款等过程后才能够变现，流动性相对较差，所以，速动资产就是不包括存货、扣除应收账款中超过 1 年以上没有付款的部分在内的流动资产。国际上认为这个比率达到 1∶1 较好，表示企业有较好的偿债能力。

像使用流动比率一样，在运用速动比率时，也应当注意速动资产的构成项目。如果一个企业处于财务困境，它的存货和应收账款被抵押或者流动不畅，流动比率就不能真实地反映企业的短期偿债能力，此时就需要考察另一个流动性比率指标——现金比率。

（3）现金比率。现金比率是企业的现金及现金等价物余额与流动负债总额的比例。它是用来衡量企业立即偿还到期债务能力的指标。其计算公式为：

现金比率＝现金及现金等价物余额÷流动负债总额

现金比率是最严格、最稳健的短期偿债能力衡量指标，它反映企业随时还债的能力。现金比率过低，反映企业即期偿付债务存在困难；现金比率越高，表明企业可立即用于支付债务的现金类资产越多，偿还即期债务的能力较强。不过，现金比率也不宜过高。现金比率过高，可能表明企业不善于利用现金资源，没有把现金投入经营以赚取更多的利润，所以不鼓励企业保留更多的现金类资产。

在评价企业偿债能力时，一般来说现金比率重要性不大，因为不可能要求企业用现金和有价证券来偿付全部流动负债，企业也没有必要总是保持过多的现金和短期证券。但对于发生财务困难的企业，特别是企业的应收账款和存货的变现能力存在问题时，计算现金比率就显得非常重要。因为它表明在最坏情况下企业的短期偿债能力。

2. 长期偿债能力分析

(1) 资产负债率。资产负债率是指企业负债总额与全部资产总额的比率。它是反映企业长期偿债能力的指标，同时也是反映企业财务结构的比率指标，它表明企业的资产中多少是通过债务资金获取的。其计算公式为：

资产负债率＝负债总额÷资产总额

资产负债率的高低是有利还是不利在实际中很难判断。因为，企业的债权人、投资者或股东、企业的管理层是从各自不同的立场对资产负债率进行评价的。

① 从债权人的立场看，最关心的是贷给企业资金的安全性。若企业的资产负债率过高，意味着企业的全部资产中，大部分由债务资金形成，企业的财务风险主要由债权人承担，其收回资金的安全系数大大降低。因此，债权人总是希望企业的资产负债率越低越好。

② 从企业的投资者来看，主要关心的是投资收益率的高低。企业通过债务获得的资金运用与股东投入的资金运用发挥同样的作用。如果企业的资产报酬率高于企业支付给债权人的利率，多余部分的投资报酬将归股东所有，股东就可以获得企业举债经营所带来的额外报酬。相反若企业的资产报酬率低于企业支付给债权人的利率，则股东的报酬会降低。

③ 从企业内部管理层来看，既要考虑股东的利益，又要顾虑企业所承担的财务风险。资产负债率过高，企业的财务风险将增大，危害投资者和债权人的利益。若资产负债率过低，表明企业管理层的进取精神不足，未能充分利用举债经营给股东带来利益。所以，作为企业的管理者，要结合企业发展的不同阶段作出适当的举债决策。

(2) 产权比率。产权比率也叫负债与所有者权益比率，它是负债总额与所有者权益总额的比率。该比率反映债权人所提供的资本与所有者提供资本的相对关系，说明了企业的财务结构和债权人投入资本受所有者权益的保障程度。其计算公式为：

产权比率＝负债总额÷所有者权益总额

该比率越低，说明企业的偿债能力越强，债权人得到的保障程度越高。反之，表明债权人得到的保障程度越低。一般认为该比率应该小于1。

(3) 权益乘数。权益乘数是企业资产总额与权益总额的比率，该比率越高，说明企业的资产中来源于权益资金的部分越少。其计算公式为：

权益乘数＝资产总额÷权益总额

权益乘数，代表公司所有可供运用的总资产是所有者权益的几倍。权益乘数越大，代表公司向外融资的财务杠杆倍数也越大，公司将承担较大的风险。但是，若公司营运状况刚好处于向上趋势中，较高的权益乘数反而可以创造更高的公司获利，通过提高公司的股东权益报酬率，对公司的股票价值可产生正面激励效果。

（二）盈利能力分析

盈利能力是指企业资金增值的能力，它通常体现为企业收益数额的大小与水平的高低。企业所有者特别关心企业的获利情况与获利能力。利润表反映了企业在一定期间的经营成果，通过两期或多期利润表的比较，可以了解企业经营成果的变动趋势。企业所有者还希望评价企业的获利能力以及各期经营成果发生变动的原因，这就需要利用财务比率进行获利能力分析。

评价企业获利能力的指标很多，大致可以分成企业收益能力的指标和股东盈利情况的指标两类，其中，反映企业收益能力的指标主要有毛利率和营业利润率等。反映股东盈利情况的指标主要有净资产报酬率等。

1. 毛利率

毛利率是销售毛利与营业收入的比率。销售毛利是营业收入与营业成本之差。其计算公式如下：

毛利率＝销售毛利÷营业收入×100％

销售毛利＝营业收入－营业成本

上述公式主要反映企业商品生产、销售的获利能力。企业生产经营取得的收入扣除成本后有余额，才能用来抵补企业的各项费用。毛利是企业利润形成的基础，单位收入的毛利越高，抵补各项期间费用的能力越强，企业的获利能力也就越高。反之，则获利能力越低。

2. 营业利润率

营业利润率是企业营业利润和营业收入净额的比率。计算公式为：

营业利润率＝（营业利润÷营业收入净额）× 100％

该指标常用于衡量企业营业收入的获利能力，包括对销售过程成本和费用的控制能力。企业产品的营业成本和期间费用越低，营业收入的获利能力就越大。

3. 净资产报酬率

净资产报酬率有时也称净资产收益率、所有者权益报酬率，它是净利润除以所有者权益平均余额后的比率，这一比率反映所有者权益的剩余报酬。计算公式为：

净资产报酬率＝净利润÷所有者权益平均余额×100％

所有者权益平均余额＝（期初所有者权益余额＋期末所有者权益余额）÷2

公式中的所有者权益平均余额通常选择期初、期末所有者权益之和的平均数。该指标越高，表明企业、给投资者带来的收益越高，企业资本的获利能力越强，对投资者越具吸引力；反之，则说明企业资本的获利能力较弱。当企业实行举债经营，净资报酬率高于资产报酬率时，说明该企业的财务杠杆运用良好。

该案例由于企业在年末发行股票，使得所有者权益增加数额比较大。可以使用每股收益率计算分析企业的获利能力。

（三）营运能力分析

营运能力是指企业基于外部市场环境的约束，对内部资产综合运用的能力。营运能力反映了企业资产运转快慢,进行营运能力分析,对考核企业利用经济资源的有效性具有重要意义。

资产营运能力的强弱关键取决于资产周转速度。一般来说,资产周转速度越快,资产的使用效率越高,则资产营运能力越强;反之,营运能力就越差。反映周转速度有周转率(即周转次数)和周转期(周转天数)两个指标。所谓周转率即企业在一定时期内资产的周转额与资产平均余额的比率,它反映企业资金在一定时期内的周转次数。周转次数越多,周转速度越快,表明营运能力越强。周转率的倒数与计算期天数的乘积是周转期,它反映的是资产周转一次用多少天,周转期越短,表明周转速度越快,资产营运能力越强。对资产营运能力的分析可分别从流动资产、固定资产、全部资产周转速度的快慢入手。

1. 流动资产周转

反映流动资产周转情况的指标主要有应收账款周转率、存货周转率和流动资产周转率。

(1) 应收账款周转率。应收账款周转率是考察企业控制应收账款规模并将其转化为现金的速度。它是通过把产品销售收入除以会计期间内应收账款平均余额计算而来的,表现为应收账款周转的次数或周转天数。从理论上讲,这里的销售收入额应该是赊销净额,但是,财务报告的内部、外部使用者未必容易取得该数据,因为在销售过程中,通常赊销与现销是混杂在一起的。另外,如果把现金销售视作是收账时间为零的赊销,从理论上来讲也是可以的。只要保持历史的一贯性,使用销售净额来计算该指标一般不会影响其分析和利用价值,所以在计算时往往以营业收入净额来代替净赊销额。其计算公式为:

应收账款周转率(次数)=营业收入净额÷应收账款平均余额

应收账款平均余额=(期初应收账款+期末应收账款)÷2

应收账款平均周转期(天数)=计算期天数(如 360)÷应收账款周转率

一般而言,应收账款周转率越高越好,应收账款平均收账期越短,表明企业占用在应收账款上的资金越少,同时在财务分析中流动比率和速动比率也就具有较高的可信度。应收账款周转率高说明收账迅速,账龄较短,可减少收账费用和坏账损失,从而相对增加企业流动资产的投资收益。

(2) 存货周转率。存货周转率是确定存货销售快慢的比率,它是通过公司的产品销售成本除以存货平均余额计算的,表现为存货周转次数或周转天数。计算公式为:

存货周转率(次数)=产品销售成本÷存货平均余额

存货平均余额=(期初存货+期末存货)÷2

存货平均周转期 (天数)=计算期天数(如 360)÷存货周转率

一般而言,存货周转次数越高或存货平均周转天数越少,表明企业的存货管理水平越高,企业就可以在存货上投入较少的资金,而将有限的资金投入到其他的盈利项目中,以便为企业带来更多的收益。但过高的存货周转率或过低的存货平均周转天数可能使企业因存货不足而增加缺货成本。

对存货周转率的分析还要与企业的生产周期结合起来。在企业扩张时期,存货的增加说明其销售情况好转,存货需求量大。但企业在萧条时期存货的增加可能说明其销售停滞导致产品积压。

因为存货周转率是以产品销售成本计算的,因此,存货的计价方法将会影响到存货周转率和流动比率的计算。当两个企业进行比较分析时,应该使用相同的存货计价方法。

应收账款周转率和存货周转率是反映企业资产运用效果的最主要指标。但仅仅根据计算结果并不能说明这两个指标到底是高还是低，可以将计算期的指标与该企业前期、与行业平均水平或其他类似企业相比较判断该指标的高低。

(3) 流动资产周转率。流动资产周转率是流动资产在一定时期所完成的周转额与流动资产的平均占用额之间的比率。它是反映企业流动资产周转速度的指标。其计算公式为：

流动资产周转率(次数)＝营业收入净额÷流动资产平均占用额

流动资产平均占用额＝(期初流动资产＋期末流动资产)÷2

流动资产平均周转期(天数)＝计算期天数(如360)÷流动资产周转率

在一定时期内，流动资产周转次数越多，表明以相同的流动资产完成的周转额越多，流动资产利用效果越好。流动资产周转速度用天数表示时，周转一次所需要的天数越少，表明流动资产在经历生产和销售各阶段时所占用的时间越短。流动资产周转速度快，会相对节约流动资产，等于相对扩大资产投入，增加企业盈利能力；而延缓周转速度，需要补充流动资金参加周转，形成资金浪费，会降低企业的盈利能力。

2. 固定资产周转

对固定资产周转情况的分析是通过计算固定资产周转率来进行的。固定资产周转率是指企业年营业收入净额与固定资产的平均净值之间的比率。它是反映企业固定资产周转状况，从而衡量企业对固定资产利用效率的一项指标。其计算公式为：

固定资产周转率＝营业收入净额÷固定资产平均净值

固定资产平均净值＝(期初固定资产净值＋期末固定资产净值)÷2

固定资产周转率越高，表明企业固定资产利用充分，同时也能表明企业固定资产投资得当，固定资产结构合理；能够充分发挥效率，反之，如果固定资产周转率不高，则表明固定资产使用效率不高，提供的生产经营成果不多，固定资产的生产能力存在一定的闲置。

由于计算固定资产周转率时用的是固定资产净值，因此，在计算这一指标时，需要考虑因计提折旧对指标计算的影响。例如，由于折旧方法的不同，可能影响该指标的可比性。另外还要考虑由于计提折旧，固定资产净值不断减少，即使在销售收入没有增加的情况下，该指标也会不断增高；或者由于更新重置，即使销售收入有较大增加，但由于固定资产净值大幅增加，该指标可能反而会下降，这些因素都会影响到对该指标的应用，甚至给人产生误解。这时，应将固定资产净值的增加幅度与营业收入净额的增加幅度进行对比，以便作出正确的结论。

3. 总资产周转

对总资产周转情况的分析是通过总资产周转率这一指标进行的。总资产周转率是企业营业收入净额与资产总额的比率，反映了企业对总资产的利用效率。计算公式为：

总资产周转率＝营业收入净额÷资产平均占用额

资产平均占用额＝(期初资产占用额＋期末资产占用额)÷2

与流动资产周转率和固定资产周转率一样，在计算总资产周转率时，资产平均占用额应按分析期的不同分别加以确定，并应当与分子中的营业收入净额在时间上保持一致。

总资产周转率反映的是企业全部资产的使用效率，如果这个比率较低，说明企业利用全部资产进行生产经营的效率较差，这最终会影响企业的盈利能力。

上述流动资产周转率、固定资产周转率和总资产周转率三个指标用于衡量企业运用资产赚取收入的能力，经常和反映盈利能力的指标结合在一起使用，可全面评价企业的盈利能力。

根据财务会计报告计算的相关指标

编制财务报告的目的在于为信息使用者提供与决策有关的信息。由于财务报告高度浓缩，内在关系复杂，且本身存在一定的局限性，使得大多数使用者难以有效地加以利用。会计分析则是分析和利用会计信息的一种手段，通过会计分析，可以帮助信息使用者改善决策，减少盲目性。

（四）企业发展能力指标

1. 营业收入增长率

营业收入增长率，是企业当年营业收入增长额与上年营业收入总额的比率，反映企业营业收入的增减变动情况。其计算公式为：

营业收入增长率＝当年营业收入增长额÷上年营业收入总额×100％

其中：当年营业收入增长额＝当年营业收入总额－上年营业收入总额

营业收入增长率大于零，表明企业当年营业收入有所增长。该指标值越高，表明企业营业收入的增长速度越快，企业市场前景越好。

2. 资本保值增值率

资本保值增值率，是企业扣除客观因素后的本年末所有者权益总额与年初所有者权益总额的比率，反映企业当年资本在企业自身努力下实际增减变动的情况。其计算公式为：

资本保值增值率＝扣除客观因素后的本年末所有者权益总额÷年初所有者权益总额×100％

一般认为，资本保值增值率越高，表明企业的资本保全状况越好，所有者权益增长越快，债权人的债务越有保障。该指标通常应当大于100％。

3. 资本积累率

资本积累率，是企业当年所有者权益增长额与年初所有者权益的比率，反映企业当年资本的积累能力。其计算公式为：

资本积累率＝当年所有者权益增长额÷年初所有者权益×100％

资本积累率越高，表明企业的资本积累越多，应对风险、持续发展的能力越强。

4. 总资产增长率

总资产增长率，是企业当年总资产增长额同年初资产总额的比率，反映企业本期资产规模的增长情况。其计算公式为：

总资产增长率＝当年总资产增长额÷年初资产总额×100％

其中：当年总资产增长额＝年末资产总额－年初资产总额

总资产增长率越高，表明企业一定时期内资产经营规模扩张的速度越快。但在分析时，需要关注资产规模扩张的质和量的关系，以及企业的后续发展能力，避免盲目扩张。

5. 营业利润增长率

营业利润增长率，是企业当年营业利润增长额与上年营业利润总额的比率，反映企业营业利润的增减变动情况。其计算公式为：

营业利润增长率＝当年营业利润增长额÷上年营业利润总额×100％

其中：当年营业利润增长额＝当年营业利润总额－上年营业利润总额

6. 技术投入比率

技术投入比率，是企业当年科技支出（包括用于研究开发、技术改造、科技创新等方面的支出）与当年营业收入的比率，反映企业在科技进步方面的投入，在一定程度上可以体现企业的发展潜力。其计算公式为：

技术投入比率＝当年科技支出合计÷当年营业收入×100%

7. 营业收入三年平均增长率

营业收入三年平均增长率表明企业营业收入连续三年的增长情况，反映企业的持续发展态势和市场扩张能力。其计算公式为：

一般认为，营业收入三年平均增长率越高，表明企业营业持续增长势头越好，市场扩张能力越强。

8. 资本三年平均增长率

资本三年平均增长率表示企业资本连续三年的积累情况，在一定程度上反映了企业的持续发展水平和发展趋势。

第七节　编制财务会计报告

一、编制资产负债表

财务报表的编制，基本都是通过对日常会计核算记录的数据加以归集、整理来实现的。为了提供比较信息，资产负债表的各项目均需填列“年初余额”和“期末余额”两栏数字。其中，“年初余额”栏内各项目的数字，可根据上年末资产负债表“期末余额”栏相应项目的数字填列。如果本年度资产负债表规定的各个项目的名称和内容与上年度不相一致，应当对上年年末资产负债表各个项目的名称和数字按照本年度的规定进行调整。

（一）资料的准备

根据中华家具股份有限公司相关业务，经过会计处理后，得到2021年12月31日会计账户相关数据，如表9-10所示。

表9-10　会计账户情况汇总表（试算平衡表）

2021年度　　单位：元

会计账户	期初余额		本期发生额		期末余额	
	借　方	贷　方	借　方	贷　方	借　方	贷　方
库存现金	50 000		200	10 180	40 020	
银行存款	548 534		22 088 490	2 170 764	20 466 260	
交易性金融资产			200 085		200 085	
固定资产	9 200 000		1 200 000		10 400 000	
库存商品	1 200 000		182 500	195 000	1 187 500	

续 表

会计账户	期初余额		本期发生额		期末余额	
	借　方	贷　方	借　方	贷　方	借　方	贷　方
在途物资			126 000	126 000		
原材料	700 000		860 400	85 800	1 474 600	
生产成本	5 000		177 500	182 500		
制造费用			32 500	32 500		
预付账款			56 500	56 500		
应收账款			103 920	102 790	1 130	
应收票据			50 850		50 850	
其他应收款			8 000	2 000	6 000	
无形资产	800 000		300 000		1 100 000	
累计折旧		1 200 000		25 000		1 225 000
累计摊销		200 000				200 000
长期待摊费用			150 000		150 000	
预收账款			79 100	79 100		
短期借款			200 000	1 500 000		1 300 000
长期借款				6 904 000		6 904 000
应付职工薪酬		21 000	21 000	76 000		76 000
应交税费		330 699	1 141 896	845 880		34 683
应付票据				135 600		135 600
应付账款		1 000	1 000	62 927		62 927
其他应付款		1 500	1 500	10 500		10 500
应付利息		10 000	10 000	10 000		10 000
应付股利				917 100		917 100
盈余公积		274 985		229 275		504 260
股本		6 200 000	300 000	9 400 000		15 300 000
资本公积		900 000	1 000 000	7 000 000		6 900 000
利润分配		350 000	1 146 375	2 292 750		1 496 375
本年利润			5 478 000	5 478 000		
主营业务收入		4 602 500	4 980 000	377 500		
其他业务收入		219 000	220 000	1 000		
主营业务成本	1 699 000		195 000	1 894 000		
其他业务成本	127 200		800	128 000		
税金及附加	132 750		27 250	160 000		
财务费用	5 000		15 000	20 000		

续 表

会计账户	期初余额		本期发生额		期末余额	
	借 方	贷 方	借 方	贷 方	借 方	贷 方
管理费用	71 700		24 300	96 000		
销售费用	9 000		61 000	70 000		
资产减值损失	23 000			23 000		
公允价值变动损益		200 000	200 000			
投资收益		30 000	30 000			
营业外收入		45 500	48 000	2 500		
营业外支出	15 000		15 000	30 000		
所得税费用			764 250	764 250		
合计	14 586 184	14 586 184	41 496 416	41 496 416	35 076 445	35 076 445

(二) 编制资产负债表

1. 资产负债表表内项目金额的计算(参见表 9－10)

(1) 资产类项目

① “货币资金”项目。库存现金＋银行存款＝40 020＋20 466 260＝20 506 280 元。

② “交易性金融资产”项目。根据该账户的余额直接填列。交易性金融资产＝200 085 元。

③ “应收票据”项目。根据相关账户的余额直接填列。应收票据＝50 850 元。

④ “其他应收款”项目。根据该账户的余额直接填列,无调整项目。其他应收款＝6 000 元。

⑤ “存货”项目。原材料＋库存商品＋生产成本＝1 474 600＋1 187 500＝2 662 100 元。

⑥ “固定资产”项目。固定资产－累计折旧＝10 400 000－1 225 000＝9 175 000 元。

⑦ “无形资产”项目。无形资产－累计摊销＝1 100 000－200 000＝900 000 元。

(2) 负债类项目

① “短期借款”项目。根据该账户的余额直接填列,无调整项目。短期借款＝1 300 000 元。

② “应付票据”项目。根据相关账户的余额加计填列。应付票据＝135 600 元。

③ “应付职工薪酬”项目。根据该账户的余额直接填列,无调整项目。应付职工薪酬＝76 000 元。

④ “其他应付款”项目。根据相关账户的余额加计填列。其他应付款＝10 500＋10 000＋917 100＝937 600 元。

⑤ “长期借款”项目。根据该账户的余额直接填列,无调整项目。长期借款＝6 904 000 元。

(3) 所有者权益类项目

① “股本”项目。根据该账户的余额直接填列。股本＝15 300 000 元。

② “资本公积”项目。根据该账户的余额直接填列,无调整项目。资本公积＝6 900 000 元。

③“其他综合收益”项目，根据该账户的余额直接填列。其他综合收益＝0元。

④“盈余公积”项目。根据该账户的余额直接填列，无调整项目。盈余公积＝504 260元。

⑤“利润分配——未分配利润”项目。根据该账户的余额直接填列。利润分配——未分配利润＝1 496 375元。

2. 编制资产负债表（表9－11）

表9－11　　资产负债表　　会企01表

编制单位：中华家具股份有限公司　　2021年12月31日　　单位：元

资　　产	期末余额	年初余额	负债和所有者权益	期末余额	年初余额
流动资产：			流动负债：		
货币资金	20 506 280	3 000 000	短期借款	1 300 000	820 000
交易性金融资产	200 085		交易性金融负债		
衍生金融资产			衍生金融负债		
应收票据	50 850	300 000	应付票据	135 600	100 000
应收账款	1 130	300 000	应付账款	62 927	200 000
预付款项			预收款项		
其他应收款	6 000	2 000	合同负债		
存货	2 662 100	3 000 000	应付职工薪酬	76 000	
合同资产			应交税费	34 683	
持有待售资产			其他应付款	937 600	
一年内到期的非流动资产			持有待售负债		
其他流动资产			一年内到期的非流动负债		
流动资产合计	23 426 445	6 502 000	其他流动负债		
非流动资产：			流动负债合计	2 546 810	1 152 000
债权投资			非流动负债：		
其他债权投资			长期借款	6 904 000	6 000 000
长期应收款			应付债券		
长期股权投资			其中：优先股		
其他权益工具投资			永续债		
其他非流动金融资产			长期应付款		
投资性房地产			预计负债		
固定资产	9 175 000	7 150 000	递延收益		
在建工程			递延所得税负债		
生产性生物资产			其他非流动负债		

续 表

资 产	期末余额	年初余额	负债和所有者权益	期末余额	年初余额
油气资产			非流动负债合计	6 904 000	6 000 000
无形资产	900 000	600 000	负债合计	9 450 810	7 152 000
开发支出			所有者权益(或股东权益):		
商誉			实收资本(或股本)	15 300 000	6 200 000
长期待摊费用	150 000		其他权益工具		
递延所得税资产			其中:优先股		
其他非流动资产			永续债		
非流动资产合计	10 225 000	7 750 000	资本公积	6 900 000	900 000
			减:库存股		
			其他综合收益		
			盈余公积	504 260	
			未分配利润	1 496 375	
			所有者权益(或股东权益)合计	24 200 635	7 100 000
资产总计	33 651 445	14 252 000	负债和所有者权益(或股东权益)总计	33 651 445	14 252 000

二、编制利润表

(一)利润表的编制方法

编制利润表主要是把企业在某一经营期间的收入、费用和成本以及由此所配比计算出的盈亏情况报告给信息使用者,所以利润表是一种动态性的报表,它反映的是编报主体在某一期间的经营成果。只有账户的发生额才能反映一定期间的变化情况,因此利润表的编制是以账户的发生额为依据编制的。但不是所有账户的发生额都与利润有关,只有损益类账户(即收入类和费用类账户)所登记的内容,才能计算出本期的利润。所以利润表根据损益类账户的本期发生额编制。

1. 本期金额的填列方法

(1)“营业收入”项目,应根据“主营业务收入”和“其他业务收入”账户的本月发生额合计填列。

(2)“营业成本”项目,应根据“主营业务成本”和“其他业务成本”账户的本月发生额合计填列。

(3)“税金及附加”“销售费用”“管理费用”“财务费用”“资产减值损失”“营业外支出”“营业外收入”和“所得税费用”项目,应根据各自总分类账户的发生额填列。

(4)“公允价值变动损益”项目,应根据“公允价值变动损益”账户的本期发生额分析填列,如果为公允价值变动损失,则以“—”填列。

(5)“投资收益”项目,应根据“投资收益”账户的本期发生额分析填列,如果为投资损失,则以“—”填列。

(6)“其他综合收益税后净额”项目,应先编制其他综合收益明细表,以其他综合收益明细表两个大类项目的“合计”金额,填列在利润表“其他综合收益”项目。

(7)“综合收益总额”项目,应根据“其他综合收益”项目金额加上“净利润”项目金额的合计数,填列在“综合收益总额”项目。

(8)“基本每股收益”和“稀释每股收益”项目是按不同依据计算的每股收益,反映企业的获利能力。基础会计中不要求掌握这两个指标的计算。

(9)报表中的其他项目,包括“营业利润”“利润总额”和“净利润”项目,按照一定的公式计算后填列。

2. 本年累计金额的填列方法

本年累计金额反映各项目自年初起至本月末止的累计实际发生数,其金额等于截止到上月末的累计金额与本月金额之和。

3. 上年金额的填列方法

在编制年度报表时,应将表中的“本年累计金额”改为“上年金额”,填列上年全年累计实际发生数。如果上年度利润表的项目名称和内容与本年度利润表不相一致,应对上年度报表项目的名称和数字按本年度的规定进行调整,填入本表“上年金额”栏。

(二)利润表内各项目金额的计算过程

(1)“营业收入”项目=主营业务收入+其他业务收入;

(2)“营业成本”项目=主营业务成本+其他业务成本;

(3)其他项目可以从各相应账户的本期发生额直接获得,此处省略。

(三)编制利润表(表 9-12)

表 9-12 利 润 表 会企 02 表

编制单位:中华家具股份有限公司 2021 年 12 月 单位:元

项 目	本期金额	上期金额
一、营业收入	5 200 000	4 800 000
减:营业成本	2 022 000	1 980 000
税金及附加	160 000	120 000
销售费用	70 000	80 000
管理费用	96 000	60 000
研发支出		
财务费用	20 000	140 000
其中:利息费用		
利息收入		
资产减值损失	23 000	
信用减值损失		
加:其他收益		
投资收益(损失以“—”号填列)	30 000	

续 表

项 目	本期金额	上期金额
其中:对联营企业和合营企业的投资收益		
净敞口套期收益(损失以“-”号填列)		
公允价值变动收益(损失以“-”号填列)	200 000	
资产处置收益(损失以“-”号填列)		
二、营业利润(亏损以“-”号填列)	3 039 000	2 420 000
加:营业外收入	48 000	100 000
减:营业外支出	30 000	200 000
三、利润总额(亏损总额以“-”号填列)	3 057 000	2 320 000
减:所得税费用	764 250	580 000
四、净利润(净亏损以“-”号填列)	2 292 750	1 740 000
五、其他综合收益的税后净额	0	0
六、综合收益总额	2 292 750	1 740 000
七、每股收益:		
(一)基本每股收益		
(二)稀释每股收益		

练习题

一、单项选择题

1. 财务会计报告编制的根据是(　　)。

A. 原始凭证　B. 记账凭证　C. 科目汇总表　D. 账簿记录

2. 依照我国会计准则,资产负债表采用的格式为(　　)。

A. 单步报告式　B. 多步报告式　C. 账户式　D. 混合式

3. 依照我国会计准则,利润表采用的格式为(　　)。

A. 单步报告式　B. 多步报告式　C. 账户式　D. 混合式

4. 资产负债表中,“应收账款”项目应根据(　　)填列。

A. “应收账款”总分类账户的期末余额

B. “应收账款”总分类账户所属各明细分类账户期末借方余额合计数

C. “应收账款”总分类账户所属各明细分类账户期末贷方余额合计数

D. “应收账款”和“预收账款”总分类账户所属各明细分类账户期末借方余额

5. 资产负债表是反映企业(　　)财务状况的会计报表。

A. 某一特定日期　B. 一定时期内　C. 某一年份内　D. 某一月份内

6. 在下列各个会计报表中,属于企业对外提供的静态报表是(　　)。

A. 利润表　　B. 所有者权益变动表

C. 现金流量表　　D. 资产负债表

7. 某年12月31日编制的利润报表中"本期金额"一栏反映了(　　)。

A. 12月31日利润或亏损的形成情况

B. 12个月累计利润或亏损的形成情况

C. 12月份利润或亏损的形成情况

D. 第4季度利润或亏损的形成情况

8. 在资产负债表中,资产按照其流动性排列时,下列排列顺序中正确的是(　　)。

A. 存货、无形资产、货币资金、交易性金融资产

B. 交易性金融资产、存货、无形资产、货币资金

C. 无形资产、货币资金、交易性金融资产、存货

D. 货币资金、交易性金融资产、存货、无形资产

9. "应收账款"科目所属明细科目如有贷方余额,应在资产负债表(　　)项目中反映。

A. 预付款项　　B. 预收款项　　C. 应收账款　　D. 应付账款

10. 编制会计报表时,以"资产－负债＝所有者权益"这一会计等式作为编制依据的会计报表是(　　)。

A. 利润表　　B. 所有者权益变动表

C. 资产负债表　　D. 现金流量表

11. 下列有关附注的说法,不正确的是(　　)。

A. 附注不属于财务会计报告的组成部分

B. 附注是对在会计报表中列示项目的描述或说明

C. 附注是对未能在会计报表中列示项目的说明

D. 附注是财务会计报告的组成部分

12. 隆兴置业有限责任公司的"应付账款"明细账期末余额情况下:甲企业贷方余额为200 000元,乙企业借方余额180 000元,丙企业贷方余额为300 000元。假如该企业"预付账款"明细账均为借方余额,则根据以上数据计算的反映在资产负债表上"应付账款"项目的数额为(　　)元。

A. 680 000　　B. 320 000　　C. 500 000　　D. 80 000

13. 下列项目中,直接根据总分类账户余额填列的资产负债表项目是(　　)。

A. 交易性余额　　B. 应收账款

C. 未分配利润　　D. 存货

14. 资产负债表中的各报表项目(　　)。

A. 都按有关账户期末余额直接填列

B. 必须对账户发生额和余额进行分析计算才能填列

C. 应根据有关账户的发生额填列

D. 有的项目可以直接根据账户期末余额填列,有的项目需要根据有关账户期末余额分析填列

15. 按照会计报表反映的经济内容分类,资产负债表属于反映(　　)的报表。

A. 某一特定日期的财务状况　　B. 经营成果

C. 对外报表　　D. 月报

16. 资产负债表的下列项目中，需要根据几个总分类账账户的期末余额进行汇总填列的是(　　)。

A. 应付职工薪酬　B. 短期借款　C. 货币资金　D. 资本公积

17. 资产负债表中所有者权益项目是按照(　　)顺序排列的。

A. 实收资本、盈余公积、资本公积、未分配利润、其他综合收益

B. 资本公积、实收资本、盈余公积、未分配利润、其他综合收益

C. 资本公积、实收资本、未分配利润、盈余公积、其他综合收益

D. 实收资本、资本公积、其他综合收益、盈余公积、未分配利润

18. 资产负债表中的“存货”项目，应根据(　　)。

A. “存货”账户的期末借方余额直接填列

B. “原材料”账户的期末借方余额直接填列

C. “原材料”“生产成本”和“库存商品”等账户的期末借方余额之和填列

D. “原材料”“在产品”和“库存商品”等账户的期末借方余额之和填列

19. 下列项目中，不会影响营业利润金额的是(　　)。

A. 资产减值损失　B. 财务费用　C. 投资收益　D. 营业外收入

20. 编制利润表主要是根据(　　)。

A. 资产、负债及所有者权益各账户的本期发生额

B. 资产、负债及所有者权益各账户的期末余额

C. 损益类各账户的本期发生额

D. 损益类各账户的期末余额

二、多项选择题

1. 利润表中的“营业成本”填列所依据的是(　　)。

A. “营业外支出”账户发生额　B. “主营业务成本”账户余额

C. “其他业务成本”账户余额　D. “税金及附加”账户发生额

2. 下列属于利润表提供的信息有(　　)。

A. 实现的营业收入　B. 发生的营业成本

C. 营业利润　D. 净利润或亏损总额

3. 下列项目中，属于资产负债表中“流动资产”项目的有(　　)。

A. 货币资金　B. 预收账款　C. 应收账款　D. 存货

4. 编制资产负债表时，需根据有关总分类账账户期末余额分析、计算填列的项目有(　　)。

A. 货币资金　B. 预付款项　C. 存货　D. 短期借款

5. 资产负债表的“存货”项目应根据(　　)等总账科目余额的合计数填列。

A. 库存商品　B. 原材料　C. 生产成本　D. 库存现金

6. 在编制资产负债表时，应根据总账科目的期末贷方余额直接填列的项目有(　　)。

A. 应收股利　B. 交易性金融资产

C. 短期借款　D. 应付职工薪酬

7. 会计报表按其编制主体分类可分为(　　)。

A. 对外会计报表　B. 对内会计报表　C. 个别会计报表　D. 合并会计报表

8. 资产负债表项目中，直接根据总分类账户余额填列的有（　　）。

A. 应交税费　B. 资本公积　C. 实收资本　D. 短期借款

9. 资产负债表项目中，不能直接根据总分类账户余额填列的有（　　）。

A. 应付票据　B. 货币资金　C. 存货　D. 应收账款

10. 下列账户中，可能影响资产负债表中“应付账款”项目金额的有（　　）。

A. 应收账款　B. 预收账款　C. 应付账款　D. 预付账款

11. 资产负债表中，“预收款项”项目应根据（　　）总分类账户所属各明细分类账户或资本贷方余额合计填列。

A. 预付账款　B. 应收账款　C. 应付账款　D. 预收账款

12. 资产负债表的数据来源，可以根据（　　）取得。

A. 总账科目余额直接填列　B. 总账科目余额计算填列

C. 记账凭证直接填列　D. 明细科目余额计算填列

13. 企业财务会计报告按其编报表的时间不同，分为（　　）。

A. 半年度报表　B. 月度报表　C. 季度报表　D. 年度报表

14. 下列项目中，列示在资产负债表左方的有（　　）。

A. 固定资产　B. 无形资产　C. 预收款项　D. 流动资产

15. 下列项目中，列示在资产负债表右方的有（　　）。

A. 非流动资产　B. 非流动负债　C. 长期借款　D. 所有者权益

16. 以下项目中，会影响净利润的有（　　）。

A. 营业外收入　B. 税金及附加　C. 营业成本　D. 销售费用

17. 下列项目中，会影响利润总额的项目有（　　）。

A. 营业收入　B. 营业外支出　C. 营业外收入　D. 投资收益

18. 资产负债表中的“其他应付款”项目，应根据（　　）之和填列。

A. “应付利息”账户所属明细账户的借方余额

B. “应付股利”账户所属明细账户的贷方余额

C. “应付账款”账户所属明细账户的借方余额

D. “其他应付款”账户所属明细账户的借方余额

19. 企业中财务会计报表至少应当包括（　　）。

A. 资产负债表　B. 利润表　C. 现金流量表　D. 附注

20. 资产负债表中“应收账款”项目应根据（　　）之和减去“坏账准备”账户中有关应收账款计提的坏账准备期末余额填列。

A. “应收账款”科目所属明细科目的借方余额

B. “应收账款”科目所属明细科目的贷方余额

C. “应付账款”科目所属明细科目的贷方余额

D. “预收账款”科目所属明细科目的借方余额

三、不定项选择题

1. 反映企业在一定会计期间的经营成果的会计报表是（　　）。

A. 资产负债表　B. 利润表

C. 所有者权益变动表　D. 现金流量表

2. 通过编制资产负债表可以(　　　　)。

A. 从总体上了解企业收入、成本和费用、净利润(或亏损)的实现及构成情况

B. 反映企业资产的构成及其状况

C. 反映企业某一日期的负债总额及其结构

D. 反映企业所有者权益的情况

3. 通过编制利润表可以(　　　　)。

A. 从总体上了解企业收入、成本和费用、净利润(或亏损)的实现及构成情况

B. 反映企业资产的构成及其情况

C. 反映企业某一日期的负债总额及其结构

D. 反映企业所有者权益的情况

4. 中期财务会计报告是指(　　　　)。

A. 月报　　B. 季报　　C. 半年报　　D. 年报

5. 会计报表包括(　　　　)。

A. 资产负债表　　B. 外部报表　　C. 利润表　　D. 现金流量表

6. 下列各项目中,属于资产负债表中“非流动资产”项目的有(　　　　)。

A. 预收账款　　B. 货币资金　　C. 实收资本　　D. 固定资产

7. 利润表提供的信息包括(　　　　)。

A. 实现的营业收入　　B. 发生的营业成本

C. 投资收益　　D. 利润或亏损总额

8. 下列各项中,属于资产负债表中“短期负债”项目的有(　　　　)。

A. 存货　　B. 预付款项　　C. 预收账款　　D. 交易性金融资产

9. 编制资产负债表时,需根据有关总账所属明细账期末余额分析、计算填列的项目有(　　　　)。

A. 长期借款　　B. 预付款项　　C. 存货　　D. 固定资产清理

10. 资产负债表格式主要有(　　　　)。

A. 单步式　　B. 多步式　　C. 账户式　　D. 报告式

11. 直接根据总分类账户余额填列的资产负债表项目有(　　　　)。

A. 短期借款　　B. 应付票据　　C. 实收资本　　D. 未分配利润

12. 反映企业在某一特定日期的财务状况的会计报表是(　　　　)。

A. 资产负债表　　B. 利润表

C. 所有者权益变动表　　D. 现金流量表

13. 下列项目中,根据有关总账余额及其明细账余额分析、计算填列的有(　　　　)。

A. 应付债券　　B. 固定资产　　C. 长期借款　　D. 未分配利润

14. 不能直接根据总分类账户余额填列的资产负债表项目有(　　　　)。

A. 固定资产　　B. 货币资金　　C. 存货　　D. 应收账款

15. 利润表是企业的(　　　　)。

A. 对内报表　　B. 经营成果报表　　C. 动态报表　　D. 静态报表

16. 下列说法中,正确的有(　　　　)。

A. 中期财务会计报表的格式和内容可以比年度财务会计报表适当简略

B. 为保证财务会计报表编制和报送的及时性,可以先编制报表,然后再进行对账

C. 财务会计报表应当清晰明了、便于理解，意味着应在报表中排除复杂的经济事项

D. 财务会计报告是企业会计核算的最终成果，也是会计核算工作的总结

17. 下列财务报表组成部分中，可以不在企业中期财务报告中反映的有（　　）。

A. 资产负债表　　B. 利润表

C. 附注　　D. 所有者权益变动表

18. 编制财务会计报告的要求有（　　）。

A. 数据真实　　B. 口径一致

C. 内容完整　　D. 编报及时

19. 我国的利润表一般为多步式报表，包括的利润指标分别为（　　）。

A. 主营业务利润　　B. 利润总额

C. 营业利润　　D. 净利润

20. 在利润表的表体中，全部指标均依据有关账簿的（　　）填列。

A. 期末余额　　B. 发生额

C. 期末余额或发生额　　D. 本期数额

四、判断题

1. 财务会计报告是指单位根据经过审核的会计账簿记录和有关资料编制并对外提供的反映单位某一特定日期财务状况和某一会计期间经营成果、现金流量的文件。（　　）

2. 会计报表按其反映的内容，可以分为动态会计报表和静态会计报表，资产负债表是反映在某一时期企业财务状况的会计报表。（　　）

3. 会计报表按照报送对象不同，可以分为个别会计报表和合并会计报表。（　　）

4. 财务会计报告至少应当包括资产负债表、利润表、现金流量表、所有者权益变动表和附注等部分。（　　）

5. 利润表的格式主要有多步式利润表和单步式利润表两种，我国企业采用的是单步式利润表格式。（　　）

6. 资产负债表中资产项目是按资产流动性由小到大的顺序排列的。（　　）

7. 资产负债表中"货币资金"项目，应根据"银行存款"账户的期末余额填列。（　　）

8. 资产负债表中"固定资产"项目，应根据"固定资产"账户余额减去"累计折旧""固定资产减值准备"等账户的期末余额后的金额填列。（　　）

9. 利润表中"营业成本"项目，反映企业销售产品和提供劳务等主要业务的各项销售费用和实际成本。（　　）

10. 利润表中的各项目应根据有关损益账户的本期发生额或余额分析计算填列。（　　）

五、简述题

1. 简述资产负债表的构成项目及填列方法。

2. 简述利润表的构成项目及填列方法。

3. 简述财务报表附注的内容。

六、实务题

（一）练习利润表的编制

2021年12月，隆兴置业有限责任公司发生下列经济业务：

（1）销售甲产品1 000件，每件售价80元，增值税税额10 400元，货款已通过银行收讫。

（2）同城销售给红星厂乙产品900件，每件售价50元，增值税税额为5 850元，但货款尚未收到。

（3）结转已售甲、乙产品的生产成本。其中：甲产品生产成本65 400元；乙产品36 000元。

（4）以银行存款支付本月销售甲、乙两种产品的场地租赁费1 000元，增值税税额90元。

（5）根据规定计算应交资源税8 750元。

（6）公司办公室职工李强外出归来报销因公务出差的差旅费350元（原已预支400元，余款交回现金），不考虑相关税费。

（7）以库存现金1 000元，支付公司管理部门办公费，不考虑相关税费。

（8）收到红星厂前欠货款45 000元，存入工商银行。

（9）按合同规定，没收某单位逾期未退回的包装物押金6 020元。

（10）用银行存款支付公司全年材料仓库的租赁费2 400元，不考虑相关税费。

（11）根据上述有关经济业务，结转本期主营业务收入、其他业务收入。

（12）根据上述有关经济业务结转本月营业成本、期间费用、税金及附加。

（13）根据本期实现的利润总额，按25%税率计算应交所得税。

（14）以银行存款上交消费税8 750元和所得税5 874元。

要求：根据发生的经济业务编制会计分录；编制该公司当月的利润表。

（二）练习资产负债表和损益表的编制

资料1. 2021年6月，隆兴置业有限责任公司各账户期末余额如表9－13所示。

表9－13　公司各账户期末余额　　单位：元

账户名称	借方余额	账户名称	贷方余额
库存现金	350	短期借款	61 000
银行存款	76 700	应付账款	4 050
应收账款	7 000	其他应付款	8 700
其他应收款	750	应付职工薪酬	7 000
原材料	349 800	预收账款	4 100
生产成本	36 000	应交税费	20 650
库存商品	50 400	累计折旧	230 500
应收利息	7 500	利润分配–未分配利润	157 785
固定资产	628 500	实收资本	721 000
无形资产	95 785	盈余公积	38 000
合　计	1 252 785	合　计	1 252 785

资料 2. 有关明细资料：

(1) 应交税费 20 650 元，包括应交所得税 9 850 元，增值税 10 800 元；

(2) 各损益账户累计余额，包括"主营业务收入"账户 1 286 400 元、"主营业务成本"账户 944 280 元、"销售费用"账户 12 600 元、"其他业务收入"账户 35 000 元、"其他业务成本"账户 31 500 元、"营业外收入"账户 800 元、"营业外支出"账户 76 320 元、"管理费用"账户 15 800 元、"财务费用"账户 6 200 元；

(3) "无形资产"账户中包括商标权 31 557 元，专利权 64 228 元。

要求： 根据资料 1 和资料 2，编制资产负债表、利润表。

第十章　会计工作组织

【理论目标】

1. 了解会计工作组织，会计人员的管理及会计规范的基本内容；

2. 熟悉会计监督的内容、会计岗位责任制、会计工作的法律责任，以及会计档案、归档的要求，会计规范的构成等。

【实践目标】

1. 理解会计工作组织形式、会计工作岗位责任和会计工作法律责任，会计规范的内容；

2. 会计档案管理。

第一节　会计工作组织

一、会计工作组织的概念

企事业单位会计工作组织是指根据会计工作的特点，制定会计制度，设置会计机构，配备会计人员，以保证合理、有效地进行会计工作。会计工作组织的内容主要包括：会计机构设置与人员配备；会计规范制定；会计档案保管；会计信息化等。

会计是经济管理的重要组成部分，因此，一个单位建立会计系统就成为必须。这个系统的组成不仅有会计机构、会计人员，而且还应有相关政策和制度，只有这样会计信息系统才能有效和规范运行；一个系统若能够高效率地运行，还必须考虑有关部门之间、有关人员之间的分工与协调，只有在分工恰当、明确与协调的情况下，系统才能积极活跃起来，从而才能保证会计任务的圆满完成。

二、建立会计工作组织的意义

会计工作的恰当组织是形成、提高与完善会计工作，保证会计工作质量与效率，充分发挥会计作用的前提条件。

(一) 提高会计工作质量和效率

会计工作各个环节协调一致，互相配合，互相牵制，能够防止会计差错发生，保证会计工作质量。企业应根据经济业务的实际情况，按需配备会计人员，合理分工，避免忙闲不均，才能够提高会计工作质量和效率。

（二）有利于与其他经济管理工作互相协调

会计工作与其他经济管理工作有着密切的联系。在企业内，生产经营环节多而繁杂，会计工作需要得到其他经济管理部门的配合和支持，同时会计工作也能促进其他经济管理工作。会计部门与企业内部的生产经营、市场营销、计划统计等部门互相配合，有利于计划、预算指标的制定、实施、控制、分析和考核，有利于提高经济管理工作的效率，有利于提高企业的经济效益。

（三）加强企业内部的经济责任制

实行内部经济责任制离不开会计，科学地经济预测、正确地经济决策，经营过程的控制、经营业绩的考核评价，都需要会计部门提供翔实、有效的数据。科学组织会计工作，可以巩固和完善单位内部的经济责任制，促使各部门用好、管好资金，节约资金的使用，提高经济效益。

（四）有利于会计适应社会经济发展的要求

目前，经济、技术发生了翻天覆地的变化，例如，人工智能、大数据等，会计政策、法规、制度不断地颁布和更新，新出现的经济活动对会计工作提出了更高的要求。企业应根据实际需要来科学地组织会计工作，使会计工作适应不断变化的客观需要。

代理记账管理办法

三、会计工作组织的内容

（一）会计机构的设置

各单位应当根据会计业务的需要设置会计机构；不具备单独设置会计机构条件的，应当在有关机构中配备专职会计人员。没有设置会计机构和配备会计人员的单位，应当根据《代理记账管理办法》委托会计师事务所或者持有代理记账许可证书的其他代理记账机构进行代理记账。

（二）会计人员的配备

设置会计机构，应当配备会计机构负责人；在有关机构中配备专职会计人员，应当在专职会计人员中指定会计主管人员。

大、中型企业、事业单位、业务主管部门应当根据法律和国家有关规定设置总会计师。总会计师由具有会计师以上专业技术资格的人员担任。

（三）会计人员的职责权限

为了保障会计人员能够切实地履行职责，相关法律规范赋予了必要的权限，主要包括以下几方面：

一是会计人员有权要求本企业有关部门、人员认真执行国家的有关方针政策，遵守国家财经纪律和会计法规。对于弄虚作假、营私舞弊、欺骗上级等违法违纪行为，会计人员必须坚决拒绝执行，并向单位领导人或主管部门、财政、审计和税务等机关报告。

二是会计人员有权参与本企业编制计划、预算，制定定额，对外签订经济合同，参加有关生产、经营管理会议；有权要求本单位有关部门、人员提供同会计工作有关的情况和资料。

三是会计人员有权监督、检查本企业有关部门的财务收支、资金使用和财产保管、收发、计量、检验等情况。有关部门要如实反映情况。

（四）会计工作规范

会计工作规范是指各单位应当建立内部会计管理体系和会计人员岗位责任制度。内部会计管理体系主要包括：单位领导人、总会计师对会计工作的领导职责；会计部门及其会计机构负责人、会计主管人员的职责、权限；会计部门与其他职能部门的关系；会计核算的组织形式等。会计人员岗位责任制度主要包括：会计人员的工作岗位设置；各会计工作岗位的职责和标准；各会计工作岗位的人员和具体分工；会计工作岗位轮换办法；对各会计工作岗位的考核办法。

（五）会计档案的保管

会计档案保管是指各单位必须加强对会计档案管理工作的领导，建立会计档案的立卷、归档、保管、查阅和销毁等管理制度，保证会计档案妥善保管、有序存放、方便查阅，严防毁损、散失和泄密。

（六）会计信息化

会计信息化是指将会计信息作为管理信息资源，全面运用计算机、网络通信为主的信息技术对其进行获取、加工、传输、应用等处理，为企业经营管理、控制决策和经济运行提供充足、实时、全方位的信息。

四、组织会计工作的要求

（一）遵守会计规范

组织会计工作必须遵守国家对会计工作的统一要求和国家统一规定的会计准则。会计所提供的信息，一方面反映企业、行政事业单位遵循国家方针政策，执行计划和预算的情况及结果；另一方面是国家确定方针、政策，进行国民经济宏观调控的重要依据之一。

（二）结合各单位生产经营管理的特点

国家对组织会计工作的统一要求，只是一般的原则规定，各单位必须根据本单位业务经营的特点和经营规模的大小等具体情况，采用不同的方法与程序，组织会计工作。对会计机构的设置，会计人员的配备和对会计法规的执行，都须结合本单位的生产经营特点和管理要求，作出切合实际的安排和制定具体实施的办法。

（三）在成本效益原则下保证会计工作质量

设置会计机构和配备人员，应力求精简、合理，提高工作效率；对会计处理程序和手续制度的规定，应结合实际需要，避免烦琐；会计工作须与统计工作等密切配合，在有关指标的核算口径和相关凭证、账表的设置等方面应力求协调一致，避免重复劳动。

五、会计工作组织形式

由于会计工作组织形式的不同，会计机构的具体工作范围也有所不同。会计工作的组织形式包括独立核算和非独立核算、集中核算和非集中核算、专业核算和群众核算几种组织形式。

（一）独立核算和非独立核算

(1) 独立核算是指对本企业的业务经营过程及其结果，进行全面地、系统地会计核算与监督。实行独立核算的企业称为独立核算单位，它的特点是具有一定资金，在银行单独开户，独立经营、计算盈余，具有完整的账簿系统，定期编制财务会计报告。独立核算单位应单独设置会计机构，配备必要的会计人员，如果会计业务不多，也可只设专职会计人员。

(2) 非独立核算是指由上级拨给一定的备用金和物资，平时进行原始凭证的填制和整理，以及备用金账簿和实物账簿的登记，定期将收入、支出向上级报销，由上级汇总，单位本身不独立计算盈亏，也不编财务会计报告，所以又称报账制。例如，商业企业所属的分销店就属于非独立核算单位。非独立核算单位一般不设置专门的会计机构,但需配备专职会计人员,负责处理日常的会计事务。

(二) 集中核算和非集中核算

(1) 集中核算是指会计工作中的主要部分集中于会计部门。在这种形式下,单位内部各实体不设置会计核算机构,不独立核算,而是只对本部门的业务加以记录,制作原始凭证等,然后定期移交给单位的会计部门进行核算。集中核算可减少会计工作环节,提高了效率,有利于全面掌握本单位的信息,有利于节约会计工作成本,但由于基层部门不进行独立核算,不便于了解自身情况和实行责任管理,不便于调动基层工作的积极性。

(2) 非集中核算是指单位内部除会计部门之外的其他部门也进行会计核算工作。内部各部门在单位会计机构指导下,处理本部门的业务,而单位的会计部门则是主要进行信息汇总以及编制财务会计报告。非集中核算便于各部门及时得出核算后的信息,加强了内部管理。但同时工作量较大,成本较高,浪费资源。

(三) 专业核算和群众核算

(1) 专业核算是由专职会计人员,依据会计规范的要求,对企业发生的经济业务所进行会计核算。

(2) 群众核算是由企业职工参加的,对企业发生的相关业务所进行的经济核算,例如,产品生产企业的班组核算和商业企业的柜组核算等。其具体做法是,确定核算单位,制定核算指标,推选群众核算员,定期计算各项经济指标的实绩和得失以及开展劳动竞赛等。群众核算可以使群众及时了解班组或柜组完成的业绩,激发广大职工群众的生产积极性和主动性。

第二节 会计机构与会计人员

一、会计机构设置

《会计法》第三十六条第一款对会计机构和会计人员设置的规定:"各单位应当根据会计业务的需要,设置会计机构,或者在有关机构中设置会计人员并指定会计主管人员;不具备设置条件的,应当委托经批准设立从事会计代理记账业务的中介机构代理记账。"

(一) 设置会计机构是法律的要求

各单位可以根据本单位的会计业务繁简情况决定是否设置会计机构。但是,无论是否需要设置会计机构,会计工作必须依法开展,不能因为没有会计机构而对会计工作放任不管,这是法律所不允许的。会计机构是各单位办理会计事务的职能机构,会计人员是直接从事会计工作的人员,建立健全会计机构,配备数量和素质都相当的、具备业务处理技能的会计人员,是各单位做好会计工作,充分发挥会计职能作用的重要保证。因此,为了科学、合理地组织开展会计工作,保证本单位正常的经济核算,各单位原则上应设置会计机构。

(二) 不能单独设置会计机构,应设置会计人员

若单位不能单独设置会计机构,应当在有关机构中设置会计人员并指定会计主管人员。这是提高工作效率、明确岗位责任的内在要求,同时也是由会计工作专业性、政策性强等特点所决定的。会计主管人员作为中层管理人员,行使会计机构负责人的职权,按照规定的程序任免。

(三) 不具备设置会计机构和会计人员条件的,可由中介机构代理记账

若单位不具备设置会计机构和会计人员条件的,应当委托经批准设立从事会计代理记账

业务的中介机构代理记账。

依据《会计法》第七条规定："国务院财政部门主管全国的会计工作。""县级以上地方各级人民政府财政部门管理本行政区域内的会计工作。"

二、会计岗位设置

(一) 会计人员的工作岗位

各单位应当根据会计业务需要设置会计工作岗位。

会计工作岗位一般可分为：会计机构负责人或者会计主管人员、出纳、财产物资核算、工资核算、成本费用核算、财务成果核算、资金核算、往来结算、总账报表、稽核、档案管理等。开展会计电算化和管理会计的单位，可以根据需要设置相应工作岗位，也可以与其他工作岗位相结合。

(二) 会计人员的岗位职责

1. 会计主管岗位的职责

(1) 按照会计制度及有关规定，结合本单位的具体情况，主持起草本单位具体会计制度及实施办法，科学地组织会计工作，并领导、督促会计人员贯彻执行。

(2) 参与经营决策，主持制定和考核财务预算。

(3) 经常研究工作，总结经验，不断改进和完善会计工作。

(4) 组织本单位会计人员学习业务知识，提高会计人员的素质，考核会计人员的能力，合理调配会计人员的工作。

2. 出纳岗位的职责

(1) 严格按照单位的《货币资金内部控制实施办法》的规定，对原始凭证进行复核，办理款项收付。

(2) 办理银行结算，规范使用支票。

(3) 认真登日记账，保证日清月结，及时查询未达账项。

(4) 保管库存现金和有关印章，登记注销支票。

(5) 审核收入凭证，及时办理销售款项的结算，督促有关部门催收销售货款。

3. 资金管理岗位的职责

(1) 反映资金预算的执行及控制状况。

(2) 筹措及调度资金。

(3) 办理借贷款事项及其清偿。

(4) 办理投资业务。

(5) 记录、保管各种有价证券。

(6) 与财务调度有关的其他事项。

4. 预算管理岗位的职责

(1) 编制各期资金预算。

(2) 编制及考核生产预算。

(3) 编制及控制成本费用预算。

(4) 编制及分析销售预算。

(5) 编制及执行资本预算。

(6) 处理其他与预算有关事项。

5. 固定资产核算岗位的职责

(1) 会同有关部门拟订固定资产管理与核算、实施办法。

(2) 参与核定固定资产需用量,参与编制固定资产更新改造和大修理计划。

(3) 计算提取固定资产折旧、预提修理费用。

(4) 参与固定资产的清查盘点与报废。

(5) 分析固定资产的使用效果。

6. 存货核算岗位的职责

(1) 会同有关部门拟订材料物资管理与核算实施办法。

(2) 审查采购计划,控制采购成本,防止盲目采购。

(3) 负责存货明细核算。对已验收入库尚未付款的材料,月终要估价入账。

(4) 配合有关部门制定材料消耗定额,编制材料计划成本目录。

(5) 参与库存盘点,处理清查账务。

(6) 分析储备情况,防止呆滞积压。对于超过正常储备和长期呆滞积压的存货,要分析原因提出处理意见和建议,督促有关部门处理。

7. 成本核算岗位的职责

(1) 核对各项原材料、物品、产成品、在产品入库领用事项及收付金额。

(2) 编制材料领用转账凭证。

(3) 审核委托及受托外单位加工事项。

(4) 计算生产与销售成本及各项费用。

(5) 进行成本、费用的分配及账目之间调整。

(6) 分析比较销售成本,做好成本日常控制。

(7) 进行内部成本核算及业绩考核。

(8) 编制公司有关成本报表。

(9) 其他与成本核算、分析、控制有关的事项。

8. 工资核算岗位的职责

(1) 审核有关工资的原始单据,办理代扣款项,包括计算个人所得税、住房基金、劳保基金、失业保险金等。

(2) 按照人事部门提供工资分配表,填制记账凭证。

(3) 协助出纳人员发放工资。工资发放完毕后,要及时将工资和奖金计算明细表附在记账凭证后或单独装订成册,并注明记账凭证编号,妥善保管。

(4) 计算福利费和工会经费等,并进行账务处理。

9. 往来结算岗位的职责

(1) 执行往来结算清算办法,防止坏账损失。对购销业务以外的暂收、暂付、应收、应付、备用金等债权债务及往来款项,要严格清算手续,加强管理,及时清算。

(2) 办理往来款项的结算业务。对购销业务以外的各种应收、暂付款项,要及时催收结算;应付、暂收款项,要抓紧清偿。对确实无法收回的应收账款和无法支付的应付账款,应查明原因,按照规定报经批准后处理。实行备用金制度的公司,要核定备用金定额,及时办理领用和报销手续,加强管理。对预借的差旅费,要督促及时办理报销手续,收回余额,不得拖欠,不准挪用。

(3) 负责往来结算的明细核算。对购销业务以外的各项往来款项,要按照单位和个人分户设置明细账，根据审核后的记账凭证逐笔登记，并经常核对余额。

（4）年终要抄列清单，并向领导或有关部门报告。

10. 收入利润核算岗位的职责

（1）负责销售核算，核实销售往来。根据销货发票等有关凭证，正确计算销售收入以及劳务等其他各项收入，按照国家有关规定计算税费。经常核对库存商品的账面余额和实际库存数，核对销货往来明细账，做到账实相符，账账相符。

（2）计算与分析利润计划的完成情况，督促实现目标。

（3）建立投资台账，按期计算收益。

（4）结转收入、成本与费用，严格审查营业外支出，正确核算利润。对公司所得税有影响的项目，应注意调整应纳税所得额。

（5）按规定计算利润和利润分配，计算应缴所得税。

（6）结账时的调整业务处理。

（7）编制利润报表，分析盈亏原因。

11. 税务会计岗位的职责

（1）办理公司税务上的缴纳、查对、复核等事项。

（2）办理有关的免税申请及退税冲账等事项。

（3）办理税务登记及变更等有关事项。

（4）编制有关的税务报表及相关分析报告。

（5）办理其他与税务有关的事项。

12. 总账报表岗位的职责

（1）负责保管总账和明细账，年底按会计档案的要求整理与装订总分类账及明细账。

（2）编制会计报表并进行分析，写出综合分析报告。

（3）其他与账务处理有关事项。

13. 稽核岗位的职责

（1）审查财务收支。根据财务收支计划和财务会计制度，逐笔审核各项收支，对计划外或不符合规定的收支，应提出意见，并向领导汇报，采取措施，进行处理。

（2）复核各种记账凭证。复核凭证是否合法，内容是否真实，手续是否完备，数字是否正确，记账分录是否符合制度规定。

（3）对账簿记录进行抽查，看其是否符合要求。并将计算机中的数据与会计凭证进行核对。

（4）复核各种会计报表是否符合制度规定的编报要求。复核中发现问题和差错，应通知有关人员查明、更正和处理。稽核人员要对审核签署的凭证、账簿和报表负责。

14. 会计信息化管理岗位的职责

（1）负责协调计算机及会计软件系统的运行工作。

（2）掌握计算机的性能和财务软件的特点，负责财务软件的升级与开发。

（3）对计算机的文件进行日常整理，对财务数据盘进行备份，妥善保管。

（4）监督计算机及会计软件系统的运行，防止利用计算机进行舞弊。

（5）经常进行查杀病毒工作，保证计算机的正常使用。

15. 档案管理岗位的职责

档案管理岗位的职责是，依据《会计档案管理办法》的规定，建立会计档案的立卷、归档、保管、查阅和销毁等管理制度，保证会计档案妥善保管、有序存放、方便查阅、严防毁损、散失和泄密。

三、会计人员配备

（一）根据需要配备人员

会计岗位可以一人一岗、一人多岗或一岗多人，各单位可以根据本单位会计业务量和会计人员配备的实际情况具体确定。需要注意的是，为贯彻内部控制中的“账、钱、物分管”的原则，出纳人员不得兼管稽核、会计档案保管及收入、费用、债权债务账目的登记工作。

（二）岗位轮换

对于企业的会计人员，应有计划地进行岗位轮换，以便会计人员能够比较全面地了解和熟悉各项会计工作，提高业务水平。会计人员调动工作或因故离职离岗，要将其经管的会计账目、款项和未了事项向接办人员移交清楚，并由其上级主管人员负责监交。

（三）会计机构负责人或会计主管人员的任免应符合法律规定

会计机构负责人或会计主管人员的任免，应根据会计法和有关法律的规定。例如，《会计基础工作规范》规定：“国家机关、国有企业、事业单位任用会计人员应当实行回避制度。单位领导人的直系亲属不得担任本单位的会计机构负责人、会计主管人员。会计机构负责人、会计主管人员的直系亲属不得在本单位会计机构中担任出纳工作。”需要回避的直系亲属为：夫妻关系、直系血亲关系、三代以内旁系血亲以及配偶亲关系。

四、会计人员的管理

会计人员管理包括会计人员的职业能力要求、任免和奖惩等方面的制度规定。

（一）会计人员的职业能力要求

（1）会计人员在会计工作中应当遵守职业道德，树立良好的职业品质、严谨的工作作风，严守工作纪律，努力提高工作效率和工作质量。会计人员应当热爱本职工作，努力钻研业务，使自己的知识和技能适应所从事工作的要求。

（2）会计人员应当熟悉财经法律。

（3）会计人员应当按照会计法律和国家统一会计制度规定的程序和要求进行会计工作，保证所提供的会计信息合法、真实、准确、及时、完整。

（4）会计人员办理会计事务应当实事求是、客观公正。

（5）会计人员应当熟悉本单位的生产经营和业务管理情况，运用掌握的会计信息和会计方法为改善单位内部管理、提高经济效益服务。

（6）会计人员应当保守本单位的商业秘密，除法律规定和单位领导人同意外，不能私自向外界提供或者泄露单位的会计信息。

财政部门、业务主管部门和各单位应当定期检查会计人员遵守职业道德的情况，并作为会计人员晋升、晋级、聘任专业职务、表彰奖励的重要考核依据。会计人员违反职业道德的，由所在单位进行处罚。

会计人员有权参与本单位的经营管理活动，有权监督、检查本单位各部门的财务收支、财产保管使用情况，有权拒绝办理不合法律法规的会计事项，抵制违法乱纪行为，并向本单位领导人或上级机关、财政部门报告。

（二）会计人员的任免和奖惩

各单位应当根据会计业务需要配备会计人员。大、中型企业、事业单位、业务主管部门应当根据法律和国家有关规定设置总会计师。总会计师由具有会计师以上专业技术资格的人员担任。总会计师行使《总会计师条例》规定的职责、权限。总会计师的任命、免职依照《总会计师条例》和有关部门法律的规定办理。

各单位领导人应当支持会计机构、会计人员依法行使职权;对忠于职守,坚持原则,作出显著成绩的会计机构、会计人员,应当给予精神的和物质的奖励。

（三）会计交接

(1) 会计人员工作交接是会计工作中的一项重要内容。《会计法》第四十一条规定:“会计人员调动工作或者离职,必须与接管人员办理交接手续。一般会计人员办理交接手续,由会计机构负责人(会计主管人员)监交。会计机构负责人(会计主管人员)办理交接手续,由单位负责人监交,必要时主管单位可以派人会同监交。”

除《会计法》规定的“会计人员在调动工作或离职时必须办理会计工作交接”的情形之外,会计人员在临时离职或其他原因暂时不能工作时,也应办理会计工作交接。

(2) 办理会计工作交接的基本程序。交接前的准备工作。会计人员在办理会计工作交接前必须做好以下准备工作:第一,已经受理的经济业务尚未填制会计凭证的应当填制完毕。第二,尚未登记入账应当登记完毕,结出余额,并在最后一笔余额后加盖经办人印章。第三,整理好应该移交的各项资料,对未了事项和遗留问题须写出书面说明材料。第四,编制移交清册,列明应该移交的会计凭证、会计账簿、财务会计报告、公章、现金、有价证券、支票簿、发票、文件、其他会计资料和物品等内容。实行会计信息化的单位,从事该项工作的移交人员应在移交清册上列明会计软件及密码、会计软件数据盘、磁带等内容。第五,会计机构负责人(会计主管人员)移交时,应将财务会计工作、重大财务收支问题和会计人员的情况等向接替人员介绍清楚。

(3) 移交点收。移交人员离职前,必须将本人经管(负责)的会计工作,在规定的期限内,全部向接管人员移交清楚。接管人员应认真按照移交清册逐项点收。具体要求是:第一,现金要根据会计账簿记录的余额当面点交,不得短缺,接替人员发现不一致或“白条抵库”现象时,移交人员在规定期限内负责查清处理;第二,有价证券的数量要与会计账簿记录一致,有价证券面额与发行价不一致时、按照会计账簿余额交接;第三,会计凭证、会计账簿、财务会计报告和其他会计资料必须完整无缺,不得遗漏。如有短缺,必须查清原因并在移交清册中加以说明,由移交人负责;第四,银行存款账户余额要与银行对账单核对相符,如有未达账项,应编制银行存款余额调节表调节相符,各种财产物资和债权债务的明细账户余额,须与总分类账有关账户的余额核对相符,对重要实物须实地盘点,对余额较大的往来账户须与往来单位、个人核对;第五,公章、收据、空白支票、发票、科目印章以及其他物品等必须交接清楚;第六,实行会计信息化的单位,交接双方应在电子计算机上对有关数据进行实际操作,确认有关数字正确无误后,方可交接。

(4) 专人负责监交。为了明确责任,会计人员办理工作交接时,必须有专人负责监交。通过监交,保证双方都按照国家有关规定认真办理交接手续,防止流于形式,保证会计工作不因人员变动而受影响,保证交接双方处在平等的法律地位上享有权利和承担义务,不允许任何一方以大压小,以强凌弱,或采取非法手段进行威胁。移交清册应当经过监交人员审查和签名、盖章,作为交接双方明确责任的证件。对监交的具体要求是:第一,一般会计人员办理交接手续,由会计机构负责人(会计主管人员)监交;第二,会计机构负责人(会计主管人员)办理交接手续,由单位负责人监交,必要时主管单位可以派人会同监交。所谓必要时由主管部门派人会同监交,是指有些交接需要主管单位监交或者主管单位认为需要参与监交。通常有三种情况:

一是所属单位负责人不能监交,需要由主管单位派人代表主管单位监交。如因单位撤并而办理交接手续等。二是所属单位负责人不能尽快监交,需要由主管单位派人督促监交。例如,主管单位责成所属单位撤换不合格的会计机构负责人(会计主管人员),所属单位负责人却以种种借口拖延不办交接手续时,主管单位就应派人督促会同监交等。三是不宜由所属单位负责人单独监交,而需要主管单位会同监交。如所属单位负责人与办理交接手续的会计机构负责人(会计主管人员)有矛盾,交接时需要主管单位派人会同监交,以防可能发生单位负责人借机刁难等。此外,主管单位认为交接中存在某种问题需要派人监交时,也可派人会同监交。

(5) 交接后的有关事宜:第一,会计工作交接完毕后,交接双方和监交人在移交清册上签名或盖章,并应在移交清册上注明,单位名称,交接日期,交接双方和监交人的职务、姓名,移交清册页数以及需要说明的问题和意见等;第二,接管人员应继续使用移交前的账簿,不得擅自另立账簿,以保证会计记录前后衔接,内容完整;第三,移交清册一般应填制一式三份,交接双方各执一份,存档一份。

(6) 办理会计工作交接后如何区分移交人与接交人的会计责任。移交人员对移交的会计凭证、会计账簿、财务会计报告和其他会计资料的合法性、真实性承担法律责任。这就是说,如果移交人员所移交的会计资料是在其经办会计工作期间内发生的,应当对这些会计资料的合法性、真实性负责,即使接替人员在交接时因疏忽没有发现所接会计资料在合法性、真实性方面的问题,例如,事后发现,也应由原移交人员负责,原移交人员不应以会计资料已经交接而推卸责任,如果所发现的会计资料真实性、合法性方面的问题不在原移交人员的经办期间发生,而是在其后,则不应由原移交人员承担责任,而应由接管人员承担责任。

五、内部会计管理制度

企业应当根据会计法律和国家统一会计规范的规定,结合单位类型和内部管理的需要,建立健全相应的内部会计管理制度。

(1) 制定内部会计管理制度应当遵循的原则。

(2) 建立内部会计管理体系。包括单位领导人及总会计师的领导职责、会计机构负责人的职责、会计部门与其他职能部门的关系、会计核算的组织形式。

(3) 建立账务处理程序制度。包括会计账户及其明细账户的设置和运用、会计凭证的审核要求和传递程序、会计核算方法、会计账簿的设置、编制财务会计报告的要求、单位会计指标体系。

(4) 建立内部牵制制度。包括内部牵制制度的原则、组织分工、出纳岗位的职责和限制条件、有关岗位的职责和权限。

(5) 建立稽核制度。包括稽核工作的组织形式和具体分工、稽核工作的职责、审核会计凭证和复核会计账簿、财务会计报告的方法。

(6) 建立原始记录管理制度。包括原始记录的内容和填制方法、原始记录的格式、原始记录的审核、原始记录填制人的责任、原始记录签署与传递等要求。

(7) 建立定额管理制度。包括定额管理的范围、制定和修订定额的程序和方法、定额的执行、定额考核和奖惩办法。

(8) 建立计量验收制度。包括计量检测手段和方法、计量验收管理的要求、计量验收人员的责任和奖惩办法。

(9) 建立财产清查制度。包括财产清查的范围、财产清查的组织、财产清查的期限和方法、对财产清查中发现问题的处理办法、对财产管理人员的奖惩办法。

(10) 建立财务收支审批制度。包括财务收支审批人员和审批权限、财务收支审批程序、财务收支审批人员的责任。

(11) 实行成本核算的单位应当建立成本核算制度。包括成本核算的对象、方法和程序及成本分析。

(12) 建立财务会计分析制度。包括财务会计分析的主要内容、财务会计分析的基本要求和组织程序、财务会计分析的具体方法、财务会计分析报告的编写要求。

(13) 建立内部会计监督制度。

会计机构负责人、会计主管人员应当具备的基本条件

第三节　会计规范体系

会计信息系统是“人造”系统，欲使这个系统能够按设计者的目的运行，就必须有相关的制度规范，约束系统运行的参加者的行为，这就是会计规范产生的逻辑基础。会计规范的行程是由无到有、由简单到繁琐、由经验到科学的过程。随着资本市场的发展，资源配置能力越来越强，会计信息系统的设计者越来越谨小慎微，希望通过制度设计可以将会计行为约束在一定的框架内运行，以便达到设计者的目的。会计规范包括过程规范和结果规范两部分构成。

一、会计规范概述

(一) 会计规范的含义

规范是指群体所确立的行为标准。会计规范是指会计行为按照既定标准、规则的要求进行操作，使行为达到或超越规定的标准。如我国针对企业等经济组织的会计机构及其会计人员的会计核算、会计监督行为所制定的《会计法》，针对企业会计确认、计量、记录和报告行为所制定的《企业会计准则》，美国财务会计准则委员会针对企业会计确认、计量与报告行为所制定的《财务会计准则公告》及其“解释”等，均属于会计规范的内容。

(二) 会计规范的种类

从规范的对象或内容来看，会计规范包括关于会计组织、会计人员、会计信息加工与披露、会计职业道德的规范等；

从规范的形成方式来看，会计规范分为从会计实践中自发形成的规范和由人们通过一定形式制定的规范两类，前者源自长期会计实务经验总结的各种“会计惯例”，后者是由国家立法机构、政府部门、会计专业团体以及企业等制定的各种法律、法规和制度。

从规范的制约方式来看，会计规范分为强制性会计规范、自律性会计规范以及他律与自律相结合的会计规范等。

在我国，全国人民代表大会、国务院及其下属政府部门或机构等制定和颁布的会计法律、法规与制度等，均属于强制性会计规范。

(三) 会计规范的目的

会计规范的目的在于对经济组织及其会计人员的会计行为进行约束和引导，使之符合社会经济制度合理安排的需要。从微观角度看，制定科学的会计规范可以保证企业等经济组织所提供会计信息的真实性，并确保其财产安全完整；从宏观层面看，会计规范本身已经成为社会经济制度的重要组成部分，其关系到经济资源能否得到合理配置、经济利益分配格局是否符

合公平原则。另外，会计规范不仅是企业等经济组织实施会计行为的依据和标准，同时也是评价企业等经济组织会计行为与会计工作质量的依据和标准。

二、我国会计法规体系

我国的会计法规体系是指对企业等经济组织或单位及其会计机构、会计人员的会计行为所制定的法律、法规和制度等的总称。在我国，会计法律、法规、制度主要包括由：

(1) 全国人民代表大会通过并颁布的《会计法》。

(2) 国务院颁布的《企业财务会计报告条例》。

(3) 财政部制定并发布的《企业会计准则》《会计基础工作规范》《企业内部控制基本规范》。

(4) 中国证券监督管理委员会制定并发布的《上市公司信息披露管理办法》《公开发行证券的公司信息披露编报规则》，等等。

(5) 同时，《中华人民共和国公司法》《中华人民共和国证券法》《中华人民共和国注册会计师法》《中华人民共和国审计法》、相关税收法律以及《总会计师条例》《首次公开发行股票并上市管理办法》等法规，也对我国企业等经济组织及其会计行为产生重大影响。

我国的会计法律、法规、制度建设始于新中国成立之际，它与我国的社会经济制度与经济体制的建立和发展同步发展，取得了历史性的成就。改革开放以来，经过四十多年的改革和发展，我国的会计法律法规制度体系已基本形成，其主要内容包括以下三个方面。

(一) 会计基本法律

会计基本法律是指国家以法律形式对会计行为所作的规范，其中最主要的是由全国人民代表大会常务委员会通过的《会计法》。

1. 会计法

从新中国成立到20世纪70年代末，我国一直实行的是高度集中的计划经济体制。在这一经济体制下，我国对国有企业执行的始终是单一的会计制度模式，无会计法律可依，没有科学的会计法制体系。20世纪70年代末、80年代初，为了适应我国经济改革开放的要求，会计工作的法制化、规范化建设工作也开始加快步伐。1980年8月，部分全国人大代表在五届人大三次会议上提出了制定会计法的建议。在随后的10月，财政部就召开了全国会计工作会议，并就会计法草案进行了讨论。1985年1月21日，《会计法》经第六届全国人民代表大会常务委员会第九次会议审议通过，并于同年5月1日起正式实施。中华人民共和国的第一部《会计法》由此诞生。

此后，随着改革开放的不断深化和社会主义市场经济体制的逐步建立，社会经济生活的各个领域都出现了许多新的事物，从而也带来了许多新的问题。为了适应新的经济形势，1993年12月29日，第八届全国人民代表大会常务委员会第五次会议通过了经修改的《会计法》。修改后的《会计法》改变了会计立法的目的，提出以“维护社会主义市场经济秩序”为会计立法的目的，而且其适用范围进一步扩大至全部企业、事业单位；与此同时，修改后的《会计法》还对会计行为中的法律责任作出了进一步的规定，对相关的违法责任人和执法人进行了明确。

20世纪90年代后期，我国社会主义市场经济体制已经确立，国际的经济交往更加频繁。与此同时，我国的会计规范体系也处在不断的发展和完善之中。1999年10月31日，第九届全国人民代表大会常务委员会第十二次会议讨论通过了经过全面修订的《会计法》，并决定于2000年7月1日起施行。这一次修订是对《会计法》的第二次修订，经过修订的会计法集中体现了“规范会计行为，保证会计资料真实、完整”的立法宗旨，并且在一些重大问题上实现了突破。例如，明确了单位负责人是本单位会计行为的责任主体，对会计行为中的法律责任作出了更加细化的规定，加大了对会计违法犯罪行为的惩治力度等。可以说，再次修订后《会计法》更好地适应了新的经济发展形势，对于规范会计行为、促进会计职能的发挥起到了重要的推动作用。作为整个会计规范体系的基础，《会计法》是制定其他会计法规、制度的根本依据。2017年11月4日再一次修正。

2. 会计法的内容

《会计法》共7章计52条，分别就立法宗旨、适用范围、单位会计行为责任主体、会计核算、会计监督、会计机构和会计人员、法律责任等问题作出了规定。

第一章“总则”部分，主要就立法宗旨、适用范围、会计工作管理体制等作出规定。《会计法》的立法目的是：“为了规范会计行为，保证会计资料真实、完整，加强经济管理和财务管理，提高经济效益，维护社会主义市场经济秩序。”

（1）适用的范围。《会计法》适用于“国家机关、社会团体、公司、企业、事业、单位和其他组织”办理会计事务。

（2）会计信息的责任人。《会计法》规定：“单位负责人对本单位的会计工作和会计资料的真实性、完整性负责”，从而明确了经济组织或单位的会计责任承担者是“单位负责人”。单位负责人是指单位法定代表人或者法律、行政法规规定代表单位行使职权的主要负责人。

（3）法律保障和奖励。

① 任何单位或者个人不得以任何方式授意、指使、强令会计机构、会计人员伪造、变造会计凭证、会计账簿和其他会计资料，提供虚假财务报告；

② 任何单位或者个人不得对依法履行职责、抵制违反本法规定行为的会计人员实行打击报复；

③ 对认真执行本法，忠于职守，坚持原则，做出显著成绩的会计人员，给予精神或者物质的奖励。

第二章“会计核算”部分，主要对会计核算的内容、会计年度、记账本位币、会计凭证的填制、会计账簿的登记与核对、财务报告的编制、会计档案的管理等问题作出了原则性规定。会计核算实际上是指对经济交易或事项所进行的会计确认、计量、记录和报告。

《会计法》规定的会计核算范围是：

第一，款项和有价证券的收付；

第二，财物的收发、增减和使用；

第三，债权债务的发生和结算；

第四，资本、基金的增减；

第五，收入、支出、费用、成本的计算；

第六，财务成果的计算和处理；

第七，需要办理会计手续、进行会计核算的其他事项。

第三章“公司、企业会计核算的特别规定”部分，在第二章法律规定的基础上对公司、企业的会计核算，特别是对资产、负债、所有者权益、收入、费用和利润等会计要素的确认、计量、记录等问题作出了原则性规定，同时还规定公司、企业不得存在下列“不法行为”：

第一，随意改变资产、负债、所有者权益的确认标准或者计量方法；

第二，虚列或者隐瞒收入，推迟或者提前确认收入；

第三，随意改变费用、成本的确认标准或者计量方法；

第四，随意编造虚假利润或者隐瞒利润；

第五，违反国家统一的会计制度规定的其他行为。

第四章“会计监督”部分。主要就单位内部会计监督制度作出了明确规定。会计法规定，各单位应当建立、健全本单位内部会计监督制度，单位内部会计监督制度应当符合下列要求：

第一，人员的职责权限应当明确，并相互分离、相互制约；

第二，重大和其他重要经济业务事项的决策和执行的相互监督、相互制约程序应当明确；

第三，财产清查的范围、期限和组织程序应当明确；

第四，对会计资料定期进行内部审计的办法和程序应当明确。

第五章“会计机构和会计人员”部分，主要对会计机构的设置、会计人员的配备、会计人员的从业资格与任职条件、稽核制度、会计工作交接等问题作出了规定。会计法规定：

第一，各单位应当根据会计业务的需要，设置会计机构，或者在有关机构中设置会计人员并指定会计主管人员；不具备设置条件的，应当委托经批准设立从事会计代理记账业务的中介机构代理记账；

第二，国有的和国有资产占控股地位或者主导地位的大、中型企业必须设置总会计师；

第三，出纳人员不得兼任稽核、会计档案保管和收入、支出、费用、债权债务账目的登记工作；

第四，从事会计工作的人员，必须具备从事会计工作所需要的专业能力；

第五，担任单位会计机构负责人的，还应当具备会计师以上专业技术职务资格或者从事会计工作三年以上经历。

第六章“法律责任”部分，具体界定了会计违法行为的类别，并对各类违反会计法的行为应承担的行政责任和刑事责任作出了详细规定，同时明确了相关行政监管部门的法律责任。会计法认定的违反该法律的行为主要有：

第一，不依法设置会计账簿的；

第二，私设会计账户的；

第三，未按照规定填制、取得原始凭证或者填制、取得的原始凭证不符合规定的；

第四，以未经审核的会计凭证为依据登记会计账簿或者登记会计账簿不符合规定的；

第五，随意变更会计处理方法的；

第六，向不同的会计资料使用者提供的财务报告编制依据不一致的；

第七，未按照规定使用会计记录文字或者记账本位币的；

第八，未按照规定保管会计资料，致使会计资料毁损、灭失的；

第九，未按照规定建立并实施单位内部会计监督制度或者拒绝依法实施的监督或者不如实提供有关会计资料及有关情况的；

第十，任用会计人员不符合《会计法》规定的。

按《会计法》规定，“伪造、变造会计凭证、会计账簿，编制虚假财务报告，构成犯罪的，依法追究刑事责任”；“隐匿或者故意销毁依法应当保存的会计凭证、会计账簿、财务报告，构成犯罪的，依法追究刑事责任”；“授意、指使、强令会计机构、会计人员及其他人员伪造、变造会计凭证、会计账簿，编制虚假财务报告或者隐匿、故意销毁依法应当保存的会计凭证、会计账簿、财务报告，构成犯罪的，依法追究刑事责任”。

第七章“附则”部分，主要对《会计法》中使用的“单位负责人”“国家统一的会计制度”等相关用语进行界定，并规定了《会计法》的施行日期。

3. 其他法律

除了《会计法》以外，规范会计行为的专业基本法律还包括《中华人民共和国注册会计师法》《中华人民共和国审计法》等。另外，其他一些经济法律的相关条款也对会计行为作出了规定，如《中华人民共和国公司法》《中华人民共和国证券法》以及各项税法等。

(二) 会计行政法规

会计行政法规主要是指由国务院颁布的《企业财务会计报告条例》《总会计师条例》等。

1. 企业财务报告条例

我国《企业财务会计报告条例》(以下简称《条例》)于 2000 年 6 月 21 日以国务院令的形式颁布，2001 年 1 月 1 日正式实施。该《条例》所称的“财务会计报告”，是指企业对外提供的反映企业某一特定日期财务状况和某一会计期间经营成果、现金流量的文件。该《条例》的基本目的是为了规范企业财务报告的编制与提供，确保财务报告信息真实、完整。

从法律效力来看，《条例》属于国务院颁布的最高层次的政府行政法规，具有权威性和强制性。从规范的内容来看，《条例》主要对企业财务报告的内容、编制与对外提供等进行了规定，确保企业财务会计信息的质量，为满足投资者等会计信息使用者的要求奠定了基础。同时，《条例》还确立了一个企业财务报告的体系框架，必将对我国企业会计准则与会计制度的制定与进一步完善产生重大影响。

2. 总会计师条例

国务院 1990 年 12 月 31 日第 72 号令，发布了《总会计师条例》，自发布之日起施行。该条例要求全民所有制大、中型企业设置总会计师，事业单位和业务主管部门根据需要，经批准可以设置总会计师。该条例明确了总会计师是单位行政领导成员，协助单位主要行政领导人工作，直接对单位主要行政领导人负责，并规定凡设置总会计师的单位，在单位行政领导成员中，不设与总会计师职权重叠的副职。该条例对总会计师的职责、权限、任免与奖惩等方面作了系统而具体的规定。这些规定使总会计师的职能与地位有了一定的提升，对推动总会计师事业的发展发挥了巨大作用。《总会计师条例》是改革开放的产物，是我国总会计师制度建设的一个里程碑。

(三) 会计准则

1. 会计准则及其产生

为企业利益相关者及时提供关于企业财务状况、经营业绩和现金流量等会计信息，是会计工作的主要内容。会计准则是企业确认和计量交易或事项、编报财务会计报告时应当遵循的标准和规则。以会计准则作为企业会计信息处理的标准和依据，始于 20 世纪 30 年代。当时，美国意识到其自由的资本主义经济需要政府进行干预，同时，也开始真正重视统一会计标准对于企业特别是股票上市交易的公众公司的规范作用。之后，随着社会经济的发展，会计准则作为经济利益分配制度的一个重要组成部分以及对于社会经济资源优化配置的基础作用，被更加重视。

(1) 美国一般公认会计原则。“一般公认会计原则”是美国会计标准的总称。美国作为最早系统制定统一会计标准的国家，1929 年 10 月美国股市崩溃后，出现了空前的经济危机，企业和银行大量倒闭，投资额急剧下降，证券市场基本关闭。为了整顿和恢复经济，美国从 20 世纪 30 年代开始有组织地着手会计准则的研究和制定工作。1933 年和 1934 年，美国通过了《证券法》和《证券交易法》，明确规定所有上市企业都必须提供统一的会计信息，并授权证券交易委员会负责制定统一的会计准则。

美国会计师协会于 1938 年成立了第一个专门负责会计准则的机构——会计程序委员会。该机构在其存在的 1938 年至 1959 年，发布了 51 份《会计研究公报》。这些研究公报所归纳的会计实务中的各项惯例以及对特殊问题的说明和所提出的若干会计规则，都构成了实质上的有“相当权威支持”的会计准则。

1959 年，美国注册会计师协会成立会计原则委员会取代会计程序委员会负责会计准则的制定工作。相比其前任会计程序委员会，会计原则委员会开始重视制定会计准则所依据的会计基本理论问题的研究。1959 年至 1973 年，会计原则委员会共发布了 31 份《会计原则委员会意见书》和 4 份“说明”。

1973 年，美国成立了独立的会计准则制定机构——财务会计准则委员会。在组织形式上属于若干职业团体的代表组成的财务会计基金会。财务会计基金会只负责任命财务会计准则委员会的委员和对其提供资金支持，而不干预会计准则制定事宜，因此，财务会计准则委员会实际上是美国会计准则制定的最高机构。财务会计准则委员会成立后，在以下方面做了大量的工作：

第一，重视对会计准则所依据的财务会计基本理论的系统研究，截至 2010 年先后发布了 8 份《财务会计概念公告》，建立了较为科学的财务会计理论体系；

第二，截至 2009 年 6 月发布了 168 份《财务会计准则公告》和截至 2006 年发布了 48 份对财务会计准则的“解释”；

第三，建立了一套严密的会计准则制定工作程序，以确保所制定会计准则的科学性和适用性；

第四，成立“紧急问题工作组”，以便为会计实务中出现的新的问题提供会计准则“执行指南”；

第五，财务会计准则委员会的专职和兼职委员来自会计职业界和其他职业，从而使其具有较为广泛的代表性，同时也使得所制定的会计准则能够被社会认同。

会计程序委员会的《会计研究公报》、会计原则委员会的《会计原则委员会意见书》以及财务会计准则委员会的《财务会计准则公告》和《解释》等，共同构成了美国现行的“一般公认会计原则”的主要内容。

除财务会计准则委员会制定和发布《财务会计准则公告》外，美国政府会计准则委员会也于 1984 年成立，并开始研究、制定和发布政府与非营利组织会计准则。这些会计准则同样构成美国一般公认会计原则的内容。

在世界多数国家中，美国的财务会计准则一直被认为具有较高的质量。美国自身也一直“以此为荣”。然而，2001 年美国爆发的“安然事件”，却不得不提前终结美国财务会计准则的“神话”。2002 年《萨班斯-奥克斯利法案》问世，标志着美国会计审计行业长期以来的以“自律”为主的监管体制，开始转变为以政府监管和法律监管为主的新的监管体制。

（2）国际会计准则与国际财务报告准则。20 世纪 50 年代开始，世界各国之间的经济交往日益频繁，跨国公司、合资公司等国际经济联合体开始大量涌现。许多企业也走出国门，到他国资本市场去寻求和筹集资金。作为“一种商业语言”的会计信息便成为不同利益相关者进行“经济交流”的基础。然而，各个国家或地区的政治、经济、法律和文化等环境的不同，导致了其会计准则之间存在差异，这无疑给分布于世界各国的不同利益相关者理解会计信息和以此为依据进行投资或信贷决策造成了障碍。为此，人们开始意识到建立一套国际通用的会计标准对

美国财务会计准则委员会澄清“业务”的定义

促进资本的国际流动和国际经济一体化的重要性。在这种背景下，1973 年 6 月，由澳大利亚、加拿大、法国、德国、日本、墨西哥、荷兰、英国、美国 9 个国家的 16 个会计职业团体在英国伦敦联合发起成立了国际会计准则委员会。此后，国际会计准则委员会发展迅速，至 2000 年底，其会员已经扩大至 112 个国家或地区的 153 个会计职业团体。我国于 1997 年 5 月 1 日正式加入国际会计准则委员会并成为其“观察员”。

至 2010 年，国际会计准则委员会共计发布了 41 份“国际会计准则”和 33 项“解释公告”。国际会计准则委员会还积极与证券委员会国际组织合作，制定了一套得到后者及国际资本市场认可的“核心准则”。国际会计准则委员会也十分重视对财务会计基本理论的研究，其于 1989 年 7 月公布了名为《编报财务报表的框架》的公告，该公告阐述的会计理论体系是国际会计准则制定的理论依据。

2001 年初，国际会计准则委员会改组完毕并正式按新的模式运行。新的国际财务报告准则委员会主要由理事会、解释委员会和咨询委员会等机构组成。理事会负责发布其会计准则——《国际财务报告准则》。至 2016 年 11 月，国际财务报告准则委员会已经颁布了 16 份《国际财务报告准则》。

越来越多的国家或者国际组织开始积极支持国际会计财务报告准则委员会所从事的会计准则的国际协调工作，一些国家或地区以及其会计准则制定机构甚至决定在某一个特定的期限内开始全部或部分采用国际财务报告准则。

国际会计准则理事会

2. 我国会计准则

20 世纪末期，我国分行业、分所有制执行不同的会计标准在一定程度上影响了不同企业提供的会计信息的可比性，也给会计标准的国际协调造成了一定障碍。同时，这种状况还使得同样面临市场竞争的企业未能“处于同一起跑线上”，加之部分企业经营者出于利益动机而肆意“左右”财务报表信息，因而，企业会计信息失真现象大量存在，财务造假案件接连不断。1999 年，我国修订了《会计法》，加大了对违法会计行为处罚力度。2000 年 6 月 21 日，国务院颁布了《企业财务会计报告条例》，旨在“规范企业财务报告、保证财务报告的真实、完整”。与此同时，财政部对原有的各种不同会计制度进行“整合”，于 2000 年 12 月 29 日正式发布了国家统一的、打破行业和所有制界限的《企业会计制度》，以适用于除金融保险企业和小企业以外的其他所有企业。并于 2001 年 1 月 1 日起在股份有限公司范围内施行，并逐步推广至其他企业。2001 年，财政部又发布了“无形资产”等新的具体会计准则，并对“债务重组”等具体会计准则进行了修订。2013 年财政部分别发布执行了《事业单位会计准则》《小企业会计准则》。

基于经济全球化与会计准则国际趋同的发展要求，我国于 2006 年 2 月颁布了新的企业会计准则，由 1 项基本准则、38 项具体准则、企业会计准则应用指南所构成，之后，又陆续修订和发布了一些具体会计法则，并发布了 15 个企业会计准则解释。

(1) 企业会计准则体系。我国现行的会计准则体系由基本准则、具体准则、会计准则应用指南和会计准则解释四部分构成。

第一部分：基本会计准则。

从功能看，我国的基本准则类似于美国的“财务会计概念公告”、国际会计准则委员会的《编报财务报表的框等》。现行基本准则是在 1992 年颁布的《企业会计准则》基础上修订、完善而成的。我国 1992 年 11 月发布的《企业会计准则》的主要内容有：会计假设；会计的一般原则；会计要素确认和计量原则；财务报告原则。

我国现行的基本准则是财政部 2006 年 2 月发布、2007 年开始实施的《企业会计准则——

基本准则》，2014 年 7 月 23 日修订，其主要内容包括会计目标；会计基本缴设；会计信息的质量要求等；会计要素及其确认标准；会计计量属性与原则等；财务报告原则。

我国会计基本准则主要界定了会计准则制定所依据的财务会计基本理论的内容和观点，因此，它是制定具体会计准则的理论基础。

第二部分：具体会计准则。

具体会计准则是以会计基本准则为依据，对各项经济交易或事项如何确认、计量和报告所作的具体规定，因而，其具有较强的可操作性，可以直接用于指导会计实务。从内容来看，具体准则包括两类，一是对交易或事项的确认、计量和披露予以规范的具体准则，二是关于财务报告的具体准则。前者按交易或事项的性质又可分为一般交易或事项的具体准则和特殊交易或事项的具体准则。

在形式结构上，具体准则主要阐述对特定交易或事项进行确认、计量和披露的规范要求。例如，《企业会计准则第 1 号存货》，包括“总则”“确认”“计量”“披露”等章节内容。

我国现行的具体企业会计准则共计 42 项。

第三部分：会计准则应用指南。

企业会计准则应用指南是对各项具体会计准则中涉及的会计问题予以进一步说明，或提出指引性意见。

我国现行的会计准则应用指南是财政部 2006 年 11 月发布的，后经多次修订。包括存货、资产减值、职工薪酬、所得税、会计政策与会计估计变更和差错更正、财务报表列报、现金流量表、合并财务报表、首次执行企业会计准则等 36 项具体会计准则的应用指南等。

企业会计准则应用指南还以附录的方式列示了“会计科目和主要账务处理”。

第四部分：会计准则解释。

企业会计准则解释主要针对会计准则实施中遇到的问题作出解释。

我国财政部于 2007 年 11 月发布了《企业会计准则解释第 1 号》，截至 2021 年共计发布了 15 份。

由中国证券监督管理委员会制定并发布的《上市公司信息披露管理办法》《公开发行证券的公司信息披露编报规则》等，也属于这一层次的会计法规。

（2）综合性会计规范。综合性会计规范是指会计工作的一些基本制度。它规定了从事会计工作所必须遵循的基本原则和基本规程，包括由财政部颁布的《会计基础工作规范》《企业内部控制基本规范》《企业会计信息化工作规范》以及由财政部和国家档案局联合颁布的《会计档案管理办法》等。

（3）单位内部会计制度。各经济组织或单位具体情况有其特殊性，它们应在遵守全国性统一会计法律法规制度的前提下，结合自身的特点和经营管理目标，制定出适合于本单位的内部会计规范。

第四节　会计信息化

会计信息化是会计与信息技术的结合，是信息社会对企业财务信息管理提出的一个新要求，是企业会计顺应信息化浪潮所做出的必要举措。它是网络环境下企业领导者获取信息的主要渠道，有助于增强企业的竞争力，解决会计电算化存在的“孤岛”现象，提高会计管理决策能力和企业管理水平。

一、会计信息化的概念和特征

（一）会计信息化的概念

会计信息化，是指企业利用计算机、网络通信等现代信息技术手段开展会计核算，以及利用上述技术手段将会计核算与其他经营管理活动有机结合的过程。

会计软件，是指企业使用的，专门用于会计核算、财务管理的计算机软件、软件系统或者其功能模块。会计软件具有以下功能：

（1）为会计核算、财务管理直接采集数据。

（2）生成会计凭证、账簿、报表等会计资料。

（3）对会计资料进行转换、输出、分析、利用。

会计信息系统，是指由会计软件及其运行所依赖的软硬件环境组成的集合体。

（二）会计信息化的特征

（1）普遍性。会计领域，都要运用现代信息技术，现在在会计工作、会计管理和会计教育等方面有不同程度的运用。

（2）集成性。会计信息化将对传统会计组织和业务处理流程进行重整，以支持"虚拟企业""数据银行"等新的组织形式和管理模式。

企业组织内外与企业组织有关的所有原始数据只要一次输入，就能做到分次利用或多次利用。既减少了数据输入的工作量，又实现了数据的一致性，还保证了数据的共享性。建立在会计信息化基础上的 21 世纪会计信息系统是与企业组织内外信息系统有机整合的、高度数字化、多元化、实时化、个性化、动态化的信息系统，它具有极强的适应力。

（3）动态性。会计信息化在时间上的动态性表现为：第一，会计数据的采集是动态的。无论是企业组织部的数据，还是企业组织内部的数据；也无论是局域数据，还是广域数据，一旦发生，都将存入相应的服务器，并及时送到会计信息系统中等待处理。第二，会计数据的处理是实时的。在会计信息系统中，会计数据一经输入系统，就会立即触发相应的处理模块。对数据进行分类、计算、汇总、更新、分析等一系列操作，以保证信息动态地反映企业组织的财务状况和经营成果。第三，会计数据采集和处理的实时化、动态化，使得会计信息的发布、传输和利用能够实时化、动态化，会计信息的使用者也就能够及时地作出管理决策。

（4）渐进性。现代信息技术对会计模式重构具有主观能动性。

二、会计信息化的内容

（一）会计工作的无纸化

信息化的价值和目标之一是取代手工作业和纸面文件。信息技术的发展已经使电子资料能够代替纸面资料，然而受过去文件规定以及习惯和观念的束缚，企业不得不将电子会计资料输出为纸面文件，造成纸张、设备、能源、人力、储存空间的消耗。如果没有充分的理由，仅仅因为会计资料是电子形式而不予认可，则信息化的优势就大打折扣，也会挫伤企业开展会计信息化的积极性，阻碍会计信息化的深入发展。而且，会计资料的纸面要求，会进一步导致企业间交易摆脱不了纸面文件的传递，整个经济体系交易环节的信息化发展也受到制约，从而阻碍社会产品和服务模式的创新。据某大型国企反映，该企业每年因会计资料打印所带来的各种成本耗费超过 3 000 万元。由此估算全国企业的耗费，保守的数字也达数亿元。我国企业每天因会计资料打印而发生的成本超过 100 万元。尽管无纸化是方向，但从会计资料作为会计核算结果的证据和线索，具有保存价值来讲，会计资料无纸化应满足两个条件：一是会计资料可以无纸化管理；二是只有在保证会计事项可追述、可证明的，才能对会计资料进行无纸化管理。

（1）企业内部生成会计资料。可以无纸化管理的内部生成会计资料有会计凭证、账簿和辅助性会计资料。这里的会计凭证，包括原始凭证和记账凭证，会计账簿包括总分类账、明细账和日记账，而辅助性会计资料则含义宽泛，包括固定资产卡片、项目辅助账、银行存款余额调节表等各种会计资料。

企业内部生成的会计凭证、账簿和辅助性会计资料，同时满足下列条件的，可以不输出纸面资料：

第一，所记载的事项属于本企业重复发生的日常业务。这里的“重复发生”是指在一年内反复发生。这里的“日常”是指在企业的经营循环中可以预期将会发生的事项。例如，购销业务、固定资产折旧、货币资金收付，这些业务比较明显属于重复发生的日常业务，相关的会计资料，例如，凭证、分类账、日记账、固定资产卡片、银行存款余额调节表，都属于满足该项条件的会计资料。企业每月结账，相关记账凭证同样满足这里的“重复发生的日常业务”条件。利润分配一般是每年进行一次，每次的发生的内容不完全相同，也不能预期一定会发生，因此不满足该项条件。债务重组、企业并购等事项，尽管有可能在一年内重复发生，但这种重复并不是企业经营循环中必然发生的事项，不可能预期，因此也不符合该项条件。该规定的主要考虑是，企业会计资料绝大多与重复发生的日常业务有关，这些资料实现无纸化，就能达到节省社会资源的主要目的。而除此之外的业务，不仅数量少，而且一般来说风险大、重要程度高，在会计监督中，相关资料被查阅的可能性大；同时，由于这类业务没有固定规则，一般不可能由信息系统自动生成，而是以人工处理为主，因此应当留有纸面资料，以便查证。需要指出的是，一项会计业务同时涉及多种会计资料，则应当分别判断各种会计资料是否满足该项条件。例如，债务重组是非日常业务，其原始凭证和记账凭证中记载的内容不属于“重复发生的日常业务”。但有关记账凭证的内容需要登记分类账，可能涉及财务费用总分类账和明细账。财务费用的发生对于分类账来说，则应当属于“重复发生的日常业务”。

第二，由企业信息系统自动生成。电子会计资料的“原生”性，本意是指“原生”电子会计资料。所谓“原生”是与“从纸面转换”相对应的。原生会计资料一般都与重复发生的日常业务相关。例如，对于电信企业，确认话费收入的分录是由业务结算系统传递数据，会计软件根据既定业务规则自动生成的，这种情况下的记账凭证就是原生电子资料。而如果一项原始凭证从纸面扫描为电子影像，或者将手工填写的记账凭证输入到会计软件中，这些电子资料就是“从纸面转换”的，而不是由信息系统自动生成。需要注意的是，上述“从纸面转换”是指直接转换，如果纸面会计资料转换为电子资料后，又经过进一步处理，继续转换为其他资料，则其他资料应当视为“原生”而非“转换”的。例如，一张纸面销售单录入到信息系统中，则这张销售单属于“转换”的原始凭证，但如果系统根据录入的销售数据自动生成了记账凭证，则该记账凭证就应当视为“原生”电子资料。

第三，可及时在企业信息系统中以人类可读形式查询和输出。可查询性条件要求无纸化会计资料必须可供查询输出。这里的输出包括显示和打印。对于该项条件，要把握好“及时”以及“人类可读”两项要求。“及时”是指，电子会计资料应当随时处于“在线”状态，打开终端设备就可以访问到，而不需要复杂的技术准备过程。例如，有的企业转换会计软件后，由于原有软件中的数据不能迁移到新软件系统中，就将原有软件系统及相关服务器等保留在线运行。这一做法符合及时性要求。如果企业停止系统运行，将服务器关闭，脱离企业网络并闲置，这种情况下，资料的查询就需要重新上线，而且不能确保原有系统能够正常运行，也就不符合及时性要求。“人类可读”是相对于“计算机可读”而言，它包括两层含义：一是资料要以人类可以理解的形式呈现，而不是一堆计算机代码和纯数据，也就是说不仅要有数据，还要有能对这些数据进行解析的应用软件。这里的应用软件一般就是会计软件或者文档处理软件。例如，有的企业对于过去的会计资料只以刻录光盘的形式留存了数据库文件，而没有保留相关的会计软件，那么这些会计资料将无法查询并以正确形式呈现，这就不符合该项条件。二是呈现的方式应当符合会计领域约定俗成的内容和格式，而不是体现特殊业务逻辑的内容格式。

第四，企业信息系统具有防止相关数据被篡改的有效机制。防止篡改是确保会计资料的证据和轨迹价值的基本要求。防篡改数据的机制是信息系统层面的问题，它不仅涉及会计软件功能，还涉及诸如系统安全、职责分工和流程设计等问题。由于会计软件评审制度的取消，对会计软件的监管一度比较薄弱，造成目前市面上的一些商品化会计软件并不完全满足上述要求，例如，有的会计软件对数据库没有任何加密措施，完全开放，任何具备一定知识的人员都可以绕过会计软件直接对数据库进行编辑修改。有的会计软件提供反结账、反记账、反审核等各种逆向操作功能，且没有对操作内容详细日志记录，这种情况下，如果缺乏纸面资料制约，企业就可以为所欲为，失去了会计工作起码的严肃性。因此，实施会计资料无纸化管理，企业首先要对其会计软件进行评估，只有满足本项规定条件的才能进行。

第五，企业对相关数据建立了电子备份制度，能有效防范自然灾害、意外事故和人为破坏的影响。建立电子会计资料的备份制度，是保证会计资料安全的基本要求。电子资料相对纸面资料有更多的灭失风险因素。在会计资料打印输出的情况下，纸面资料与电子资料实际形成相互备份关系。而一旦不打印了，则对于电子资料的备份要求就应当增强。备份的方法手段很多，包括异地热备份、磁盘阵列、刻制光盘等，主要是技术层面问题，这里不作过多讨论。需要指出的是，该项提出的“有效防范自然灾害、意外事故和人为破坏的影响”，对企业的要求是比较高的。例如，要防止人为破坏，需要建立对会计资料存储设备的物理保护措施，防止无关人员对设备的接触。对于小微企业来说，这些条件一般是达不到的。小微企业要实行会计资料的无纸化管理，可以采用大型会计软件厂商提供的会计软件云服务，以满足上述要求。大型会计软件厂商具有较强的实力和规模优势，一般具备完善的数据库备份体系。具备一定规模的会计代理记账机构也可能具备上述条件。

第六，企业对电子和纸面会计资料建立了完善的索引体系。建立会计资料索引体系，目的是保证会计资料的线索性和相互关联性。会计资料的量达到一定程度，可检索性就成为与安全性、真实性同等重要的一个问题。无法检索的资料，和没有资料没什么区别。建立索引体系的要求，有三层含义：一是每类会计资料要有系统的编码措施，通过编码形成各类会计资料间的交叉索引，即通过一类资料可以向前向后追溯其他相关资料，保证线索不断。二是通过索引能够找到会计资料。对于纸面资料，索引必须包含资料的物理空间位置信息。对于电子资料，信息系统应能通过索引访问到资料数据。三是对电子资料和纸面资料要建立统一的索引体系。尽管储存方式不同，电子资料和纸面资料内在是有机联系的整体。在电子资料中，应当含有相关纸面资料的索引信息，在纸面资料索引中，也应当包含相关电子资料的索引信息，从而实现电子资料和纸面资料的互查。企业应当制定会计资料索引体系的总体检索规则，明确哪些资料是纸面存储，应当如何检索，哪些资料是电子存储，应当通过信息系统的何种功能路径访问。

总之，企业实施会计资料无纸化不是随意、无条件的，要保证会计资料作为证据和轨迹的留存价值，同时也需要在会计资料保管效率要求和查询使用需求两者之间找到平衡。这就是工作规范作出上述规定的基本考虑。

（2）企业外部获取会计资料。外部获取会计资料是指所记载内容需要企业外部人员或者机构认可的会计资料。这类资料的范围比较广，主要是原始凭证，例如，发票、银行回单等。此外，还包括银行对账单、购销合同等其他外部获取资料。需要注意的是，外部获取资料不等于外部制作的资料，一份会计资料由本企业制作，但经过了外部认可，也属于这里所说的外部获取会计资料。例如，产品订购单，一般来说其格式和项目是由本企业设计，但如果需要客户的签章确认，就属于外部获取会计资料。

企业获得的需要外部单位或者个人证明的原始凭证和其他会计资料，同时满足下列条件的，可以不输出纸面资料：

第一，会计资料附有外部单位或者个人的、符合《中华人民共和国电子签名法》（以下简称《电子层方法》）的可靠的电子签名。外部人员或者机构对会计资料的确认，在形式上体现为签字或者盖章。对于电子资料来说，也就是要有电子签名。电子签名是指数据电文中以电子形式所含、所附用于识别签名人身份并表明签名人认可其中内容的数据。可靠的电子签名与手写签名或者盖章具有同等的法律效力。电子签名就是电子文件上的签章。由于其效力得到法律的确认，电子签名使需要相关方认可的电子文件能够代替纸面文件成为证据使用。这正是外部获取会计资料无纸化的法律依据。事实上，电子签名不仅可以达到纸面签章的效果，而且其可靠性是纸面签章以及任何纸面防伪技术不可比的。电子签名技术能确保经签名的电子数据一旦被篡改即能被发现，从而保证电子数据的真实性和完整性。电子签名在国内电子金融、电子政务和电子商务领域得到广泛应用。支持会计资料无纸化的成熟技术和市场环境已经形成。

电子商业汇票是人民银行主导的一项电子签名应用。目前，相当一部分商业汇票从出票、承兑、背书到兑付全程都已实现电子化，整个汇票生命周期没有任何纸质文件生成。截至2012年10月底，接入电子商业汇票系统的机构共有338家，2009年10月28日至2012年10月31日，电子商业汇票系统处理电子商业汇票业务总数为2 183 090笔，金额61 449.44亿元。这充分说明了电子签名技术的高可靠性。同时，电子汇票的案例也说明，目前在一些领域实务中，纸面凭证已不复存在。电子签名在政务领域也有多项成功应用。例如，北京、海南、广西、甘肃等多地税务局将电子签名用于无纸化税务申报工作。这些地区企业向税务局的纳税申报完全通过网络进行，不再报送纸面材料。部分地方还将此项工作进一步延伸，实现了网上实时缴税。在商务和其他社会应用方面，电子签名也大显身手，在很多领域实现了无纸化。联想等一批公司将电子签名应用于销售订货业务中，实现销售订单管理无纸化。不少医院利用电子签名实现了病历档案管理的完全无纸化。一些保险公司利用电子签名，通过移动电子设备实现保单销售无纸化，提高保单销售处理的速度和销量。

无纸化管理的外部获取会计资料必须附有电子签名。这里要注意两个要求：一是电子签名应当是对会计资料进行认可的外部个人或者机构的，而不是企业自身的；二是电子签名应当是“可靠的”。根据《电子签名法》的规定，可靠的电子签名必须同时符合以下条件：“（一）电子签名制作数据用于电子签名时，属于电子签名人专有；（二）签署时电子签名制作数据仅由电子签名人控制；（三）签署后对电子签名的任何改动能够被发现；（四）签署后对数据电文内容和形式的任何改动能够被发现。”

第二，电子签名经符合《电子签名法》的第三方认证。所谓第三方认证，是指用于电子签名的数字证书由独立于交易双方的第三方中介机构签发，所生成的电子签名真实性由该第三方进行鉴定的机制。提出第三方认证要求，是为进一步提高电子会计资料的公信力。例如，目前银行普遍开展电子银行服务，客户通过互联网发出转账、付款等各项指令，就附有电子签名。其中，有的银行使用的是第三方认证，有的银行是自己认证。对于自己认证的情况，如果银行与客户之间就某笔业务存在争议，则银行依据自己的认证结论为自己提供证据就显得公信力不足。对于电子银行业务来说，如果采用第三方认证，则银行和客户企业双方所得到的交易凭据数据的公信力都能得到保证。

电子签名经符合《电子签名法》的第三方认证，也就是要由依据该法设立的电子认证服务机构来提供证书发放和签名鉴定等服务。根据《电子签名法》，电子认证服务机构的设立由国务院信息产业主管部门审批。公众可以通过工信部网站查询依法设立的电子认证服务机构名录。

对银行等具有广泛客户群体的企业来说，不仅可以提高自身工作效率，而且，还为其改进客户服务、进一步提高竞争力提供了契机。例如，银行可以在电子回单中加入第三方认证的电子签名，使客户企业不再需要纸面回单，提高客户企业会计工作效率。

（二）会计监督与无纸化

符合条件的企业对会计资料进行无纸化管理，意味着对企业开展会计监督，包括注册会计师审计和政府监管机构的检查，都不能要求企业提供全套纸面会计资料。但是，企业应当对会计监督工作提供必要的帮助和支持，对于监督人员需要查阅和输出的电子资料，包括需要作为证据带走的电子会计资料，企业仍应当根据要求查询、打印，必要时进行签章确认。

（三）电子会计资料的格式

对于电子会计资料，无论其是以数据库、XBRL 等结构化形式存在，还是以 HTML、PDF、Excel、Word 等非结构化形式存在，无论其由会计信息系统管理、还是由专门的档案系统管理，只要符合《企业会计信息化工作规范》规定的条件，都可以不输出纸面资料。例如，一张自动生成的记账凭证，最初以数据库形式存放于会计信息系统中，后来按照企业档案管理统一要求转换为 PDF 文件存放于企业档案管理系统中并能通过该系统随时查询的打印，则可以视为满足规定的条件。

（四）与会计档案管理规定的衔接

应当指出的是，会计资料和会计档案是不同的概念。会计资料的范围比会计档案更广，会计档案是会计资料，但不是所有会计资料都是会计档案，只有具有长期保存价值并归档保存的会计资料属于会计档案。会计信息化生成的会计档案的管理，应遵照财政部和国家档案局制定的《会计档案管理办法》进行。

三、会计信息化发展的意义

会计信息化将是会计未来发展的必然趋势，会计信息化对当前的会计无论在理论上还是在实践上都会产生很大的影响。

首先，实现会计信息化以后，会计信息系统将真正成为企业管理信息系统的一个子系统，可以为企业的经营管理提供更加实时，准确的会计信息。企业发生的各项业务，能够自动从企业的内部和外部采集相关的会计核算资料，并汇集与企业的内部会计信息系统进行实时处理。会计将从传统的记账算账的局限中解脱出来，从而更大地发挥会计的管理控制职能，让企业经营者和信息使用者可随时利用企业的会计信息对企业的未来财务形势作出合理的预测，为企业的管理和发展作出正确的决策。

其次，会计信息化可以为企业外部的信息使用者可以随时获取有关的会计信息提供便利。由于信息技术的全面应用，极大地提高了信息的及时性，信息的预测价值和反馈价值也大大提高，信息的流速也大大加快，有力地促进了经济管理水平的提高。另外，通过会计信息系统直接获取相关数据并进行分析，减少了人为的舞弊现象，从而也大大提高了会计信息的可靠性和信息的质量。

第三，会计信息化可以将企业的会计核算的数据来源扩展到企业的外部。会计信息化可以使得会计不再是孤立的系统，而与一个实时处理、高度自动化的系统，它与其他业务系统和外界连接，可以直接从其他系统读取数据，并进行一系列的加工、处理、存储和传输。财务会计报告也可以采用电子联报方式进行实时报告，用户可以随时获取有用的会计信息进行决策，提高了工作效率，促进了经济的发展。

会计信息化代表了一种全新的会计思想与观念，是传统的会计理论和现代信息技术、网络技术等相结合的产物，是现代会计发展的必然趋势。我们必须抓住机遇，迎接挑战，努力推进我国会计信息化的发展。

第五节　会计档案

一、会计档案的概念

会计档案是指国家机关、社会团体、企业、事业单位和其他组织在进行会计核算等过程中接收或形成的，记录和反映单位经济业务的，具有保存价值的文字、图表等各种形式的会计资料，包括通过计算机等电子设备形成、传输和存储的电子会计档案。《会计档案管理办法》于1998年8月21日，由财政部和国家档案局发布。2015年12月修订，2016年1月1日起施行。

二、会计档案的组成

(1) 会计凭证，包括原始凭证、记账凭证、汇总凭证、其他会计凭证；

(2) 会计账簿，包括总分类账、明细分类账、日记账、固定资产卡片、辅助账簿、其他会计账簿；

(3) 财务会计报告，包括月度、季度、半年度、年度财务报告；

(4) 其他会计资料，包括银行存款余额调节表、银行对账单、纳税申报表、会计档案移交清册、会计档案保管清册、会计档案销毁清册、会计档案鉴定意见书、其他具有保存价值的会计资料。

三、会计档案的归档要求

为了加强会计档案的科学管理，统一全国会计档案制度，做好会计档案工作，《会计档案管理办法》统一规定了会计档案的立卷、归档、保管、调动和销毁等具体规定，各单位应按国家统一规定，建立健全具体的管理制度和使用办法。大中型企业应建立会计档案室，小型企业应有会计档案柜并指定专人负责。

(一) 会计档案的归档

各单位每年形成的会计档案，都应由财务会计部门按照归档的要求整理、立卷并装订成册，编制会计档案保管清册；当年的会计档案，要在会计年度终了后，由本单位财会部门保管1年，由会计机构内部指定专人保管，但出纳人员不得兼管会计档案。期满后移交本单位档案机构保管的会计档案，原则上应当保持原卷册的封装。个别需要拆封重新整理的，档案机构应当会同会计机构和经办人员共同拆封整理，以分清责任。

（二）会计档案的保管期限

会计档案应分类保存，建立相应的分类目录或卡片，随时进行登记，要严格执行安全保密制度，不得随意销毁、散失和失密。按照《会计档案管理办法》的规定，年度财务报告、会计档案保管清册、会计档案销毁清册要永久保存；各种会计凭证至少要保存30年，各种会计账簿一般至少保存30年，固定资产卡片于固定资产报废清理后保管5年；月、季度、半年度财务报告要保存10年；会计档案移交清册保存30年，银行存款余额调节表和银行对账单一般要保存10年。

企业和其他组织会计档案保管期限如表10-1所示。

表10-1　企业和其他组织会计档案保管期限表

序号	档案名称	保管期限	备注
一	会计凭证		
1	原始凭证	30年	
2	记账凭证	30年	
二	会计账簿		
3	总账	30年	
4	明细账	30年	
5	日记账	30年	
6	固定资产卡片		固定资产报废清理后保管5年
7	其他辅助性账簿	30年	
三	财务报告		
8	月、季度、半年度财务报告	10年	
9	年度财务报告	永久	
四	其他会计资料		
10	会计档案移交清册	30年	
11	会计档案保管清册	永久	
12	会计档案销毁清册	永久	
13	银行余额调节表	10年	
14	银行对账单	10年	

（三）会计档案的销毁

保管期满但未结清的债权债务原始凭证和涉及其他未了事项的原始凭证，不得销毁，应当单独抽出立卷，保管到事项完结为止。单独抽出立卷的会计档案，应当在会计档案销毁清册和会计档案保管清册中列明。在项目建设期间的建设单位，其保管期满的会计档案不得销毁。保管期满的其他会计档案，可以按照相关规定程序予以销毁。

(四)会计档案的查阅

各单位应当建立健全会计档案查阅、复制登记制度。各单位保存的会计档案不得借出。如有特殊需要,经本单位负责人批准,可以提供查阅或者复制,并办理登记手续。查阅或者复制会计档案的人员,严禁在会计档案上涂画、拆封和抽换。

(五)单位解散和保管人员调动时会计档案的移交

单位因撤销、解散、破产或者其他原因而终止的,在终止和办理注销登记手续之前形成的会计档案,一般应当由终止单位的业务主管部门或财产所有者代管或移交有关档案馆代管。会计档案保管人员调动工作,应按照规定,办理正式的交接手续。

练习题

一、单项选择题

1. 我国会计法规包括( )。
   A. 会计法、会计制度、会计准则
   B. 会计法、会计准则、会计制度和有关其它法规
   C. 会计法、会计制度、会计准则和公司法
   D. 会计法、会计准则、会计制度和税法
2. 我国会计人员专业技术职称主要包括( )。
   A. 高级会计师、总会计师、会计师和助理会计师
   B. 总会计师、高级会计师、注册会计师、会计师
   C. 高级会计师、会计师、助理会计师、会计员
   D. 注册会计师、高级会计师、会计师、会计员
3. 我国开始实行会计专业技术资格全国统一考试制度是( )年。
   A. 1990　　B. 1993　　C. 1991　　D. 1992
4. 根据我国会计规范的规定,应永久保存的会计档案是( )。
   A. 年度财务报告　　B. 季度、月度会计报表
   C. 会计凭证　　D. 会计账簿
5. 企业的记账凭证和汇总凭证的保管年限是( )。
   A. 3 年　　B. 5 年　　C. 30 年　　D. 永久
6. 企业库存现金日记账簿和银行存款日记账簿的保管期限是( )年。
   A. 3　　B. 5　　C. 15　　D. 30
7. 企业会计工作组织形式一般分为( )。
   A. 集中核算和非集中核算
   B. 永续盘存制和实地盘存制
   C. 应计制和现金制
   D. 确认、计量、记录和报告
8. 管理全国会计工作的部门是( )。
   A. 国务院　　B. 国务院财政部门

C. 各地区财政厅、局　　D. 各级政府

9. 实施会计核算,进行会计监督,属于会计人员的(　　)。

A. 权限　　B. 职责　　C. 职业道德　　D. 任务

10. (　　)以法律形式确立了会计工作管理体制。

A.《会计法》　　B.《企业会计准则》

C.《企业财务通则》　　D.《企业会计制度》

11. 各单位按规定销毁会计档案时,应当由(　　)。

A. 单位内的财务会计部门销毁

B. 单位内的档案部门、会计部门、同级财政部门、审计部门共同派员监销

C. 单位内的档案保管部门和财务会计部门共同派员监销毁

D. 单位内的档案保管部门销毁

12. 集中核算是把(　　)会计工作主要集中在会计部门进行。

A. 各职能部门的　　B. 单位的部分

C. 各生产经营部门的　　D. 整个单位的

13.《会计法》(　　)会计准则。

A. 从属于　　B. 受监督于　　C. 统驭　　D. 受控制于

14. 会计工作的管理体制是(　　)。

A. 统一领导,分级管理　　B. 统一领导,统一管理

C. 分级领导,分级管理　　D. 由单位行政领导人领导、管理

15. 在一些规模小、会计业务简单的单位,应(　　)。

A. 单独设置会计机构　　B. 在其他有关机构中设置会计人员

C. 不设置会计机构　　D. 在单位行政领导机构中设置会计人员

二、多项选择题

1. 会计工作组织的内容包括(　　　)。

A. 会计机构的设置　　B. 会计人员的配备

C. 会计规范的制订与执行　　D. 会计档案的保管

2.《会计法》规定,会计人员的主要职责有(　　　)。

A. 进行会计核算　　B. 会计监督

C. 经营决策　　D. 保管会计资料

3. 下列属于项目中,会计人员违法行为的有(　　　)。

A. 伪造、变造、变质虚假会计资料

B. 隐匿或故意销毁依法应当保存的会计资料

C. 不依法进行会计管理、核算和监督

D. 按规定发布企业会计信息

4. 配置会计工作岗位人员的合理方法有(　　　)。

A. 一人一岗　　B. 一人多岗

C. 一岗多人　　D. 实行钱、账、物分管制度

5. 会计人员有权参与本企业(　　　)。

A. 经营决策　　B. 编制计划　　C. 制定定额　　D. 签订经济合同

6. 总会计师组织领导本企业的(　　)。

A. 财务管理　　B. 经营管理　　C. 预算管理　　D. 成本管理

7. 会计人员的工作岗位一般可分为(　　)。

A. 会计主管　　B. 出纳　　C. 初级会计师　　D. 往来结算

8. 我国会计法规关于会计档案的定期保管期限为(　　)。

A. 30 年　　B. 5 年　　C. 永久　　D. 10 年

三、判断题

1. 基本会计准则是制定具体会计准则的依据。(　)

2. 企业的全部会计档案均应永久保存,以便查阅。(　)

3. 会计工作岗位责任制要求一人一岗,以符合内部稽核制度的要求。(　)

4. 原始凭证的保管期限为 10 年。(　)

5. 无论企业是采用集中核算还是非集中核算,其所属各车间、部门一般不能与外单位直接发生经济往来。(　)

6. 会计人员对于弄虚作假、营私舞弊、欺骗上级等违法乱纪行为,应拒绝执行,并向本单位领导人或上级机关、财政部门报告。(　)

7. 总会计师不是单位行政领导成员,协助单位主要行政领导人工作,直接对单位主要行政领导人负责。(　)

8.《会计法》是我国会计法规体系中最高层次的法律规范。(　)

9. 会计档案的保管期限分为永久保管和定期保管两种,其中定期保管又分为 3 年、5 年、10 年、15 年和 25 年。(　)

10. 各单位一般都应单独设置会计机构。但一些规模小,会计业务简单的单位,也可不单独设置会计机构。(　)

四、简述题

1. 会计法规体系构成。
2. 企业会计组织机构内部岗位的设计模式。
3. 会计组织机构。
4. 会计信息化的内容。
5. 商品化会计软件应具有的功能。
6. 新技术时代会计的发展。

参 考 文 献

[1] 李占国.基础会计学[M].4 版.北京：高等教育出版社，2020.

[2] 财政部会计司.企业会计准则[M].北京：经济科学出版社，2014.

[3] 郭道扬.会计史教程：历史·现实·未来[M].北京：中国财政经济出版社，1999.

[4] 中华人民共和国财政部.会计基础工作规范[M].北京：经济科学出版社，1996.

[5] 唐国平.会计学原理[M].3 版.北京：中国财政经济出版社，2016.

[6] 财政部会计资格评价中心.初级会计实务[M].北京：经济科学出版社，2020.

[7] 陈国辉.基础会计[M].5 版.大连：东北财经大学出版社，2016.

[8] 陈艳利.会计学基础[M].3 版.北京：高等教育出版社，2020.

[9] 李长青.会计基本技能实训[M].3 版.北京：高等教育出版社，2020.

[10] 中华人民共和国财政部.企业会计准则应用指南(2020 年版)[M].上海：立信会计出版社，2020.